区块链工程与金融科技系列

# BLOCK CHAIN

# 区块链
## 智能合约

黄立群 郑宇 黄晓涛 编著

电子工业出版社
Publishing House of Electronics Industry
北京·BEIJING

## 内 容 简 介

本书详细而深入地介绍了区块链技术和智能合约技术，包括算法、数据结构及相关学科的相关理论。本书介绍了基于以太坊的智能合约编程语言 Solidity，结合以太坊虚拟机（EVM）的实现，讨论了 Solidity 语句的汇编实现，介绍了如何应用 Solidity 来开发去中心化应用（DApp）、如何使用区块链的去中心化存储（IPFS）。同时，出于全面性和前瞻性的考虑，本书详细介绍了智能合约的重要分支：基于超级账本的链码编程和智能合约编程的明日之星 Web Assembly（WASM）编程技术。

本书可以作为高等学校区块链工程与技术、计算机科学与技术、金融科技、商务智能等相关专业的教学参考书，也可作为区块链从业人员和相关企事业单位技术人员的参考书。

未经许可，不得以任何方式复制或抄袭本书之部分或全部内容。
版权所有，侵权必究。

**图书在版编目（CIP）数据**

区块链智能合约 / 黄立群，郑宇，黄晓涛编著. —北京：电子工业出版社，2022.7
ISBN 978-7-121-43909-4

Ⅰ. ①区… Ⅱ. ①黄… ②郑… ③黄… Ⅲ. ①区块链技术—高等学校—教材 Ⅳ. ①F713.361.3

中国版本图书馆 CIP 数据核字（2022）第 120889 号

责任编辑：章海涛　　　　　　特约编辑：李松明
印　　刷：三河市鑫金马印装有限公司
装　　订：三河市鑫金马印装有限公司
出版发行：电子工业出版社
　　　　　北京市海淀区万寿路 173 信箱　　邮编：100036
开　　本：787×1 092　1/16　　印张：23.75　　字数：608 千字
版　　次：2022 年 7 月第 1 版
印　　次：2023 年 4 月第 2 次印刷
定　　价：72.00 元

凡所购买电子工业出版社图书有缺损问题，请向购买书店调换。若书店售缺，请与本社发行部联系，联系及邮购电话：(010) 88254888，88258888。
质量投诉请发邮件至 zlts@phei.com.cn，盗版侵权举报请发邮件至 dbqq@phei.com.cn。
本书咨询联系方式：192910558（QQ 群）。

# 前　言

习近平总书记 2019 年 10 月的讲话让区块链技术终于得以正名，并把区块链技术推向了国家竞争、弯道超车的高度。由此，区块链技术的潜力被正式承认，也催生了各行各业区块链应用落地的滚滚热潮。区块链技术是一项颠覆性技术，被认为是继 20 世纪 80 年代的微机革命，90 年代的互联网革命之后的又一次新技术的创新。微机革命和互联网革命被视为生产力的创新：有一代更比一代强的芯片，有功能便捷、强大、不断花样翻新的软件，也有新一代的互联网基础设施的升级，如路由器、移动互联网等。与它们相比，区块链技术则是一场生产关系的革命。区块链技术是利用现有的多学科、跨领域的多种技术，将之集成在一起，为我们打造一个在信息不完全、不对称的环境下的低成本的信任机器，从而彻底将我们从个人信任（家人、亲戚朋友等）、制度信任（契约、合同、法庭等）的时代推到了机器信任的时代。在机器信任的时代，人们信任公开透明、多方计算、多方存储的分布式账本；人们相信"代码即法律"（Code is Law）。而基于机器的信任，由于其建立信任的成本低廉、高效率和公平公正性，必将颠覆现实世界里各行各业现有的商业逻辑。在这样的愿景中，基于区块链的智能合约开发扮演着核心基石的角色。

本书详细而深入地介绍区块链技术和智能合约技术，包括算法、数据结构及相关学科的相关理论。从实际应用的角度出发，本书介绍基于以太坊的智能合约编程语言 Solidity：从 Solidity 语言基础的关键字和语句开始介绍，逐步深入到高级应用，包括设计模式、可升级合约的设计、合约的安全性问题及对策等；并结合以太坊虚拟机（EVM）的实现，讨论 Solidity 语句的汇编实现；讲解 Solidity 编程原理，并提供相应的实例，以期读者更易理解 Solidity 编程语言的实现机理；介绍如何应用 Solidity 来开发去中心化应用（DApp）、如何使用区块链的去中心化存储（IPFS）。同时，出于全面性和前瞻性的考虑，本书详细介绍智能合约的重要分支：基于超级账本的链码编程和智能合约编程的明日之星 Web Assembly（WASM）编程技术。

本书首先介绍区块链技术的特点，包括其定义、应用、解决的问题和面临的挑战。为了方便读者深入理解区块链技术，本书详细介绍区块链相关的算法、数据结构和多学科交叉的相关内容；着重阐述区块链是低成本的信任机器，是在信息不对称、不完全的环境下，在完全不信任节点间建立信任机制的技术，是价值网络，是传递价值的互联网（Internet of Value，IoV）。

鉴于智能合约是区块链应用技术的核心基石之一，本书详细介绍目前最成熟、应用最广泛的智能合约开发平台以太坊，以及目前社区最活跃、应用最多、最具人气的以太坊智能合约编程语言 Solidity。本书介绍 Solidity 语言的文法和各种高级话题，同时深入解析 Solidity 智能合约的 EVM 的汇编实现，帮助读者更深刻理解智能合约的工作原理，从而更好地解决各种异常情况。

最后，本书介绍智能合约编程的超级账本和链码编程，以及目前智能合约研究领域最热门、最前沿的方向 Web Assembly（WASM）技术。

逻辑上，本书的结构如下。

区块链篇包括 3 章：第 1 章，介绍区块链技术的定义、历史、分类、应用和面临的挑战；第 2 章，介绍区块链技术包含的各学科的技术，包括算法和关键数据结构；第 3 章，介绍目前最成熟的智能合约开发平台——以太坊。

以太坊 Solidity 智能合约篇包括 4 章：第 4 章，介绍 Solidity 编程语言的基础知识，包括关键字、语句、修饰符和特性；第 5 章，介绍 Solidity 智能合约编程，包括设计模式、编程语言如何与智能合约交互、智能合约编程的安全性等方面；第 6 章，介绍 Solidity 编程的高级话题，如合约间如何调用、如何节省燃料、ABI 和 Solidity 合约的汇编实现，以及如何设计可升级的智能合约；第 7 章，介绍基于 Solidity 智能合约的 DApp 编程，以及如何使用去中心化的存储（IPFS）。

超级账本篇包括 1 章：第 8 章，介绍超级账本架构和链码编程。

未来篇包括 1 章：第 9 章，介绍智能合约编程的明日之星 Web Assembly（WASM）。

实践篇包括 5 章：涉及环境设定、库包安装、Solidity、DApp、WASM 合约编程等 11 个实验，以及 2 个实验作业。

同时，本书包括 4 个附录，分别为：Solidity 常用函数，区块链大事记，区块链术语，以太坊内置合约。

读者可以登录 http://www.hxedu.com.cn 网站进行下载本书的相关教学资源，包括示例程序、文件、PPT 等。

感谢催生本书的出版界的朋友：电子工业出版社的编辑们和 IBM 中国的田甜女士。可以说，没有电子工业出版社和 IBM 中国就没有这本书的诞生。同时，感谢武汉北大高科软件股份有限公司的罗铮先生、王涛先生和邓昕先生，中国通服湖北公司区块链研究院王庆院长、陈仲副院长、邓晓宇副院长、卢赓先生，以及华中科技大学计算机学院陆枫副教授对编写本书的支持。另外，感谢青海大学的郑睿辰同学，学堂在线的徐婉晴同学、王保伟同学，华中科技大学的赵开未、佟谣、邓杰、张立斌和蔡小萌同学。他们做了大量文字校对和绘图工作，提供了有用信息和改进意见。

本书所引图片及所引文字尽量标出出处，有些来自网络的素材无法找到原始发布者，均注明来自网络。对参考内容未能标注出处的，敬请相关著作权人及读者谅解并给予反馈，将在后续版本中做出说明和修正。

作　者

# 目 录

## 第1章 区块链概述 .................................................. 1
### 1.1 什么是区块链 .................................................. 1
### 1.2 区块链历史 .................................................. 2
### 1.3 区块链的分类 .................................................. 5
### 1.4 区块链解决的问题 .................................................. 6
### 1.5 区块链技术概述 .................................................. 9
### 1.6 区块链面临的挑战 .................................................. 10
#### 1.6.1 安全性挑战 .................................................. 10
#### 1.6.2 效率挑战 .................................................. 14
#### 1.6.3 落地应用的有效性 .................................................. 15
#### 1.6.4 区块链发展的政策法规监管 .................................................. 15
习题 1 .................................................. 15

## 第2章 区块链技术 .................................................. 17
### 2.1 区块链的架构 .................................................. 17
### 2.2 哈希函数 .................................................. 18
### 2.3 密码学算法 .................................................. 19
#### 2.3.1 对称加密算法 .................................................. 19
#### 2.3.2 不对称加密算法 .................................................. 21
#### 2.3.3 国密 .................................................. 22
#### 2.3.4 RSA .................................................. 23
#### 2.3.5 椭圆曲线算法家族 .................................................. 24
### 2.4 共识算法 .................................................. 26
#### 2.4.1 拜占庭将军问题 .................................................. 27
#### 2.4.2 共识算法的两个定理 .................................................. 27
#### 2.4.3 共识算法的目的 .................................................. 28
#### 2.4.4 工作量证明 .................................................. 29
#### 2.4.5 权益证明 .................................................. 30
#### 2.4.6 委托权益证明 .................................................. 31
### 2.5 博弈论 .................................................. 31
#### 2.5.1 博弈论原理 .................................................. 32
#### 2.5.2 博弈论在区块链的应用 .................................................. 33
### 2.6 P2P 算法 .................................................. 34
#### 2.6.1 Gossip .................................................. 35
#### 2.6.2 Kademlia .................................................. 37

  2.7 数据结构及其算法 .................................................................................................. 42
    2.7.1 默克尔树 ...................................................................................................... 42
    2.7.2 布隆过滤器 .................................................................................................. 44
  习题 2 ................................................................................................................................ 46
第 3 章 以太坊与智能合约 ............................................................................................... 47
  3.1 以太坊介绍 .............................................................................................................. 47
    3.1.1 燃料 .............................................................................................................. 48
    3.1.2 以太坊虚拟机 .............................................................................................. 50
    3.1.3 账户 .............................................................................................................. 50
  3.2 以太坊关键数据结构及其算法 .............................................................................. 51
    3.2.1 递归长度前缀编码 ...................................................................................... 51
    3.2.2 梅克尔 - 帕特里夏树 .................................................................................. 52
  3.3 智能合约介绍 .......................................................................................................... 57
    3.3.1 智能合约的实现机制：虚拟机 .................................................................. 57
    3.3.2 智能合约的实现机制：容器 ...................................................................... 58
  3.4 现有智能合约框架介绍 .......................................................................................... 58
  习题 3 ................................................................................................................................ 59
第 4 章 Solidity 编程 .......................................................................................................... 61
  4.1 SOL 文件结构 .......................................................................................................... 61
  4.2 合约结构 .................................................................................................................. 64
  4.3 变量类型 .................................................................................................................. 64
    4.3.1 值类型 .......................................................................................................... 64
    4.3.2 引用类型 ...................................................................................................... 66
    4.3.3 字典 .............................................................................................................. 67
    4.3.4 特殊情况 ...................................................................................................... 68
  4.4 操作符 ...................................................................................................................... 69
  4.5 语句 .......................................................................................................................... 69
    4.5.1 条件语句 ...................................................................................................... 69
    4.5.2 循环语句 ...................................................................................................... 70
    4.5.3 其他 .............................................................................................................. 70
  4.6 修饰符 ...................................................................................................................... 70
    4.6.1 修饰符说明 .................................................................................................. 71
    4.6.2 修饰符的区别 .............................................................................................. 72
    4.6.3 自定义修饰符 .............................................................................................. 74
  4.7 数据位置 .................................................................................................................. 75
  4.8 事件 .......................................................................................................................... 76
  4.9 继承 .......................................................................................................................... 80
  4.10 其他 ........................................................................................................................ 81

|         | 4.10.1 类型转换及推断 | 81 |
|---|---|---|
|         | 4.10.2 异常 | 83 |
|         | 4.10.3 汇编 | 83 |
|         | 4.10.4 This 关键字 | 85 |

习题 4 ... 85

## 第 5 章 智能合约开发 ... 87

### 5.1 智能合约开发的特点 ... 87
### 5.2 智能合约的生命周期和开发周期 ... 89
  5.2.1 智能合约的生命周期 ... 89
  5.2.2 智能合约的开发周期 ... 89
### 5.3 设计模式 ... 90
  5.3.1 工厂合约模式 ... 91
  5.3.2 映射迭代 ... 91
  5.3.3 名字登录 ... 92
  5.3.4 回退模式 ... 93
  5.3.5 合约自毁 ... 93
  5.3.6 访问限制 ... 94
  5.3.7 断路器 ... 95
  5.3.8 状态机 ... 96
### 5.4 基础算法 ... 97
### 5.5 智能合约的安全 ... 99
  5.5.1 编程语言相关的攻击 ... 99
  5.5.2 平台相关的攻击 ... 107
  5.5.3 重入攻击 ... 115
  5.5.4 阻塞攻击 ... 116
### 5.6 智能合约最佳安全开发指南 ... 118
### 5.7 代码审计 ... 125

小结 ... 125

习题 5 ... 126

## 第 6 章 Solidity 智能合约应用 ... 127

### 6.1 可升级 ... 127
  6.1.1 升级智能合约要考虑的问题 ... 127
  6.1.2 智能合约升级方法 ... 128
  6.1.3 通用的代理模式 ... 131
  6.1.4 存储升级 ... 133
### 6.2 节省燃料 ... 140
### 6.3 汇编代码 ... 147
  6.3.1 栈 ... 147
  6.3.2 调用数据 ... 147

|       | 6.3.3 内存 | 148 |
|  |  |  |
|  | 6.3.4 存储 | 149 |
| 6.4 | 合约间调用 | 150 |
|  | 6.4.1 函数调用 | 151 |
|  | 6.4.2 依赖注入 | 152 |
|  | 6.4.3 消息调用 | 153 |
|  | 6.4.4 获取合约间调用的返回值 | 156 |
| 6.5 | ABI 编程 | 158 |
|  | 6.5.1 内存结构 | 158 |
|  | 6.5.2 函数选择子 | 159 |
|  | 6.5.3 类型定义 | 159 |
|  | 6.5.4 数据表示 | 160 |
|  | 6.5.5 编码 | 165 |
| 6.6 | 运行原理 | 173 |

习题 6 ........................ 178

## 第 7 章 去中心化应用 ............ 180

| 7.1 | DApp 概述 | 180 |
| 7.2 | DApp 架构 | 183 |
|  | 7.2.1 客户端 | 183 |
|  | 7.2.2 服务器端 | 184 |
|  | 7.2.3 流程详解 | 186 |
| 7.3 | 去中心化数据存储 | 188 |
|  | 7.3.1 Swarm | 189 |
|  | 7.3.2 IPFS/FileCoin | 191 |
| 7.4 | 消息通信 | 193 |
| 7.5 | 名字解析 | 194 |

习题 7 ........................ 194

## 第 8 章 超级账本 ............... 195

| 8.1 | Fabric 概述 | 195 |
|  | 8.1.1 Fabric 结构 | 196 |
|  | 8.1.2 Fabric 组件 | 197 |
|  | 8.1.3 Fabric 技术架构 | 202 |
|  | 8.1.4 Fabric 网络架构 | 204 |
| 8.2 | 链码 | 204 |
|  | 8.2.1 链码的分类 | 204 |
|  | 8.2.2 链码的生命周期 | 205 |
| 8.3 | 链码交互 | 206 |

习题 8 ........................ 207

## 第 9 章　Web Assembly .................................................................................................. 209
### 9.1　为什么需要 WASM .................................................................................................. 209
#### 9.1.1　EVM 的缺陷 ...................................................................................................... 209
#### 9.1.2　WASM 的优越性 .............................................................................................. 213
### 9.2　WASM 特色 .............................................................................................................. 213
#### 9.2.1　WASM 特点 ...................................................................................................... 214
#### 9.2.2　WASM 动态运行库 .......................................................................................... 215
### 9.3　WASM 前后端交互 .................................................................................................. 216
### 9.4　从 Solidity 迁移到 WASM ...................................................................................... 218
### 习题 9 .................................................................................................................................. 218

## 第 10 章　开发环境和工具安装 ........................................................................................ 220
### 10.1　实验 1：区块链开发基本语言工具包安装配置 .................................................. 220
#### 10.1.1　编程语言包的安装 ........................................................................................ 220
#### 10.1.2　Node.js 环境的安装 ...................................................................................... 221
#### 10.1.3　Git 包的安装 .................................................................................................. 222
### 10.2　实验 2：以太坊开发环境安装 .............................................................................. 222
#### 10.2.1　web3 库安装 .................................................................................................. 222
#### 10.2.2　Ganache 安装 ................................................................................................ 222
#### 10.2.3　Truffle 安装 .................................................................................................... 223
#### 10.2.4　区块链浏览器 ................................................................................................ 225
#### 10.2.5　测试环境 ........................................................................................................ 225
### 10.3　实验 3：以太坊开发工具 ...................................................................................... 227
#### 10.3.1　Remix 的使用 ................................................................................................ 227
#### 10.3.2　Infura 的使用 ................................................................................................ 230
#### 10.3.3　MetaMask 的使用 ........................................................................................ 231
#### 10.3.4　Mist 的使用 .................................................................................................... 233
#### 10.3.5　以太坊源码编译 ............................................................................................ 234
#### 10.3.6　其他 ................................................................................................................ 235
### 动手实验 .......................................................................................................................... 235

## 第 11 章　Solidity 智能合约开发 ...................................................................................... 236
### 11.1　实验 4：以太坊 Solidity 智能合约 ERC20 开发 ................................................ 236
#### 11.1.1　方法 ................................................................................................................ 237
#### 11.1.2　事件 ................................................................................................................ 238
#### 11.1.3　OpenZeppline 框架 ...................................................................................... 238
### 11.2　实验 5：以太坊 Solidity 智能合约 ERC721 开发 .............................................. 239
#### 11.2.1　ERC721 接口定义 ........................................................................................ 239
#### 11.2.2　元数据扩展 .................................................................................................... 250
#### 11.2.3　可枚举扩展 .................................................................................................... 251
#### 11.2.4　ERC165 标准 ................................................................................................ 255

| | 11.3 | 实验6：用编程语言与智能合约交互 | 256 |
|---|---|---|---|
| | | 11.3.1 用Go语言程序与智能合约交互 | 256 |
| | | 11.3.2 基于ABI的编程 | 264 |
| | | 11.3.3 标准开发流程 | 264 |
| | 11.4 | 实验7：Solidity智能合约调试 | 268 |
| | | 11.4.1 编程语言 | 268 |
| | | 11.4.2 Testrpc/Ganache测试环境 | 276 |
| | | 11.4.3 Truffle Debugger | 277 |
| | | 11.4.4 Remix调试 | 285 |

## 第12章 智能合约应用案例 289

| | 12.1 | 实验8：以太坊DApp开发和调试 | 289 |
|---|---|---|---|
| | | 12.1.1 环境准备 | 290 |
| | | 12.1.2 项目 | 290 |
| | | 12.1.3 智能合约Solidity编程 | 291 |
| | 12.2 | 实验9：以太坊IPFS DApp开发和调试 | 296 |
| | | 12.2.1 DApp环境准备 | 296 |
| | | 12.2.2 DApp项目 | 297 |
| | | 12.2.3 编译运行 | 301 |

## 第13章 超级账本Fabric开发 302

| | 13.1 | 实验10：超级账本Fabric开发环境 | 302 |
|---|---|---|---|
| | | 13.1.1 Fabric安装 | 302 |
| | | 13.1.2 First-network例子 | 314 |
| | | 13.1.3 Test-network示例 | 319 |
| | | 13.1.4 链码交互 | 326 |
| | | 13.1.5 链码调试 | 330 |
| | | 13.1.6 链码简例 | 331 |
| | 13.2 | 实验11：WASM简单合约开发 | 340 |
| | | 13.2.1 Go + WASM的基本用法 | 340 |
| | | 13.2.2 WASM的例子 | 341 |

## 第14章 智能合约实验练习 344

| | 14.1 | 实验练习1：商业名片系统 | 344 |
|---|---|---|---|
| | 14.2 | 实验练习2：基于ERC721/NFT的学位证书认证系统 | 344 |

**附录A Solidity常用函数** 346

**附录B 区块链大事记** 349

**附录C 区块链术语** 358

**附录D 以太坊内置合约** 363

**参考文献** 366

# 第 1 章 区块链概述

作为区块链的代表的比特币于 2009 年上线，早期区块链和比特币只是在计算机爱好者、密码学爱好者之间流传。但是随着时间推移，区块链技术越来越广为人所知。关于区块链技术的研究以及落地应用方兴未艾。各种新的理论、算法层出不穷。同时，由于政府的支持，世界知名大公司的加入，区块链已经甩掉了草根的帽子，登堂入室，被视为继互联网革命后又一次颠覆性的技术革新。本章主要介绍区块链的定义、历史、发展历程和分类，以及现实应用中的机遇和挑战。

## 1.1 什么是区块链

狭义上，区块链是一种按照时间顺序将数据区块以顺序相连的方式组合成的一种链式数据结构，并以密码学方式保证的不可篡改和不可伪造的分布式账本。基于时间戳的链式区块结构、分布式节点的共识机制、基于共识机制的激励机制和灵活可编程的智能合约是区块链技术最具代表性的创新点。区块链的 4 个主要特点如下。

#### 1．去中心化（Decentralization）

区块链是由众多节点组成的一个对等点对点（Peer-to-Peer，P2P）的网络，不存在中心化的设备和管理机构，任意节点加入、退出都不会影响系统整体的运作。一个或者几个服务器的宕机不会影响服务或者应用。

#### 2．去信任（Trustless）

区块链是建立在无信任的环境上的：节点可能速度慢，可能作恶，可能关机；网络可能堵塞，可能传输慢等。所有节点之间通过数字签名技术进行验证，不需信任也可以进行交易。

#### 3．集体维护（Collectively Maintain）

集体维护，也称为多方计算、多方存储。系统由所有具有维护功能的节点共同维护，所有节点共同参与维护账本的工作。每个节点都是一个基于账本的会计系统，记录了网络上所有的交易信息。账本是不可篡改的，只能追加。

#### 4．可靠数据库（Reliable Database）

系统中的每个节点都拥有最新的完整数据库副本，单个甚至多个节点对数据库的修改无法影响其他节点的数据库，除非能控制整个网络中超过 51% 的节点同时修改。出于攻击成本的考虑，如果网络足够大且分布广，这几乎不可能发生。区块链中的每笔交易都通过密码学方法与相邻两个区块连接，因此可以追溯到任何一笔交易的前世今生。

广义上，区块链技术是利用块链式数据结构来验证和存储数据、利用分布式节点共识算法来生成和更新数据、利用密码学的方式保证数据传输和访问的安全、利用由自动化脚本代码组成的智能合约来编程和操作数据的一种全新的分布式基础架构和计算范式。

区块链技术的好处如下：

① 永不宕机。根据区块链的特性，全节点同时宕机的可能性和概率极低。例如，比特币网络自 2009 年上线以来从未宕机。而现实世界的 Amazon 和国内的知名云服务都有宕机之历史。

② 防 DDoS 攻击。由于对等点对点网络的特性，恶意攻击者不知道要阻塞哪个节点，而阻塞全网所有节点的成本高到不可忍受。

③ 减少中间环节，降低信任成本，提高协作效率。区块链技术可以消除很多中间环节和简化中间的手续，使信息的流转和验证更容易。由于智能合约的使用，很多商业逻辑都是代码自动完成的，大大降低了时间成本和人工成本，提高了效率。

④ 公开、透明。区块链技术有利于素不相识的各利益相关方（Stakeholder）建立信任，能更快、更好地达成合作关系，推出更实用、更贴近需求的产品。

## 1.2　区块链历史

区块链不是一个单项技术的创新，而是已有的多种技术融合的集成式创新。其关键技术包括 P2P 动态组网、基于密码学的共享账本、共识机制、智能合约等技术。科技史上，大部分创新都是与生产力有关的（如图 1-1 所示），即提升效率，让人做更少工作，让机器做更多工作，如蒸汽机、电力系统、芯片等；而区块链带来的最主要的颠覆却是生产关系上的。

### 约 500 年前

500 年前，复式记账法在意大利北部出现。意大利数学家 Luca Pacioli 于 1494 年出版了《算术、几何、比例总论》（*Summa de arithmetica, geometria. Proportioni et proportionalita*）一书。他首度用书面的形式提出了直至今日最重要的一门技术，即会计学的复式记账技术，奠定了会计学的基础。所以，他被称为"会计学之父"。这是一次记账技术的飞跃，使现代企业和经济发展迈出的一大步。

德国社会学家维尔纳·桑巴特（Werner Sombart）称复式记账法标志着资本主义的诞生。它让企业主之外的人也能追踪企业的财务状况。

### 约 400 年前

现代公司制度创立，以荷兰东印度公司为标志。荷兰东印度公司是历史上公认的第一个股份制公司，是世界上第一家跨国公司，是第一个可以自组佣兵、发行股票的公司。这

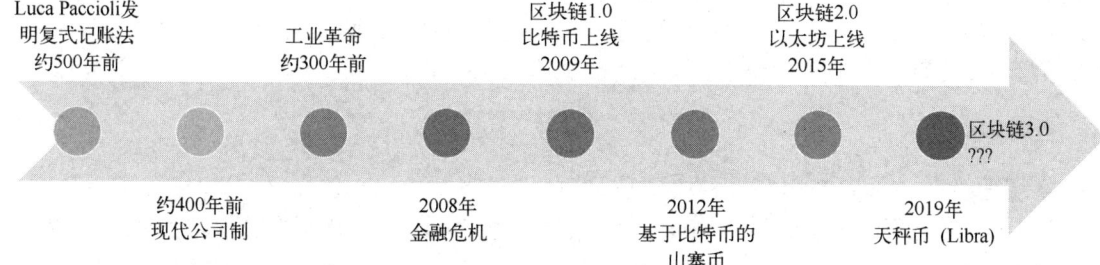

图 1-1 人类历史发展及区块链历史发展的里程碑

是一次生产关系的飞跃。正是因为有了记账技术,外部投资人才敢于投资一家公司,找工作的人也敢于为公司工作。

**约 300 年前**

以蒸汽机为标志的第一次工业革命和以电力为标志的第二次工业革命是生产力的巨大飞跃。此后 300 年人类 GDP 超过此前数千年的 GDP 之和。

**2008 年**

2008 年出现世界范围的金融危机,一些国家和地区的普通人民受到了毁灭性打击。例如一夜之间,纽约金融街上有很多抱着纸盒子的下岗员工,有各种各样的游行,有的游行标语牌就是"Capitalism is dead"(资本主义已死)。雷曼兄弟这样的公司都能倒闭,银行岌岌可危,不动产价格直线下降,这些都直接影响着普通人的生活。由此还衍生出全民抓肥猫(Fat Cat)运动。最直接的后果就是人民丧失了对中心化机构如政府、银行等的信心。

化名为中本聪(Satoshi Nakamoto)的技术极客在 2008 年发表了奠基性论文《比特币:一种点对点电子现金系统》[1]。2009 年 1 月,比特币网络上线运行,这标志着全球第一个区块链网络的诞生。这个时间与 2008 年世界金融危机高度重合,绝对不是巧合。可以说,比特币相关的技术已经孕育了很多年,2008 年的金融危机直接催生了比特币。

**2009 年:区块链 1.0**

2009 年 1 月,比特币网络正式上线,这标志着记账技术的又一次飞跃:从纸质账本到电子账本,从私人账本到公开账本,从中心化账本到分布式账本,从个体记账、维护和保存到多方计算、多方存储。而这一切都是建立在无信任的环境下的。这一里程碑事件标志着区块链 1.0 的诞生。

**2012 年**

比特币和去中心化渐渐在技术圈传开,其间出现的系统都是基于比特币的,并且是针对比特币的变形、改进、增强。

**2015 年:区块链 2.0**

以太坊这个划时代的计算平台上线。由于提供了图灵完备的智能合约,各种各样的商

---

[1] S. Nakamoto. Bitcoin: A Peer-to-Peer Electronic Cash System. 2009.

业逻辑可以在以太坊上实现并运行，实现了价值发现、价值存储和价值传输的功能。所以，智能合约和可编程的商业应用被视为区块链 2.0。

### 2019 年

区块链的两大标志性事件具有历史意义。

Facebook 公开宣布了天秤（Libra，现已改名为 Diem）区块链项目。这标志着区块链技术被正名，并得到跨国公司的公开肯定和支持。天秤（Libra）在推高了区块链技术的曝光度的同时，也将区块链技术提到了国家金融竞争的高度。

2019 年 10 月，习近平总书记的讲话将区块链技术与国家金融战略相联系，掀起了国内区块链技术落地的浪潮。

2019 年以来，各种各样的公链和底层技术的开发纷纷出现，期待能找到落地杀手级应用，进入区块链的资金、人力资源明显呈急剧上升趋势。

### 区块链 3.0

目前，对区块链 3.0 的畅想可以说是众说纷纭、莫衷一是。EOS 被有的人认为就是区块链 3.0。有人则认为，区块链 3.0 需要实现可编程的去中心化的社会治理，或者是互链互通、去中心化的互联网、价值互联网等。目前，关于区块链 3.0 的实质内容尚未有定论。

区块链技术不是天上掉下来的技术，以下技术研究和实践为比特币的出现奠定了基础：

❖ David Chaum 的数字现金技术（DigiCash）。
❖ 密码学家戴伟（Wei Dai）在 1998 年提出的 B-Money 模式（强调点对点的交易和不可更改的交易记录）。
❖ Ralph Merkle 在 1979 年提出的哈希树（Hash Tree）理论。
❖ Leslie Lemport 关于分布式系统共识的研究。

比特币是区块链技术到目前为止最成功、最典型的应用。

1992 年，经过在加州集会，密码朋克（Cyberpunk）运动正式得名。1993 年，Eric Huges 发表了《密码朋克宣言》，指出：隐私是开放社会的基石。密码朋克的使命是开发并向全世界无偿提供开源密码学工具，使每个人都获得在网络时代保护个人隐私的能力。

虽然这个组织并不为人所熟知，但是今天互联网最重要的那些思想、产品、技术有很多正是出自这样一群被相同爱好和价值观聚集起来的理想主义者。创办人中，May 是 Intel 公司的重要人物，Eric Hughes 是知名数学家，John Gilmore 不仅是 EEF 创始人，还与 DHCP 协议、RedHat、GNU、SUN 公司紧紧联系在一起。另外，其中还包括：P2P 技术的鼻祖、Napster 的两位 Shawn（其中之一也是 Facebook 的创始人），BitTorrent 的创始人 Bram Cohen，OpenSSL 的发明人 Tim Hudson，Tor 洋葱网络的 Jacob Applebaum，维基解密的 Julian Assange，Sealand 实验的 Ryan Lackey，连线杂志的 KK，以及在数字现金系统上做出过非常重要贡献的人们，如 Adam Back（HashCash）、Nick Sazbo（bit gold）、Wei Dai（B-Money）、Hal Finney（PGP/PRoW）等。

2008 年 10 月 31 日，Satoshi Nakamoto（中本聪）在 Timothy May 发起并由 Perry Metzger 运营的"密码学邮件组"中发布了被后人称为区块链白皮书的论文：*Bitcoin: A Peer-to-Peer Electronic Cash System*。"密码学邮件组"的创建离不开密码朋克组织。

让我们向上面的名字致敬，他们或直接、或间接地对区块链技术做出了贡献。

## 1.3 区块链的分类

区块链的分类主要有两种方式：按照链的参与方式和按照链与链之间的逻辑关系分类。按照参与方式，根据工业和信息化部电子标准化院编撰的《区块链参考架构》，区块链可分为如下 3 类。

### 1．公有链（Public Blockchain）

公有链，也被称为非许可链（Permissionless Blockchain），无官方组织及管理机构，无中心服务器。参与的节点只需到官方网站下载软件，按规定步骤自由接入网络，不受控制，节点间基于共识机制开展工作。

公有链是真正意义上的完全去中心化的区块链，通过密码学保证交易不可篡改，同时利用密码学验证和经济激励，在缺乏信任的网络环境中建立共识，从而形成去中心化的信用机制。例如，比特币和以太坊都是公有链。

### 2．联盟链（Consortium Blockchain）

联盟链是一种需要注册许可的区块链，也被称为许可链（Permissioned Blockchain）。联盟链仅限于联盟成员参与，想成为联盟成员的节点必须经过线下审查。区块链上的读写权限、参与记账权限按联盟规则制定。整个网络由成员机构共同维护，网络接入一般通过成员机构的网关节点接入，共识过程由预先选好的节点控制。由于参与共识的节点较少，联盟链多采用权益证明（Proof of Stake，PoS）或者采用实用拜占庭容错算法（Practical Byzantine Fault Tolerant，PBFT）、RAFT 等共识算法。

联盟链一般适合机构间的交易、结算或清算等 B2B 场景。例如，银行间进行支付、结算、清算的系统可以采用联盟链形式，将各家银行的网关节点作为记账节点，当网络上有超过 2/3 的节点确认一个区块时，该区块记录的交易将得到全网确认。联盟链对交易的确认时间、每秒交易数都与公有链有较大区别，对安全和性能的要求也比公有链的高。例如，由 40 多家银行参与的区块链联盟 R3 和 Linux 基金会支持的超级账本（Hyperledger）项目就属于联盟链（见本书第 8 章）。目前，国内有影响力的区块链联盟包括中国分布式总账基础协议联盟（ChinaLedger）、中国区块链研究联盟等。

### 3．私有链（Private Blockchain）

私有链建立在某个企业内部，系统运作规则根据企业要求设定。

私有链一般是企业内部应用，如数据库管理、审计等；在政府行业也会有一些应用，如政府预算执行或行业统计数据，一般由政府登记，但公众有权力监督。私有链的价值主要是提供安全、可追溯、不可篡改、自动执行的运算平台，可以同时防范来自内部和外部对数据的安全攻击，这在传统系统中很难做到。

综上所述，公有链、联盟链和私有链适用于不同的信任范围和场景，如表 1-1 所示。

表 1-1 区块链参考架构

| 分类 | 介绍 | 信任范围 | 共识速度 | 场景 |
|---|---|---|---|---|
| 公有链 | 任何人都可以参与 | 任何人 | 慢 | 公开去中心化应用 |
| 联盟链 | 由符合资格审查的节点控制 | 联盟内部 | 较快 | 产业联盟 |
| 私有链 | 由某个组织或者机构控制 | 组织内部 | 快 | 公司或者机构内部 |

此外，根据链与链的相对关系，区块链还可以分为主链和侧链，或者主链和子链。

（1）主链（Main Chain）

主链是一个逻辑概念，任何一条链都可以是主链。

（2）侧链（Side Chain）

侧链是一个相对概念，相对于主链而言：一个链可以自己是主链，又是另一个主链的侧链。侧链主要应用于跨链通信：比如两条链 A 和 B，A 是比特币，B 是以太坊。如何将链 A 中的交易、资产等转移到链 B 上，从业务角度看，可以说 A 是主链，B 是 A 的侧链；反之亦然。侧链的交易与主链的交易是相对独立的，主链、侧链之间的交易只是各自链上交易的一部分。

侧链进一步扩展了区块链的应用范围和创新空间，使区块链支持包括股票、债券、金融衍生品等在内的多种资产类型，以及小微支付、智能合约、安全处理机制、真实世界财产注册等，还可以增强区块链的隐私保护。

（3）子链（Child Chain）

子链也是一个相对概念，相对于主链而言。子链上发生的交易都是以某种方式从属于主链的，是主链上交易的一部分。

## 1.4 区块链解决的问题

互联网繁荣至今，给我们生活带来极大便利的同时，其中隐藏的问题也慢慢显露。其中，数据安全是最引人注目的热点问题之一。一些服务商通过免费服务换取用户的隐私数据。也有一种说法，"互联网+大数据"的赢利模式就是前期烧钱获取用户数据、后期靠数据变现盈利。一些企业可以毫无成本地操作他们获取的用户信息，或有意（出卖信息获取利益）、或无意（技术能力欠缺、管理漏洞等）地泄露用户信息。而这些"操作"可能是"合法"的，其合法性来自用户提供信息时埋在冗长法律文书中的某个不起眼的小条款（由于用户信息条款很难引起用户注意，从而导致在用户不知情的情况下选择了授权）。近年来，数据泄露丑闻层出不穷，如"XX 身份信息被冒用"，"个人信息遭泄露"，等等。中国互联网络信息中心（CNNIC）报告显示，中国网民在各类网络安全问题中，遭遇信息泄露问题的占比最高，达 28.5%。个人数据隐私保护问题日益引起人们重视。2018 年，欧洲联盟出台《通用数据保护条例》（GDPR），针对的是对隐私泄露的监管和处罚。2021 年 9 月，《中华人民共和国数据安全法》正式实施，这是继《中华人民共和国网络安全法》后在数据立法方面的又一重大里程碑。这两部法律与《中华人民共和国电子签名法》《中华人民共和国密码法》和《中华人民共和国个人信息保护法》构成了保障和促进数字经济发展的基本法律框架。区块链技术恰恰是解决个人隐私和信任问题的利器。

2015 年 10 月，美国著名杂志《经济学人》以封面文章发表了 *The promise of the blockchain: the trust machine*（信任的机器）[2]，强调区块链是一种可以在无第三方监督的状态下建立彼此信任的技术手段，从而可作为第二代互联网"价值互联网"的基础协议，其地位可比目前的 HTTP。区块链可以被视为低成本的信任机器，是在信息不对称、不完全的环境下，在完全不信任节点间建立信任机制的技术。区块链是价值网络，是传递价值的互联网（Internet of Value，IoV），如图 1-2 所示。

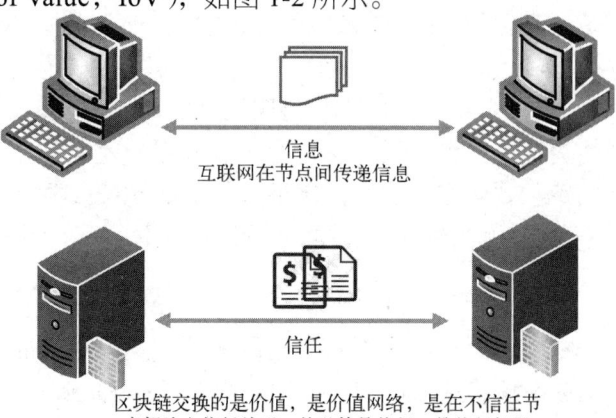

图 1-2　区块链与互联网的区别

人类社会发展至今，信任经过了以下三个阶段，如图 1-3 所示。

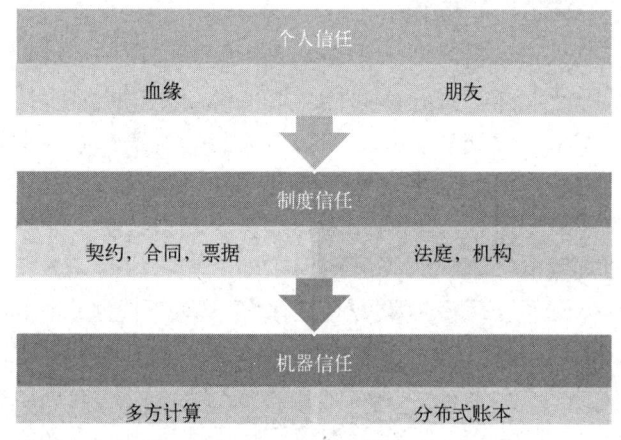

图 1-3　信任的演化

## 1．个人信任

个人信任是指，以血缘关系的远近、朋友关系的亲密与否决定信任的程度。这是比较显而易见的。如果有陌生人找你借钱，大部分人都不会借；如果是子女向父母借钱，那么情况会不同，大部分父母在能力范围内都会倾向于借。借钱的时候请保人也是出于对保人的信任。但是这种信任是很难达成的，或者说信任的成本很高：血缘是天生的，而朋友要

---

[2] The promise of the blockchain : the trust machine [OL]．The Economist, 2015-10-31.

靠人生经历。一个人一生认识的人是有限的，朋友关系的远近也是需要经过长时间的交往才能加强信任。

### 2．制度信任

在现代社会，个人与公司、公司与公司要完成协作，一般都会选择相信第三方，相信制度（合同、票据），相信第三方有"公信力"的机构（如法庭、银行、公证处等）。

制度信任已经成熟的行之有年，维护了整个社会的商业秩序，但是也存在如下弊端：

① 具有"公信力"的第三方作假或者倒闭了，怎么办？比如，2008 金融危机中倒闭的雷曼兄弟银行。

② 中间环节太多，成本太高。例如，大学生申请出国留学，需要发送托福、GRE/GMAT 成绩；要办各种各样的公证：学位公证、学历公证、无犯罪公证等，有时同一份公证需要中英文两份；要寄成绩单；要寄推荐信等。申请人需要在学校、考试机构、公证处、派出所等各方之间奔波，费时费力还费钱；如果再考虑时间成本，那么整个经济成本非常昂贵。

### 3．机器信任

区块链技术的出现提供了另一种可能：基于区块链的不可篡改性、公开透明性来协作各方，各方基于代码达成信任，从而达成了"代码即法律"（Code is Law）的效果。这种办法是基于机器代码的，减少了很多中间环节，关键是代码是自动运行的，而且是跨国界、跨领域、跨距离、跨组织的，达成信任方便、快速，从而大大降低了成本。

那么，基于计算机代码达成信任可能吗？为了说明机器如何创造信任，我们用信息安全理论里比较成熟的"盲签"问题为例来介绍。

设想一个场景：在某国，警方对于污点证人一般有证人保护计划，为了获得被保护人的证词，警方会承诺对证人进行保护，包括改名换姓、改头换面（如实施整形手术）、更改居住地等。这实际上就是一个交易。被保护人最关心的就是：如何保证尽量安全。比如，被保护人不希望在档案里留下新名字、地址甚至照片，因为害怕经手人员泄露。传统的系统是以密码保密来应付。但是证人保护计划的负责人或者经手人如果泄露了密码呢？

如何在警察签证人保护证明的时候尽量保护自己呢？污点证人希望：化名连经手人都不知道。这里为了简化问题，假设只需要隐藏化名。其实下面讨论的技术可以用来隐藏更多的信息，如住址、电话等。

如何让警方经手人在不知道被保护人化名的情况下认可这份证明并签字呢？如果把证明打印好后，把所有文字部分遮挡住，只留下空白处让警方经手人签字盖章。但是警方经手人肯定不同意，因为他对污点证人写的证明内容没信心（证人可能只索取利益而不履行职责）。

利用盲签理论，可以设计如下流程，既不暴露化名，又让警察认可签字。那么，设计以下签字流程：

① 被保护人准备 10 份化名不同的证明，有的化名叫"张三"，有的化名叫"张四"，等等，其他内容完全一致，用同一种加密方法进行加密，得到 10 份不同的密文。这种加密方法对明文（也就是被加密的证明内容）的变化很敏感，即使两份证明中仅有"三"和"四"两个字不同，密文也会显得毫无关系。这称为"雪崩效应"，即一丁点的扰动就会引起结果

巨大的差别。

② 找警方签字。警方负责人随机挑出 9 份，让污点证人当场解密，他看到解密后的明文与事先的约定相同（即污点证人会提供事先约定好的相关证词或者相关的行动计划），只是化名不同。于是，警方负责人在第 10 张密文上签字，当然他不知道污点证人的化名。

下面讨论警局为什么会信任这份证明。

如果在 10 份证明中，污点证人造假了 1 份证明，那么当场解开 9 份后会被发现违反事前承诺的概率是 90%。污点证人造假成功的概率只有 10%。为了避免欺骗的发生，警局和污点证人会事先约定一个严重的欺诈惩罚条例，只要发现污点证人证明作弊，就撤销证人保护。另外，如果觉得 10% 的作弊成功概率还是太大，就可以让污点证人准备更多的证明，如 100 万份，这样作弊成功的概率就会降到百万分之一。警方会认定，污点证人不会傻到为了这么小的可能性而去冒这么大的风险。

在"盲签"运用中，10 个样本是极少的，实际的样本量常常是百万级，几百万分之一的可能性才能通过造假而获益，而在绝大多数的情况下会受到严重惩戒的事，但凡有一点理智的人都是不会干的。但是还有一个问题：为了一份证人保护证明，要准备 100 万份证明，警察要验证 999999 份证明才能在最后一份证明上盲签。这个工作量太大了。幸好我们有计算机，这种高度重复和机械的工作是计算机最擅长的。

上面举例证明了利用密码学、概率论和计算机技术来构建信任（信任的成果就是证人保护证明）是可能而且可行的。

盲签是建立在概率论的基础上的：有理智的人不会为了小到几百万分之一的机会来冒险作弊。区块链是另一种更复杂的构建信任的技术，综合运用了多种学科的多种技术来建立信任。

- ❖ 密码学：通过密码技术（对称/不对称加密、椭圆曲线）保证数据信息的私密性和安全。
- ❖ 社会学：通过公开透明性、可溯源性，保证信任的达成。
- ❖ 经济学：通过合理经济模型，为参与各方提供激励，鼓励各方不作恶。
- ❖ 博弈论：通过纳什均衡、囚徒困境，尽量保证节点运行者（在区块链中称为矿工）不作恶。
- ❖ 概率论：通过概率选择动态验证者，从而尽量避开恶意节点。

## 1.5 区块链技术概述

区块链技术不是一个全新的技术，而是多学科、多种技术的集成的一个全新的技术家族。区块链中的大部分技术在比特币出现以前已经存在，如图 1-4 所示。

- ❖ 分布式系统共识：PoW、PoS、Paxos 等。

图 1-4　区块链技术涉及的相关学科

- 计算机网络：P2P、Kademlia、Gossip 等。
- 密码学：对称加密、不对称加密、哈希函数、默克尔树等。
- 容错：拜占庭容错等。
- 图论：有向无环图（DAG）等。
- 博弈论：纳什均衡、囚徒困境等。
- 社会学：公地悲剧、帕累托改进等。
- 经济学：激励模型、经济模型等。
- 概率论：奥卡姆剃刀等。

第 2 章将详细介绍上面的关键技术。

## 1.6 区块链面临的挑战

作为一种新的颠覆性技术，区块链技术目前处于襁褓时期，能否顺利成长面临着诸多的挑战。挑战大致分为以下几种。

① 安全性。由于区块链作为一个平台，会有大量客户资产（包括资金、个人信息、学习信息等）上链，缺乏安全性将成为区块链技术的一个致命问题。

② 效率。交易是否能很快完成，全网广播达到最终性（Finality，即交易结果不可逆），是区块链的效率核心。

③ 落地应用有效性。区块链技术是否有成熟的落地应用，并确确实实带来利益，如便利性、降低成本等。

④ 法律法规监管。区块链技术是否触碰到法律法规的红线？如果监管，哪些能做，哪些不能做？

### 1.6.1 安全性挑战

目前，区块链安全性挑战主要有量子攻击、分叉、女巫攻击、智能合约攻击。

**1. 量子攻击**

区块链的大厦是建立在密码学的基石上的，如椭圆加密曲线、SHA 系列哈希算法。但是这些算法安全吗，会被破解吗？另外，现在讨论的密码学算法可能对于经典计算机（也就是冯·诺伊曼计算机）而言是相对安全的：应用经典计算机去破解密码学算法可能需要花费的时间太长而失去了现实意义，如破解一个密码学算法需要 1 万年，这种情况下，我们也认为算法是"安全"的，只不过是相对安全。但是有没有更强大的算力，以致能够大大缩短破解时长呢？答案是肯定的。

MD5 和 SHA-1 曾是最先进的国际通用密码，被专家认为需要运算 100 万年才有可能破解。2004 年和 2005 年，这两大"固若金汤"的算法被王小云教授先后破解，在国际密码学界引发强烈"地震"。

对于上面的威胁，我们可以通过增加密钥的长度来对应。比如，现在 MD5 和 SHA-1

在实用领域慢慢被淘汰，转而使用 SHA-256、SHA-512 等安全的算法。但是随着量子计算的兴起，如果计算机运行速度大幅度提高，"不可能"被破解的算法完全有可能被量子计算机破解。实用的密码体制都存在安全威胁。根据对传统密码算法和量子计算算法的研究，量子计算对现有密码体制会形成巨大的威胁。

量子计算机真的是区块链最大的敌人吗？比如：2017 年，IBM 宣布，将发布包含 20 个量子比特的计算机，该公司的研究人员已经成功开发了包含 50 个量子比特的原型产品。2018 年 3 月 6 日，Google 宣布制造了 72 量子比特的量子计算机 Bristlecone。2019 年 10 月 24 日，Google 实现量子优越性的论文登上《自然》杂志封面，轰动业界的研究工作再次成为科技圈关注的焦点。

量子计算机用来存储数据的是量子比特。与传统电子计算机一样，量子比特也是采用 0 和 1 进行计算，但是不同的是，量子比特的 0 和 1 可以同时计算，也就是说，0 和 1 可以进行量子叠加。这大大提高了量子计算机的计算效率。例如，一台操纵 50 个微观粒子的量子计算机，对特定问题的处理能力可超过目前最快的超级计算机。可以用来做量子比特的手段包括：核磁共振、线性光学、超导、量子光学的离子阱和量子点等。

量子比特编码技术大致有 3 种：量子纠错码，量子避错码（中国首先提出），量子防错码（使用量子－芝诺效应）。

基于以下几个原因，对于量子计算机的恐惧是多余的：

到目前为止，量子计算机向我们证明了其强大的执行功能，但还不能破坏密码技术。目前研究的进展是只能集成几个或者几十个量子比特。比如，IBM 最新记录是 50 量子比特，但能破解 RSA 公钥体系（就是我们日常登录时使用 SSL 加密信道用到的算法）的量子计算机至少需要 500 量子比特。所谓量子计算机可以破解 RSA 公钥系统，其实就是由于 Shor 算法（由 Peter Shor 提出）可以把分解质数对的某种算法的一步变成量子计算机叠加态塌缩之前可以观测到的一种统计涨落。分解大质数对只是计算复杂性高的问题之一，还有很多高计算复杂性的问题并没有找到适合量子计算机的算法。所以，量子计算机的"威胁"其实并没有那么大。

技术层面上，破解密码学需要非常精确的量子计算机，这难以构造。Google 研发的量子计算机由 72 量子比特组成，然而要破解现在的密码技术，需要数千个量子比特的数量级。这类系统里提高 10 倍需要解决的问题的难度不是简单地乘以 10，而是它的 10 次方。

更重要的是，这样的计算有可能返回错误的操作结果，如执行一个 3+3 的计算，返回的结果可能是 8。在经典计算机中，这种情况发生的概率是万亿分之一。在 Google 的量子计算机中，这种情况发生的概率则上升到了 0.1%～3%。想要破坏密码学，量子计算的错误率还需要降低很大的数量级。

通常，人们的理解是，量子计算机的厉害之处在于它可以同时遍历宇宙里的平行状态（量子叠加态），量子计算机不会立即通过简单尝试所有可能的解决方案来解决高难度的搜索问题。所有的量子叠加态的遍历都是在没有观测的情况下，人一旦去"获取"计算结果，所有的量子叠加态就会塌缩。所以量子计算机即使造成，并不能真的代替我们现在的经典计算机，因为你无法"提取"那些量子叠加态，或者说，一旦尝试"提取"量子计算机的"结果"，量子计算机就塌缩成了经典计算机。量子计算机可以解决一类在"量子叠加态"

塌缩之前可以呈现有趣统计涨落的现象（问题），这其实还是利用了宏观量子现象，而不是微观的量子叠加效应。由于海森堡的"测不准原理"，人类其实是无法利用微观量子叠加效应的，因此必须是所有的量子叠加态的波函数（概率函数）可以在观测叠加态塌缩之前有显著量子干涉效应的算法，才有可能用到量子计算机。这种计算可不是算术题，所以不可能就这么代替目前的经典计算机。

我们可以设计量子计算也无法完成的计算，以这种计算为基础构建的密码学方法，量子计算也就无法破解，然后把区块链升级到该密码学方法之下即可。"格困难问题"就是典型代表，即便对于量子计算，它也保持着计算上的不可能性。基于人类的"无知"，我们很大程度上可以找到方法生活在密码学的保护下。

当下，为了防御量子计算机未来可能对密码技术造成的破坏，一些密码学家现在正在研究新的抗量子攻击的加密算法，已经有很多有意思的研究正在进行中，目前仍然是一个非常活跃的研究领域。

具体来说，比特币中有两种基础密码算法：椭圆曲线算法和哈希函数 SHA-256。目前能够找到前者的高效量子计算方法实现破解。在量子计算的情况下，用 Shor 算法攻击椭圆曲线的复杂度大概是 $O(\log N^3)$。对于比特币而言，理论上的计算量级是 $128^3$ 次。但现在并没有找到后者的高效量子计算方法。所以，区块链核心的挖矿用的 SHA-256 算法是量子安全的（Quantum Resistant，QR），但签名密钥算法 ECDSA 则不是。

例如，比特币钱包地址是公钥经过两次哈希计算得到的，一次是 SHA-256，一次是 RIPEMD-160（另一种哈希函数），量子计算很难攻破这两道哈希关口，通过钱包地址"撞"出公钥。

以太坊未来的版本将继续这种"未来兼容性"，甚至将其扩展到密码学的层面——用户甚至可以选择用于保护其账号的密码学算法。

抗量子密码技术已经在国内外具有广泛的关注度，在一些顶级学术会议上出现了关于抗量子密码技术应用在区块链领域的论文，尤其在区块链的交易完全问题上，抗量子密码技术扮演了很重要的角色。区块链工业界还没有普遍采用抗量子加密技术，但是趋势已经形成，如果量子计算机实现了技术上的突破，或者是抗量子加密形成了统一标准，那么很多区块链项目都会倾向于使用抗量子加密技术作为基础。美国北卡罗来纳大学的王永革教授对抗量子加密和区块链有很深的研究，他设计的抗量子加密算法是美国国家标准技术研究院 RLCE 后量子算法的候选者之一。有兴趣的可以去看看王永革教授的论文 *RLCE Key Encapsulation Mechanism(RLCE-KEM) Sepcification*。

总之，"加密容易解密难"，在可以预见的未来依然如此。

## 2．分叉（Fork）

区块链一旦上线，由于其不可篡改性，代码就不能再修改了。但是，任何程序都有可能有错误，有漏洞。不同于传统的软件的打包/补丁升级（Patch），区块链必须通过分叉来修补漏洞，修改算法，甚至基于社区共识回退某些"欺诈"交易。

2016 年，以太坊上发生了 The DAO 事件，因为智能合约的漏洞被黑客盗取了时值 2.5 亿美元的资产。The DAO 事件中，其实"钱"没有真丢，因为 V 神咨询社区意见，90%同意以太坊硬分叉（ETH 链），直接把黑客拉黑：黑客盗取币的交易被作废，相当于交易回滚；而这相当于篡改了交易历史，只不过这种篡改是社区承认和支持的。极少数坚持代码即法律（"Code is Law"）的人留在原来的链上。这就是 Ethereum Classic（ETC，以太经典），以太坊就产生了 ETH 和 ETC 的分叉。

由于分叉的存在，不可篡改不是真正的、完全的不可篡改的。比如，The DAO 攻击中黑客盗取的资产，最后在 ETH 链上被回退，也就是黑客盗取资产的那些交易不被承认，ETH 链上黑客攻击的结果被修改了。关于分叉的具体解释请参见本书附录 C.6 节。

### 3．女巫攻击（Sybil Attack）

协议安全在共识层表现为共识协议安全。首先共识协议本身存在安全问题，由于不同共识协议容错能力不同，PoW 存在 51%算力攻击（即女巫攻击，Sybil Attack），PoS（Proof of Stake，权益证明）也存在 51%算力攻击，而 DPoS（Delegated Proof of Stake，委托权益证明）和有向无环图（Direct Acyclic Graph，DAG）还存在着中心化风险。

所谓 51%算力攻击，就是指利用自己的算力优势来篡改区块链上的记录，从而达到撤销已付款交易的目的。比特币的交易数据实际上是矿工通过算力竞争来打包记录的。"算力"指的是每秒钟可以计算哈希值的次数。算力越大，矿工的计算速度就越快。理论上，当一个人掌握了 51%以上的算力，那么他计算出正确哈希值的速度就会比全网其他矿工更快，因此只要他从包含自己想要篡改的交易数据之前的一个区块开始继续挖矿，那么他就有可能创造出一条比当前主链更长的区块链。

间接来看，SHA256 算法对应的 ASIC 矿机和矿池的出现打破了中本聪设想的"一 CPU 一票"的理念，使得全网节点减少，权力日趋集中，51%攻击难度变小，对应的区块链系统受到安全性威胁。

### 4．智能合约漏洞

智能合约漏洞的安全风险主要包括：系统代码漏洞带来的安全风险；智能合约语言自身和合约设计、智能合约代码都可能存在漏洞，带来一定的安全风险；系统实现的业务设计缺陷导致的安全风险。以以太坊为例，比较著名的以太坊编程语言 Solidity 漏洞有：以太坊短地址漏洞，可重入性攻击，The DAO 漏洞，Parity 多重签名钱包合约漏洞，Parity 多重签名钱包提款漏洞，智能合约 fallback 函数漏洞，等等。

必须明确的是，智能合约不同于传统的中心化编程，传统的中心化软件多半是黑盒子，这给黑客攻击增加了难度，但是带来的负面后果就是中心化的软件可以明确地或者不明确地侵害用户的利益，如公开或者私自收集用户的数据。而智能合约程序是透明公开的，利益各方可以基于程序达成信任。坏消息就是，智能合约就像怀抱金子行走于闹市的孩子，每个人都可以研究智能合约源代码，发现漏洞，传播漏洞相关信息，从而被恶意人士利用而造成各利益相关方的损失，尤其在智能合约管理巨额的用户资金的情况下。

本节列出的智能合约漏洞，读者可以在相关文献[3]中找到详细描述。

---

[3] 嘉文，管健，李万胜．以太坊 Solidity 智能合约开发[M]．北京：机械工业出版社，2020．

## 1.6.2 效率挑战

TPS（Transaction Per Second）是指每秒系统处理交易量。这个指标非常重要。例如，目前比特币网络大致是平均 10 分钟挖出一个块，而达到交易的最终性（Finality）大致要等待 6 个后续块被挖出。也就是说，一个交易结果的最终确认需要等待 60 分钟。比特币网络的理论最高交易速度是 7 TPS，以太坊是 15~30 TPS。而现在成熟的中心化的 Visa 信用卡网络的平均 TPS 为万级。与之相比，区块链技术远远不如（如表 1-2 所示）。这对区块链技术的应用形成了巨大的障碍。

表 1-2 相关系统 TPS 比较列表

| 分类 | TPS | 分类 | TPS |
| --- | --- | --- | --- |
| 比特币 | 7 | 上海证券交易所 | 238.21 |
| 以太坊 | 15~30 | 纽约证券交易所 | 261.72 |
| 加拿大 Interbank | 1.11 | 纳斯达克证券交易所 | 449.97 |
| 日本央行 | 3.26 | 深圳证券交易所 | 592.94 |
| 欧洲央行 | 13.51 | eBay、Paypal | 600~1000 |
| 伦敦证券交易所 | 40.84 | 建设银行信用卡系统 | 1300 |

TPS 的计算与区块大小、网络传输速度和采用的共识机制有关。计算公式是：

吞吐量（TPS）= 区块大小（每区块的交易数）/区块时间（区块间隔时间）

比如，比特币网络的区块为 1 MB，每笔交易的平均大小是 100 字节（假设值），那么每个区块就可以打包 1000000/100=10000 笔交易。现在比特币网络大致是平均 10 分钟（即 600 秒）挖出一个块，那么 TPS=10000/600=16.67 交易/秒。

目前，如何提高 TPS 是区块链很热门的研究领域，有多种尝试。

（1）共识机制

EOS 公链采用了 DPoS 共识机制，号称能达到百万级别的 TPS，而实际情况大概是 2000~3000 TPS。据研究，采用 PoA（Proof of Authority，权威证明）共识机制可以达到万级别的 TPS。目前，区块链的共识机制可以说五花八门：PoA、PoC（Proof of Capacity，容量证明）、雪崩协议（Avalanche）、有向无环图（DAG）等。Vitalik 倡导的分片（Sharding）、Casper 共识也归属这一类。

（2）区块大小

在同样挖矿速度的前提下，由于区块大小的提升，可打包的交易增多，从而增加了 TPS。比特币现金（BCH）、BSV 链采用了这种方案。BSV 号称要提高区块大小到 1 TB。这种做法的弊端在于，网络吞吐的速度会影响到共识机制的效率和整体网络的安全。在现有网络条件下，传输 1 TB 的区块必然会影响到区块的传播速度。

（3）状态通道（State Channel）

其主要思路就是对特定交易开辟状态通道，使交易可以尽快达成。这时交易并没有被区块链记录。交易记录上链可以等待合适的时机。

在这些技术尝试中，大致可归为两类：第一层（Layer 1）和第二层（Layer 2）。

第一层（Layer 1）是指，在主链层面实现区块链扩容，如共识机制和区块大小。

第二层（Layer 2）是指，将不必周知的交易放在链下完成，通过加密算法和博弈设计确保链下过程不可篡改，并且保证随时将结果返回链上的能力，摆脱了主链性能枷锁，提升了公链效率，是解决区块链扩容问题的最重要的技术方向之一。作为状态通道的应用案例，比特币网络有闪电网络，以太坊网络有雷电网络，以太坊上还有状态通道、Plasma 和 Truebit。虽然每个解决方案都在解决一个不同的问题，都通过执行"链下"操作且不在以太坊区块链上运行的同时，仍然保证足够的安全性和权威性。

### 1.6.3 落地应用的有效性

现阶段，区块链的效率与性能仍然十分有限，系统对存储成本的要求也很高。区块链技术的另一个局限是链上信息无法与链外信息直接交互。不仅如此，时下火热的区块链版权、区块链溯源与区块链资产确权等领域，也备受"落地难"的困扰。

以区块链溯源为例，这类产品的架构并不复杂：商品溯源的全流程信息，可被记录在区块链上，以实现数据公开透明且不可篡改。但区块链溯源的最大难题出现在"数据源头造假"上——区块链并不能保证上链数据本身是否真实。以食品信息溯源为例，区块链可以记录食品的流通数据，却不能解决生产原料造假的问题。因此要高度重视区块链发展过程的技术伦理教育和监管。

制约区块链溯源发展的第二个难题是链上数字世界与链下物理世界的锚定问题。目前的通用方案是通过二维码、芯片进行锚定，但这只适用于标准品，如包装食品等；对非标准品，如水、电等，锚定十分困难。

### 1.6.4 区块链发展的政策法规监管

区块链技术的代币具有金融属性，而金融是一个国家的命脉，所以区块链属于国家必须监管的领域。但是，由于区块链技术是一个新生事物，而政府对这类新技术的政策监管一般都有滞后性。比如，SEC（United States Securities and Exchange Commission，美国证券交易委员会）现在承认比特币（BTC）和以太币（ETH）的证券属性，可以用于交易，而对其他代币则不放行。SEC 目前允许证券型通证发行（Security Token Offer，STO），可视为首次代币发行（Initial Coin Offer，ICO，相当于股票市场的首次公开发行 IPO 概念）的受监管版本，但是对证券型通证发行的募资规模、准入资格有很严格的限制。

全世界范围内，对区块链特别是代币的监管技术和监管法规都处于讨论、辩论和探索阶段。除了传统的监管技术，如牌照、账户监控等，目前进入实际运用的是监管沙盒（Sandbox），保证运行在沙盒上的区块链应用损失可控，从而不具备崩溃性的金融风险。

# 习 题 1

1. 比特币与电子货币有什么异同？

2. 简单解释在目前网络环境下和目前区块链技术下百万 TPS 的可行性。
3. 区块链 1.0、2.0 的特征和标志分别是什么？
4. 你认为，区块链 3.0 是什么样的？（开放问题）
5. 区块链技术的几大标志是什么？

# 第 2 章 区块链技术

区块链技术不是一个全新的技术,而是现有的多种技术的集成,是一个技术家族。本章介绍区块链技术家族的主要成员:加密/解密、P2P、共识算法等。

## 2.1 区块链的架构

现代的复杂软件系统一般采取分层设计:每层利用下一层提供的服务,完成逻辑上独立的任务,并对上一层提供服务。这样做的好处是:逻辑独立,各层间的代码耦合度较低,易于理解并易于调试,定位错误。

现有的区块链也采取了分层设计,但是基于不同的角度,对区块链的层级设计也有不同的理解。从技术角度,区块链一般可以分为 6 层,如图 2-1 所示。

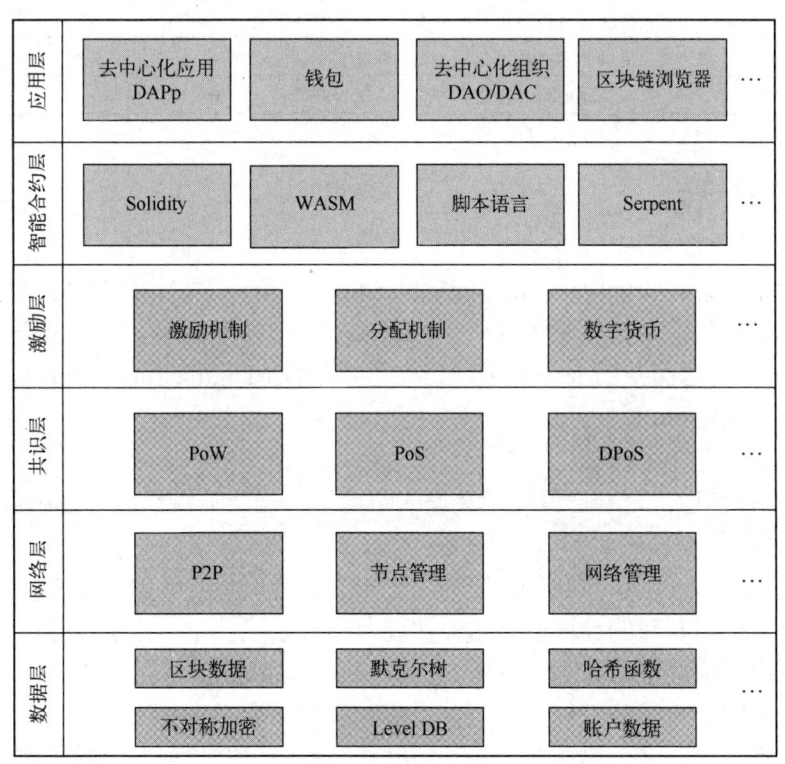

图 2-1 区块链 6 层架构(技术角度)

表 2-1 简要说明了各层的功能和涉及的技术、算法。

表 2-1 区块链 6 层架构简介

| 层 级 | 功能描述 | 涉及的技术、算法 |
|---|---|---|
| 数据层 | 区块链就是通过区块来存储数据，并以链表的形式串在一起。数据层最主要的功能是维护唯一的全局的账本，包括账户信息、交易信息 | 主要是计算机的成熟技术，如不对称加密/解密、键值（Key-Value）数据库、哈希函数、默克尔树、前缀树等 |
| 网络层 | 采用 P2P 组网技术及相应的数据传输和验证技术，执行节点发现、节点间通信和节点管理功能。P2P 一般基于 UDP，所以也要使用相应的网络管理和通信功能 | P2P，Gossip，Kademlia DHT |
| 共识层 | 实现共识算法，让系统中的各节点就区块数据的有效性达成共识，为分布式系统提供统一的输出，尽量处理节点恶意或者故障的情况 | 流行的有几十种共识算法，如工作量证明（PoW）、权益证明（PoS）、委托权益证明（DPoS）等 |
| 激励层 | 通过提供激励机制，鼓励节点参与记账，而不要参与作恶 | 通证经济模型，社会学，博弈论，概率论 |
| 智能合约层 | 可以视为商业逻辑的中间层 | Solidity，Web Assembly（WASM），脚本语言，Serpent，LLL，!Ink 等 |
| 应用层 | 各种区块链应用和案例 | Web 3.0，gRPC，Restful API |

从区块链应用人员的角度，区块链的架构如表 2-2 所示。

表 2-2 区块链（4 层）架构简介

| 层 级 | 描 述 | 功 能 |
|---|---|---|
| 第一层 | 分布式账本应用 | 多方计算、多方存储的去中心化账本作为信任机器的基础，增强可信度，提高写作效率 |
| 第二层 | 价值传输网络 | 实现价值传输功能；可清算，可追溯，安全 |
| 第三层 | 通证激励体系 | 提供激励机制，充分调动关联各方参与而不作恶，优化资源分配 |
| 第四层 | 资产数字化 | 证券通证化，通证证券化，有价资产数字化，无价资产数字化 |

## 2.2 哈希函数

密码学哈希函数（Cryptographic Hash Functions）是一个哈希函数（也叫杂凑函数），任意长度的消息作为输入，都将返回一个固定大小的结果字符串。结果字符串被称为哈希值（Hash Value）、消息摘要（Message Digest）、数字指纹（Digital Fingerprint）、摘要（Digest）或者校验和（CheckSum）。

哈希函数主要有 3 个特性。

① 正向计算容易：容易计算任意数据的哈希值。一次哈希计算不会花费很长的时间，否则就是不实用的。

② 不可逆性（不可反向破解）：很难从已知的哈希值反向计算出原文。

不可逆是指使用现有的计算机技术，在现有的数学算法上，无法根据哈希值反推出输入数据。从密码学很好理解，不能从密文计算出明文。就像战争片、谍战片的那样，加密的报文以无线电波的方式公开传播，所有人都能获取，但是由于没有密码，很难从截获的加密电文出发反推出原文。这才有了各种各样的破译密码的故事。哈希函数中的雪崩效应是指，输入数据任何的微小变化都会引起哈希值的巨大变化，如图 2-2 所示。

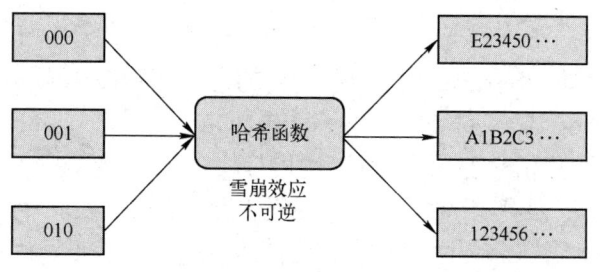

图 2-2 雪崩效应

③ 抗碰撞性（Collision Resistant）：不同的消息不会有同样的哈希值。就像去电影院买票，不同的人付钱，一定会买到不同座位的电影票。如果不同的人付钱，买到了相同座位的票，在密码学里就被称为发生了碰撞（Collision）。

比较常用且知名的密码学方法有 MD5、SHA-1、SHA-256、SHA-318、SHA512 等。

注意，Keccak 与 SHA-3 并不是一回事。2007 年，美国国家标准与技术研究院（NIST）发起了一个 SHA-3 海选。2012 年，Keccak 团队的提案被采纳。从那时起，程序员用这个提案实现了很多 SHA-3 的方案。但是，在 2014 年，NIST 对 Keccak 的提案做了一些修改并发布了 FIPS 202，在 2015 年 8 月变成了官方的 SHA-3 标准。但是有很多旧代码还在使用 Keccak，没有升级到官方的 SHA-3 标准。

必须明白，旧的基于 Keccak 的代码并不会产生与 SHA-3 一样的哈希。当使用 SHA3 库时，必须清楚它是基于 Keccak 还是基于标准的 SHA-3。

例如，一个简单的 SHA3-256 测试是对于空输入，符合 SHA-3 标准的输出是

`a7ffc6f8bf1ed76651c14756a061d662f580ff4de43b49fa82d80a4b80f8434a`

而很多旧的 Keccak-256 代码的输出是：

`c5d2460186f7233c927e7db2dcc703c0e500b653ca82273b7bfad8045d85a470`

所以我们要正确地理解 SHA-3 和 Keccak。

同样，不要贸然说某个库是 SHA-3，除非验证过它是真正的 SHA-3。如果盲目假定使用的编程语言的 SHA-3 库符合 SHA-3 标准，你可能会犯错误。比如，JavaScript、NPM 的 SHA-3 库包就不是符合 SHA-3 标准的。

对以太坊的社区而言，以太坊使用 SHA-3 定义的算法，从而享受了协议带来的安全性。但是以太坊的协议与标准的 FIPS 202 有所区别，以太坊的黄皮书中注明，其使用了"Keccak-256 哈希函数"（SHA-3 竞赛的胜出者）。

## 2.3 密码学算法

### 2.3.1 对称加密算法

对称加密历史古老而悠久。第一种众所周知的密码是公元前 58 年左右由恺撒大帝使用的恺撒密码。据说恺撒是率先使用加密手段的古代将领之一，因此这种加密方法被称为

恺撒密码（Caesar Cipher）。

恺撒密码是一种移位密码，如预先约定所有的字母都后移3位，那么a对应d，h对应k，z对应c。字符串"test"对应的加密字符串就是"whvw"。

对称加密算法即加密和解密使用相同密钥的算法，即加密key=解密key。对称加密算法的优点是加密速度快、便于硬件实现和大规模生产，而且一般比较简便高效，密钥简短，破译困难。其缺点是，需要保障密钥安全，无法用来签名和抗抵赖。

对称加密算法的常用算法包括如下。

### 1．DES（Data Encryption Standard，数据加密标准）

DES是最基本的对称加密算法，也是使用频率最高的一种算法，加密密钥与解密密钥相同。DES出自IBM，后被美国军方采纳，之后便广泛流传，但是近些年使用越来越少，因为DES使用56位密钥，以现代计算能力，24小时内即可被破解。

### 2．3DES（Triple Data Encryption Standard，三重数据加密标准）

3DES（或称为Triple DES）是三重数据加密算法（TDEA）块密码的通称，相当于对每个数据块应用三次DES加密算法。由于计算机运算能力的增强，原版DES密码的密钥长度变得容易被暴力破解，3DES提供了一种相对简单的方法，即通过增加DES的密钥长度来避免类似攻击，而不是设计一种全新的块密码算法。

### 3．AES（Advanced Encryption Standard，高级加密标准，又称Rijndael加密法）

AES是美国联邦政府采用的一种区块加密标准，用来替代原先的DES，已经被多方分析且广为全世界所使用。经过甄选，AES由美国国家标准与技术研究院（NIST）于2001年11月26日发布于FIPS PUB 197，并在2002年5月26日成为有效的标准。2006年，AES成为对称密钥加密中最流行的算法之一。

AES是目前使用最多的对称加密算法之一，至今尚未听说有被破解的案例。AES通常用于移动通信系统加密和基于SSH（Secure Shell，安全外壳）协议的软件，如SSH Client、secureCRT。

### 4．PBE（Password-Based Encryption，基于密码验证）

PBE算法是一种基于口令的加密算法，其特点是使用口令代替了密钥，而口令由用户自己掌管，采用随机数杂凑多重加密等方法保证数据的安全性。PBE算法在加密过程中并不是直接使用口令来加密，而是使用口令生成加密的密钥，这个功能由PBE算法中的KDF（Key Derivation Function，密钥导出函数）完成。

KDF函数的实现过程为：将用户输入的口令首先通过"盐"（salt）的扰乱产生准密钥，再将准密钥经过散列函数多次迭代后，生成最终加密密钥。密钥生成后，PBE算法再选用对称加密算法对数据进行加密，可以选择DES、3DES、RC5等对称加密算法。

### 5．RC4（Rivest Cipher 4）

RC4于1987年提出，与DES算法一样，是一种对称加密算法，即使用的密钥为单钥（或称为私钥）。不同于DES，RC4不是对明文进行分组处理，而是用字节流的方式依次加密明文中的每个字节，解密的时候也是依次对密文中的每个字节进行解密。

对称加密方法如果是在网络上传输加密文件，就很难不把密钥告诉对方，不管用什么方法，都有可能被窃听，即系统的保密性主要取决于密钥的安全性。所以，在公开的计算机网络上安全地传送和保管密钥是一个严峻的问题。由于对称密码学中双方都使用相同的密钥，因此无法实现数据签名和不可否认性等功能。每对用户每次使用对称加密算法时，都需要使用其他人不知道的唯一钥匙，这会使得收发双方拥有的钥匙数量呈几何级数增长，密钥管理成为用户的负担。对称加密算法在分布式网络系统上使用较为困难，主要因为密钥管理困难、密钥传输困难、使用成本较高。

表 2-3 是几种对称加密算法的比较。

表 2-3　对称加密算法的比较

| 名　称 | 密钥名称 | 运行速度 | 安全性 | 资源消耗 |
| --- | --- | --- | --- | --- |
| DES | 56 位 | 较快 | 低 | 中 |
| 3DES | 112 或 168 位 | 慢 | 中 | 高 |
| AES | 128、192、256 位 | 快 | 高 | 低 |

## 2.3.2　不对称加密算法

不对称加密（Asynchronized Cryptography）是现代密码学历史上最为伟大的发明，可以很好地解决对称加密需要的提前分发密钥问题（即对称加密的话，接收方需要提前知道发送方用的密钥）。不对称加密，顾名思义，其加密密钥和解密密钥是不同的，分别称为公钥和私钥。公钥（Public Key）一般是公开的，人人可获取；私钥（Private Key）一般是个人自己持有，不能被他人获取。

不对称加密的优点是公钥、私钥分开，在不安全的信道上也可使用（如访问 Web 的 HTTP 通道）。其缺点是，加密、解密速度慢，一般比对称加密、解密算法慢两到三个数量级，同时加密强度比对称加密要差。

非对称式加密技术采用一对不同的密钥进行加密、解密，因此有两个密钥。私钥即私有秘钥，各自秘密保存。公钥即公开秘钥，是可以公开获得的。

它们具有这样的性质：每把密钥执行一种对数据的单向处理，用公钥加密的文件只能用私钥解密，而私钥加密的文件只能用公钥验证。非对称加密技术的特点在于，公钥可以对外公布，而私钥则不能。而公钥与私钥必须配对使用，否则不能打开加密文件。因此，收件人解密时必须用自己的私钥，这样可以避免密钥的传输安全性问题。虽然两个密钥在数学上相关，但如果知道了其中一个，并不能凭此计算出另一个。

非对称加密算法的安全性往往需要基于数学问题来保障，目前主要有基于大数质因子分解、离散对数、椭圆曲线等思路。其代表算法包括 RSA、ElGamal、椭圆曲线（Elliptic Curve Crypto-systems，ECC）等。非对称加密算法一般适用于签名场景或密钥协商，不适于大量数据的加解密。RSA 算法等已被认为不够安全，一般推荐采用椭圆曲线算法。

这种算法有多安全呢？以一台普通计算机每秒进行 140 亿次两个密钥的匹配度测试的

速度为例,全部测试完所需的时间比宇宙诞生以来的寿命(140亿年)还要超过 7.8 亿倍。

**1. 私钥和公钥**

Alice 有公钥和私钥,可以利用私钥创建一个数字签名;Bob 可以使用 Alice 的公钥验证一个签名确实是来自 Alice 的私钥。当创建一个以太坊或者比特币地址时,那个十六进制字符串地址就是一个公钥,而私钥保存在别的地方,可能是服务器端,也可能是个人的设备,如手机或者计算机。如果丢失了钱包的私钥,就永久丢失了钱包里的资金。所以,最好备份自己的公钥和私钥。

图 2-3 表示了公钥、私钥和地址之间的关系。由私钥可以生成公钥,由公钥可以生成地址。但是私钥→公钥→地址的过程是单向的,不可逆。反之,想由地址得到公钥,由公钥得到私钥,都是不可能的。

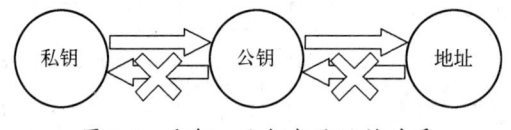

图 2-3 私钥、公钥与地址的关系

**2. 加密**

非对称加密算法重要的应用之一就是加密,如图 2-4 所示。例如,Alice 有一个钥匙圈,上面有 Bob、Joy、Mike 等人的公钥;Alice 用 Bob 的公钥给要发送的文本加密;Alice 发送加密后的文本;Bob 收到加密后的文本,用自己的私钥解密。

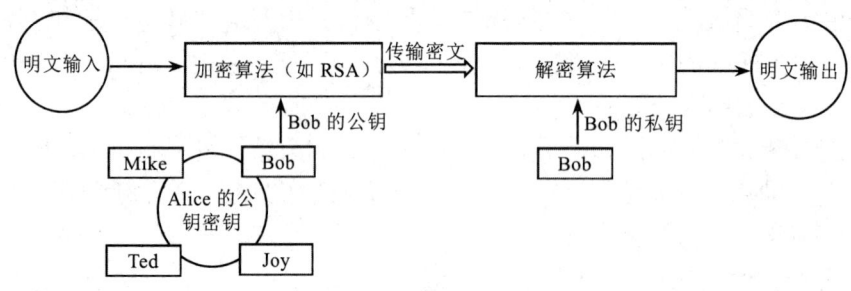

图 2-4 非对称加密算法的加密和解密

**3. 签名验证**

非对称加密算法的应用之一就是签名。例如,Alice 用自己的私钥加密要传送的文本;Bob 有 Alice 的公钥;Bob 在收到发送过来的加密文本后,用 Alice 的公钥可以验证该加密文本是否来自 Alice,如图 2-5 所示。

### 2.3.3 国密

国密即国家密码局认定的国产密码算法,主要有 SM1、SM2、SM3、SM4。密钥长度和分组长度均为 128 位。国密的安全度比较高(如表 2-4 所示),我国于 2010 年 12 月推出。现在银行都要求国密算法改造,即用国密算法取代区块链里使用的所有国际加密算法。

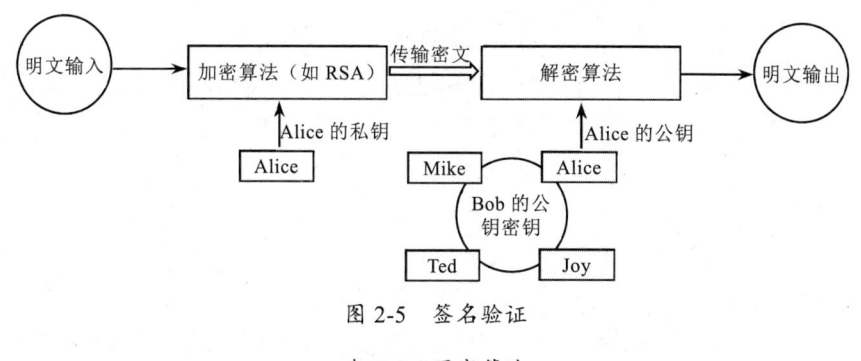

图 2-5　签名验证

表 2-4　国密算法

| 算法名称 | 类型 | 简介 | 说明 |
| --- | --- | --- | --- |
| SM1 | 对称加密 | 其加密强度与 AES 相当。该算法不公开，调用该算法时，需要通过加密芯片的接口进行调用 | SM1、SM4 加解密的分组大小为 128 位，故对消息进行加解密时，若消息长度过长，需要进行分组，否则进行填充 |
| SM2 | 非对称加密基于 ECC | 已公开。算法基于 ECC，故其签名速度与秘钥生成速度都快于 RSA。ECC 256 位安全强度比 RSA 2048 位高，但运算速度快于 RSA。国家密码管理局公布的 SM2 的加密强度为 256 位 | 公钥密码算法（RSA 和 SM2）、公开加密算法本身和公钥，保存私钥 |
| SM3 | 非对称加密 | 消息摘要。可以用 MD5 作为对比理解。该算法已公开。校验结果为 256 位 | 摘要算法（SM3、MD5）用于数字签名、消息认证，数据完整性，但是 SM3 安全度比 MD5 高 |
| SM4 | 对称加密 | 无线局域网标准的分组数据算法，密钥长度和分组长度均为 128 位 | 分组密码算法（DES 和 SM4），将明文数据按固定长度进行分组，然后在同一密钥控制下逐组进行加密 |

## 2.3.4　RSA

　　RSA 加密算法是目前最有影响力的公钥加密算法，被普遍认为是目前最优秀的公钥方案之一。RSA 能够抵抗到目前为止已知的所有密码攻击，已被 ISO 推荐为公钥数据加密标准。RSA 以它的三个发明者 Ron Rivest、Adi Shamir 和 Leonard Adleman 的姓氏首字母命名。RSA 加密算法是最常见的非对称加密算法，既能用于加密，也能用于数字签名，是目前最流行的公开密钥算法。RSA 安全基于大质数分解的难度，其公钥和私钥是一对大质数，从一个公钥和密文恢复明文的难度等价于分解两个大质数之积，这是公认的数学难题。

　　RSA 的安全基于大数的因子分解，其重大缺陷是无法从理论上把握它的保密性能。不过 RSA 从提出到现在的二十几年间经历了各种攻击的考验，目前被普遍认为是最优秀的公钥方案之一。RSA 的缺点是：产生密钥很麻烦，受限于质数产生的技术；分组长度太大，运算代价高、速度慢。

　　RSA 加密算法基于一个十分简单的数论事实：将两个大质数相乘十分容易，但想要对其乘积进行因式分解极其困难，因此可以将乘积公开作为加密密钥。RSA 的加密和解密都要对一个非常大的质数进行计算，与对称加密相比，性能实在是相差太多。因此有人把这两种技术混合起来，使用非对称加密来传送密码，使用所传送的密码进行对称加密。HTTPS 就是构建在这个基础之上的。

RSA 算法是非对称加密算法的先驱，也可能是最广为人知、目前应用最广的非对称加密算法。而这些年随着硬件和破解算法的不断改进，实用的 RSA 密钥对所需要的密钥长度不断提升，从 1024 位到 2048 位，很快就会普遍升级为 3072 甚至 4096 位。密钥长度上升得非常快。

RSA 加密过程如下：

① 选两个很大的质数 $p$、$q$。

② 计算 $n = p \times q$，且公开 $n$。

③ 再选一个数值 $e$，需要保证 $e$ 和 $(p-1)\times(q-1)$ 没有除 1 之外的公因数。$e$ 和 $(p-1)\times(q-1)$ 同样是公开的。

④ 如需加密信息 $X$，计算 $X^e \bmod n$。如果用很小的质数来尝试，假定 $p=11$，$q=17$，那么 $n=11\times17=187$；选择 $e=3$，满足与 $(11-1)\times(17-1)=160$ 没有除 1 之外的公因数。例如，要加密的信息字符串为 $X=$"MATH"，每个字母以它在字母表中的顺序赋值（A=1，B=2，C=3，以此类推），于是要加密的信息就是 M=13，A=1，T=20，H=8。加密后：

$$13^3 \bmod 187 = 140$$
$$1^3 \bmod 187 = 1$$
$$20^3 \bmod 187 = 146$$
$$8^3 \bmod 187 = 138$$

⑤ 发出的加密后的信息就成为了 (140, 1, 146, 138)。加密完成。

解密的过程如下：

① 找到一个质数 $d$，满足 $d \times e = 1 \bmod (p-1)\times(q-1)$。

② 要解密信息 $Y$，就需要计算 $Y^d$ 和 $Y^d \bmod n$。解密发来信息的第一个数字 140。选择 $d=107$，那么 $d \times e = 321$，满足 1 mod 160；$Y^d \bmod n = 140^{107} \bmod 187 = 13$，就得到了发送信息为 M。

用同样的方法，可以最后得到 13、1、20、8，对应字母表中的 M、A、T、H。

解密完成。

由于 RSA 的安全性问题，中本聪在设计比特币时并没有选用 RSA。目前，RSA 处于逐步退场的状态，椭圆曲线则登堂入室。下面简单介绍椭圆曲线算法的加密和解密过程。

## 2.3.5　椭圆曲线算法家族

在实际应用领域，RSA 已经在逐步退场。而随着 RSA 被从传输层安全协议（Transport Layer Security，TLS）1.3 标准中剔除，这个进程会大大加快，其中一个重要原因是支持 TLS 1.3，各级 CA（数字证书认证）机构将不再颁发使用 RSA 算法的数字证书，而改为颁发使用椭圆曲线算法的数字证书。

本节介绍取 RSA 而代之的椭圆曲线（ECC）家族。相对于 RSA 密钥长度的不断增加，椭圆曲线算法的好处在于几乎不需要升级密钥长度，而且密钥长度也更短，只有 256 位，计算量相比 RSA 也更低。

下面将介绍的 3 种椭圆曲线都由方程式来定义。而基于某种曲线的加密算法都是针对曲线上的点进行加密运算。

### 1．魏尔斯特拉斯曲线

国际标准的 NIST P-256、中国标准的 SM2、比特币和以太坊使用的 secp256k1，都属于魏尔斯特拉斯（Weierstrass）曲线。secp256k1 是 SECG（Standards for Efficient Cryptography Group，高效密码组标准）协会开发的一套高效的椭圆曲线签名算法标准。在比特币流行前，secp256k1 并未真正使用过。secp256k1 的命名组成（如图 2-6 所示）包括：sec 表示来自 SECG 标准，p 表示曲线坐标是质数域，256 表示质数是 256 位长，k 表示它是 Koblitz（柯布尼茨）曲线的变体，1 表示它是该曲线的第一个标准。

魏尔斯特拉斯方程一般为：

$$y^2 = x^3 + ax + b$$

其中，a 和 b 需要满足 $4a^3 + 27b^2 \neq 0$，以免曲线退化，大致如图 2-7 所示。可以看出两个特点：曲线对 X 轴对称，一根直线与一条椭圆曲线最多有 3 个交点。

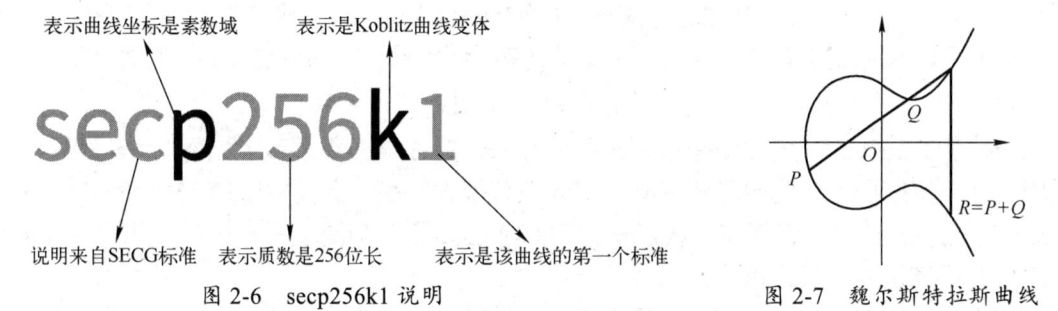

图 2-6 secp256k1 说明

图 2-7 魏尔斯特拉斯曲线

secp256k1 曲线的其方程如下：

$$y^2 \bmod p = x^3 + 7 \bmod p$$

其中，$p = 2^{256} - 2^{32} - 2^9 - 2^8 - 2^7 - 2^6 - 2^4 - 1$。根据魏尔斯特拉斯曲线方程，a=0，b=7。

椭圆曲线函数需要注意：

① 无限点（Point at infinity）。无限点是椭圆曲线的初始点，如同二维坐标系的原点（x=0，y=0）。

② 椭圆曲线加法。如果 $p_1$ 和 $p_2$ 都位于椭圆曲线上，连接 $p_1$ 和 $p_2$，那么与椭圆曲线的交点是 $p_3$，那么 $p_1 + p_2 = -p_3$（$-p_3$ 表示点 $p_3$ 相对于 X 轴的椭圆曲线上的对称点）。

③ 椭圆曲线加法满足交换律，即 $A + (B + C) = (A + B) + C = A + B + C$。

④ 椭圆曲线乘法。由椭圆曲线的加法可以推导出椭圆曲线的乘法公式

$$k \times G = G + G + \cdots + G \text{（共 } k \text{ 个 } G\text{）}$$

### 2．蒙哥马利曲线（ED25519）[1]

魏尔斯特拉斯椭圆曲线存在安全缺陷：在执行标量乘法（椭圆曲线签名以及解密）时，需要反复确认是倍点运算（即点的乘法运算）还是加法运算，于是存在被侧信道攻击破解

---

[1] Ed25519: high-speed high-security signatures.

的可能性。于是，新的椭圆曲线算法乘势崛起，其中比较有名的是伯恩斯坦发明的 25519 曲线。25519 这个名字实际上是一个质数，即 $2^{255}-19$。伯恩斯坦开发了使用这个质数的椭圆曲线算法，即蒙哥马利曲线，其方程为：

$$y^2 = x^3 + 488666x^2 + x$$

蒙哥马利曲线允许使用统一的公式计算标量乘法。该公式被称为蒙哥马利梯子（Montgomery Ladder），是一个递归定义的公式。这样，侧信道攻击就无效了。而这就是 25519 曲线被纳入 TLS 1.3 标准的最大原因。

2013 年，斯诺登曝光了"棱镜计划"，指出美国国家安全局（National Security Agency，NSA）在 NIST 标准中使用的 Dual_EC_DRBG 算法中放置了后门，导致人们对于 NIST 及其推出的 Curve P（如 secp256r1 被称为 P-256）系列曲线的安全性开始产生了质疑，之后 25519 曲线开始获得了广泛关注。

### 3．爱德华兹曲线

爱德华兹曲线又被称为 448 曲线。与 25519 曲线一样，448 曲线得名于它使用的一个质数：$p = 2^{448} - 2^{224} - 1$。448 曲线又被称为"Goldilocks"（金发姑娘）。发明者说这是因为他选择的质数在形式上具有"Golden Ratio"（黄金比例）。爱德华兹曲线方程如下：

$$y^2 + x^2 = 1 - 39081x^2y^2$$

爱德华兹曲线的一大优势是运算速度非常快，原因就在于"黄金比例"，这里不展开。采用了 448 位的质数，爱德华兹曲线的安全性有很大提高，远超 NIST P256、SM2、25519 曲线的安全性，虽然后者都被公认是安全的（前三者在不考虑边信道攻击的情况下）。安全性的极度保守是发明者的首要考虑。

如果设计一个未来十几年乃至几十年都能持续安全稳定应用的区块链，那么爱德华兹曲线至少在抵抗量子计算机或者新的密码分析学进展方面能够比其他曲线多赢取若干年的时间。也就是说，下一代公链项目应该使用爱德华兹曲线或类似强度的椭圆曲线。

有意思的是，这几个曲线中是有等价关系的。通过一定的映射，蒙哥马利曲线可以转化为魏尔斯特拉斯曲线。蒙哥马利曲线和爱德华兹曲线具有双有理等价关系，通过双有理映射也可以相互转化。

## 2.4 共识算法

在一个公开的分布式环境中，每个网络节点独自运行。节点可能有故障，也可能故意作恶，尤其是有经济利益牵涉其中的时候，如一笔巨额转账。所以，同一段程序，节点 A 可能正常执行；节点 B 可能由于故障、网络延迟等原因而执行没有结果或者正确执行了但是执行结果迟迟未提供；节点 C 可能因为执行的程序是一笔涉及巨额转账的程序，而作恶把钱都转到自己的账户里去了并提供了伪造的执行结果。如何保证这一个网络能够尽可能地排除那些"问题"节点（如节点 B 和节点 C）的干扰，选择接受程序的正确执行结果并让全网知晓？这是一个典型的分布式系统共识问题。

在区块链出现前，共识问题已经被研究了多年，已经有 Paxos、PBFT 等知名算法。随着区块链技术的流行，各种共识算法不断涌现。目前，新的共识算法还在涌现，如 Diem（原 Libra）的 Hotstuff 和雪崩协议（Avalanche）。表 2-5 列出了实际应用的共识算法。

表 2-5　实际应用的共识算法

| 共识算法 | 应　　用 |
| --- | --- |
| PoW | 比特币、莱特币、以太坊前三个阶段，即 Frontier（前沿）、Homestead（家园）、Metropolis（大都会） |
| PoS | PeerCoin、NXT、以太坊的第四个阶段，即 Serenity（宁静） |
| DPoS | BitShare、EOS |
| Paxos | Google Chubby、ZooKeeper |
| PBFT | Hyperledger Fabric |
| Raft | etcd |

## 2.4.1　拜占庭将军问题

拜占庭将军问题是分布式共识问题的一个抽象化和拟人化的表述：首先由 Leslie Lamport 与另外两人在 1982 年提出，被称为 The Byzantine Generals Problem 或者 Byzantine Failure。其核心描述是，军队将领中可能有叛徒，却要保证进攻一致，由此引申到计算领域，发展成了一种容错理论。随着区块链的出现和兴起，这个问题重入大众视野。

关于拜占庭将军问题，一个简易的非正式描述如下：拜占庭帝国想要进攻一个强大的敌人，为此派出了 10 支军队去包围这个敌人。这个敌人的实力虽不如拜占庭帝国，也足以抵御 5 支常规拜占庭军队的同时袭击。基于一些原因，这 10 支军队不能集合在一起单点突破，必须在分开的包围状态下同时攻击。他们任意一支军队单独进攻都毫无胜算，除非有至少 6 支军队同时袭击才能攻下敌国。他们分散在敌国的四周，依靠通信兵相互通信来协商进攻意向和进攻时间。困扰这些将军的问题是，他们不确定他们中是否有叛徒，叛徒可能擅自变更进攻意向或者进攻时间。在这种状态下，将军们能否找到一种分布式的协议来让他们能够远程协商，从而赢取战斗？应该明确的是，拜占庭将军问题中并不考虑通信兵是否会被截获或无法传达信息等问题，即消息传递的信道不能有问题。Lamport 已经证明，在消息可能丢失的不可靠信道上试图通过消息传递的方式达到一致性是不可能的。所以，在研究拜占庭将军问题的时候，我们已经假定信道是没有问题的，并在这个前提下进行做一致性和容错性相关研究。

在理论的探讨中，军队（将军）对应计算机网络的节点，通信兵对应 P2P 的网络连接。在一个分布式网络中，节点可能正常工作，也可能作恶，也可能因为传输不畅而有延迟甚至超时。拜占庭将军问题说的是，对于最终用户如何能够保持一致而稳定的输出结果，而不管网络情况是怎样的（当然，故障的节点不能太多）。

## 2.4.2　共识算法的两个定理

### 1．FLP 定理

Fischer、Lynch 和 Paterson 在论文 *Impossibility of Distributed Consensus with One Faulty Process*（1985）中证明：在一个异步系统中，只要有一个错误的进程，一致性就不可能达

成。这就是著名的 FLP 结论。这里，"一致性"代表的是一堆进程同意同一个值的问题。这个问题的难点在于，不能判断一个进程是停止了还是跑得非常慢。处理一个在异步系统中的错误几乎是不可能的。

**2．CAP 定理**

分布式计算系统不可能同时确保一致性、可用性和分区容错性，三者不可兼得。

一致性（Consistency）：所有节点在同一时刻能够看到同样的数据，即"强一致性"。

可用性（Availability）：确保每个请求都可以收到确定其是否成功的响应。

分区容错性（Partition Tolerance）：网络故障导致的系统分区不影响系统正常运行。

直觉上的论证很简单：如果网络分成了两半，在一半网络中"给 A 发送了 10 个币"，在另一半网络中"给 B 发送了 10 个币"，那么要么系统不可用，因为其中一笔交易或者全部两笔都不会被处理，要么系统会变得没有一致性，因为一半网络会完成第一笔交易，而另一半网络会完成第二笔交易。

具体定理的证明这里不展开，读者只需要记住定理的结果即可。

### 2.4.3 共识算法的目的

在有错误的进程存在并且有可能出现网络分区的情况下，FLP 定理堵死了在传统计算机算法体系下提出解决方案的可能性。如果把 FLP 定理的设定（Assumption）放宽松些，问题是否有解呢？由社会学和博弈论得到启发，科学家尝试引入了如下机制。

**1．激励机制（Incentive）**

比如，在拜占庭将军问题中，给忠诚的将军以奖励。当背叛的将军发现背叛行为没有任何收益的时候，他们还有背叛的动机吗？

这里引进博弈论的概念：不再把节点或者说将军分成公正/恶意（忠诚/背叛）两方，我们认为每个节点的行为是由激励机制决定的。就如 2000 年之前中国诸子百家热烈争论的话题：人之初，性本善焉，性本恶焉？我们认为，人之初，性无善无恶。人性的善恶由后天的激励机制决定。如果激励机制设置得当，考虑到每个节点都有最大化自己利益的倾向，那么大部分节点都会遵守规则，成为公正的节点。

**2．随机性（Randomness）**

在拜占庭将军问题中，决定下一个行动需要将军们协调一致，确定统一的下一步计划。在存在背叛将军的条件下，忠诚将军的判断可能被误导。在传统的中心化系统中，由权威性大的将军做决定，如现实世界的政府、银行。在去中心化系统中，研究者提出一种设想：是否可能在所有的将军中，随机指定一名将军做决定呢？这有点异想天开的设想为解决拜占庭将军问题打开了一扇门。根据什么规则选择做决定的将军呢？对应金融系统，就是如何决定谁有记账权。

① 根据每个节点（将军）的算力（Computing Power）来决定。谁的算力强，可以解开某个谜题，就可以获得记账权（在拜占庭将军问题里是指挥权）。这是比特币用的 PoW 共

识协议。

② 根据每个节点（将军）具有的资源（Stake）来决定。所用的资源不能被垄断。谁投入的资源多，谁就可以获得记账权。这是 PoS 共识协议。

## 2.4.4 工作量证明

随着比特币的风靡一时，工作量证明也逐渐广为人知。工作量证明（Proof of Work，PoW），简而言之，就是矿工们竞争做数学题。第一个解开数学谜题的就会获得奖励：一些代币。每个节点就会同步更新新的块。每个矿工都想赢得下一块的打包权，因而被激励去不停地解题。这就达成了全网共识。注意，以太坊正在计划向权益证明（Proof of Stake，PoS）共识算法迁移。

比特币第一次启用了 PoW 机制，巧妙地解决了电子货币中的双花、伪造等问题。可以说，比特币中运用了计算机的分布式点对点计算原理、密码学的非对称加密的思想、数学的大质数原理来完美避免暴力破解的可能，借用经济学的激励（Incentive）机制，刺激大家以公开、公正、公平的方式自发地维护公共网络。

工作量证明机制随着比特币的流行而广为人知，其原理简述如下[2]：① 向所有的节点广播新的交易；② 每个节点把收到的交易放进块中；③ 在每轮中，一个被随机选中的节点广播它保有的块；④ 其他节点在验证块中所有的交易正确无误后，接受该区块；⑤ 其他节点将该区块的哈希值放入下一个它们创建的区块中，表示它们承认这个区块的正确性。

节点们总是认为最长的链为合法的链，并努力扩大这条链。如果两个节点同时广播各自挖出的区块，其他节点以自己最先收到的区块为准开始自己的挖矿，同时会保留另一个区块。所以会出现一些节点先收到 A 的区块并在其上开始挖矿，同时保留 B 的区块，以防止 B 的区块所在的分支日后成为较长的分支，直到其中某个分支在下一个工作量证明中变得更长，之前那些在另一条分支上工作的节点就会转向这条更长的。

比特币网络平均每 10 分钟有一个节点找到一个区块。如果两个节点在同一个时间找到区块，那么网络将根据后续节点的决定来确定以哪个区块来构建总账。从统计学角度，一笔交易在 6 个区块（约 1 小时）后被认为是明确确认且不可逆的。然而，核心开发者认为，需要 120 个区块（约 1 天）才能充分保护网络不受来自潜在更长的已将新产生的币花掉的攻击区块链的威胁。

生物学上有一个原理称为不利原理（Handicap Principle），可以帮助我们理解工作量证明的过程。当两只动物有合作的动机时，它们必须很有说服力地向对方表达善意。为了打消对方的疑虑，它们向对方表达友好时必须附上自己的代价，使得自己背叛对方时不得不付出昂贵的代价。换句话说，表达方式本身必须是对自己不利的。

定义可能很拗口，但这是历史上经常发生的事。例如，古代国家和国家之间签订盟约，为了表示对盟约的诚意，经常会互质，即互相送一个儿子（有时甚至会送太子，即皇位继承人）去对方国家做人质。在这种情况下，为取得信任而付出的代价就是君主和儿子的亲

---

[2] 蒋勇，文延，嘉文. 白话区块链[M]. 北京：机械工业出版社，2017.

情、十几年的养育和人质的生命。这在经济学上称为沉没成本（Sink Cost）。

工作量证明（PoW）很好地利用了不利原理解决了一个自己网络的社会问题：产生一个新区块是建立在耗时耗力的巨大代价上的，所以当新区块诞生后，某个矿工要么忽视它，继续自己的新区块寻找，要么接受它，接着继续挖掘新的区块。显然，前者是不明智的，因为在比特币中，以最长链为合法链，这个矿工选择忽视而另起炉灶，就必须说服足够多的矿工沿着他的路线走，这样才可以让付出不是白费，而且可以继续更新区块的挖矿。这样，全网成员在遵守一个不成文的规定，对矿工发现新区块更有利，不会出现"你走你的、我走我的"情况，这是一个全网良性建设。比特币通过不利原理约束了节点行为，十分伟大，因为这种哲学可以用到如今互联网建设的好多方面，如防垃圾邮件、防DDoS攻击。

PoW共识的优点是完全去中心化，节点自由进出；但是依赖机器进行数学运算来获取记账权，资源消耗相比其他共识机制高、可监管性弱，同时每次达成共识需要全网共同参与运算，性能效率比较低，容错性方面允许全网50%节点出错。

目前，比特币已经吸引了全球大部分区块链的算力，其他再用PoW共识机制的区块链应用很难获得相同的算力来保障自身的安全。

PoW机制的缺点还包括：挖矿造成大量的资源浪费，共识达成的周期较长。

## 2.4.5 权益证明

权益证明（Proof of Stack，PoS）现在已经有了很多变种。最基本的概念就是选择生成新的区块的机会应和股权的大小成比例。权益可以是投入的资金，也可以是预先投入的其他资源。

PoS是针对PoW的缺点的改进。PoS由Quantum Mechanic于2011年在bitcointalk上首先提出的，后经Peercoin和NXT以不同思路实现。PoS不像PoW那样，无论什么人，买了矿机，下载了软件，就可以参与。PoS要求参与者预先放一些代币（利益）在区块链上，类似于财产存储在银行中，会根据持有数字货币的量和时间来分配相应的利息。用户只有将一些利益放进链里，其他用户才会更关注，做出的决定才会更理性。同时，PoS可以引入奖惩机制，使节点的运行更可控，同时更好地防止攻击。[3]

PoS运作的机制大致如下：

① 加入PoS的都是持币人，成为验证者（Validator）。

② PoS在这些验证者里挑选一个，给予生成新区块的权力。挑选的顺序是依据持币的数量。

③ 如果在一定时间内没有生成区块，则挑选下一个验证者，给予生成新区块的权力。以此类推，以区块链中最长的链为准。

PoS与PoW有很大的区别：在PoS机制下，持币是有利息的。比特币是有数量限定的，由于有比特币丢失问题，整体上，比特币是减少的，也就是说，比特币是一个通缩的系统。PoS机制引入了"币龄"的概念，每个币每天产生1币龄。比如你持有100个币，

---

[3] 蒋勇，文延，嘉文. 白话区块链[M]. 北京：机械工业出版社，2017.

总共持有了10天，那么你的币龄就为1000。如果发现了一个PoS区块，你的币龄就会被清空为0。每被清空365币龄，你将从区块中获得一定的利息。因此，PoS机制不会产生通缩的情况。

与PoW相比，PoS不需要为了生成新区块而大量的消耗电力，也一定程度地缩短了共识达成的时间。但是其缺点是：PoS还是需要挖矿。

## 2.4.6 委托权益证明

DPoS（Delegated Proof of Stake，委托权益证明）是PoS的改进。DPoS使用见证人机制（Witness）解决中心化问题，共有N个见证人对区块进行签名。DPoS消除了交易需要等待一定数量区块被非信任节点验证的时间消耗。通过减少确认的要求，DPoS大大提高了交易的速度，通过信任少量的诚信节点，可以去除区块签名过程中不必要的步骤。DPoS的区块可以比PoW或者PoW容纳更多的交易数量，从而使加密数字货币的交易速度接近像Visa和Mastercard这样的中心化清算系统。[4]

① 权益所有人为了见证人尽量长时间地在线，要付给见证人一定的报酬。
② 见证人必须保证尽量在线。如果见证人错过了签署区块链，就要被踢出董事会，不能担任见证人的工作。
③ 如果权益所有人不喜欢选出来的见证人，他们可以选择卖出权益退场。

DPoS使得区块链网络保留了一些中心化系统的关键优势，同时保证一定的去中心化。见证人机制使得交易只用等待少量诚信节点（见证人）的响应，而不必等待其他非信任节点的响应。DPoS机制有以下特点：

① 见证人的数量由权益所有者确定，至少需要确保11个见证人。
② 见证人必须尽量长时间在线，以便做出响应。
③ 见证人代表权益所有人签署和广播新的区块链。
④ 见证人如果无法签署区块链，就将失去资格，也将失去这部分收入。
⑤ 见证人无法签署无效的交易，因为交易需要所有见证人都确认。

## 2.5 博弈论

博弈论的研究起始于1944年冯·诺依曼（Von Neumann）和奥斯卡·摩根斯坦（Oscar Morgenstern）合著的《博弈论和经济行为》。纳什（John Nash）首先用严密的数学语言和简明的文字准确地定义了"纳什平衡"，并在包含"混合策略"（Mixed Strategies）的情况下，证明了纳什平衡在N人有限博弈中的普遍存在性，从而开创了与冯·诺依曼和摩根斯坦框架路线均完全不同的"非合作博弈"（Non-cooperative Game）理论，进而对"合作博弈"（Cooperative Game）和"非合作博弈"做了明确的区分和定义。

区块链用到的是完全信息博弈的情况，即每个参与者的收益函数在所有参与者之间是

---

[4] 蒋勇，文延，嘉文. 白话区块链[M]. 北京：机械工业出版社，2017.

有共同知识的（Common Knowledge）。

博弈论的基本概念包括：参与人，行动，信息，战略，支付函数，结果，均衡。

博弈论模型至少包含三部分：参与人，策略，回报。

博弈有两种。

- ❖ 零和游戏：其中一个玩家的收益是以另一个玩家为代价的。
- ❖ 非零和游戏：一个玩家的收益不是以另一个玩家为代价的。

## 2.5.1 博弈论原理

### 1．纳什均衡

假设有 $N$ 个人参与博弈，每个人选择自己的最优策略，所有参与人选择的策略一起构成一个策略组合。纳什均衡（Nash Equilibrium）是指，策略组合是由所有参与人的最优策略组成的，给定别人策略的情况下，没有任何单个参与人有积极性选择其他策略，即没有任何人有积极性打破这种均衡。

### 2．公地悲剧问题

公地悲剧问题最早由美国环境学家格雷特·哈定（Garrett Hardin，1915—2003）在 1968 年发表在《科学》杂志上的论文《公地悲剧》指出，公地悲剧问题是一个纳什均衡。公地悲剧说的是，有一块公共的草地，每个人都能上去放羊，如果所有人都不加节制地放牧，很快这地就被啃光了，再也长不出草来，大家就失去了这块草地。但是在相互竞争的情况下，每个牧羊人都出于自身利益最大化的动机，会选择不加节制的放牧。在现代工业社会中，把草地换成湖泊、河流，把牧羊人换成工厂企业家，把放牧换成排放废料、污水，这个问题是等价的。对于公共资源的使用都存在公地悲剧问题。

比特币要解决的共同记账问题就是一个公地悲剧问题，是一个囚徒困境，是一个纳什均衡。如果参与记账的每个人都能够从篡改账本中攫取利益，那么他就会选择这样做，虽然从整体上看，每个人都这样做的后果就是这个共同账本变得一文不值。

### 3．囚徒困境

纳什于 1950 年第一次描述了囚徒困境。假设警察抓住了 A 和 B 两名罪犯，并有足够证据证明他们犯了次要罪行，但是警察想要他们的主要罪行成立的同时，还需要其中一个来揭发另一个。为此，警察设定了如下收益矩阵（如表 2-6 所示）。

表 2-6 决策收益矩阵

| B | A 沉默 | A 揭发 |
|---|---|---|
| 沉默 | (1, 1) | (0, 10) |
| 揭发 | (10, 0) | (8, 8) |

- ❖ 如果两个人都不招供，那么两人将被判入狱 1 年。
- ❖ 如果两个中的一个揭发一个不揭发，那么揭发的人将因立功表现而被释放，而另一方获得 10 年刑期。
- ❖ 如果两个都揭发，那么两个都会得到 8 年刑期。

在不能充分沟通的情况下，每个人都会想：

- ❖ 如果对方招供，我也招供，那么判 8 年；我不招供，那么判 10 年。所以，优势策略是招供。

❖ 如果对方不招供，我招供，那么会释放；我不招供，那么判 1 年。所以，优势策略是招供。

结果：两个人都选择招供。最后取得了对于团队来说的最差结局：都判了 8 年。

这个例子容易找到纳什均衡。只有在一种策略组合下，两个人都没有改变决策的动机，就是他们互相揭发。之所以被称为"困境"，是因为 A 和 B 其实有更好的选择，即两人都不揭发对方。但是由于他们被分开审讯，不能沟通或者合谋，因此个人的最佳选择并不能导致团队的最佳选择。

## 2.5.2 博弈论在区块链的应用

比特币通过一系列计算，矿工找到一个区块并将其添加到区块链中，挖矿奖励为 50 BTC（每 21 万个区块，也就是约 4 年奖励减半）。矿工在区块链系统中拥有很大的权力，如果他们选择为自己的个人利益作弊，他们可能会对系统造成严重破坏。为了解决这个问题，区块链使用博弈理论机制来保持系统的健壮性。

挖矿中的纳什均衡与惩罚制度如下：如果矿工创建了无效区块，那么由于区块链机制中已定义的规则，其他人不会在其上挖掘。在无效块之上挖掘的任何块都将变为无效块。此规则让矿工简单地忽略无效区块并继续在主链顶部挖掘。

类似的逻辑也可以适用于"次长"或者"第 $n$ 长"（$n>1$）的分叉链。

由于比特币认的是最长的链，在任何非最长链上挖矿都是无效且无用的，因此矿工也会在最长链上挖矿，而不会工作在"次长"或者"第 $n$ 长"（$n>1$）的分叉链。矿工们作为一个群体，将选择最稳定的状态，即具有纳什均衡的状态。显然，所有矿工也可以在分叉链上开采并使其成为新的主链，然而矿工的数量是如此巨大，这样的事情根本无法协调。正如博弈论所述，如果群体中的大多数没有改变他们的现有选择的动力，那么少数人将没有任何动力留在分叉的状态。如果明知这是徒劳的，为什么一个矿工会浪费他们的算力而冒巨大风险？

那么，对于存在恶意节点参与可能性的去中心化网络，也就是拜占庭系统，如何达到一致性（consistency），也就是全网共识（consensus）呢？在比特币之前，所有人都认为是不可能的。因为拜占庭系统的本质是人性冲突。比特币通过引入博弈论机制，成功突破了理论边界，建立了中本聪共识。

比特币采用的其实是一种博弈论下的非确定性共识，系统达到的一致性也不是完全一致性，而是概率一致性，所以也被称为概率共识。

比特币白皮书中对此进行了简单的计算。该一致性成立的概率随着新区块的累加是指数级提升的，在比特币的网络参数下，大概 6 个区块就可以认为几乎可以相信是达成全网共识了，交易已经不太可能被逆转了。计算公式如图 2-8 所示。其中：$p$，公正节点挖出下一块的概率；$q$，恶意节点挖出下一块的概率；$q_z$，在落后 $z$ 块的情况下，恶意节点挖矿能够追上公正节点挖矿的概率。

$$q_z = \begin{cases} 1, & p \leq q \\ \left(\dfrac{q}{p}\right)^z, & p > q \end{cases}$$

图 2-8 一致性概率计算公式

假设 $q=0.1$，那么一致性概率如表 2-7 所示。可以看出，随着后续挖出块数的增加，颠覆以前块的概率大幅下降。比特币这一划时代发明的独特之处就是为存在人性冲突的去中心化系统引入博弈论机制，从而通过实现概率一致性，一举解决了困扰世界顶级专家几十年的理论难题，称得上是史诗级的理论突破和工程成就。

表 2-7 一致性概率

| $Z$ | $P$ | $Z$ | $P$ |
| --- | --- | --- | --- |
| 0 | 1.00000 | 6 | 0.0002428 |
| 1 | 0.2045873 | 7 | 0.0000647 |
| 2 | 0.0509779 | 8 | 0.0000173 |
| 3 | 0.0131722 | 9 | 0.0000046 |
| 4 | 0.0034552 | 10 | 0.0000012 |
| 5 | 0.0009137 | / | |

## 2.6 P2P 算法

P2P（Peer-to-Peer，对等点对点）作为一种创新的思想，引领了计算模式新的革命。P2P 软件都是基于 P2P 思想的。P2P 的重大意义是提出了继浏览器/服务器（Browser/Server，B/S）、客户/服务器（Client/Server，C/S）架构后的一个全新的分布式系统的计算模式（如表 2-8 所示）。对于灾备、复制、同步、高可用、一致性、资源的定位和查找等应用需求，使用 P2P 思想进行思考和设计，很多问题可以迎刃而解。

表 2-8 C/S 与 P2P 模式比较

| C/S 模式 | P2P 模式 |
| --- | --- |
| 服务器是中心，提供服务和内容。网络由服务器管理 | 资源在节点间共享 |
| | 其他节点可以直接访问节点上的资源 |
| 服务器必须高效率 | 节点既是提供者也是请求者 |
| | 任何节点都可以被移除 |
| 客户端可以相对低效率 | 没有中心化控制 |

P2P 的概念最初是由 1999 年发布的三个有影响力的系统引发的：Napster 音乐共享系统、Freenet 匿名数据存储和 SETI@home 志愿者科学计算项目。这是第一代 P2P 网络，被称为中央控制网络体系结构——集中目录式结构。集中目录式结构采用中央服务器管理 P2P 各节点，P2P 节点向中央目录服务器注册关于自身的信息（如名称、地址、资源和元数据），但所有内容存储在各节点而并非服务器上；查询所要链接的节点要根据目录服务器中信息的查询以及网络流量和延迟等信息来选择与定位其他对等点并直接建立连接，而不必经过中央目录服务器进行。

第二代 P2P 网络是无结构 P2P 体系，主要代表为：Gnutella，纯分布式无结构 P2P 网络；KaZaA，基于超节点的无结构 P2P 网络；eDonkey/eMule，分块下载的双层无结构 P2P 网络；Freenet，自由、安全、匿名的无结构 P2P 网络。

第三代 P2P 网络是结构化 P2P 体系，经典的四大结构化 P2P 网络是 Chord、CAN、Tapestry 和 Pastry，进而建立了 CFS、OceanStore、PAST 等应用系统。

区块链应用中，比特币和超级账本 Fabric 节点间通信使用的是 Gossip 协议，以太坊和 Cardano（ADA）使用的是 Kademlia DHT。

## 2.6.1 Gossip

Gossip 协议也称为 Epidemic Protocol（流行病协议），实际上还有很多别名，如"流言算法"或"疫情传播算法"等。Gossip 协议是一种非结构化的 P2P 网络，基本上是随机连上一些节点即可，网络拓扑会呈现更随机的形状。例如，比特币的参数是每个节点最多主动连接 8 个节点，最多接受 117 个外来连接。Gossip 是一种去中心化思路的分布式协议，解决集群中的数据传播和状态一致性的问题。Gossip 即"流言"的意思，很好地诠释了协议的过程协议传输数据也是采用了类似流言传播的方式在集群中扩散。

① 节点 A 周期性地选择相邻的 $k$ 个节点，并且向这 $k$ 个节点发送自身存储的数据。

② $k$ 个节点收到 A 发送的数据后，发现自身没有，则存储下来，若有，则丢掉，并且重复节点 A 的过程。

节点 A 向节点 B 发送数据有三种方式。

❖ push 模式：节点 A 将数据(key, version, value)发给 B，B 更新比自己新的数据。
❖ pull 模式：节点 A 将数据(key, version)发给 B，B 将本地版本比 A 新的数据发给 A。
❖ push/pull 模式：先采用 push 模式更新 B，再采用 pull 模式更新 A。

push 模式需要通信一次，pull 模式需要两次，pull/push 模式需要通信三次，最终一致性的收敛速度与通信次数成正比。将消息传播到所有节点的时间复杂度为 $\log n$。

Gossip 协议有如下两种。

① Anti-Entropy（反熵）：每个节点周期性地随机选择其他节点，然后通过互相交换自己的所有数据来消除两者之间的差异，以固定的概率传播所有数据，用来保证在不同节点上的备份都持有最新版本。Anti-Entropy 使用简单传播（Simple Epidemics）模式，其节点有两种状态——Suspective 和 Infective，所以也被称为 SI 模型。处于 Susceptible 状态的节点代表并没有收到来自其他节点的更新；处于 Infective 状态的节点代表其有数据更新，并会将这个数据分享给其他节点。

② Rumor-Mongering（谣言传播）：当一个节点有了新的信息后，这个节点变成活跃状态，并周期性地联系其他节点向其发送新信息，直到所有节点都知道该新信息。因为节点之间只是交换新信息，所以通信负担大大减轻。Rumor-Mongering 使用复杂传播（Complex Epidemics）模式，其节点有三种状态：Suspective（疑似的）、Infective（传染性的）和 Removed（被清除的），也被称为 SIR 模型。处于 Removed 状态的节点说明其已经收到来自其他节点的更新，但是不会将这个更新分享给其他节点。

Gossip 协议的主要用途就是信息传播和扩散，即把一些发生的事件传播到全世界，也被用于数据库复制、信息扩散、集群成员身份确认、故障探测等。

1. 算法原理

图 2-9 是 Gossip 协议的算法实现伪代码。主动线程（Active Thread）是一直运行的。线程在每轮随机选择节点 p，如果是 push 模式，那么将本节点的数据打包（附上本节点的印记）发送给 p；如果是 pull 模式，那么接受来自 p 的数据，并与本节点数据合并。

```
do forever                                          do forever
  wait(T time units)                                  (p, view_p) ← waitMessage()
  p ← selectPeer()                                    view_p ← increaseHopCount(view_p)
  if push then                                        if pull then
    // 0 is the initial hop count                       // 0 is the initial hop count
    myDescriptor ← (myAddress, 0)                       myDescriptor ← (myAddress, 0)
    buffer ← merge(view,{myDescriptor})                 buffer ← merge(view,{myDescriptor})
    send buffer to p                                    send buffer to p
  else                                                buffer ← merge(view_p, view)
    // empty view to trigger response                 view ← selectView(buffer)
    send {} to p
  if pull then
    receive view_p from p
    view_p ← increaseHopCount(view_p)
    buffer ← merge(view_p, view)
    view ← selectView(buffer)

        (a)主动线程                                         (b)被动线程
```

图 2-9　Gossip 算法伪代码

被动线程（Passive Thread）是指被邻近节点 p 的消息触发，获取消息的数据：如果是 pull 模式，那么接受来自 p 的数据，并与本节点数据合并（附上本节点的印记），并发送给 p，否则更新本节点数据。

2. 协议优势

Gossip 协议的优势主要如下。

① 可扩展性（Scalable）。Gossip 协议是可扩展的，一般需要 $O(\log n)$ 轮就可以将信息传播到所有的节点，其中 n 代表节点的个数。每个节点仅发送固定数量的消息，并且与网络中节点数目无关。在数据传输的时候，节点并不会等待消息的反馈，所以消息传输失败也没有关系，因为可以通过其他节点将消息传输给之前传输失败的节点。系统可以轻松扩展到数百万个进程。

② 容错（Fault-tolerance）。网络中任何节点的重启或者宕机都不会影响 Gossip 协议的运行。

③ 健壮性（Robust）。Gossip 协议是去中心化的，所以集群中的所有节点都是对等的，没有特殊的节点，任何节点出现问题都不会阻止其他节点继续发送消息，任何节点都可以随时加入或离开，而不会影响系统的整体服务质量（QoS）。

④ 最终一致性（Convergent Consistency）。Gossip 协议实现信息指数级的快速传播，因此在有新信息需要传播时，消息可以快速地发送到全局节点，在有限的时间内能够做到所有节点都拥有最新的数据。

⑤ 简单性（Simplicity）。Gossip 协议实现过程简单，没有太多复杂性。

3. 协议劣势

分布式网络中没有一种完美的解决方案，Gossip 协议与其他协议一样，也有一些不可避免的缺陷，主要是如下两个。

① 消息的延迟。由于 Gossip 协议中节点只会随机向少数几个节点发送消息，消息最终是通过多个轮次的散播而到达全网的，因此使用 Gossip 协议会造成不可避免的消息延迟，不适合实时性要求较高的场景。

② 消息冗余。Gossip 协议规定，节点会定期随机选择周围节点发送消息，而收到消息的节点也会重复该步骤，因此不可避免地存在消息重复发送给同一节点的情况，造成消息的冗余，同时增加了收到消息的节点的处理压力。由于是定期发送，因此即使收到了消息的节点还会反复收到重复消息，加重了消息的冗余。

## 2.6.2 Kademlia

Kademlia（以下简称 Kad）是美国纽约大学的 P. Maymounkov 和 D. Mazieres 在 2002 年发布的一项研究结果 *Kademlia: A peer-to-peer information system based on the XOR metric*。Kad 是一种 DHT（Distributed Hash Table，分布式哈希表）技术。与其他 DHT 实现技术比较，如 Chord、CAN、Pastry 等，Kad 定义了一种结构化的 P2P 网络，这也是根据文件分享应用的需求来的。

### 1．节点

Kad 定义 P2P 网络中每个标准的节点标识（NodeID）是 160 位，也就是 20 字节，如图 2-10 所示。Kad 协议应用到以太坊中略有不同。以太坊的每个 P2P 节点都有节点标识（eNodeID）。但是 eNodeID 没有被直接使用，真正使用的是一个 256 位的值，即 SHA3(eNodeID)。以太坊使用固定数量的桶，但是限定为 17 个，而不是 256 个，通过对映射表取对数来把新节点均匀分布在各桶中。

### 2．异或距离

由于 P2P 网络是典型的无中心的结构网络，这就需要定义一种从起始节点到目标节点的寻址方式，并且保证这个寻址方式是逐渐逼近目标的（也就是距离是逐渐减少的，并最终将抵达目标。这种特性在数学上称为收敛）。如现实中使用"国家-城市-街道-门牌号"或者"经度-纬度"定义地址、用千米数或者经度/纬度差定义距离一样，Kad 算法定义了节点标识；同时使用节点标识之间的异或结果当作节点之间的距离。比如，节点标识为 101001 的节点和节点标识为 011100 的节点之间的距离为 110101（如图 2-11 所示）。

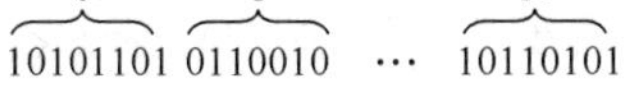

图 2-10　Kad 定义的标准节点标识（NodeID）

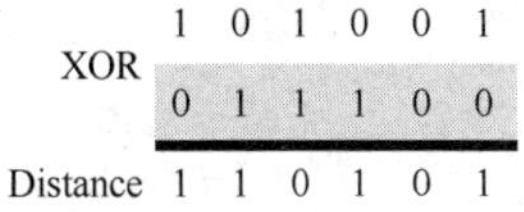

图 2-11　异或结果作为距离

相比于其他算法，Kad 算法用异或距离作为寻址的指南针，大大提高了路由查询速度。异或操作拥有的一些性质使得它适合做这件事情（⊕为异或）：

❖ $d(x,x) = 0$

- $d(x,y) > 0 \ (x \neq y)$
- $\forall x,y : d(x,y) = d(y,x)$（交换律，路由表对称）
- $d(x,y) + d(y,z) \geq d(x,z)$（三角关系）
- $d(x,y) \oplus d(y,z) = d(x,z)$
- $\forall a \geq 0, b \geq 0, a+b \geq a \oplus b$

Kad 网络中，查找节点内容的通信复杂度是对数级别，路由表缓存效率更高，网络扩展性更好。但是目前阶段的区块链应用基本上只需要广播，而不需要查找特定节点，其实用不上 Kad 的一些特性；如果不小心，Kad 网络的结构化特征给日蚀攻击（Eclipse Attack）带来了便利。所以，比特币没有选择 Kad 也有道理。

日蚀攻击是指恶意节点通过某种手段"包围"了目标节点，使得目标节点所有连接的都是恶意节点，然后恶意节点可以过滤或伪造消息，进一步对目标节点发起各种攻击，如攻击共识算法、攻击闪电网络、攻击智能合约等。

Kad 算法主要有 3 个参数。

① 节点标识（NodeID）空间：指每个节点标识有多少位，如标准 Kad 的是 160 位，以太坊的是 256 位。知道一个节点的 NodeID，就能计算出这个节点的路由表中的每个桶（Bucket）中应该填入什么 NodeID。这就是日蚀攻击的核心依据。

② $k$。Kad 协议对每个桶内维护的节点数设置了一个上限，称为 $k$ 值，一般 $k=20$。一旦桶内节点数超过，便根据一定的淘汰算法进行更新。

- 每层的 $k$ 桶里包含 $k$ 个节点的信息，即<NodeID, IP adress, port>。
- 每次查找节点时，返回 $k$ 个节点的信息。
- 对于某特定数据，离其 key 最近的 $k$ 个节点会要求存储这个数据。

③ $\alpha$。每次向其他节点请求查找某个节点时，会向 $\alpha$ 个节点发出请求。

### 3．$k$ 桶

| 桶 | 距离 |
|---|---|
| 1 | 1 |
| 2 | 10,11 |
| 3 | 100,101,110,111 或 1XX |
| ... | |
| n | 1XXX...XXX |

$n-1$

图 2-12　$k$ 桶示意图

为了方便 P2P 网络中节点之间的互相发现，Kad 使用了 $k$ 桶的缓存算法。以标准的 Kad 算法为例，每个节点有一个 160 个桶的数据结构：第 $i$ 个桶保存离该节点异或距离为 $[2^{i-1}, 2^i - 1]$ 范围内的 $k$ 个节点。

图 2-12 是一个简单的示意图：1#桶保存与本节点异或距离为 1 的节点标识，2#桶保存与本节点异或距离为 $[2^{i-1}, 2^i - 1]$，也就是异或距离为 [2,3]（用二进制表示为 [10,11]）的节点标识，以此类推。

$k$ 桶结构示例如表 2-9 所示。

### 4．节点状态

Kad 根据当前节点标识与它保存在 $k$ 桶中的其他节点标识的匹配得最多的前缀位数来构建一棵二叉树（Binary Tree）。前缀匹配的位数也被称为最长通用前缀（Longest Common Prefix，LCP）。比如，当前节点 1101 与 1000 的前缀匹配了最高位后，从第二位开始就不

表 2-9 k 桶结构示例

| i | 距离 | 邻居（即 k 桶的路由缓存） |
|---|---|---|
| 1 | $[2^0, 2^1-1]$ | (IP address, UDP port, Node ID) $_{1\text{-}1}$<br>…<br>(IP address, UDP port, Node ID) $_{1\text{-}k}$ |
| 2 | $[2^1, 2^2-1]$ | (IP address, UDP port, Node ID) $_{2\text{-}1}$<br>…<br>(IP address, UDP port, Node ID) $_{2\text{-}k}$ |
| … | … | … |
| i | $[2^{i-1}, 2^i-1]$ | (IP address, UDP port, Node ID) $_{i\text{-}1}$<br>…<br>(IP address, UDP port, Node ID) $_{i\text{-}k}$ |
| … | … | … |
| 160 | $[2^{159}, 2^{160}-1]$ | (IP address, UDP port, Node ID) $_{160\text{-}1}$<br>…<br>(IP address, UDP port, Node ID) $_{160\text{-}k}$ |

匹配了，因此其 LCP 是 1。Kad 根据 LCP 来划分子树，当前节点的每个 LCP 都是一个子树，如图 2-13 所示。虚线包含的部分是各子树，由上到下，各层的前缀分别为 1、01、000、0010。

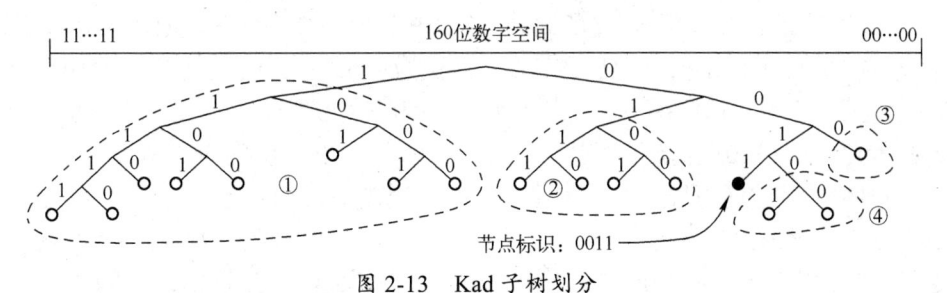

图 2-13 Kad 子树划分

图 2-13 中的基础节点是 0011（即实心黑节点），子树①是所有 LCP 长度为 0 的子树（其所有节点标识的形式为 1XXX），子树②是所有 LCP 长度为 1 的子树（其所有节点标识的形式为 01XX），子树③是所有 LCP 长度为 2 的子树（其所有节点标识的形式为 000X），子树④是所有 LCP 长度为 3 的子树（其所有节点标识的形式为 0010X）。

图 2-14 是对图 2-13 的进一步解释。图 2-14 中的 X 可以为 0 或 1。

|   | 0 | 0 | 1 | 1 | 基础节点 |
|---|---|---|---|---|---|
| ① | 1 | X | X | X | 前缀为1的所有子树（LCP=N/A，LCP长度=0） |
| ② | 0 | 1 | X | X | 前缀为01的所有子树（LCP=0，LCP长度=1） |
| ③ | 0 | 0 | 0 | X | 前缀为000的所有子树（LCP=00，LCP长度=2） |
| ④ | 0 | 0 | 1 | 0 | 前缀为0010的所有子树（LCP=001，LCP长度=3） |

图 2-14 Kad 子树划分原理

图 2-15 演示了从基础节点 0011 如何通过连续查询来找到节点 1110 的。节点 0011 通过在逐步底层的子树间不断学习并查询最佳节点，获得了越来越接近的节点，最终收敛到目标节点上。

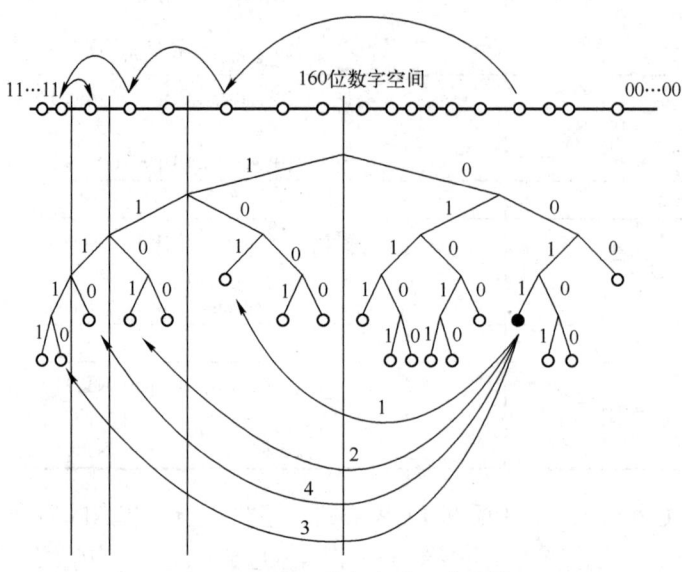

图 2-15　Kad 节点查询顺序图[5]

**Step1**：因为节点 0011 与目标节点 1110 的 LCP 长度为 0，所以先查询 LCP 长度为 1 的节点，此处为 1011。因为图 2-15 中没有节点标识为 1011 的节点，所以查询 101。

**Step2**：因为节点 101 不是目标节点，所以查询 LCP 长度为 2 的节点，此处为 1101。

**Step3**：因为节点 1101 不是目标节点，所以再查询 LCP 长度为 3 的节点。此处为 1111。因为图 2-15 中没有节点标识为 1111 的叶子节点，所以查询 11110。

**Step4**：因为节点 11110 不是目标节点，所以再查询 LCP 长度为 4 的节点，此处为 1110。

从图 2-15 可以看出，从基础节点出发寻找目标节点的距离是逐渐减小的，因此算法是收敛的。

### 5．路由表查询

假如节点 $x$ 要查找 ID 值为 $t$ 的节点，Kad 按照如下步骤进行路由查找。

**Step1**：计算到 $t$ 的距离：$d(x,y) = x \oplus y$。

**Step2**：从 $x$ 的第 $[\log d]$（取整）个 $k$ 桶中取出 $\alpha$ 个节点的信息，同时进行 FIND_NODE 操作。若该 $k$ 桶中的信息少于 $\alpha$ 个，则从附近多个桶中选择距离最接近 $d$ 的共 $\alpha$ 个节点。

**Step3**：对收到查询操作的每个节点，若发现自己是 $t$，则回答自己是最接近 $t$ 的；否则测量自己与 $t$ 的距离，并从对应的 $k$ 桶中选择 $\alpha$ 个节点的信息给 $x$。

**Step4**：$x$ 对收到的每个节点再次执行 FIND_NODE 操作，不断重复执行，直到每个分支都有节点响应自己是最接近 $t$ 的。

---

[5] Petar Maymounkov, David Mazieres. Kademlia: A Peer-to-peer Information System Based on the XOR Metric．New York University, 2002．

Step5：通过上述查找操作，$x$ 得到了 $k$ 个最接近 $t$ 的节点信息。

下面来看简单的节点路由查询的例子。假设当前节点是 001，要查的目标节点是 101 节点。001 保存的路由表信息如表 2-10 所示。

表 2-10　001 节点初始状态

| | | | | | |
|---|---|---|---|---|---|
| 001 | 1 | 000 | | | LCP：00 |
| | 2 | 010 | 011 | | LCP：0 |
| | 3 | 110 | 100 | 111 | LCP：N/A |

执行上面路由查询算法的 Step1。先计算 001 与 101 节点的距离，001 XOR 101 = 100（LCP 长度为 0），因此去桶 2 中查找是否有目标节点 101。没有发现目标节点，因此向桶 2 中的节点依次发出查询（FIND_NODE）请求，即先向 110 发出查询请求，如表 2-11 和图 2-16 所示。

表 2-11　001 节点选择 110 节点

| | | | | | |
|---|---|---|---|---|---|
| 001 | 1 | 000 | | | LCP：00 |
| | 2 | 010 | 011 | | LCP：0 |
| | 3 | 110 | 100 | 111 | LCP：N/A |

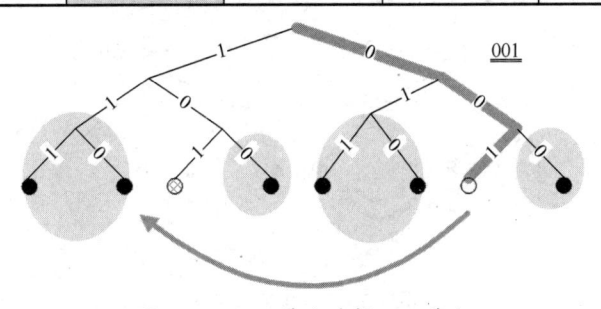

图 2-16　001 节点选择 110 节点

110 节点状态如表 2-12 所示。节点 110 收到请求后，计算 110 XOR 101 =011，匹配前缀数量为 1（非零位的索引是 1），因此去桶 1 中查找，而桶 1 中也没有目标节点 101，故向节点 100 发送请求，如表 2-13 和图 2-17 所示。

100 节点状态如表 2-14 所示。100 收到请求后，计算 100 XOR 101= 001，最长匹配前缀数量为 0（非零位的索引是 0），因此去桶 0 中查找，如表 2-15 和图 2-18 所示。

由 100 的路由表可知，目标节点 101 正好在桶 0 中，直接返回。

表 2-12　110 节点状态

| | | | | | | |
|---|---|---|---|---|---|---|
| 110 | 1 | 111 | | | | LCP：11 |
| | 2 | 100 | | | | LCP：1 |
| | 3 | 011 | 010 | 001 | 000 | LCP：N/A |

表 2-13　110 节点选择 100 节点查询

| | | | | | | |
|---|---|---|---|---|---|---|
| 110 | 1 | 111 | | | | LCP：11 |
| | 2 | 100 | | | | LCP：1 |
| | 3 | 011 | 010 | 001 | 000 | LCP：N/A |

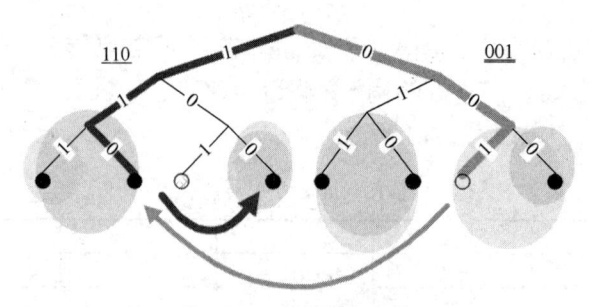

图 2-17　110 节点查询

表 2-14　100 节点状态

| 100 | 1 | 101 | | | | LCP：10 |
|---|---|---|---|---|---|---|
| | 2 | 111 | 110 | | | LCP：1 |
| | 3 | 001 | 100 | 010 | 011 | LCP：N/A |

表 2-15　100 节点选择 101 节点查询

| 100 | 1 | 101 | | | | LCP：10 |
|---|---|---|---|---|---|---|
| | 2 | 111 | 110 | | | LCP：1 |
| | 3 | 001 | 100 | 010 | 011 | LCP：N/A |

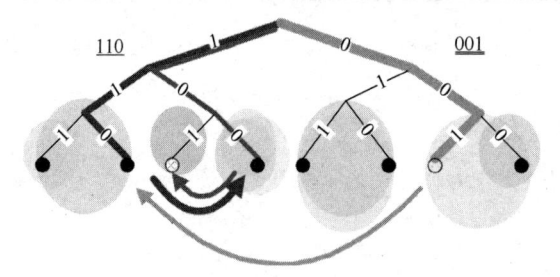

图 2-18　100 节点查询

可以看到，整个检索过程是不断收敛的，查询复杂度可以证明是 $\log n$。

本节不再介绍 Kad 的其他细节，如：节点间通信细节，Kedemlia 协议支持的 4 种指令，$k$ 桶节点的选择、维护、更新和缓冲，淘汰算法等。[6]

## 2.7　数据结构及其算法

本节介绍区块链里被广泛使用的数据结构：默克尔树和布隆过滤器。

### 2.7.1　默克尔树

区块链是防篡改的（Tamper-Proof），默克尔树就是实现这一特性所使用的区块链的底层数据结构。区块链为每个块的交易建立默克尔树，块中保存默克尔树的根。对块中交易

---

[6] Petar Maymounkov, David Mazieres. Kademlia: A Peer-to-peer Information System Based on the XOR Metric[C]. New York University, 2002.

的任何篡改都会导致与块头里的默克尔树的根值不符。

设想一个合同文本，为了保证合同的内容在正式签订以后不被篡改，使用了如下技术。

① 选定一种安全的哈希算法，标记为 Hash( )。它只有一个参数，就是进行哈希运算的内容。哈希算法具有雪崩效应，见 2.1 节。

② 合同的每一页，在签订的时候都要盖一个数字签章（Stamp），每页的内容以 Content 为前缀，如图 2-19 所示。

第1页　　　　　　　　　第2页　　　　　　　　　　第3页　　　　　　　　　　　…　　　　　第n页
Stamp1=Hash(Content1)　Stamp2=Hash(Stamp1+Content2)　Stamp3=Hash(Content3+Stamp2)　　　　StampN=Hash(ContentN+StampN−1)

图 2-19　数字签章的生成

数字签章的生成方式如下：
- 如果是第 1 页，那么 Stamp=Hash(本页内容)。
- 否则，设当前页是第 $n$ 页，则其 Stamp=Hash(第 $n$ 页内容+第 $n-1$ 页的数字签章)。
  如第 2 页的 Stamp=Hash(第 2 页内容+第 1 页的数字签章)。

如何防篡改呢？

（1）如果第 1 页的内容被篡改了

由于哈希函数的抗碰撞性（不同的输入一定会有不同的输出），那么 Hash(第一页内容)不会等于我们签约时盖在第 1 页的数字签章，即第 1 页内容被篡改了。同时，第 2 页的数字签章也是不同的。以此类推。

（2）如果是第 2 页的内容被篡改了（第 1 页没有被篡改）

计算第 2 页的数字签章=Hash(第 2 页内容+第 1 页的数字签章)。由于第 2 页的内容发生了变化（被篡改了），算出的第 2 页的数字签章一定不等于我们签合同时的第 2 页数字签章。这样，我们就知道第 2 页的内容被篡改了。而且从第 2 页开始，数字签章都会不等于我们签合同时盖的该页的数字签章。

（3）如果是第 $n$ 页的内容被篡改了（前 $n-1$ 页都没有被篡改）

推理过程同前。

上面的算法有两个好处：① 可以知道合同是否被篡改；② 可以知道篡改是在第几页发生的。

默克尔树是一种数据结构，被用来在区块链中保证信息的不可篡改性，采用了上述思想，只是合同文本的例子可以视作线性的列表，而默克尔树采用了树结构，如图 2-20 所示，所有叶子节点就是上面例子合同文本的每一页。每页都先盖上一个数字签章：$H_A$, $H_B$, …, $H_P$。同时，$H_{AB}$=Hash($H_A$, $H_B$)，$H_{ABCD}$=Hash($H_{AB}$, $H_{CD}$)，等等。任何一个叶子节点的内容被篡改，那么从该叶子节点开始到根的分支的所有哈希值都会不符合原先的数字签章。比如，$H_B$ 的值变了（也就是 B 页内容被篡改了），那么 $H_{AB}$、$H_{ABCD}$、$H_{ABCDEFGH}$、$H_{ABCDEFGHIJKLMNOP}$ 都会不符合原先的数字签章。只要保存好最初的数字签章，就能判断出内容是否被篡改了。

图 2-20 默克尔树算法

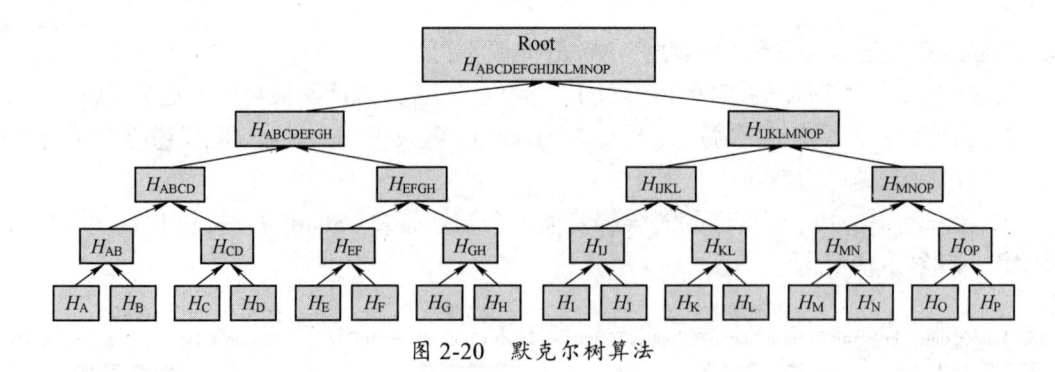

区块链在块头中保存了所有交易树的根哈希,通过判断根哈希的值是否变化,就可以判断交易是否被篡改。

## 2.7.2 布隆过滤器

在计算机编程中,经常需要判断一个元素是不是在一个集合中。标准方案是使用哈希表,在数据量比较小的时候,哈希表确实是快速而简洁的方案。但是在数据量大的情况下,就需要用到布隆过滤器。区块链的每个块保存的都是交易数据,区块链需要一种数据结构和算法来快速地验证特定交易是否存在,尤其是交易数据量巨大的时候,布隆过滤器就担任这样的工作。

布隆过滤器(Bloom Filter)是由巴顿·布隆于 1970 年提出的,实际上是一个很长的二进制向量和一系列随机映射函数。布隆过滤器的思路是:① 1 个 $n$ 个二进制位的可变大小的数组 ARR;② $m$ 个哈希函数 $K$,而且哈希函数 $K$ 的输出范围是 $1\sim n$。$m$ 和 $n$ 都是可调的。不同的 $m$ 和 $n$ 值会影响到精确性和隐私性。

下面以 $m=3$ 和 $n=16$ 为例,也就是选择 3 个哈希函数 ($K_1, K_2, K_3$)、16 位的数组 ARR。布隆过滤器初始化 16 位的数组都为 0,如图 2-21 所示。

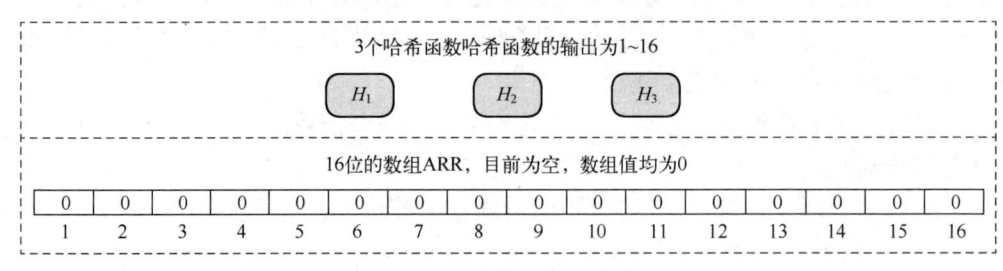

图 2-21 空的布隆过滤器

向集合加入元素 $a$ 时需要计算 $K_1(a), K_2(a), K_3(a)$。所有哈希函数 $K$ 的输出是 $1\sim16$,找到 ARR 数组的 $K_1(a), K_2(a), K_3(a)$ 的位置,将其设为 1,即:设 $K_1(a)=3$,$K_2(a)=1$,$K_3(a)=14$,则设定 ARR[3]、ARR[1]、ARR[14]为 1,如图 2-22 所示。

同理,插入新的元素 $b$,设定 ARR 中的相应位置,其值为 0,则设置为 1,否则保持为 1。即设定 $K_1(b)=16$,$K_2(b)=1$,$K_3(b)=7$,则设定 ARR[16]、ARR[1]、ARR[7]为 1,其余保持原状,如图 2-23 所示。

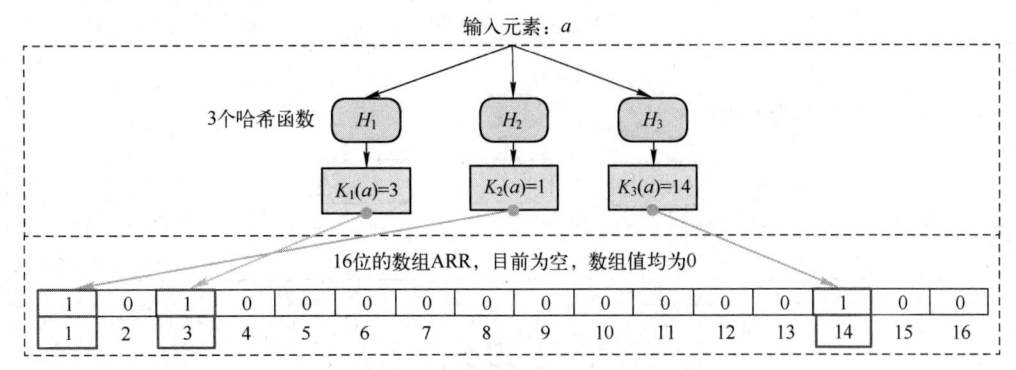

图 2-22 布隆过滤器算法示意（一）

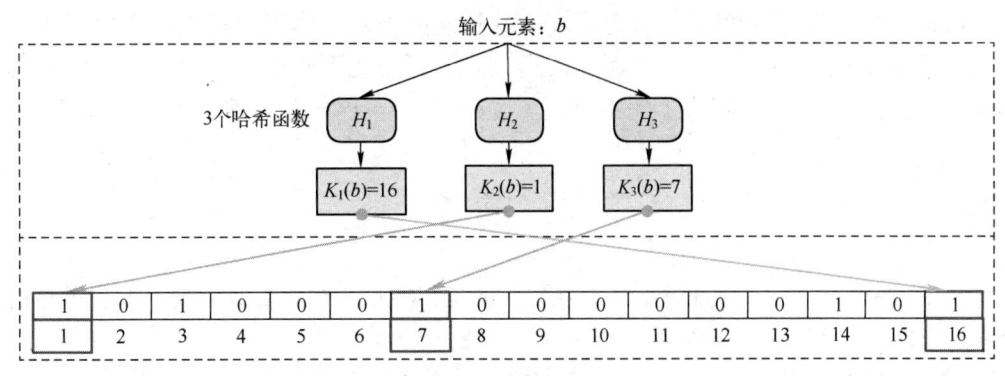

图 2-23 布隆过滤器算法示意（二）

在查询集合是否包含元素 $X$ 时，也是计算 $K_1(X)$、$K_2(X)$、$K_3(X)$，找到 ARR 中相应的位置，如果都为 1，那么表明该集合可能包含该元素。设 $K_1(X)=16$，$K_2(X)=1$，$K_3(X)=7$，由于 ARR[$K_1(X)$]=ARR[16]=1，ARR[$K_2(X)$]=ARR[1]=1，ARR[$K_3(X)$]=ARR[7]=1，因此可以判定 $X$ 是可能被包含在集合中的，如图 2-24 所示。

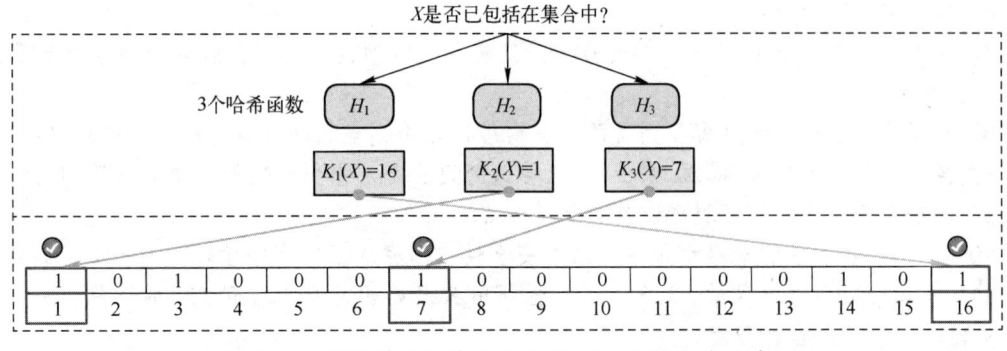

图 2-24 布隆过滤器算法示意（三），可能包含元素 $X$

同理，计算 $K_1(Y)$、$K_2(Y)$、$K_3(Y)$，设 $K_1(Y)=16$，$K_2(Y)=2$，$K_3(Y)=7$，由于 ARR[$K_1(Y)$]=ARR[16]=1，ARR[$K_2(Y)$]=ARR[2]=0，ARR[$K_3(Y)$]=ARR[7]=1，因此可以判定 $Y$ 并没有被集合所包含，如图 2-25 所示。

布隆过滤器绝不会漏掉任何已有值的判断，也有不足：布隆过滤器可能将集合中不存在的值误判为在集合中。当然，这种可能性很小，被称为误识概率，也被称为"伪阳性"。

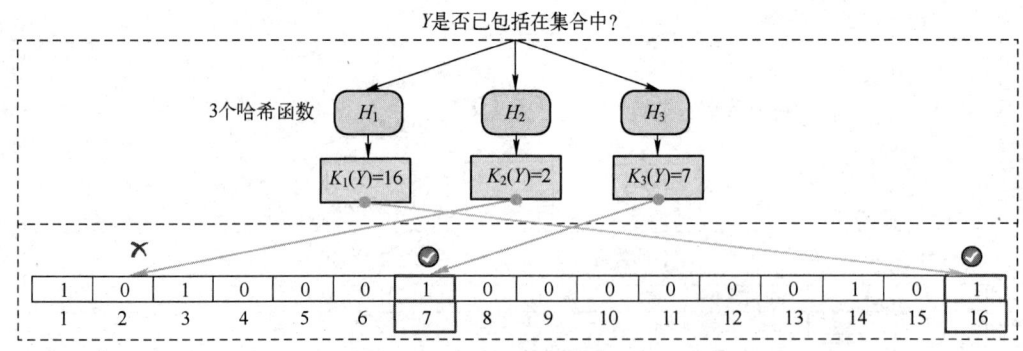

图 2-25 布隆过滤器算法示意（四）

布隆过滤器的好处是快速，节省空间。针对误识别率，常见的补救办法是再建立一个白名单，存储那些可能被误判的元素。布隆过滤器还防止了一些隐私丢失。因为用来查询的是哈希函数的结果（即 $K(e)$）而不是元素（$e$）本身。这一定程度上保护了元素的内容。

# 习题 2

1．采用 PoW 共识的区块链中，如果在同一高度，矿工 A 和矿工 B 在同一时间各自挖到了一个块，会发生什么？

2．根据 Diffie Hellman 算法，Alice 和 Bob 共享的 $p$ 和 $g$ 分别是 17 和 3，请问最后的协商密钥是多少？

3．从文章 Consensuspedia an Encyclopedia of 29 Consensus Algorithms 中选择一种共识算法，并介绍之。（开放问题，小组作业）

4．编程实现一个简单的 PoW 共识算法。

5．编程实现一个简单的 P2P 算法。

6．编程实现一个 PoS 共识算法。

7．编写一个网络爬虫程序，如何防止重复爬取？即如何判定当前爬取的网址是不是以前已经爬取过的。

8．在网页搜索中，有时需要判断两个查询用词是否完全相同（但是次序不同），如"武汉 洪山 麦当劳"和"麦当劳 武汉 洪山"。更普遍的说法是，如何判断两个集合是否相同？

9．与哈希表相比，布隆过滤器有什么优缺点？

10．对称加密算法和非对称加密算法在安全性、加密速度、密钥管理上有什么优缺点？

11．设 eNodeID 是 3 位的，$k=8$，$\alpha=1$，描述用 Kad 路由从 011 找到 111 的过程。每个中间节点的桶缓冲表可以自己假定。

# 第 3 章　以太坊与智能合约

智能合约的概念早已有之，但是一直缺乏可以执行智能合约的完全去中心化的平台。比特币的出现改变了这个状况。但是比特币的智能合约语言是脚本语言，而且是图灵不完备的，没有办法处理复杂的逻辑。以太坊的出现可以说是区块链技术发展的又一个里程碑，运行在以太坊上的智能合约语言也持续涌现。其中，Solidity 是以太坊上应用最广泛的智能合约编程语言。本章介绍以太坊的基本情况、运行于其上的智能合约编程语言。

## 3.1　以太坊介绍

以太坊（Ethereum）是一个开源的基于区块链技术的公共平台，可视为一台基于点对点网络的全球计算机。去中心化的、可信的应用可以运行在其上，而没有中心化的管理和单点失败问题。但是，使用这台全球计算机需要支付相应的费用。以太坊的官方定义如下：

> 以太坊是一个分布式的平台，可以运行智能合约：应用程序按照既定程序运行，不会出现停机、审查、欺诈或第三方干扰的可能性。这些应用程序运行在定制的区块链上，这是一个功能强大的全球共享基础架构，可以通过数字流转来代表财产的所有权。

比特币是区块链技术的第一个应用，但它仍然只是一种代币。而以太坊带来了区块链技术的全部可能性，而且是基于区块链技术的、开源的分布式平台。

以太坊是一个基于交易的状态机，如图 3-1 所示。

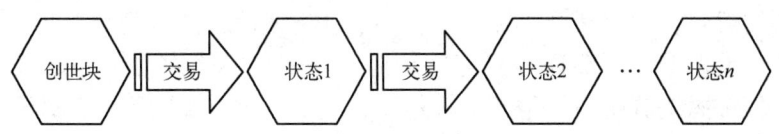

创世块 →交易→ 状态1 →交易→ 状态2 … 状态n

图 3-1　以太坊状态机状态的自动转换

根据以太坊黄皮书[1]，交易状态转换公式如下：

$$\sigma' = Y(\sigma, T)$$

σ 是初始状态，σ′ 是变换后的状态，T 是某些交易，而 Y 是变换函数。

---

[1] Dr. Gavin Wood. Ethereum: A Secure Decentralised Generalised Transaction Ledger EIP-150 Revision[M]. 2018-02-12.

例如，初始状态 σ 为 A 有 10 元钱、B 有 0 元钱，发生的交易是 A 向 B 支付 1 元钱，变换函数 Y 则在账本上把 A 账户中的 1 元钱划到 B 名下，变换后的状态 σ′ 就是 A 有 9 元钱，B 有 1 元钱。

以太坊具有所有公有链的技术特点，如公钥加密体系、加密哈希函数、默克尔树和分叉等。下面介绍以太坊的一些术语和技术。

## 3.1.1 燃料

燃料（Gas）对应一个交易（Transaction）中以太坊虚拟机（Ethereum Virtual Machine，EVM）的实际运算步数。越简单的交易，如单纯的以太币转账交易，需要的运算步数越少，燃料亦会需要得越少。反之，如果计算一些复杂运算，燃料的消耗量就会大。所以，提交的交易需要以太坊虚拟机进行的计算量越大，所需的燃料消耗量就越高。以太坊网络中，任何计算都要支付燃料。燃料是一种固定衡量的价值，很多以太坊虚拟机的操作指令都需要消耗固定的费用就用燃料来计价，燃料的最小单位是 wei，1 ETH = $10^{18}$ wei = $10^9$ Gwei。

GasPrice：燃料单价。
GasLimit：愿意支付的燃料上限。
GasLimit × GasPrice = 愿意支付的最大费用。

一笔交易中，设置的最大费用如果没有消耗完，多出的会返回给用户。无论执行到什么位置，一旦燃料被耗尽（如降为负值），将触发"燃料耗尽"（Out-Of-Gas，OOG）异常。当前所做的所有状态修改都将被回滚。但是被消耗的燃料不会退回。这些已消耗的费用都奖励给矿工了，因为计算都是有费用的，哪怕计算结果被回退了。除此之外，还有一些操作需要缴费。所以，费用的构成包括：① 计算操作的固定费用；② 交易（合约创建或消息调用）费用；③ 存储（内存、存储账户合约数据）费用。

存储收费是因为合约会使得状态数据库存储增大，所有节点都会增加存储。以太坊鼓励尽量保持少量存储。但是如果某操作是清除一个存储条目，这个操作的费用不但会被免除，而且由于释放空间还会获得以太坊代币奖励。

**1．为什么需要燃料**

以太坊需要燃料，主要有三个原因：金融、理论和计算性。简而言之就是：首先，由于矿工资源提供他们的计算资源为区块链所用，用户需要支付矿工，使矿工能受益而不至于破产，保证整个区块链网络的稳定持续运行；其次，用户需要用燃料激励的方式来使矿工尽量不作恶；最后，以太坊是一台世界计算机，用户不能因为一个或者几个程序的问题（可能是恶意的，如故意的无限循环程序，也可能是无意的）而导致以太坊无法工作。引入燃料上限，有问题的程序最终会因为燃料耗尽或者超过燃料上限而失败，这样就不会危及整个以太坊的正常运行。

金融上，燃料是激励矿工去使用他们自己的时间和资源去执行交易和智能合约。很多复杂的操作需要更多的计算资源，这意味着更多的燃料。如果用户希望让他们的交易优先被执行，就可以指定一个比较高的燃料价格。这样，交易就更容易被矿工快速处理。在实现权益证明共识（Proof of Stake，PoS）算法后，燃料作为挖矿的补偿就更重要了。因为矿工出块不再获得出块奖励，为挖矿而付出的能源成本提供奖励就来自处理交易，对矿工更重要。

理论上，燃料可以兼顾区块链中所有参与者的利益。区块链的很多理论都在讨论在没有信任的环境里如何减轻有害的或者恶意攻击问题。燃料可以说部分地解决了这个问题，在用户和矿工之间建立了共赢的激励机制。矿工被激励去工作的同时，用户也失去动力去不作为或者写恶意代码来攻击。因为他们会把自己付出的资产（以燃料形式）置于险地。

设计燃料的计算方面的原因来自一个古老的、基础的计算理论问题——停机问题。停机问题是指一个程序能从描述和程序输入方面确定是否能停止运行或者永远运行。1936年，图灵确定任何机器是不可能解决停机问题的。在EVM中，一个矿工在开始一个交易的时候，他们不知道这个交易会不会永远执行。比如，一个编程错误（如无限循环）完全可能让以太坊这台全球计算机永远执行下去。通过使用燃料和燃料上限（即一个交易带有的有限数目的燃料），即使一个矿工执行一个不确定的交易（不确定性来自一个编程错误或者一次网络攻击，如故意的无限循环），燃料最后会被耗尽，因而以太坊不会永远执行这个交易，相反会因为燃料耗尽而退出，进而执行下一个交易。这保证了以太坊不会死机。同时，矿工会以收取燃料费的方式被补偿。

每个在EVM上执行的操作其实同时在以太网络的每个节点都会执行。这就是燃料存在的原因。数据读写过程中，昂贵的计算，如使用密码原语、调用（或者发消息）其他合约的方法的费用会从以太坊的账户中扣除。交易也有燃料上限（GasLimit）的参数，指定了交易消耗燃料的上限，用来作为对程序错误的一种防护措施，防止程序错误可能导致耗尽了账户的资金。

如果提交的交易尚未完成，消耗的燃料已经超过设定的燃料上限，那么这次交易就会被取消，而已经消耗的手续费同样被扣除——因为需要奖励已经付出劳动的矿工。如果交易已经完成，消耗的燃料未达到燃料上限，那么只会按实际消耗的燃料收取交易服务费。换句话说，一个交易可能被收取的最高服务费就是GasLimit×GasPrice。

值得一提的是，燃料价格越高，提交的交易会越快被矿工接纳。但通常人们不愿多支付手续费，那么究竟应该将燃料价格设置为多少才可以在正常时间（如10分钟）内，确保交易被确认到区域链上呢？读者可以通过ethgasstation.info网站获得帮助。例如，目前的1 Gwei的燃料价格可以确保交易在50秒左右被接纳。

## 2．燃料组成

燃料组成（Components of Gas）可以分为燃料成本（GasCost）、燃料价格（GasPrice）、和燃料上限（GasLimit）。以太坊的手续费计算公式很简单：交易手续费（TransactionFee）= 实际运行步数（ActualGasCost）×单步燃料价格（GasPrice）。例如，交易需要以太坊执行50步完成运算，设定的燃料价格是2 Gwei，那么整个交易的手续费就是50×2 Gwei = 100 Gwei。

（1）燃料成本

燃料成本（GasCost）代表每个操作需要的燃料的单位。在以太坊链的每个操作的燃料成本都在以太坊黄皮书中已经预先定义。比如，运行一个加法（Addition）操作所需的燃料成本是 3 Gas，而且一直是 3 Gas，不会随 ETH 的价值发生变化。这就是为什么我们使用燃料而不是用 ETH 来直接计算运行一个操作的成本。运行一个操作需要的燃料数量不会被轻易改变，但是以 ETH 计算的燃料价格很容易被 ETH 的起伏和网络流量所影响。具体汇编指令的燃料成本见以太坊黄皮书的附录 G 和 H。

（2）燃料价格

燃料价格（GasPrice）是一单位的燃料等于多少 ETH，一般用 Gwei 作为单位。1 Gwei 等于 10 亿 wei，即 $10^{-9}$ ETH，即 1 Gwei = 0.000000001 ETH。而 wei 是 ETH 的最小度量单位。所以，设定燃料价格为 20 Gwei，意味着用户愿意为单步运算支付 0.00000002 ETH。所以燃料价格越高，表示交易中每运算一步会支付越多的 ETH。ethgasstation.info 这类网站上经常放的是燃料的平均价格，但是用户可能愿意付出更高的价格来吸引矿工优先处理他们的交易。矿工获得用户交易中指定的燃料价格，他们会按优先级排序，因此较高燃料价格的交易会排在较低燃料价格的交易前面。

（3）燃料上限

燃料上限（GasLimit）就是一次交易中燃料的可用上限，也就是交易中最多会执行多少步运算。燃料上限会比交易实际所需的燃料数量要大。由于交易复杂程度各有不同，确切的燃料消耗量是在完成交易后才会知道，因此提交交易前，需要为交易设定一个燃料用量的上限。如果用户为交易设置的燃料上限太低（如交易中所有操作的综合所需的燃料超过用户为这个交易指定的 Gas 数量），矿工会尝试完成交易，直到燃料耗尽为止。在燃料耗尽的那个时间节点，矿工就会获得费用激励（因为他们付出了时间和能源来执行尽量多的操作），交易却失败了，而且区块链会记录该交易是失败的。燃料上限的设计是保护用户和矿工，防止他们因为错误的编码问题和恶意攻击而丢失资金和能量。

### 3.1.2 以太坊虚拟机

在以太坊虚拟机（EVM）上，用户可以编写强大的程序，如智能合约或者任何程序。基于安全考虑，比特币的虚拟机提供了图灵不完备的脚本语言，但缺点是功能受限，无法处理复杂的商业逻辑。以太坊虚拟机提供了比比特币的脚本语言更丰富、更完整的图灵完备的编程语言。在以太坊虚拟机上，执行的每条指令都会被网络上的每个节点同时执行。

图灵完备是指，计算机可以在算法正确的情况下，在有足够的时间和内存的条件下，解决一个数学公式。

以太坊虚拟机是一台基于栈的 256 位（即 32 字节）的虚拟机，提供了堆栈、内存、存储器等虚拟硬件，以及一套专用的指令集（定义在以太坊黄皮书中），所有代码都在沙盒中运行。以太坊虚拟机提供了合约间相互调用的能力，甚至可以在运行时动态加载其他合约的代码来执行。

### 3.1.3 账户

每个账户（Account）都有地址。账户一般分为两类。一类是外部账户（External Owned

Account，EOA）由公钥/私钥来控制。通常情况下，用户通过外部账户来存储 ETH。另一类是合约账户，是由代码来控制的账户。两种账户有一些区别，但重要的是，只有外部账户才能发起交易。

（1）外部账户

外部账户用来存放以太币，可以随意生成，余额可以转账，与熟知的账户概念类似。

外部账户拥有以下特性：拥有以太币余额；用于确定每笔交易只能被处理一次的计数器（Nonce）；可以发起交易（以太币转账、发布合约、调用智能合约）；通过私钥控制；没有相关代码。

（2）合约账户

合约账户是存在于以太坊的特定地址的代码与数据的合集。与外部账户类似，合约账户有自己的余额，代码完全公开，可以对智能合约进行交互，并且在合约中进行验证。

合约账户具有以下特点：拥有以太币余额；拥有相关代码；不能主动发起交易，而是通过交易或消息调用的方式触发，并由以太坊虚拟机解释执行。

当合约账户被执行时：运行复杂度随机（由于以太坊虚拟机的图灵完备性，复杂度由合约代码的复杂度决定，因此是随机）；只能操作其拥有的特定存储，如可以拥有其永久状态；可以调用其他合约。

## 3.2 以太坊关键数据结构及其算法

除了前面 2.7 节介绍的默克尔树和布隆过滤器，以太坊还用到两个特殊的数据结构：递归长度前缀编码和梅克尔－帕特里夏树。

### 3.2.1 递归长度前缀编码

递归长度前缀编码（Recursive Length Prefix，RLP）是以太坊常用的序列化格式方法，用来序列化区块、交易、账户、消息等。递归长度前缀编码提供了一种适用于任意二进制数据数组的编码，已经成为以太坊中对对象进行序列化的主要编码方式。递归长度前缀编码的唯一目标就是存储嵌套的字节数组，对原子数据类型（如字符串、整数型、浮点型）的编码则交给更高层的协议。以太坊中要求数字必须是一个大端字节序（Big Endian，即高位字节在低地址）的、没有零占位的存储格式（也就是说，一个整数 0 和一个空数组是等同的，不像 C 语言，0 代表字符串的结束）。

许多编程语言中键值对没有明确的排序，浮点数也有很多特殊处理。而这可能导致相同的数据却产生不同的编码结果，由此导致不一致的哈希值。这就是以太坊为什么不使用已有的 protobuf 或者 BSON。以太坊自己开发 RLP，确保相同的数据产生同样的编码。

rlp 函数接受如下两种数据类型：字符串、列表。RLP 的值由 rlp 函数定义如下（其中，hex 函数用于计算字符串的十六进制表示，len 函数用于计算字符串长度，bin 函数用于表示正整数值的字节数组，"+"表示加法运算，"++"表示字符串的拼接）。

① 对于[0x00, 0x7f]范围内的单字节，rlp 函数的值就是字节内容本身。

② 如果是一个 0～55 字节长的字符串，那么 rlp 函数的值为 0x80（128）+字符串长度+字符串二进制内容。这样，第 1 字节的表达范围为[0x80, 0xb7]。

$$rlp = (0x80+hex(len(str))) ++ str$$

③ 如果字符串长度超过 55 字节，rlp 函数的值由定值 0xb7（183）+字符串长度所占用的字节数、字符串长度的编码、字符串二进制内容组成。比如，一个长度为 1024 的字符串，其长度（0x400）为 2 字节，所以第 1 字节为 b7+2=b9，整个 RLP 编码为"\xb9\x04\x00"后加上字符串内容。第 1 字节的表达范围是[0xb8, 0xbf]。

$$rlp = (0xb7+hex(len(bin(len(str))))) ++ bin(len(str)) ++ str$$

④ 如果列表的内容（所有项的组合长度）是 0～55 字节，那么它的 rlp 函数的值由 0xc0（192）加上所有的项的 RLP 编码拼接的长度得到的单字节、所有项的 RLP 编码的拼接而成。第 1 字节的范围因此是[0xc0, 0xf7]

$$rlp = (0xc0 + len(list)) ++ rlp(list\_item1) ++ rlp(list\_item2) ++ \cdots ++ rlp(list\_itemn)$$

⑤ 如果列表的内容超过 55 字节，那么它的 rlp 函数的值由 0xf7（247）加上所有的项的 RLP 编码拼接的长度得到的单字节，以及所有项的 RLP 编码拼接的长度、所有项的 RLP 编码的拼接而成。第 1 字节的范围因此是[0xf8, 0xff]。

$$rlp= (0xf7 + hex(len(bin(len(list))))) ++ bin(len(list)) ++ rlp(list\_item1) ++ rlp(list\_item2) ++ \cdots ++ rlp(list\_itemn)$$

### 3.2.2 梅克尔‐帕特里夏树

本节将介绍前缀树（Trie）、压缩前缀树（Patricia Trie，也叫基数树），而梅克尔‐帕特里夏树（Merkle Patricia Tree，MPT）是默克尔树和压缩前缀树的结合。

**1．前缀树**

前缀树，或字典树，是一种有序树，用于保存关联数组，其中的键通常是字符串。与二叉查找树不同，键不是直接保存在节点中，而是由节点在树中的位置决定。一个节点的所有子孙都有相同的前缀，也就是这个节点对应的字符串，而根节点对应空字符串。

例如，一个标准的前缀树要存储的数据为 $[i_0,i_1,\cdots,i_n,value]$，其中 $i_0 \sim i_n$ 的表示一般是二进制或十六进制格式的字符串。value 表示的是树节点中存储的最终值 $[i_0,i_1,\cdots,i_n]$。每个 $i_0 \sim i_n$ 槽位的值要么是 NULL，要么是指向另一个节点的指针（在当前场景中，存储的是其他节点的哈希值）。

如果想在这个前缀树中找到键 dog 对应的值，需要先将 dog 转换为 ASCII 值（十六进制表示是 0x646f67），再按字母序形成一个逐层向下的树；沿着这个路径，在树的底部叶子节点上找到 dog 对应的值，如图 3-2 所示。注意：根节点键值为 6 的位置存的是节点 $L_1$ 的地址（可以是 C 语言的内存指针，也可以是节点 $L_1$ 的哈希值），其他以此类推。

相比于哈希表，前缀树的优势在于使用前缀树来进行查询拥有相同前缀 key 的数据时十分高效，如在字典中查找前缀为 pre 的单词，哈希表需要遍历整个表，复杂度为 $O(n)$。

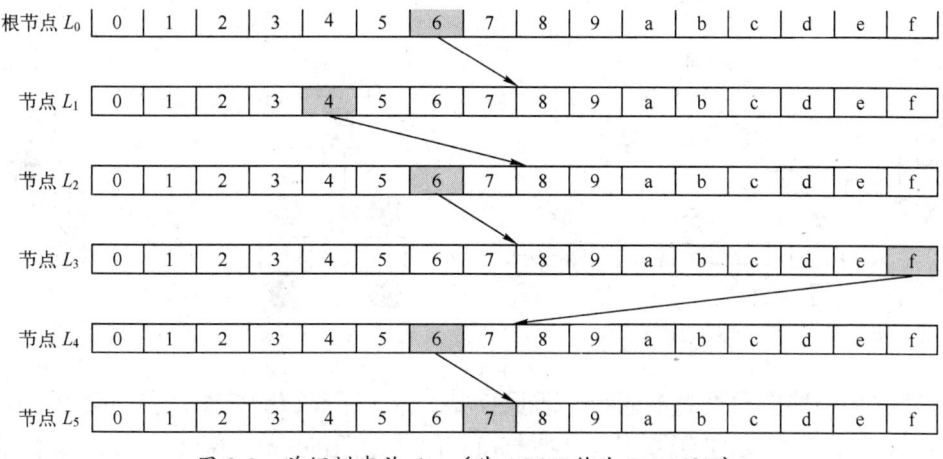

图 3-2 前缀树查询 dog（其 ASCII 值为 0x646f67）

然而前缀树只需在树中找到前缀为 pre 的节点，且遍历以这个节点为根节点的子树即可。但是对于最差的情况（前缀为空串），其复杂度为 $O(n)$，仍然需要遍历整棵树，此时效率与哈希表相同。相对于哈希表，前缀树不会存在哈希冲突的问题。

前缀树的缺陷如下。

① 直接查找效率低下。前缀树的查找效率是 $O(n)$，$n$ 为所查找节点的 key 长度，而哈希表的查找效率为 $O(1)$；且一次查找会有 $n$ 次 I/O 开销，相比于直接查找，查找效率较低，对磁盘的压力比较大。

② 操作低效。即使只想保存一个键值对，但其中的键长度有几百字符长，那么每个字符的层级都需要大量的额外空间。每次查找和删除都会有上百个步骤。

所以，采用梅克尔‐帕特里夏树来解决这个问题。

### 2．压缩前缀树（帕特里夏树/基数树）

前缀树给每个字符串分配一个节点，如果有很多很长又没有公共节点的字符串，就会导致前缀树退化成一个数组。在以太坊中，黑客会构造很多这种节点造成拒绝服务攻击。对于前缀树，如果节点有公共前缀，那么使用公共前缀，否则把剩下的所有节点插入同一个节点。

压缩前缀树是一种更节省空间的前缀树，如图 3-3 所示。对于基数树的每个节点，如果该节点是唯一的儿子，那么与父节点合并。

如果是纯粹的前缀树应该如图 3-4 的左边，但是图 3-3 的 7 个词汇都是以 rom 或者 rub 为前缀的，所以 om、ub 被合并为一个节点（如图 3-4 右边）。

### 3．梅克尔‐帕特里夏树

梅克尔‐帕特里夏树（MPT）是 Merkle Tree 和 Patricia Tree 混合的产物，其作用如下：
- ❖ 存储任意长度的键值对数据。
- ❖ 提供了一种快速计算所维护数据集哈希标识的机制。
- ❖ 提供了快速状态回滚的机制。

图 3-3　基数树[2]

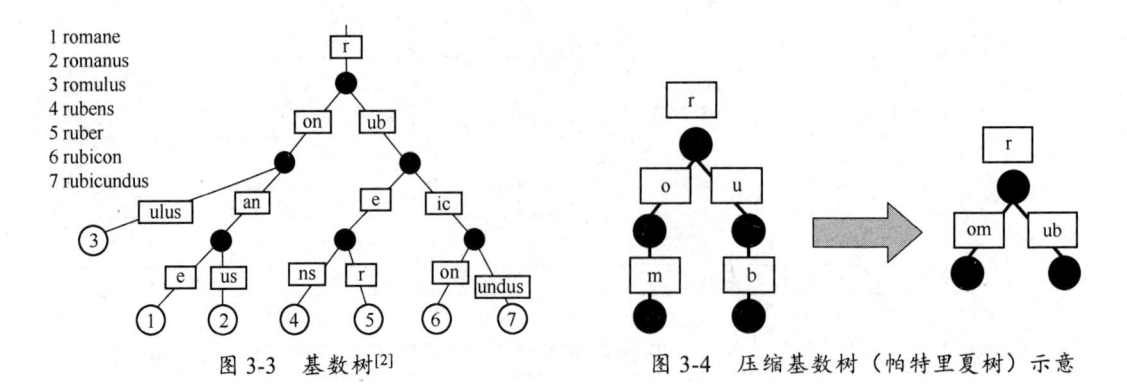

图 3-4　压缩基数树（帕特里夏树）示意

❖ 提供了一种称为默克尔证明的证明方法，进行轻节点的扩展，实现简单支付验证。

在以太坊中，为 MPT 新增了几种树节点，以尽量压缩整体树高、降低操作的复杂度。在 MPT 中，树节点可以分为以下 4 类。

① 空节点，简单的表示空，在代码中是一个空串。

② 叶子节点（leaf），表示为[key, value]的键值对，其中 key 是一种特殊十六进制编码，value 是 RLP。

③ 扩展节点（extension），也是[key, value]的一个键值对，但是 value 是其他节点的哈希值，可以被用来查询数据库中的节点。也就是说，通过哈希值链接到其他节点。

④ 分支节点（branch）。因为 MPT 中的 key 被编码成一种特殊的十六进制值，再加上最后的 value，所以分支节点是一个长度为 17 的列表（list），前 16 个元素对应 key 中的 16 个十六进制字符，如果有一个键值对在这个分支节点终止，那么最后一个元素代表一个值，即分支节点既可以是搜索路径的终止，也可以是路径的中间节点。

在以太坊中，MPT 的 key 值有三种编码方式，以满足不同场景的不同需求。编码方式分别为：Raw 编码（原生的字符），Hex 编码（扩展的十六进制编码），Hex-Prefix 编码（HP，十六进制前缀编码）。这三种编码使用于不同的场合，都是 MPT 的变种。

① Raw 编码。Raw 编码就是原生的 key 值，不做任何改变。这种编码方式的 key 是 MPT 对外提供接口的默认编码方式。

② Hex 编码。为了减少分支节点孩子的个数，要将 key 的编码进行转换，将原 key 的高、低 4 位分别拆成 2 字节进行存储。Hex 编码用于对内存中 MPT 的节点 key 进行编码。

③ HP 编码。叶子节点和扩展节点这两种节点定义是一致的，即便持久化到数据库中，存储的方式也是一致的。那么当节点加载到内存时，同样需要通过一种额外的机制来区分节点的类型。于是以太坊提出了一种 HP 编码对存储在数据库中的叶子节点和扩展节点的 key 进行编码区分。在将这两类节点持久化到数据库前，首先对该节点的 key 进行编码方式的转换，即从 Hex 编码转换成 HP 编码。HP 编码用于对数据库中的节点 key 进行编码。

对 MPT 的简单介绍到此为止。需要深入学习 MPT 的读者可参考以太坊 WIKI。[3]

以太坊为什么使用 MPT 呢？以太坊的账户模型中，账户存在多个属性（余额、代码、存储信息），属性（状态）需要经常更新，因此需要一种数据结构来满足：

---

[2] Wikipedia. Radixtree[OL]. (2020-07-16)[2020-08-20].
[3] Ethereum WIKI. Patricia-tree[OL]. (2020-06-11)[2020-08-14].

① 在执行插入、修改或者删除操作后能快速计算新的树根,而不需重新计算整个树。

② 即使攻击者故意构造非常深的树,其深度也是有限的。否则,攻击者可以通过特意构建足够深的树使得每次树更新变得极慢,从而执行拒绝服务攻击(Denial of Service,DoS)。

③ 树的根值仅取决于数据,而不取决于更新的顺序。以不同的顺序更新,甚至从头重新计算树,都不会改变树的根值。

其中,①是默克尔树特性,但②和③则不是默克尔树的优势。对于要求②,可将数据 key 进行一次哈希计算,得到确定长度的哈希值参与树的构建。要求③则是引入位置确定的压缩前缀树并加以改进。

**4. 以太坊中前缀树的应用**

在以太坊中,MPT 数据结构得到了广泛的应用,用来管理状态、交易、收据和存储。以太坊中所有的默克尔树都是 MPT。每个块头有 3 个树根,如表 3-1 和图 3-5 所示。

表 3-1 块头的 3 个树根

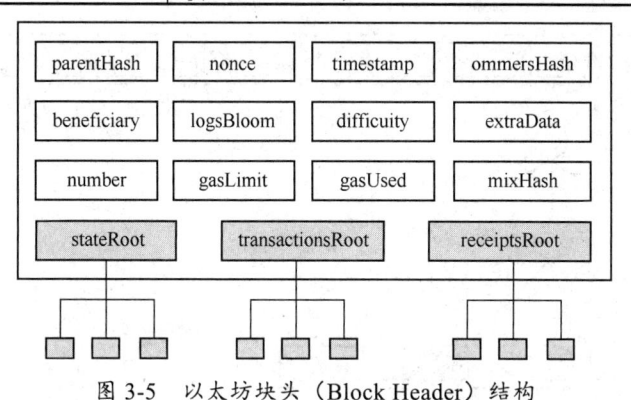

| 树根 | 对应结构 | 说明 |
| --- | --- | --- |
| stateRoot | State Trie/状态树 | 账号信息,合约账户和用户账户 |
| transactionsRoot | Transactions Trie/交易树 | 每个区块都有一个分离的交易树。交易树的数据源是数组。在交易树中,路径(path)都是 rlp(transactionIndex),其中 transactionIndex 是交易的编号,值(value)都是 rlp(transactionData) |
| receiptsRoot | Receipts Trie/收据树 | 每个区块都有一个分离的收据树。在收据树中,路径(path)都是 rlp(transactionIndex)。其中,transactionIndex 是交易的编号 |

图 3-5 以太坊块头(Block Header)结构

State Trie(状态树)保存以太坊账户的信息,称为全局世界状态(World State):以太坊有一个全局的状态树(Trie),时刻被更新,路径永远是 SHA-3(以太坊地址),值永远是 rlp(以太坊账户)。其实整个以太坊网络就是一个大的状态机,新的区块的诞生意味着整个以太坊的状态机发生了变化,交易的执行过程其实就是以太坊世界状态的迁移过程。

以太坊账户通常是一个 4 个元素的数组[nonce, balance, storageRoot, codeHash],其中 storageRoot 是另一个帕特里夏树的根。世界状态是由账户地址和账户状态(序列化为 rlp 的数据结构)的一个映射组成。虽然世界状态没有直接存储在区块链上,但会假定在实施过程中会将这个映射维护在一个修改过的 MPT 中。字典树需要一个简单的后端数据库(称为状态数据库)去维护字节数组到字节数组的映射,其好处如下:

① 这个结构的根节点是加密的且依赖于所有的内部数据，它的哈希值可以作为整个系统状态的一个安全标志。

② 作为一个不变的数据结构，它允许任何一个之前状态（根哈希值已知的条件下）通过简单地改变根哈希值而被召回。因为区块链中存储了所有这样的根哈希值，所以能恢复到指定的历史状态。

账户状态包含 4 个字段，如表 3-2 所示。

表 3-2 账户状态

| 字段 | 字段名 | 说明 |
| --- | --- | --- |
| nonce | 随机数 | 其值等于账户发出的交易数及这个账户创建的合约数量之和 |
| balance | 余额 | 这个账户拥有的 Wei |
| storageRoot | 存储根节点 | 保存账户内容的 MPT 树根节点的 256 位哈希编码到字典树中，作为从 256 位整数键值哈希的 Keccak256 位哈希到 256 位整数的 RLP，即编码映射 |
| codeHash | 代码哈希 | 其账户的 EVM 代码执行时，这个地址会接收一个消息调用；与其他字段不同，创建后不可更改。状态数据库中包含所有这样的代码片段哈希，以便后续使用 |

合约在以太坊世界状态（World State Trie）中仅仅是一个账户。每个账户包括 nonce、balance、codeHash、storageRoot 四个属性。普通账户的 codeHash、storageRoot 都是空的。对于合约来说，codeHash 就是合约代码哈希值，storageRoot 是合约存储中的所有键值对的 MPT 根哈希值。storageRoot 指向一个存储树（Storage Trie），这个树是所有合约数据存储的地方。每个用户都有一个分离的存储树，如图 3-6 所示。

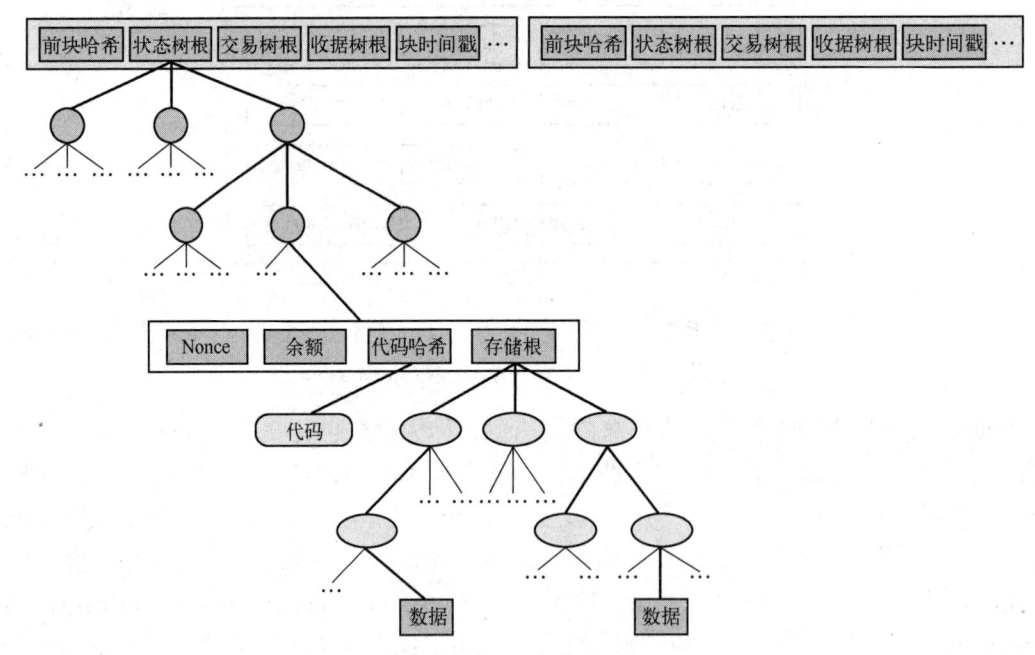

图 3-6 存储树

存储树是保存所有合约数据的地方。每个账户都有一个独立的存储树。理解存储树的路径需要先理解 Solidity 的变量结构。合约的第一个简单类型状态变量在存储槽（Slot）0，其路径是 sha3(<0000000000000000000000000000000000000000000000000000000000000000 >)

=290decd9548b62a 8d60345a988386fc84ba6bc95484008f6362f93160ef3e563。

对于其他复杂类型的变量，其路径的计算参见 6.5.4 节。

## 3.3 智能合约介绍

智能合约的历史可以追溯到 20 世纪 90 年代，是由尼克·萨博（Nick Szabo）提出的理念。他在发表在自己的网站的几篇文章中提到了智能合约的理念，定义如下："智能合约是一套以数字形式定义的承诺（promises），包括合约参与方可以在上面执行这些承诺的协议。"图 3-7 是智能合约的模型。

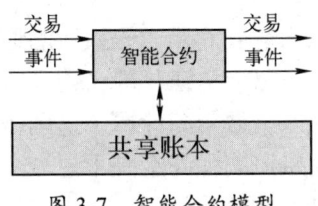

图 3-7 智能合约模型

从合同的角度，智能合约（Smart Contract）是一种旨在以信息化方式传播、验证或执行合同的计算机程序。它是运行在可复制、共享的账本上的计算机程序，可以处理信息，接收、存储和发送价值。智能合约程序是事件驱动的、自带状态的。

相比传统数字合约，智能合约的优势如下：

① 安全性。在去中心化的基础架构中运行智能合约能够规避单点失效风险、去除中心化的中介。而且由于区块链多方计算、多方存储的特性，合约任意一方都无法篡改结果。

② 可靠性。多方计算要求网络中多个独立节点会对智能合约逻辑进行重复处理和验证，确保合约按照规定条款按时执行。

③ 公平性。由于智能合约代码的公开透明，使用点对点的去中心化网络运行并执行合约条款，能够减少中间环节榨取交易价值。

④ 高效性。智能合约的代码是事件驱动，自动执行的。整个托管、维护、执行和交割等后端流程完全自动化。

通常情况下，智能合约可以基于以下两种系统之一运行：虚拟机（以太坊采用）、容器（超级账本 Fabric 采用）。下面具体讨论这两种实现方式。

### 3.3.1 智能合约的实现机制：虚拟机

虚拟机通常是指能够像真实机器一样执行程序的计算机的软件实现。有些虚拟机会模拟出一个完整的物理计算机，如 VMware、VirtualBox 等；另一些虚拟机则只提供了硬件的抽象层，而与具体的底层硬件无关，如 Java 虚拟机（JVM）。

因为完整的仿物理计算机的模式会消耗大量的资源并严重影响性能，且很难兼容不同的硬件架构，所以在区块链智能合约系统的设计中很少采用仿物理计算机的模式。由于区块链智能合约必须资源隔离，绝大多数的区块链会采用更加轻量级的虚拟机架构，如以太坊开发了 EVM、R3 Corda 直接采用 JVM，还有一些区块链采用了 V8 引擎——Google 的 JavaScript 引擎（虚拟机）。

虚拟机主要有两个评价指标：指令的执行速度，执行环境上下文本身的启动速度。相对而言，对于智能合约，执行环境上下文的启动速度往往要比指令的执行速度更为重要。

每个智能合约每次被调用，都必须启动一个新的虚拟机/容器。因此执行环境本身的启动速度（启动一个虚拟机/容器）对智能合约系统的性能影响更大。

上述 EVM、JVM、V8 引擎这些轻量级的虚拟机架构对智能合约的性能提升有显著的优势。它们的启动速度非常快，占用资源也很小，适合智能合约这样短小的程序。其缺点是，这类虚拟机的执行效率会相对略低，好在智能合约一般比较短小，会更加注重环境加载的速度而非代码执行的速度。

以太坊在智能合约系统的设计中是高耦合的典型：它在虚拟机的指令集和实现逻辑中混入了费用的计算、访问账本的指令、对于账本的持久化存储指令。区块链的业务逻辑与虚拟机的强绑定并不是一个良好的设计。一旦区块链的功能需要改进或者升级，势必要对 EVM 进行相应的修改，这种修改多数情况都会体现在增加新的指令上；而 EVM 几乎没有办法移植到其他区块链系统中。这种模式会对以太坊的生态应用造成很大的局限性。关于 EVM 的缺陷，请参考 9.1.1 节。

## 3.3.2 智能合约的实现机制：容器

超级账本的子项目 Fabric 采用容器（Docker）作为其智能合约的执行环境。容器也进行了资源的隔离，但是并不如虚拟机那样隔离充分。容器本身没有采用虚拟化技术，而是让程序直接运行在底层操作系统上，因此代码执行的效率很高。但是容器并不是为智能合约专门设计的，包含很多与智能合约运行无关的功能。因此，部署和启动容器需要消耗大量的时间和资源。当使用智能合约系统时，容器的启动时间成为制约整体效率的瓶颈。执行环境的启动速度才是影响智能合约性能的关键因素。

与以太坊的设计模式相反，Fabric 的智能合约系统采用低耦合设计，区块链账本与容器之间几乎没有任何依赖关系。在容器中运行的智能合约程序只能通过 gRPC 协议与节点进行通信，协议中包含访问账本和持久化存储的功能。当区块链的功能需要改进或者升级时，只需要对 gRPC 协议进行改动即可。

# 3.4 现有智能合约框架介绍

目前，市场比较流行、知名的智能合约编程框架如表 3-3 所示。

其中，描述型是指为了实现功能，程序员必须手工写程序，一个一个功能地将其实现；声明型是指只需指出功能、目的、路径，由系统自动生成运行的程序。

目前，流行的智能合约编程的语言有 Solidity、Serpent、Vyper 和 LLL。Solidity 是智能合约开发的最热门、最流行的语言，具有最多的技术人群和最大的技术社区。Solidity 是一个基于以太坊智能合约的高级编程语言，具有与 JavaScript 相似的语法，支持静态类型、集成、库和复合的用户定义的类型。Solidity 基于 IFTTT 逻辑（即 If-This-Then-That 逻辑工作，如果符合某个条件，那么做某件事情）。EVM 上运行的智能合约无法访问网络、文件系统，或者在 EVM 上运行的其他进程，可被编译成 EVM 的汇编语言，从而被节点执行。

表 3-3  流行的智能合约编程框架[4]

| 框架名 | 简 介 | 类 型 | 平 台 |
|---|---|---|---|
| Solidity | 具有类 JavaScript、C++或者 Java 语法的过程性编程语言，是目前最流行的智能合约编程语言 | 描述型（Imperative） | 以太坊 |
| LLL | 具有 LISP 语法的一个函数型编程语言，是第一个以太坊的智能合约编程语言，不过现在很少用了 | 声明型（Declarative） | 以太坊 |
| Serpent | 具有类 Python 语法的过程性编程语言 | 描述型（Imperative） | 以太坊 |
| Vyper | 类似 Serpent，采用 Python 类似的语法，最近开发的编程语言 | 描述型（Imperative） | 以太坊 |
| Bamboo | 受 Erlang 语言影响，新开发的智能合约编程语言，有显式的状态变换，没有循环。 | | 以太坊 |
| WASM | 可用任何流行的编程语言来编写智能合约，只要能够编译成 WASM 格式即可，被认为是智能合约编程语言领域的明日之星 | 描述型（Imperative） | 通用 |
| Golang/Nodejs | 可用 Golang 和 Nodejs 等高级编程语言来编写智能合约 | 描述型（Imperative） | 超级账本 |

Solidity 是静态类型检查。编译器可以检查：所有的函数必须存在，对象不能是 null，操作符是否可以使用。

本书第 4～7 章将重点介绍 Solidity 智能合约编程，第 8 章将介绍超级账本链码编程，第 9 章简略介绍智能合约编程的未来之星 WASM。基于语言的使用人群、热度、社区和技术前瞻性的考虑，本书不介绍 LLL、Serpent、Bamboo 和 Vyper，读者可自行学习。

# 习 题 3

1. 如何判断一个以太坊地址是 EOA 还是合约地址？
2. 编程序从下面的 keystore 文件还原出私钥，并提供结果（私钥）。

```
"address": "a4e71aeeadaa01fd0f15455f67d7d2cad32ebfca", "crypto": {
    "cipher": "aes-128-ctr",
    "ciphertext": "7573755cb636a8712c595b63a69e69c968ff7be194e8757b1122584a63ad2457",
    "cipherparams": {
        "iv": "2afb66d1c584804b8f3265fff3b220cb"
    },
    "kdf": "scrypt",
    "kdfparams": {
        "dklen": 32,
        "n": 262144,
        "p": 1,
        "r": 8,
        "salt": "bad691204ff97a29742329338a56c91df858ee383733d1357e95f7b4736ea5a6"
    },
    "mac": "061dae9ec6409181dea894afd52c5acf779e320a970159a91ab334a54a55b4d1",
    "id": "d4a01c73-baeb-44b8-9489-2c6a7df5aa45",
```

---

[4] Andreas M. Antonopoulos, Gavin Wood. Mastering Ethereum[M]. Sebastopol CA : O'Reilly, 2018.

```
    "version": 3
}
```

3. 传统的中心化系统利用用户名和口令来表示账户的所有权。在去中心化的系统中,如何表示对某一个账户的所有权?

4. 智能合约能够访问所在节点的资源(如硬盘、网络)吗?

5. 合约地址有私钥吗?可以发起交易吗?

6. RLP 编码中,要表示的最大字符串是多少?为什么?

7. RLP 编码中为什么要加上项的数量?

8. 下列对象的 RLP 编码是什么?

(1) 字符串 "dog"　　　　　　　　(2) 列表 ["cat", "dog"]

(3) 空字符串 ('null')　　　　　　(4) 空列表

(5) 数字 15 ('\x0f')　　　　　　　(6) 数字 1024 ('\x04\x00')

(7) [ [], [[]], [ [], [[]] ] ]

(8) 字符串 "Lorem ipsum dolor sit amet, consectetur adipisicing elit"

9. 假设一个树有这些值('dog', 'puppy'), ('horse', 'stallion'), ('do', 'verb'), ('doge', 'coin'),请构造 MPT。

# 第 4 章  Solidity 编程

无论是编程语言社区、使用人群、使用范围，还是活跃的合约数量、大众的辨识度，Solidity 都占据现有的智能合约编程语言的榜首。虽然目前智能合约编程的前沿已经转向 Web Assembly，但是在可预见的将来，Solidity 仍将在智能合约编程领域占有举足轻重的地位。

Solidity 不仅是一门新的编程语言，与传统的 Java、C++语言最显著的不同是，Solidity 编写智能合约是在完全的去中心化的环境中运行的，而且是由以太坊虚拟机（EVM）解释执行的。因此，Solidity 的编程、设计、调试与传统编程完全不同。传统的编程语言有解释型和编译型，而且代码在绝大部分的情况下是不公开的。而 Solidity 的智能合约部署到以太坊上，源代码是公开透明的。每个懂得计算机基础知识的人都可以通过各种各样的工具（如区块链浏览器）看到 Solidity 的源代码。而这种公开透明的特性也会给智能合约编程带来巨大的挑战，比如如何编写安全的没有漏洞的合约。同时，传统的程序一般是基于某种体系架构，如 Windows/Intel、Linux/AMD 等。而 Solidity 编程是基于以太坊虚拟机（一个栈机器）的。以太坊虚拟机具有很多独特的特性，而这些特性都会影响 Solidity 编程，如编程模式、内存格式、地址寻址方式等。

## 4.1  SOL 文件结构

Solidity 程序文件的后缀名是 sol，由以下 6 部分组成。

### 1．编译开关

编译开关"pragma solidity ^0.4.20"表明编译器版本要高于 0.4.20 才可以编译。"^"表示如果编译器版本低于 0.4.20，那么不可编译。也可以指定编译器的版本范围：

```
pragma solidity >=0.4.22 <0.5.0;
```

### 2．引用其他源文件

全局引入：

```
import "filename";
```

自定义命名空间引入：

```
import * as symbolName from "filename"
```

也可以分别定义引入：

```
import {symbol1 as alias, symbol2} from "filename"
```

### 3．注释

① 代码注释。Solidity 代码注释有两种方式：单行（//），或者多行（/* */）。

```
// 单行注释

/*
    这是
    多行注释
*/
```

② 文档注释。文档注释是为了写文档用（可以用很多自动化工具自动生成文档）的，格式如下：

```
///

/**
    …
*/
```

文档注释可以使用 Doxygen 的语法规则，以支持生成对文档的说明、参数验证的注解，或者在用户调用这个函数时弹出的确认内容。Doxygen 是一个程序的文档产生工具[1]，可以将程序中的注释转换成说明文档或者说 API 参考手册，从而减少程序员整理文档的时间。当然，程序中的注释需要遵循一定的规则书写，才能让 Doxygen 识别和转化。

目前，Doxygen 可处理的程序语言包含 C/C++、Java、Objective-C、IDL 等，可产生的文档格式有 HTML、XML、LaTeX、RTF 等，还可衍生出其他格式，如 HTML 可以打包成 CHM 格式，而 LaTeX 可以通过一些工具生成 PS 或 PDF 文档等。

```
pragma solidity ^0.4.0;

/** @title 面积计算器 */
contract shapeCalculator{
    /**
    *@dev 计算矩形的面积和周长
    *@param w 矩形宽度
    *@param h 矩形高度
    *@return s 矩形的面积
    *@return p 矩形周长
    */
    // 计算面积和周长
    function rectangles(uint w, uint h) returns (uint s, uint p) {
        s = w * h;
```

---

[1] Doxygen．Generate documentation from source code．(2021-04-23)[2021-04-11]．

```
        p = 2 * ( w + h );
    }
}
```

### 4．合约（Contract）本体

下面是一个简单合约的本体：

```
pragma solidity ^0.4.11;

contract Contractexample {
    uint256 obj;
    function setObj(uint256 _para) {
        obj = _para;
    }
    function getObj() returns(uint256) {
        return obj;
    }
}
```

这里，Contract 可以理解为一个类。Contract 有构造函数、成员函数、成员变量。

### 5．库

与合约的区别在于，库（Library）被认为是无状态的，故不能有 fallback 函数，不能有 payable 关键字，不能定义 storage 变量。

但是库可以修改与它们链接的合约的 storage 变量。比如，在合约中调用库的函数时，把合约的 storage 变量作为引用传给库函数，那么在库中就可以修改这个变量，而且修改的结果反映在调用的合约里。可以想象为一个函数传入一个 C 的指针。

另外，库不能有 Event 日志，但是可以分发事件。库函数触发的事件会被记录在调用合约的 Event 日志中。由于现在合约的并不包含库中可能发送的事件信息，这导致现在的某些客户端（如 Web3）不知道如何解码被发送事件及其参数。这个问题解决方案是：在库和合约中定义同名的事件，这会让客户端认为是合约要发送事件而不是库。下面是一个简单的例子：

```
library EventEmitterLib {
    function emit(string s) {
        Emit(s);
    }
    event Emit(string s);
}
contract EventEmitterContract {
    using EventEmitterLib for string;
    function emit(string s) {
        s.emit();
    }
    event Emit(string s);
}
```

在用 Web3 库函数开发 DApp 时，尽管 Emit 事件是库发送的，但是监听合约的 Event-EmitterContract.Emit 事件会收到库函数触发的事件。如果监听库的 EventEmitterLib.Emit 事件，就什么也不会收到。

6．接口

与 Java、C++语言一样，Solidity 接口（interface）只定义行为，没有实现。

```
pragma solidity ^0.4.11;
interface XXX {
  function cal(uint256 para) external view returns (uint256);
}
```

## 4.2 合约结构

普通的合约本体包括如下组成部分：状态变量（State Variable）、操作符（Operator）、语句（Statement）、结构定义（Structure Definition）、修饰符定义（Modifier Definition）、事件声明（Event Declaration）、枚举定义（Enumeration Definition）、函数定义（Function Definitions）。

## 4.3 变量类型

像传统编程语言一样，Solidity 可以定义基础类型（如 int、uint、struct）、数组类型和映射。变量类型也可以分成两类：固定大小的变量（Static）和动态变量（Dynamic）。下面解释状态变量。状态变量最重要的属性是，它会被矿工永久地存储到区块链或以太坊的账本上。在合约中声明而不属于任何函数的都是状态变量。为状态变量分配的内存是静态指定且不可改变的。

### 4.3.1 值类型

Solidity 支持以下值类型。

#### 1．布尔

布尔（bool）变量的值为 true 或 false。与 C 语言不一样，1 并不是 true。布尔类型也不能与整数进行隐性的强制类型转换，但是显式类型转换是可以的。

#### 2．整型

整型包括有符号整型（int）和无符号整型（uint）。例如，uint8、uint16、uint24、uint32、uint40 到 uint256，相差 8 位（从 8 到 256），int8、int16、int24、int32、int40 到 int256。unit 和 int 的别名分别为 uint256 和 int256。

整数字面量由包含 0～9 的数字序列组成，默认被解释成十进制。Solidity 不支持八进制，前导 0 会被默认忽略，如 0300，会被认为是 300。

小数由"."组成,左边或右边至少包含一个数字,如 1.、.1、1.3 均是有效的小数。

## 3. 地址

以太坊地址(Address)的长度为 20 字节,160 位,所以可以用 uint160 编码。

```
address addr = 0x692a70d2e424a56d2c6c27aa97d1a86395877b3a;
```

与 Address 相关的属性和方法请参见附录 A。

## 4. 定长字节数组

固定大小的 bytesn 数组,n 的取值范围为 1～32,如 bytes1、bytes2、bytes3、…、bytes32。byte 等同于 bytes1。可以通过十六进制字面量或者数字字面量来设定 bytesn 数组元素:

```
bytes1 aa = 0x35;
bytes1 bb = 100;
bytes1 ee = -10;
bytes2 cc = 259;
```

也可以通过字符来设定 bytes1:

```
bytes1 dd = 'd';
```

可以对 bytes 数据类型进行位操作,如 AND、OR、XOR、NOT、左移和右移操作。

## 5. 有理数和整型字面量

字面量(Literal)本身是值。Solidity 支持如下规范的字面量。
- ❖ 整数字面量,如 1、10、-1 和-100。
- ❖ 字符字面量,如"test"。字符串字面量可以用单引号,也可以用双引号。
- ❖ 地址字面量,如 0xfa35b7d915458ef540ade6078dfe2f44e8fa733c。
- ❖ 十六进制字面量,以 0x 为前缀,如"0x9A5C2F"。

Solidity 支持数字字面量,如 7.5 and 0.18。

## 6. 枚举类型

枚举类型(Enums)是 Solidity 的一种用户自定义类型,可以显式地与整数进行转换,但不能进行隐式转换。

```
pragma solidity ^0.4.0;
contract test {
    enum Season {Spring, Summer, Autumn, Winter}
    Season choice;
    …
}
```

## 7. 函数

函数类型(Function Types)是函数这种特殊的类型:可以将一个函数赋值给一个变量,还可以将一个函数作为参数进行传递,也可以在函数调用中返回一个函数。
完整的函数的定义如下:

```
function XXX(<parameter types>) {internal(默认)|external} [constant]
```

```
[payable] [returns (<return types>)]
```

函数类型是用函数修饰符来实现的。具体讨论见本书 4.6 节。若不写类型，默认的函数类型是 internal 的。如果函数没有返回结果，那么必须省略 returns 关键字。

① 内部函数（internal）。内部函数只能在当前合约及其子合约中被使用，不能在当前合约的上下文环境以外的地方执行。如在当前的代码块内包括内部库函数和继承的函数，默认的函数类型就是 internal。

② 外部函数（external）。外部函数由地址和函数方法签名两部分组成，可作为外部函数调用的参数，或者由外部函数调用返回。

Solidity 的特殊函数包括如下。

① fallback（回退）函数

```
fallback() external [payable] {…}          // 注意：没有 function 关键字，0.6.0 版本以上
function() public payable {…}              // 老式声明，过时了
```

回退函数没有参数，也没有返回值且必须有 external 的可见性修饰符。如果希望回退函数接受 Ether，就必须加上 payable 修饰符。每个合约至多有一个回退函数，如果给定的函数签名无法匹配合约中的任何一个函数，或者调用合约方法时不提供数据且没有 receive 函数，则 fallback 函数会被调用。

② receive 函数

```
receive() external payable {…}             // 注意：没有 function 关键字
```

当调用合约方法时没有提供数据（calldata），如 send()或 transfer()，就会调用 receive 函数。每个合约至多有一个 receive 函数。receive 函数没有参数，也没有返回值，且必须有 external 可见性修饰符和 payable 修饰符。

③ 构造函数

```
constructor(…){ … }                        // 注意：没有 function 关键字，使用 constructor 关键字
合约名(…){ … }                              // 老式声明，构造函数和合约同名，过时了
```

## 4.3.2 引用类型

不同于值类型，复杂类型占的空间更大，超过 256 字节。占用空间较大的类型，在复制时占用空间也较大，所以考虑通过引用传递。常见的引用类型有不定长字节数组（bytes）、字符串（string）、数组（array）、结构体（strut）。

### 1. 不定长字节数组

不定长字节数组 bytes 是一个动态数组，能够容纳任意长度的字节。与 byte[]不同，bytes 数组是把所有的字节都打包在一起，而 byte[]数组为每个元素分配 32 字节。bytes 数组可以声明为一个设定长度的状态变量。比如：

```
bytes localBytes = new bytes(0);
```

bytes 变量也可以直接赋值如下：

```
localBytes = "This is a test";
```

元素可以被压入字节数组：

```
localBytes.push(byte(10));
```

bytes 变量也提供长度属性：

```
return localBytes.length;                    // 返回 length 的属性
```

### 2．字符串

C 语言中，字符串是以 "\0" 结尾的。但是在 Solidity 中，字符串并不包含结束符，所以实际用来存储字符串"test"的空间就是 4 字节。

### 3．数组

可使用 new 关键字创建一个 memory 数组。与 storage 数组不同，不能通过 length 的长度来修改数组大小属性。我们来看看下面的例子：

```
pragma solidity ^0.4.0;
contract example {
    function f() {
        // 创建一个 memory 数组
        uint[] memory a = new uint[](7);
        // a.length = 100;                    // 不能修改 memory 数组的长度
        // 错误信息：表达式必须是个左值表达式
    }
    uint[]  b;                                // storage 数组
    function g() {
        b = new uint[](7);
        // 可以修改 storage 数组
        b.length = 10;
        b[9] = 100;
    }
}
```

在上面的代码中，f()方法尝试调整数组 a 的长度，编译器报错：Error: Expression has to be an lvalue（错误：表达式必须是一个左值表达式）。但 g()方法可以修改数组大小。

bytes：动态大小 byte 数组，不是一个值类型。

string：动态大小 UTF-8 编码字符串，不是一个值类型。

### 4．结构体

结构（struct）被用来实现用户定义的数据类型。结构是一个组合数据类型，包含多个不同数据类型的变量，仅仅由变量构成。

```
struct Funder {
    address  addr;
    uint  amount;
}
```

## 4.3.3 字典

字典是一种键值对（Key/Value），定义方式为：

```
mapping(_KeyType => _KeyValue)
```

键的类型允许除字典外的所有类型，如数组、合约、枚举、结构体。例如：

```
mapping(address => uint) public balances;
```

## 4.3.4 特殊情况

变量定义是放在栈上的。因为栈的容量限制，只能容纳 16 层（也就是 16 个变量，包括参数和返回值）。定义太多的本地变量将导致栈溢出的异常。例如：

```
pragma solidity ^0.4.13;
contract overflowContract {
    function testoverflow(address a1, address a2, address a3, address a4, address a5, address a6){
        address a7;
        address a8;
        address a9;
        address a10;
        address a11;
        address a12;
        address a13;
        address a14;
        address a15;
        address a16;
        address a17;
    }
}
```

显示如下错误：

```
browser/overflow.sol:4:5: CompilerError: Stack too deep, try removing local variables.
    function testoverflow(address a1, address a2, address a3, address a4, address a5, address a6){
    ^
Spanning multiple lines.
```

因为当栈深超过 16 时发生了溢出，错误信息是"CompilerError: Stack too deep, try removing local variables"（编译错误：栈太深，请尝试削减本地变量）。官方的解决方案是建议开发者减少变量的使用，并使函数尽量小。当然还有其他变通方法，如把变量封装到结构或数组中，或采用关键字 memory。

图 4-1 显示了在输入过多（>16）的参数和变量，导致栈深超过 16 时，Remix 内置编译器发出的错误信息。Remix 编译错误信息如图 4-2 所示。

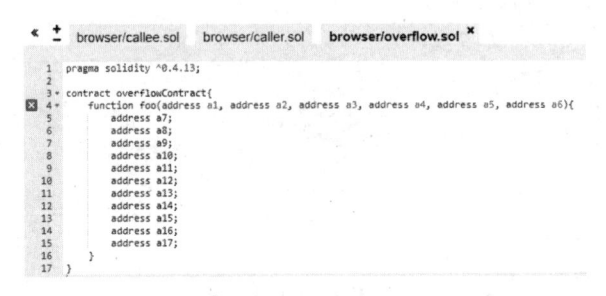

图 4-1 overflow.sol

> browser/overflow.sol:4:5: CompilerError: Stack too deep, try removing local variables.
> function testoverflow(address a1, address a2, address a3, address a4, address a5,
> ^ (Relevant source part starts here and spans across multiple lines).

图 4-2　Remix 编译错误信息

## 4.4　操作符

Solidity 操作符（operator）如表 4-1 所示。

表 4-1　Solidity 操作符

| 序号 | 变量 | 说明 |
| --- | --- | --- |
| 1 | 后缀加一或减一 | ++, -- |
| 2 | 函数调用 | <func>(<args...>) |
| 3 | 数组寻址 | <array>[<index>] |
| 4 | 成员访问 | <object>.<member> |
| 5 | 括号 | (<statement>) |
| 6 | 前缀加 1 或减 1 | ++, -- |
| 7 | 一元加减 | +, - |
| 8 | 一元删除 | delete |
| 9 | 逻辑非 | ! |
| 10 | 位操作非 | ~ |
| 11 | 指数 | ** |
| 12 | 乘，除，取模 | *, /, % |
| 13 | 加减 | +, - |
| 14 | 位移操作 | <<, >> |
| 15 | 位 and | & |
| 16 | 位 xor | ^ |
| 17 | 位 or | \| |
| 18 | 大于，小于，大于等于，小于等于 | <, >, <=, >= |
| 19 | 等或不等 | ==, != |
| 20 | 逻辑 and | && |
| 21 | 逻辑 or | \|\| |
| 22 | 三元操作 | <conditional> ? <if-true> :<if-false> |
| 23 | 赋值 | =, \|=, ^=, &=, <<=, >>=, +=, -=, *=, /=, %= |
| 24 | 逗号 | , |

## 4.5　语句

Solidity 不支持 switch 和 goto 语句。条件判断中的括号不可省略，但在单行语句中的 "{}" 可以省略。

### 4.5.1　条件语句

if/else 条件语句与传统语言一样，如果 if/else 的子句只有一个语句，"{}" 可以省略。

注意，if(1){…}在 Solidity 中是无效的，不过可以使用强制类型转换将 1 转化成布尔值。

```
if (totalPoints > bet.line)
    balances[bet.over] += bet.amount * 2;
else if (totalPoints < bet.line)
    balances[bet.under] += bet.amount * 2;
else {
    balances[bet.under] += bet.amount;
    balances[bet.over] += bet.amount;
}
```

### 4.5.2 循环语句

while 循环语句的例子如下：

```
// while 循环
uint insertIndex = stack.length;
while (insertIndex > 0 && bid.limit <= stack[insertIndex-1].limit) {
    insertIndex--;
}
```

for 循环语句的例子如下：

```
address[] public addressIndices;
// 给地址数组增加新的地址
addressIndices.push(newAddress);
…
// 获得数组长度
uint arrayLength = addressIndices.length;
for (uint i=0; i<arrayLength; i++) {
    …                                          // 循环体
}
```

### 4.5.3 其他

其他语句与 Java、C++的相似。
break：跳出现有的循环语句。
continue：退出当前轮的循环，跳到下一轮的循环开始。
return：从函数/方法中返回。
?：：三元操作符。例如：

```
a>b ? a : b
```

如果 a>b，那么返回 a，否则返回 b。

## 4.6 修饰符

除了声明函数名和参数，函数还可以加上修饰符。例如：

```
function XXX(<parameter types>) {internal(默认)|external}
  [constant][payable] [returns (<return types>)]
```

本节主要介绍 Solidity 的修饰符及其用法和区别。

函数的可见性修饰符包括：internal（默认），public，private，external。

函数还有一些修饰符，主要对状态变量的修改能力进行规定：constant，payable，view，pure。

## 4.6.1 修饰符说明

### 1．internal 修饰符

internal 声明的函数和状态变量只能通过内部访问，如在当前合约中调用或在继承的合约中调用。注意，不能加前缀 this。前缀 this 表示通过外部方式访问。在不指定任何修饰符的情况下，internal 就是默认的修饰符。internal 类似 Java 或者 C++的 protected。internal 声明的函数是不能从外部访问的，而且不是合约接口的一部分。

### 2．external 修饰符

外部函数是合约接口的一部分，所以可以从其他合约或通过交易来发起调用。例如，外部函数 f()不能通过内部方式发起调用（如 f()不可以被直接调用，但可以通过 this.f()进行调用）。外部函数在接收大的数组数据时更加有效。

### 3．public 修饰符

公开函数是合约接口的一部分，可以通过内部或者外部消息来进行调用。public 类型的状态变量会自动创建一个访问器。

### 4．private 修饰符

私有函数和状态变量仅在当前合约中可以访问，在继承的合约中不可访问。私有函数不是合约接口的一部分。

### 5．constant 修饰符

constant 修饰的函数没有能力改变区块链上的状态，可以读取状态变量并返回给调用者，但是不能进行如下操作：改变变量，调用事件，创建另一个合约，调用其他可能改变状态的函数。

constant 修饰符会被包含在函数的 JSON ABI 文件中，而且会被官方的 JavaScript API 库 web3.js 包使用，用于判断函数是通过一个交易被调用还是通过 call 指令被调用。

```
contract HelloVisibility {
    function hello() constant returns (string) {
        return "hello";
    }
    function helloLazy() constant returns (string) {
        return hello();
    }
```

```
    function helloAgain() constant returns (string) {
        return helloQuiet();
    }
    function helloQuiet() constant private returns (string) {
        return "hello";
    }
}
```

其他合约可以调用 hello() 函数，也可以自己调用，如 helloLazy() 函数。其他函数可以调用 helloQuiet() 函数，但是如果通过外部调用，那么其他合约不能调用 helloQuiet() 函数。

上面例子的所有函数都被标记为 constant，因为它们都不会改变计算机的世界状态（world state）。

### 6．payable 修饰符

payable 声明的函数可以从调用者那里接受以太坊代币 Ether。如果发送方没有提供 Ether，那么调用可能会失败。一个函数被声明为 payable，它就只能收取 Ether。

### 7．view 修饰符

view 声明的函数不能修改状态变量，等同于 constant 声明的函数。

### 8．pure 修饰符

pure 声明的函数为函数的能力设置了更多的限制，不能读写状态变量，不能访问当前状态和交易变量。

## 4.6.2 修饰符的区别

### 1．external 和 public 修饰符

从可见性角度，external 与 public 基本上一样。当合约中的 public 或者 external 声明的函数随着合约被部署到链上时，该函数就可以被其他合约调用（通过调用或者交易的方式）。

external 和 public 声明的最主要的区别是合约调用函数的方式和输入参数的传输方式。在合约中，一个函数直接调用一个 public 声明的函数，代码的执行会通过 jump 指令调用，而 external 函数必须通过 call 指令调用。另外，external 声明的函数并不需要从只读的 calldata 中复制输入参数到内存或者栈上。例如：

```
pragma solidity ^0.4.12;

contract Test {
    /* Cost: 496 Gas
       可以被 internal 或者 external 调用。因为 internal 调用会从内存里读取函数参数，Solidity 马
       上把数组参数复制到内存，而这个操作会耗费额外的燃料
    */
    function test(uint[20] a) public returns (uint) {
        return a[10] * 2;
    }
    // Cost: 261 Gas。不允许 internal 调用，直接从 calldata 读取，不会用到复制到内存的步骤
```

```
    function test2(uint[20] a) external returns (uint) {
        return a[10] * 2;
    }
    // 代码通过 jump 调用，数组参数通过指向内存的参数传递，函数会通过访问内存来访问参数
    function test3(uint[20] a) internal returns (uint) {
        return a[10] * 2;
    }
}
```

调用这个合约的 test 和 test2 函数，public 声明的 test( )函数使用了 496 Gas，而 external 声明的 test2( )函数只使用了 261 Gas。（注意：消耗燃料的数量随着 Solidity 编译器的升级和 EVM 的升级是变化的。）这个区别的原因在于：在 public 声明的函数中，Solidity 马上把数组参数复制到内存，而 external 函数直接从 calldata 读取。内存的分配是昂贵的，而从 calldata 读取比较便宜。

public 声明的函数为什么把所有参数复制到内存呢？因为 public 声明的函数可能被 internal 声明的函数调用，两者的调用过程不同。internal 调用是通过 jump 指令实现的，数组参数是通过指向内存的指针来传递的。因而，当编译器在为 internal 函数产生指令时，函数是通过内存来访问参数的。这导致 public 函数必须将参数复制到内存，提供给 internal 函数使用。对于 external 声明的函数，编译器不允许 internal 调用，所以允许从 calldata 来直接读取参数，而没有复制的步骤。

总结如下：

- ❖ internal 调用永远是最便宜的，因为通过 jump 指令实现，参数以内存指针来传递。
- ❖ 因为 public 声明的函数不知道调用者是 external 或者 internal，public 声明的函数都会像处理 internal 声明的函数一样，将参数复制到内存。而这个操作非常昂贵。
- ❖ 如果确信函数只能被外部调用，那么使用 external 修饰符。
- ❖ 在大多数情况下，this.f( )调用方式是没有意义的，因为会引发昂贵的 call 指令。

## 2．internal 和 external 修饰符

下面的例子演示了调用 internal 和 external 的方式，其中的注释清楚地解释了调用方式的差异。

```
pragma solidity ^0.4.5;
contract FuntionTest {
    function internalFunc() internal{}
    function externalFunc() external{}
    function callFunc(){
        // 直接使用内部的方式调用
        internalFunc();
        // 不能在内部调用一个外部函数，会报编译错误。错误：没有声明的标识符
        // externalFunc();
        // 不能通过 external 的方式调用 internal。错误信息：找不到成员函数"internalFunc"或者不可见
        // this.internalFunc();
        // 使用 this 以 external 的方式调用一个外部函数
        this.externalFunc();
    }
```

```
}
contract FunctionTest1 {
    function externalCall(FuntionTest ft) {
        // 调用另一个合约的外部函数
        ft.externalFunc();
        // 不能调用另一个合约的内部函数
        // 错误信息: 在合约 FuntionTest 中找不到成员函数"internalFunc"或者不可见
        // ft.internalFunc();
    }
}
```

### 4.6.3 自定义修饰符

修饰符可以改变函数的行为。比如，修饰符可以在执行一个函数前检查一个条件。修饰符可以继承，而且可以被派生合约重载。

```
pragma solidity >0.4.24;
contract owned {
    constructor() public { owner = msg.sender; }
    address payable owner;
    // 这个合约只定义一个修饰符但是并没有用到它。它可以在派生合约里使用
    // 函数体会被加入修饰符定义的特殊符号"_;"后
    // 这意味着只有合约所有者才能调用该修饰符修饰的函数，否则会引发异常
    modifier onlyOwner {
        require(
            msg.sender == owner,
            "Only owner can call this function."
        );
        _;                                              // _表示函数体
    }
}
contract mortal is owned {
    // 这个合约从 Owned 合约继承 onlyOwner 修饰符并用于 close 函数
    // 起到的作用是只有所有者才能调用 close
    function close() public onlyOwner {
        selfdestruct(owner);
    }
}
contract priced {
    // 修饰符可接受参数
    modifier costs(uint price) {
        if (msg.value >= price) {
            _;                                          // _表示函数体
        }
    }
}
contract Register is priced, owned {
    mapping (address => bool) registeredAddresses;
    uint price;
    constructor(uint initialPrice) public { price = initialPrice; }
```

```solidity
        // 注意：payable 关键字是必需的，否则函数会自动拒绝送给它的 Eth
        function register() public payable costs(price) {
            registeredAddresses[msg.sender] = true;
        }
        function changePrice(uint _price) public onlyOwner {
            price = _price;
        }
    }
    // 对合约的攻击有重入攻击。Mutex 合约相当于设置了一个合约互斥锁
    // Mutex 合约通过修饰符来保护合约，防止重入攻击
    contract Mutex {
        bool locked;
        modifier noReentrancy() {
            require(
                !locked,
                "Reentrant call."
            );
            locked = true;
            _;                                  // 被修饰的函数体
            locked = false;
        }
        // 这个函数是被 Mutex 互斥锁（noReentrancy 修饰符中实现）保护的。这意味着 msg.sender.call 不能
        // 再调用 f，从而防止了重入攻击
        // "return 7"语句将 7 设为返回值，再执行修饰符的"locked = false"语句
        function f() public noReentrancy returns (uint) {
            (bool success,) = msg.sender.call("");
            require(success);
            return 7;
        }
    }
```

## 4.7 数据位置

在合约中声明的每个变量都有数据的位置。EVM 提供以下 4 种数据结构来存储变量。

① storage：合约中可以被所有函数访问的全局变量，永久存储，意味着以太坊会把它存到公有链的每个节点上。

② memory：合约中的本地内存变量，生命周期很短，函数执行结束后就被销毁了。

③ calldata：所有函数调用的数据，包括函数参数的保存位置，不可修改。

④ stack：为了导入变量和以太坊的机器/汇编指令代码而维护的栈，是 EVM 的内存工作环境，有 1024 级深。如果存储了超过 1024 级的数据，就会触发一个异常。

函数参数（包括返回参数）的默认数据位置是 memory。局部变量的默认数据位置是 storage。状态变量（合约声明的公有变量）的数据位置默认为 storage。

外部函数（external 函数）的参数（不包括返回参数）被强制指定为 calldata。

数据位置指定非常重要，因为具有不同数据位置声明的变量之间相互赋值产生的结果也不同。在 memory 与 storage 变量之间相互赋值，以及它们与状态变量（即便从另一个状

态变量)中相互赋值,总会创建一个完全不相关的副本。而创建副本是需要耗费燃料的。

storage 状态变量赋值给 storage 局部变量,是通过引用传递的,所以对于局部变量的修改,可以同时修改关联的状态变量。另外,将 memory 引用类型赋值给另一个 memory 引用,不会创建另一个副本。

在定义变量时,我们需要考虑将它们存储在什么位置:内存(memory,数据不是永久存在的)还是存储器(storage,值类型中的状态变量)?

内存存储位置同普通程序的内存一致,即时分配,即时使用,离开作用域即不可被访问,等待被回收。而在区块链上,由于底层实现了图灵完备,故会有非常多的状态需要永久记录,如参与众筹的所有参与者要使用存储器类型。一旦使用这个类型,数据将永远存在。基于程序的上下文,大多数时候的选择是默认的,我们可以通过指定关键字 storage 和 memory 修改它。

还有第三个存储位置 calldata,它存储的是函数参数,是只读的,不会永久存储。

```
pragma solidity ^0.4.0;
contract DataLocation {
    uint valueType;
    mapping(uint => uint) public refrenceType;
    function changeMemory() {
        var tmp = valueType;
        tmp = 100;
    }
    function changeStorage() {
        var tmp = refrenceType;
        tmp[1] = 100;
    }
    function getAll() returns (uint, uint) {
        return (valueType, refrenceType[1]);
    }
}
```

**强制的数据位置(Forced Data Location)**:外部函数(External Function)的参数(不包括返回参数)强制为 calldata;状态变量(State Variables)强制为 storage。

**默认数据位置(Default data location)**:函数参数(包括返回参数)的默认数据位置为 memory;所有其他局部变量的默认数据位置为 storage。

不同存储的消耗(燃料消耗)是不一样的:

❖ storage 会永久保存合约状态变量,开销最大。
❖ memory 仅保存临时变量,函数调用之后释放,开销很小。
❖ stack 保存很小的局部变量,免费使用,但有数量限制(16 个变量)。
❖ calldata 的数据包含消息体的数据,其计算需要增加 $n \times 68$($n$ 为 calldata 的非零字节数)的 Gas 费用。

## 4.8 事件

事件是以太坊虚拟机(EVM)日志基础设施提供的一个便利接口,用于获取当前发生的事件。

```solidity
pragma solidity ^0.4.0;

contract SimpleAuction {
    event aNewHigherBid(address bidder, uint amount);
    function bid(uint bidValue) external {
        aNewHigherBid(msg.sender, msg.value);
    }
}
```

最多有三个参数可以被设置为 indexed，即是否被索引。参数被设置为索引后，可以允许通过这个参数来查找日志，甚至可以按特定的值来过滤。如果数组（包括 string 和 bytes）类型被标记为 indexed，会用对应的 Keccak-256 哈希值作为主题。除非是匿名事件，否则事件签名（如 Deposit(address, hash256, uint256)）是其中一个主题，同时意味着匿名事件无法通过名字来过滤。通过函数 log0～log4 可以直接访问底层的日志组件。log$i$ 表示总共有 $i$+1 个参数（$i$ 表示的就是可带参数的数目，只是从 0 开始计数）。其中，第一个参数会作为日志的数据部分，其他会作为主题。

每次触发 Deposit 事件

```solidity
event Deposit( address indexed _from, bytes32 indexed _id, uint _value);
```

就相当于下面的 API 调用

```
log3(msg.value, 0x50cb9fe53daa9737b786ab3646f04d0150dc50ef4e75f59509d83667ad5adb20, msg.sender, _id);
```

其中，第一个参数为非 indexed 的数据部分值；第二个参数为默认主题，即事件签名的哈希值 keccak256("Deposit(address, hash256, uint256)")，后两个是按顺序的 indexed 的主题。

事件和日志主要有三个用途：智能合约返回值给用户接口，异步的带数据的触发器，一种比较便宜的存储。

### 1. 智能合约返回值给用户接口

事件的最简单用法是从智能合约返回值给应用的前端。例如：

```solidity
contract ExampleContract {
    // 一些状态变量
    function foo(int256 _value) returns (int256) {         // 改变状态
        return _value;
    }
}
```

假设 exampleContract 是 ExampleContract 的一个实例，前端使用 web3.js，通过模拟函数的执行可以获得返回值：

```javascript
var returnValue = exampleContract.foo.call(2);
console.log(returnValue)                                   // 2
```

上面是在模拟环境中的运行结果：调用函数马上得到返回值。但是，区块链的真实环境中，一般需要等待后续若干区块（如比特币需要等待后续 6 个区块）被挖出，才能达到交易的最终性。所以，一旦提交合约成为一个交易，并不能马上得到函数返回值。通常，返回的是一个交易哈希值，调用者需要通过交易哈希值来追踪交易状态，待交易达到最终性后，才能获得函数返回值。

```
var returnValue = exampleContract.foo.sendTransaction(2, {from:web3.eth.coinbase});
console.log(returnValue)                                                // 交易哈希值
```

sendTransaction()函数的返回值总是创建交易的哈希。交易并不返回值给前端，因为交易没有马上被打包，从而没有上链。如果想获得一个返回值，推荐的方案是使用事件，而这也是设计事件的初衷。

```
contract ExampleContract {
    event ReturnValue(address indexed _from, int256 _value);
    function foo(int256 _value) returns (int256) {
        ReturnValue(msg.sender, _value);
        return _value;
    }
}
```

前端可以返回值：

```
var exampleEvent = exampleContract.ReturnValue({_from: web3.eth.coinbase});
exampleEvent.watch(function(err, result) {
    if (err) {
        console.log(err)
        return;
    }
    console.log(result.args._value)
    // 检查 result.args._from是否是 web3.eth.coinbase。若是，则在 UI 上显示
    // result.args._value 并调用 exampleEvent.stopWatching()
})
exampleContract.foo.sendTransaction(2, {from: web3.eth.coinbase})
```

当调用 foo()的交易被挖出后，在 watch()函数中的回调函数会被触发，允许前端能从 foo()获得返回值。

### 2．异步的带数据的触发器

事件可以被认为是异步的带数据的触发器。如果一个合约需要去触发前端，那么合约会发送一个事件。当前端在监听事件时就会采取行动，如显示一个消息等。

### 3．一种比较便宜的存储

第三种用法是把事件作为一个便宜的存储。在 EVM 和以太坊的黄皮书中，事件被认为是日志（有 Log Opcodes）。数据可以被存储到日志。当一个事件被发送后，相应的日志会被写到区块链。注意，事件和日志两个术语之间的差异容易引起疑惑。

日志被设计用来成为一种存储，花费的 Gas 要远小于合约的 storage 变量。日志基本上每个字节会花费 8 Gas，而合约的 storage 变量是每 32 位花费大概 20000 Gas。尽管日志节省 Gas，但是不能被任何合约访问。

除了作为前端的触发器，日志还可以作为一个便宜的存储器。一个使用日志的例子是存储历史数据到日志，然后通过前端描述历史数据。

一个加密数字货币的交易平台可能需要给一个用户显示他在交易平台上所有的充值记录。存储所有充值记录到日志，与存储到合约相比，是非常便宜的。这是可能的：交易平台需要知道用户余额的状态，这个信息可以存储到合约中。但充值的历史信息就不需要了。

```
contract CryptoExchange {
    event Deposit(uint256 indexed _market, address indexed _sender, uint256 _amount, uint256 _time);
    function deposit(uint256 _amount, uint256 _market) returns (int256) {
        Deposit(_market, msg.sender, _amount, now);
    }
}
```

假设用户在充值时需要更新 UI，下面演示一个用事件作为带数据的触发器，设 cryptoExContract 是一个 CryptoExchange 的实例。

```
var depositEvent = cryptoExContract.Deposit(
    {_sender: userAddress});
    depositEvent.watch(function(err, result) {
        if (err) {
            console.log(err)
            return;
        }
})
```

_sender 参数被 indexed，是为了提高为用户获取所有事件的效率。

```
event Deposit(uint256 indexed _market, address indexed _sender, uint256 _amount, uint256 _time)
```

监听事件默认在事件被实例化后才开始。UI 先被导入，Deposit 还没有生效，所以需要从 block0 开始获取所有的信息，而这是没有必要的。可以通过给事件增加 fromblock 参数来实现从指定区块中获取所有信息。

```
var depositEventAll = cryptoExContract.Deposit(
    {_sender: userAddress},
    {fromBlock: 0, toBlock: 'latest'});
    depositEventAll.watch(function(err, result) {
        if (err) {
        console.log(err)
        return;
    }
    ...                              // 将 result.args 的详细信息添加到用户界面（UI）
})
```

如果需要描画 UI，就需要调用 depositEventAll.stopWatching()。

一个事件可以有最多 3 个 indexed 参数。比如，一个通证标准有：

```
event Transfer(address indexed _from, address indexed _to, uint256 _value)
```
.

这意味着一个前端应用可以监听以下通证转移。

① 从一个地址送出，如

```
tokenContract.Transfer({_from: senderAddress})
```

② 一个地址接收，如

```
tokenContract.Transfer({_to: receiverAddress})
```

③ 从一个地址到一个特定的地址，如

```
address tokenContract.Transfer({_from: senderAddress, _to: receiverAddress})
```

获得 Transfer 事件签名的流程如图 4-3 所示。

Transfer 事件的参数分析如图 4-4 所示。

```
event Transfer(address indexed _from, address indexed _to, unit256 _value)
```

去掉所有关键字（event、address、unit256）
和参数名（_from、_to、_value）

```
Transfer(address, address, unit256)
```

Keccak-256 哈希

```
ddf252ab1be2c89b69c2b068fc378daa952ba7f163c4a11628f55a4df523b3ef
```

图 4-3　Transfer 事件签名

```
event Transfer(address indexed _from, address indexed _to, unit256 _value)
```

| address indexed _from | address indexed _to | unit256 _value |

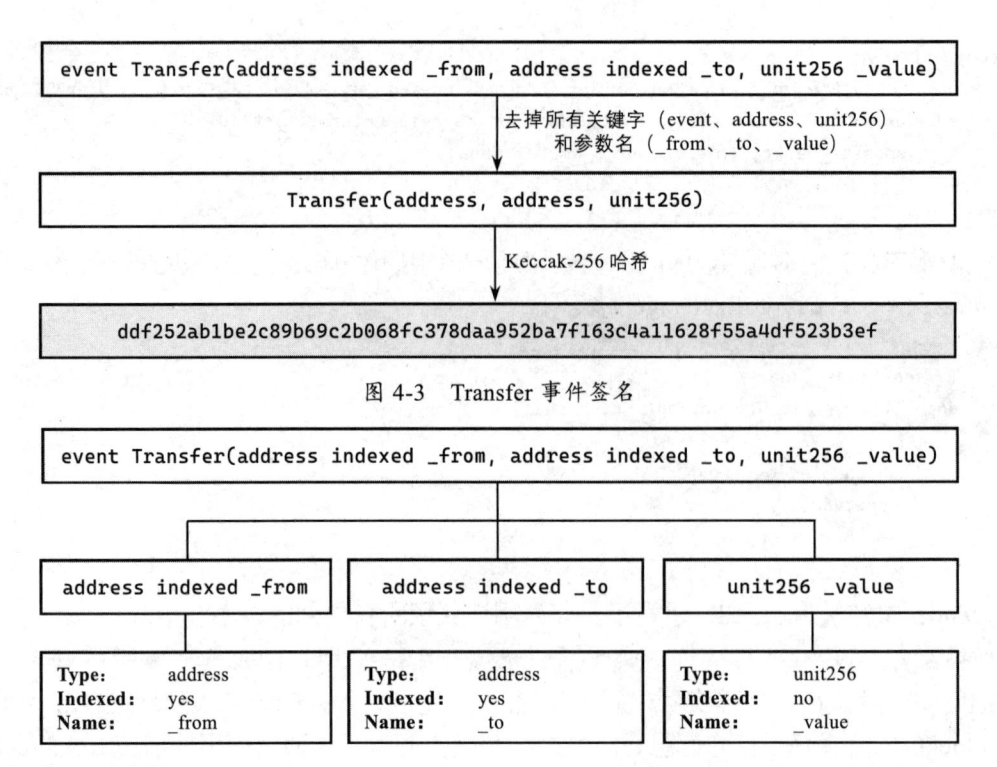

**Type:** address　　**Type:** address　　**Type:** unit256
**Indexed:** yes　　**Indexed:** yes　　**Indexed:** no
**Name:** _from　　**Name:** _to　　**Name:** _value

图 4-4　Transfer 参数分析

每个日志记录由主题（topic）和数据（data）组成。主题是 32 字节的字，被用来描述日志的详细。不同的操作指令（LOG0～LOG4）标明了日志记录中主题的数目，如 LOG1 指令只包含一个主题，LOG3 指令包含 3 个主题。一般，一个日志记录最多包含 4 个主题，第 1 个主题通常是事件签名。

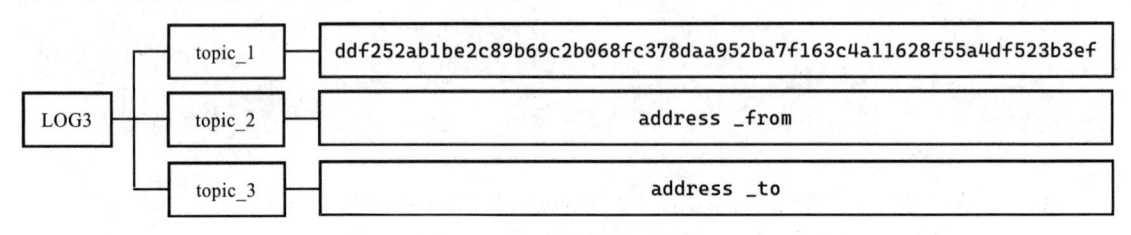

LOG3
- topic_1: ddf252ab1be2c89b69c2b068fc378daa952ba7f163c4a11628f55a4df523b3ef
- topic_2: address _from
- topic_3: address _to

图 4-5　Tranfer 事件的日志记录

日志操作的基础成本 $G_{\text{log}} = 375\,\text{Gas}$，每包含一个主题就会多花 375 Gas，即 $G_{\text{log\_topic}} = 375\,\text{Gas}$，数据的每字节要花 8 Gas，即 $G_{\text{log\_data}} = 8\,\text{Gas}$。那么，指令耗费燃料的计算公式为 $G_{\text{log}} + n \times G_{\text{log\_data}} + m \times G_{\text{log\_topic}}$，其中 $n$ 为数据的字节数，$m$ 为主题数。

## 4.9　继承

**1. 单继承**

Solidity 通过复制包括多态的代码来支持继承。所有函数调用是虚拟（virtual）的，这意味着最远的派生方式会被调用，除非明确指定了合约。派生的合约需要提供所有父合约需要的所有参数。例如：

```
pragma solidity ^0.4.0;

contract Base {
    uint x;
    function Base(uint _x) { x = _x; }
}
contract Derived is Base(7) {
    function Derived(uint _y) Base(_y * _y) {
    }
}
```

**2．多重继承**

在多重继承中，基类合约的次序是非常重要的。当一个合约从多个其他合约中继承时，在区块链上仅会创建一个合约，父合约的代码会被复制，形成继承合约。当继承最终导致一个合约同时存在多个相同名字的修饰符或函数时，它将被视为一个错误。同时，如果事件与修饰符重名，或者函数与事件重名，都将产生错误。

```
pragma solidity ^0.4.0;

contract base1 {}
contract base2 {}
contract C is base1, base2 {}
```

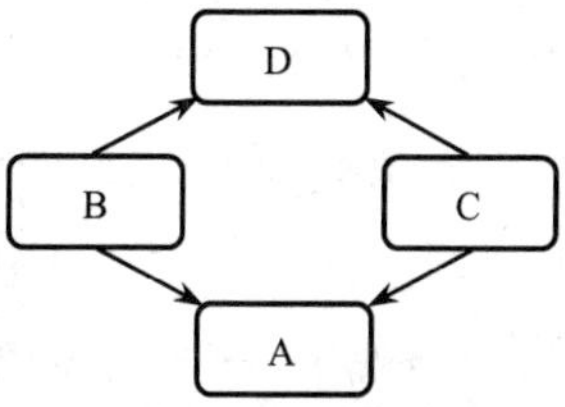

实现多重继承的编程语言需要解决几个问题，其中之一是菱形继承问题，又称为钻石问题，如图 4-6 所示。

图 4-6　多重继承

Solidity 的解决方案参考 Python，使用 C3_linearization[2]强制将基类合约转换为一个有向无环图（DAG）。

# 4.10　其他

## 4.10.1　类型转换及推断

函数的参数包括返回参数，不建议使用 var 这种不指定类型的方式。例如：

```
uint24  x = 0x123;
var  y = x;
```

注意，类型推断是根据第一个变量进行的赋值，所以下面的"for (var i = 0; i < 2000; i++) {}"将是一个无限循环，因为 uint8 类型的 i 的值将永远小于 2000。

```
pragma solidity ^0.4.4;

contract deadloop{
    function a() returns (uint){
        uint count = 0;
```

---

[2] Petar Maymounkov, David Mazieres. Kademlia : A Peer-to-Peer Information System Based on the XOR Metric. New York University, 2002.

```
        for (var i = 0; i < 2000; i++) {        // 此处 i 是第一次出现，推断其类型为 uint8
            count++;
            if(count >= 2100){
                break;
            }
        }
        return count;
    }
}
```

### 1．隐式转换

如果运算符支持两边不同的类型，那么编译器会尝试隐式转换类型。同理，赋值时也是类似的。通常，隐式转换需要保证不会丢失数据且语义可通。如 uint8 可以转化为 uint16、uint256。但 int8 不能转为 uint256，因为 uint256 不能表示-1。

此外，任何无符号整数都可以转换为相同或更大大小的字节值。比如，任何可以转换为 uint160 的值也可以转换为 address 类型。

### 2．显式转换

如果编译器不允许隐式的自动转换，但你知道转换没有问题时，可以进行强制类型转换。需要注意的是，不正确的转换会带来错误，所以要谨慎测试。

```
pragma solidity ^0.4.0;
contract DeleteExample {
    uint a;
    function f() returns (uint) {
        int8  y = -3;
        uint  x = uint(y);
        return x;
    }
}
```

如图 4-7 所示，上面的函数 f() 运行后，x 变为了一个很大的 uint256 数：

"uint256: 115792089237316195423570985008687907853269984665640564039457584007913129639933"

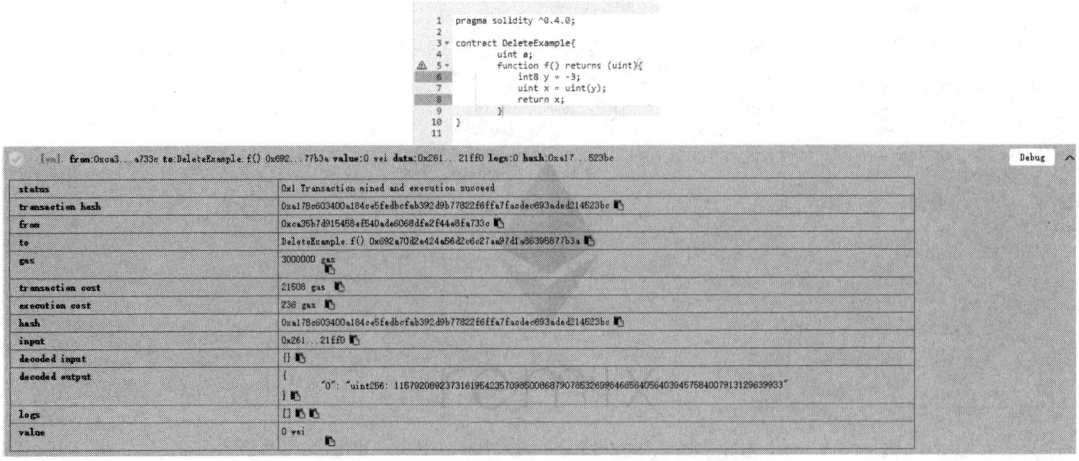

图 4-7　显式转换负值为 uint256 的执行结果

如果转换为一个更小的类型，高位将被截断。

```
uint32 a = 0x12345678;
uint16 b = uint16(a);                    // b 就是 0x5678
```

### 4.10.2  异常

抛出异常的效果是当前的执行被终止且被撤销（值的改变和账户余额的变化都会被回退）。异常还会通过 Solidity 的函数调用冒泡（Bubbled Up）向上传递。下述方式将触发异常：调用 throw，或者调用 require 但参数值为 false。其中，assert 判断内部条件是否达成，require 验证输入的有效性。

### 4.10.3  汇编

本节将详细介绍内联编译（Inline Assembly）语言和汇编指令[3]。常用指令如下。

允许函数风格的操作码 "mul(1, add(2, 3))" 等同于

```
push1 3 push1 2 add push1 1 mul
```

内联局部变量：

```
let x := add(2, 3)
let y := mload(0x40) x := add(x, y)
```

可访问外部变量：

```
function f(uint x) {
    assembly {
        x := sub(x, 1)
    }
}
```

标签：

```
let x := 10 repeat: x := sub(x, 1) jumpi(repeat, eq(x, 0))
```

循环：

```
for { let i := 0 } lt(i, x) { i := add(i, 1) } { y := mul(2, y) }
```

switch 语句：

```
switch x
    case 0 { y := mul(x, 2) }
    default { y := 0 }
```

函数调用：

```
function f(x) -> y {
    switch x
        case 0 { y := 1 }
        default { y := mul(x, f(sub(x, 1))) }
}
```

---

[3] Ethereum, Opcodes[OL]. [2019-05-27].

注意，内联编译是以一种非常底层的方式来访问 EVM 虚拟机，没有 Solidity 提供的多种安全机制。

下面的例子提供了一个库函数来访问另一个合约，并把它写入一个 bytes 变量。有些不能通过常规的 Solidity 语言完成，内联库可以在某些方面增强语言的能力。

```
pragma solidity ^0.4.0;
library GetCode {
    function at(address _addr) returns (bytes o_code) {
        assembly {
            let size := extcodesize(_addr)              // 获得 code 的大小
            // by using o_code = new bytes(size)        // 分配输出的字节数组
            o_code := mload(0x40)
            // 将对齐后的最新自由内存地址更新到自由地址指针处（也就是0x40处）
            mstore(0x40, add(o_code, and(add(add(size, 0x20), 0x1f), not(0x1f))))
            // 将栈上的大小为 size 的内容存储到内存 o_code 处
            mstore(o_code, size)
            extcodecopy(_addr, add(o_code, 0x20), 0, size)   // 获取代码，这个需要汇编
        }
    }
}
```

上面的例子是返回传入地址上的合约代码。其中，o_code 是不定长的字节数组。第一个 32 字节是数组长度，再加 32-1，整除 32，再乘以 32，是对 code_size 进行 32 字节对齐。比如，设 size 为 100 字节，则(100+32+32-1)/32×32=160，即返回的字节数组是 160 字节长，数组大小为 trunc((code_size + 32 + 32-1)/32)×32。

上面的公式用 EVM 汇编语言表示如下：

```
array_size = (code_size + 0x20 + 0x1f) & ~0x1f
```

语句"mstore(0x40, add(o_code, and(add(add(size, 0x20), 0x1f), not(0x1f))))"的功能是将内存空闲指针（在地址 0x40 处）移到合约代码后。

内联编译在当编译器没办法得到有效率的代码时非常有用。但需要留意的是，内联编译语言写起来是比较难的，因为编译器不会进行检查，所以适用于复杂的情况，且在程序员百分之百确定逻辑正确的情况下使用它。

```
pragma solidity ^0.4.0;
library VectorSum {
    // 这个函数的效率比较低，因为当前的 Solidity 优化器在访问数组的时候不能移除边界检查
    function sumSolidity(uint[] _data) returns (uint o_sum) {
        for (uint i = 0; i < _data.length; ++i)
            o_sum += _data[i];
    }
    // 在确信不会越界的情况下可避免边界检查，从而提高效率，需要加入 0x20，因第一个存储槽位置要保存数组长度
    function sumAsm(uint[] _data) returns (uint o_sum) {
        for (uint i = 0; i < _data.length; ++i) {
            assembly {
                o_sum := mload(add(add(_data, 0x20), mul(i, 0x20)))
            }
        }
    }
}
```

对指定索引位置 i 获取其元素的计算公式为 "_data[i] = (_data + 0x20) + (i * 0x20)",第一个 32 字节是数组长度,而每个数组元素占用 32 字节。该公式的汇编表现形式为:

```
mload(add(add(_data, 0x20), mul(i, 0x20)))
```

### 4.10.4　This 关键字

如同 C++语言的 this 关键字、Python 语言的 self 关键字,Solidity 也有 this 关键字。

```solidity
pragma solidity ^0.4.21;
contract Incorrect{
    function Incorrect () public {            // 构造函数
        this.test();
    }
    function test() public pure returns(uint256) {
        return 2;
    }
}
```

但是在构造函数中调用 this 是有问题的:因为在构造函数时,this 的对象尚未生成,像上面的程序那样直接调用 this.test()会引起异常。

# 习 题 4

1. Solidity 为什么没有像 C/C++、Java 一样提供随机函数 Random()和时间函数?
2. 若一个数组有 10 个元素,删除其中一个,再用 length()函数取数组长度,长度多少?
3. 指出下面代码中的错误。

```solidity
pragma solidity ^0.4.5;
contract FuntionTest{
    function internalFunc() internal{}
    function externalFunc() external{}
    function callFunc() {
        internalFunc();
        externalFunc();
        this.internalFunc();
        this.externalFunc();
    }
}
contract FunctionTest1 {
    function externalCall(FuntionTest ft) {
        ft.externalFunc();
        ft.internalFunc();
    }
}
```

4. 下面的程序有什么问题?

```solidity
for (var i = 0; i < 2000; i++) {
```

```
        count++;
        if(count >= 2100){
            break;
        }
    }
```

5. 下面的合约继承定义正确否？

```
pragma solidity ^0.4.0;

contract base {}
contract A is base {}
contract C is A, base {}
```

6. 标记为 view 或者 pure 的函数会消耗 Gas 吗？

7. 4.3.4 节的"栈太深"问题有什么解决办法？

8. 下面的程序有问题吗？如果有，问题是什么？

```
pragma solidity 0.7.1;

contract StackTooDeepTest1 {
    function addUints(
        uint256 a,uint256 b,uint256 c,uint256 d,uint256 e,uint256 f,uint256 g,uint256 h,uint256 i
    ) external pure returns(uint256) {
        return a+b+c+d+e+f+g+h;
    }
}
```

# 第 5 章　智能合约开发

在区块链上开发智能合约与传统的中心化编程的差别是非常大的。本章介绍智能合约的生命周期,并对智能合约开发的周期和规律进行了总结。本章所举的例子和所有的讨论,如果没有特别说明,都是基于以太坊的 Solidity 编程。

## 5.1　智能合约开发的特点

区块链智能合约的开发与传统的程序开发有很大不同,我们还需要学习智能合约编程的思考方法和开发范式。

**1．公开透明**

传统的编程最终交付一般是二进制代码,运行在一个安全的地方,如防火墙后面,容易隐藏程序的弱点和漏洞,可以减少被攻击的可能性,从而大大提高了安全性,也增加了反向工程的难度。而区块链是公开透明的,所有交易都可以公开查询,部署到区块链智能合约的代码也是公开透明的。这意味着所有人都可以看到智能合约的源代码,研究并发现其弱点和漏洞。更糟糕的是,已部署的合约是在区块链上自动运行的,黑客连测试环境都不用建,可以直接进行各种测试和试探攻击。智能合约公开透明的特性对开发人员提出了更高、更严苛的要求。

**2．开发范式：库/外部调用**

传统的中心化的编程语言通常自带功能强大的库,如网络库、算法库、3D 图形库等,在 Windows 系统下一般是动态链接库(Dynamic Link Library,DLL),在 Linux/UNIX 系统下一般是共享库方式(.so)。调用这些外部库的风险一般不大:第三方提供的库一般运行在中心化的自己的服务器上,即使有什么不妥,也能很快发现和修正。而智能合约的合约间调用有极大风险,必须非常小心,见本书 6.4 节。

**3．资源耗费**

传统的编程需要注意对计算资源的使用程度,如 CPU、硬盘、内存、带宽等,对应方法是进行代码优化和压力测试。这可能消耗一些成本,但总体成本可控。一旦交付,理想状况下,成本就几乎可以不计了。

而智能合约编程不同。智能合约是运行在一台世界计算机上的,而这台世界计算机的资源是由矿工们自发自愿提供的,他们的贡献当然不是无偿的。智能合约的每一步执行都需要付出代价（以太坊中以支付燃料的方式）给矿工。相比于传统的中心化编程，智能合约特别注重效率的优化，这就要求开发人员对每条指令的花费非常清楚；同时，为了节省花费，程序需要做一定调整。中心化的算法不能拿来就用。5.5 节给出了简单的例子，演示一个传统语言的变量交换在智能合约的上下文里应该做怎样的调整。至于节省花费的方法，读者可以在 6.2 节得到启示。另外，以太坊上每条指令的花费可参看以太坊黄皮书[1]。其他区块链应该也能找到类似信息。同时，这种设计引入了一种新的攻击方式，即智能程序代码即使逻辑正确，但是由于燃料花费太大，超出区块链的允许额度（以太坊有交易燃料上限和块燃料上限）而导致每次执行的失败，最终导致耗尽智能合约所有的资金而被迫停止。

### 4．升级

人难免犯错，开发人员也是如此。中心化编程会出现 Bug Fix 或者 Hot Fix 版本，或者补丁程序（Patch）。同样，程序自发布后，肯定会有改版升级的需求，中心化编程的升级很简单：将最新程序编译打包，提供下载，重新安装即可。

但是，由于区块链的不可篡改性，打补丁方式对智能合约的开发并不适用。智能合约的对应方式是合约升级。同时，"代码即法律"的信仰来自智能合约的不可篡改性，我们在将商业逻辑转化为智能合约代码时，必须在不可篡改性和代码升级之间取得一个平衡，见本书 6.1 节。

### 5．资金管理

智能合约的开发经常涉及大量资金的管理、发送等。与传统的中心化资金管理相比，智能合约相当于在全网"众目睽睽"之下在做资产处理。开发人员必须有这方面的金融风险意识，并在保证服务质量的同时，预先设计各种机制来尽可能地降低风险，如设置智能合约管理资金的上限，采用 pull 模式而不是 push 模式等，见 5.6 节。

### 6．系统函数

传统的编程语言常常自带功能强大的基础库，如数学库、算法库等，包括时间函数、随机函数等。而智能合约编程则完全不同：由于区块链是一个完全的沙盒，对其运行节点的资源都是无法访问的，如网络、CPU、内存等。这是区块链作为一个世界计算机所要求的：对于一个智能合约的执行，多方存储、多方计算的节点必须有一致的计算结果，也要存储一致的结果。如果智能合约使用时间函数，就要求全网统一对时，否则不同节点的计算结果有可能不一样。如果智能合约使用随机函数，也将导致同一个智能合约在不同节点的计算结果不一致。区块链的解决方案是建立线下的可信计算环境（如著名的 Phala Network）。传统的开发程序员必须注意编程上下文的改变，中心化编程中很简单的一个功能可能在去中心化环境下非常复杂。对应中心化编程的系统库，Solidity 语言提供了常用的系统参数，见附录 A。

以上只是列出了一些不同点，而不是一个完全的列表。更多的不同点需要大家在实践中自己发现、总结，并针对不同的情况摸索出去中心化的解决方案。

---

[1] Dr. Gavin Wood. Ethereum : A Secure Decentralised Generalised Transaction Ledger EIP-150 Revision. (2018-02-12)[2020-04-24].

## 5.2 智能合约的生命周期和开发周期

### 5.2.1 智能合约的生命周期

智能合约一般使用高级编程语言开发，然后编译成虚拟机的字节码运行，如图 5-1 所示。智能合约可以调用其他智能合约，且可以嵌套调用。但是交易一定是一个 EOA（Externally Owned Account，由私钥控制，而智能合约地址是没有私钥的）账户发起的。智能合约一旦部署，就会处于沉睡状态，直到被触发唤醒。所以，智能合约本身并不能发起交易。

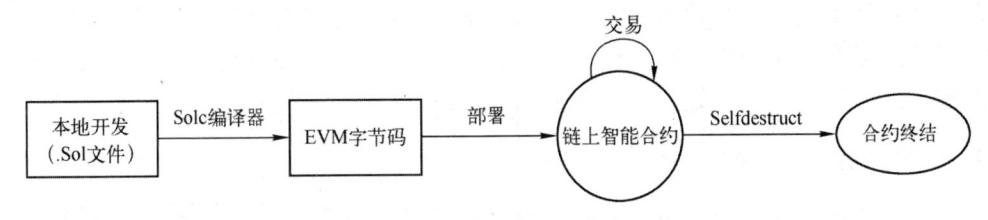

图 5-1 智能合约的生命周期

区块链的交易是原子性的，即交易有完整性，要么交易引发的全局状态全有效，要么全无效。所以，如果智能合约的执行失败，那么整个全局状态都将回滚。失败的交易仍然会被记录，但是由执行交易而引发的花费（如果有的话）不会返还。

智能合约的代码一经部署，其代码就不可更改。但是，智能合约是可以被删除的，这意味着智能合约代码、内部状态和其地址解绑并被删除。智能合约被删除后，所有发向被删除合约地址的交易都不会触发代码执行。以以太坊为例，如果删除一个 Solidity 智能合约，就需要调用 EVM 的指令 selfdestruct（以前版本中称为 suicide）。这个指令的特殊之处在于：其他 EVM 指令需要发起者支付燃料，而这个指令消耗的燃料是负数，意味着网络会给调用 selfdestruct 的账户补偿，以感谢该账户释放了无用的网络资源。注意，selfdestruct 必须被编程调用，如用 Solidity 来开发以太坊智能合约需要实现 selfdestruct()函数，见 5.3.5 节的合约自毁模式。

### 5.2.2 智能合约的开发周期

对于传统的程序开发，软件工程已经定义了整个流程并得到了大范围的应用，如图 5-2 所示。但是，智能合约的开发有很大的不同，大致流程如图 5-3 所示。

图 5-2 中心化程序的开发流程

图 5-3 智能合约的开发流程

下面结合以太坊的 Solidity 智能合约开发，详细描述整个开发流程。

### 1．本地开发

与中心化开发类似，在编辑器中输入程序代码，其中包括单元测试的代码。

### 2．本地测试

智能合约开发代码完成后，一般会在本地私有节点上进行测试。以以太坊为例，会在本地安装 Testrpc/Ganache 和测试框架（如 Truffle、Buidler/Waffle/Typescript 等）。

### 3．测试网集成测试

在完成本地测试后，开发程序员需要将智能合约部署到测试网，通常情况下，复杂的应用一般涉及多个互相合作的智能合约，所以测试网是做集成测试的好地方。每个知名的公有链都有自己的测试网，如以太坊有 Ropsten、Rinkeby 等测试网。

### 4．安全分析

智能合约通常涉及大量资金的管理，其安全性至关重要。所以在集成测试完成后，需要对智能合约代码进行静态的安全性代码分析，以防患于未然。在以太坊上用 Solidity 开发智能合约时可以使用 Slither、Oyente、Mythril 等工具。

### 5．代码审计

智能合约的安全编程非常复杂，需要大量的经验积累，正确而深刻地理解编程语言和环境，以及极度的细心。同时，由于智能合约涉及资金管理，因此部署上线前最好进行代码审计，见 5.7 节。

### 6．正式上线生产环境

经过上面的所有步骤后，就可以将智能合约部署到生产环境。

### 7．上线后跟踪

与传统的中心化编程不同，智能合约部署上线并不是终结，而是新的开始。智能合约部署上线后需要持续跟踪，尽量排除智能合约的漏洞，采用的手段包括悬赏项目（Bounty Program，即巨额奖励发现漏洞的人）或者通过技术社区进行代码复查（Code Review）。

## 5.3 设计模式

为了保证程序的可读性、可维护性，在传统语言编程引入了设计模式（Design Pattern），包括：Creational Patterns（创建型模式），如 Singleton、Factory、Abstract Factory 模式等；Behavioral Pattern（行为模式），如 Observer、Vistor、Mediator 模式等；Structural Pattern（结构型模式），如 Bridge、Composite、Facade 模式等。

随着大量的去中心化应用的普及，Solidity 编程形成了如下设计模式[2]。

---

[2] Fravoll．Solidity Patterns[OL]．(2020-09-20)[2020-10-05]．

## 5.3.1 工厂合约模式

工厂合约模式（Factory Contract）用来创建和部署子合约。这些子合约可以看成资产，如一辆汽车。工厂合约模式会存储所有的子合约地址，方便必要时检索。通用的案例是买卖资产和追踪资产产权变换，在出售资产时必须给函数加上 payable 修饰符。

```
contract AutoShop {                    // 本合约模拟汽车销售店，子合约 AutoAsset 代表一辆车
    address[] autoAssets;
    function createChildContract(string brand, string model) public payable {
        // 增加检查：Eth 是否足够支付购车费用
        address newAutoAsset = new AutoAsset(brand, model, msg.sender);
        autoAssets.push(newAutoAsset);
    }
    function getDeployedChildContracts() public view returns (address[]) {
        return autoAssets;
    }
}

contract AutoAsset {
    string public brand;
    string public model;
    address public owner;
    function AutoAsset(string _brand, string _model, address _owner) public {
        brand = _brand;
        model = _model;
        owner = _owner;
    }
}
```

address newCarAsset = new CarAsset()触发了一个交易，将子合约部署到区块链并返回合约地址，同时将合约地址存到数组 address[] carAssets 中。

## 5.3.2 映射迭代

Solidity 的映射（mapping）不支持遍历。如果需要遍历映射结构，就需要采用映射迭代。不过，因为在以太坊上存储和遍历都是需要费用的，而且随着映射的增加而增多，所以应该尽量避免使用遍历功能。

```
contract MappingIterator {
    mapping(string => address) elements;
    string[] keys;
    function put(string key, address addr) returns (bool) {
        bool exists = elements[key] != address(0)
        if (!exists) {
            keys.push(key);
        }
        elements[key] = addr;
        return true;
    }
    function getKeyCount() constant returns (uint) {
```

```
        return keys.length;
    }
    function getElementAtIndex(uint index) returns (address) {
        return elements[keys[index]];
    }
    function getElement(string name) returns (address) {
        return elements[name];
    }
}
```

### 5.3.3 名字登录

在去中心化应用（DApp）中开发并部署了 ClothesFactoryContract（制衣厂合约）、GamesFactoryContract（游戏厂商合约）、BooksFactoryContract（书店合约）等合约，并记录这些工厂合约的地址。如果这些合约经常在变，就必须追踪这些合约。这种情况下就可以使用名字登录（Name Registry）模式，存储合约名到合约地址的映射，同时提供根据合约名来查找合约地址的功能，甚至可以追踪版本。

```
contract NameRegistry {
    struct ContractDetails {
        address  owner;
        address  contractAddress;
        uint16  version;
    }
    mapping(string => ContractDetails) registry;
    function registerName(string name, address addr, uint16 ver) returns (bool) {
        require(ver >= 1);                              // 版本号从1开始
        ContractDetails memory info = registry[name];
        require(info.owner == msg.sender);
        // 创建记录，如果在当前的registry不存在
        if (info.contractAddress == address(0)) {
            info = ContractDetails({ owner: msg.sender,
                                    contractAddress: addr,
                                    version: ver });
        }
        else {
            info.version = ver;
            info.contractAddress = addr;
        }
        // 修改registry的记录
        registry[name] = info;
        return true;
    }
    function getContractDetails(string name) constant returns(address, uint16) {
        return (registry[name].contractAddress, registry[name].version);
    }
}
```

上面的程序允许通过 getContractDetails(name) 获得合约地址和指定版本的合约。

## 5.3.4 回退模式

现实中，如果售出商品质量不合格或者因为其他原因而被退回，那么卖家需要退钱。通常，合约中记录所有的买家，refund( )函数可以遍历所有的买家，找到需要退钱的那些买家，并把资金退回到买家，那么 buyerAddress.transfer( )函数或者 buyerAddress.send( )函数可以实现这样的功能。在发生错误的情况下，transfer( )函数会发生异常，而 send( )函数不抛出异常，只不过将返回值设置为 False。send( )函数的这个特性很重要：大部分买家是外部账户，但是有些买家可能是合约账户。如果合约账户的 fallback( )函数犯了错，并抛出了一个异常，遍历将被终止，交易会被完全回退，而没有买家会拿到退款，即交易被阻塞。

send( )函数比向外界公开 withdrawFunds( )函数更好、更安全，因而错误的合约账户不会阻塞其他买家获得退款。

```
contract WithdrawalContract {
    mapping(address => uint) buyers;
    function buy() payable {
        require(msg.value > 0);
        buyers[msg.sender] = msg.value;
    }
    function withdraw() {
        uint amount = buyers[msg.sender];
        require(amount > 0);
        buyers[msg.sender] = 0;
        require(msg.sender.send(amount));
    }
}
```

## 5.3.5 合约自毁

合约自毁（Contract Self Destruction）模式用来终止一个合约，将合约从区块链上永远移除，如定时合约，或者在满足预先设置的条件后需要自毁的合约。现实的例子是贷款合约。如果贷款还完了，就需要销毁合约。再如招投标，在招标结束后，合约也需要被销毁。合约销毁后，与合约相关的交易（Transaction）会失败，送给被销毁合约的资金将丢失。所以，必须删除所有的指向被销毁合约的引用，同时在发送资金时，先调用 get( )函数确定合约存在再发送。

```
contract SelfDesctructionContract {
    public address owner;
    public string someValue;
    modifier ownerRestricted {
        require(owner == msg.sender);
        _;
    }
    // 构造函数
    function SelfDesctructionContract() {
        owner = msg.sender;
```

```
    }
    // 简单的 setter 函数
    function setSomeValue(string value) {
        someValue = value;
    }
    // 使用 ownerRestricted 修饰符来限定只有合约的所有者才能调用该函数
    function destroyContract() ownerRestricted {
        selfdestruct(owner);
    }
}
```

在上面的代码中，destroyContract( )函数负责销毁合约。ownerRestricted 修饰符确保只有合约的所有者才能销毁合约。

## 5.3.6 访问限制

Solidity 语言提供了 public、private 关键字，来限制外部合约对本合约的访问。如果想限制谁（某特定地址或者账户）能访问你的合约或者调用合约方法，就需要用到访问限制模式。通常，访问限制模式是通过修饰符来实现的，简便且可读性强。例如：[3]

```
pragma solidity >=0.4.22 <0.8.0;
contract AccessRestriction {
    address public owner = msg.sender;
    uint public creationTime = block.timestamp;
    // 检查调用是否来自特定的账户
    modifier onlyBy(address _account) {
        require(msg.sender == _account, "Sender not authorized.");
        _;
    }
    // 修改合约拥有者
    function changeOwner(address _newOwner) public onlyBy(owner) {
        owner = _newOwner;
    }
    // 检查是否经过了一段特定的时间
    modifier onlyAfter(uint _time) {
        require(block.timestamp >= _time, "Function called too early.");
        _;
    }
    // 只有合约所有者创建 6 周后才能调用本方法
    function disown() public onlyBy(owner) onlyAfter(creationTime + 6 weeks) {
        delete owner;
    }
    // 检查函数调用是否有足够的费用
    modifier costs(uint _amount) {
        require(msg.value >= _amount, "Not enough Ether provided.");
        _;
        if (msg.value > _amount)
```

---

[3] Common Pattern．Solidity Readthedoc[OL]．[2020-08-21].

```
            msg.sender.transfer(msg.value-_amount);
    }
    function forceOwnerChange(address _newOwner) public payable costs(200 ether) {
        owner = _newOwner;
        // 下面的条件仅用于举例
        if (uint(owner) & 0 == 1)
            return;
        // 返还多余的费用
    }
}
```

上面的程序使用了 3 个修饰符：onlyBy，只有特定的账户或者地址才能调用某函数；costs，只有有足够的 Eth 才能调用某函数；onlyAfter，只有经过一段特定的时间才能调用某函数。

访问限制是：只有合约所有者创建 6 周后才能调用 disown( )函数；只有带有 200 Eth 才能调用 forceOwnerChange( )函数。

## 5.3.7  断路器

断路器（Circuit Breaker）也被称为可停止的合约（Pausable Contracts）或者紧急停止（Emergency Stop）。一般，断路器会终止智能合约的某些功能的执行。反之，断路器也能在合约停止工作的情况下使某些功能还能执行。断路器实现了某些访问限制模式的功能，在合约异常的情况下，允许某些角色（如管理员或者合约所有者）能够触发断路器而终止整个合约的工作。通常，智能合约管理着大量资产，若合约出现异常，如发现异常的资产流出，猜测是合约代码出了问题，需要时间修复。但是出于止损目的，第一优先是终止合约的运行。这时就需要用到断路器模式。

断路器模式可以应用在以下场景：① 发现程序漏洞，需要停止合约的某些功能；② 当前状态到达一个特定的状态，需要终止合约的某些功能；③ 在合约升级的过程中停止合约的某些功能，所以在升级过程中，外部不能改变合约的状态，针对合约进行操作；④ 合约升级过程中，新合约部署完成后，旧合约必须被废弃。

断路器模式的实现如下：

```
contract counterContract {
    uint32 public counter;
    bool private stopped = false;                    // 断路器的标志
    address private owner;
    modifier isNotStopped {                          // 返回合约状态
        require(!stopped, 'Contract is stopped.');
        _;
    }
    modifier isOwner {                               // 检查调用者是否是合约所有者
        require(msg.sender == owner, 'Sender is not owner.');
        _;
    }
    constructor() public {
        counter = 0;
```

```
        owner = msg.sender;
    }
    // 若合约为活跃状态，则将计数器加 2；若合约为终止状态，则什么都不做。因为这里有 isNotStopped 修饰符
    function incrementCounter() isNotStopped public {
        counter += 2;
    }
    function toggleContractStopped() isOwner public {          // 终止或者重开
        stopped = !stopped;
    }
}
```

上面的代码使用 isNotStopped 修饰符检查合约状态，只有在合约活跃的情况下才返回 true。这个合约的主要功能函数 incrementCounter()使用了 isNotStopped 修饰符，所以该函数只有在合约活跃的时候才会执行。开始合约升级时，合约所有者可以调用 toggleContractStopped( )函数终止合约，以保证升级过程中不受外部干扰。该函数使用了修饰符 isOwner 来限制：只有合约所有者才能调用该函数。

### 5.3.8 状态机

通常，一个特定的任务要分阶段完成，在不同的阶段可以做不同的事情，调用不同的函数。下面的例子[4]使用修饰符 atStage 来保证只有在特定的阶段函数才会被调用执行，为了防止合约阻塞（见 5.5.4 节），实现了一个自动的时间转移函数；修饰符 transiteNexty 用来在函数执行完成后自动进入下一阶段。

```
pragma solidity >=0.4.22 <0.8.0;

contract StateMachine {
    enum Stages {
        AcceptingBlindedBids,
        RevealBids,
        AnotherStage,
        AreWeDoneYet,
        Finished
    }

    Stages public stage = Stages.AcceptingBlindedBids;

    uint public creationTime = block.timestamp;

    modifier atStage(Stages _stage) {
        require(stage == _stage, "函数在当前阶段不能被调用。");
        _;
    }

    function nextStage() internal {                    // 进入下一阶段
        stage = Stages(uint(stage) + 1);
    }

    // 为了防止阻塞攻击，加入时间自动检测，满足时间条件，自动进入下一阶段
```

---

[4] Common Pattern. Solidity Readthedoc[OL]. [2020-08-21].

```
modifier timedTransitions() {
    if (stage == Stages.AcceptingBlindedBids && block.timestamp >= creationTime + 10 days)
        nextStage();
    if (stage == Stages.RevealBids && block.timestamp >= creationTime + 12 days)
        nextStage();
    _;
}
// 若是 AcceptingBlindedBids 阶段，则执行 bid()函数
function bid() public payable timedTransitions atStage(Stages.AcceptingBlindedBids) {
    // …
}
// 若是 RevealBids 阶段，则执行 reveal()函数
function reveal() public timedTransitions atStage(Stages.RevealBids) {
}
modifier transitionNext() {                    // 若函数执行完成，则进入下一阶段
    _;
    nextStage();
}
// 若是 AnotherStage 阶段，则执行 g()函数，并进入下一阶段
function g() public timedTransitions atStage(Stages.AnotherStage) transitionNext {
}
// 若是 AreWeDoneYet 阶段，则执行 h()函数，并进入下一阶段
function h() public timedTransitions atStage(Stages.AreWeDoneYet) transitionNext {
}
// 若是 Finished 阶段，则执行 i()函数
function i() public timedTransitions atStage(Stages.Finished) {
}
}
```

## 5.4 基础算法

智能合约有时需要用到一些常用的传统算法和数据结构，如排序（冒泡排序、二分排序等）、树（默克尔树）、图等，但是由于合约的某些操作需要耗费燃料，因此传统算法在智能合约的实现必须考虑消耗燃料的问题，具体实现与传统的 Java、C++、Python 编程实现是不同的。

下面以以太坊 Solidity 编程为例，首先总结需要和不需要消耗燃料的合约操作。

不需要耗费燃料的操作包括：读取状态变量，读取<address>.balance 或者 this.balance，读取块的成员变量 tx 或者 sig，调用任何标明为 pure 的函数，使用"read" opcodes 的内联汇编。所有读取链上数据、不改变世界状态的操作都不需要燃料，即不需要付出成本就可以执行。

所有改变状态的操作都需要耗费燃料，包括：发送 Eth，创建合约，改变状态，发送事件，调用任何没有标明为 pure 或者 view 的函数，调用 selfdestruct，使用低级调用，使用"write" opcodes 的内联汇编。因为链上所有节点需要同步计算和存储，而这需要使用矿工提供的计算资源。

我们在算法实现的时候必须考虑耗费的燃料。比如，在传统编程中交换 2 个数组元素很容易，最常用的方法是声明一个暂存变量（如下面的 temp），伪代码如下：

```
if (arr[j] <= pivot) {
    i++;
    // 交换 arr[i]和 arr[j]
    int  temp = arr[i];
    arr[i] = arr[j];
    arr[j] = temp;
}
```

但是考虑到在 Solidity 中燃料的因素，创建 temp 变量也需要燃料，所以必须考虑如何在 Solidity 中以最小代价实现数组元素交换（swap）的功能。这里只介绍简单的解决办法：异或交换算法。上面的 arr[i]和 arr[j]元素的交换就变为：

```
// Solidity (XOR 交换)
array[uint(i)] ^= array[uint(j)];
array[uint(j)] ^= array[uint(i)];
array[uint(i)] ^= array[uint(j)];
```

本节不介绍所有算法（列表、树、图等）的实现，只是以快速排序为例来说明智能合约开发过程中不同的考虑。

首先，快速排序是一个知名度很高的排序算法，接收的输入是一个数组，通过某种规则（下面伪代码的 partition( )函数，pivot 的选择可以随机，也可以取中间数），在数组中选择一个翻转元素（pivot），数组中比它小的都交换到该元素的左边，比它大的都交换到该元素的右边。然后，递归执行该元素左边的数组和该元素右边的数组，直到数组只有 1 个元素或者为空。伪代码如下：

```
// 此函数选择数组中的最后一个元素作为翻转元素, 比它小的都交换到左边, 而比它大的交换到右边
partition (array [], low, high) {
    // 翻转元素（pivot）
    pivot = array[high];

    i = (low - 1);                          // 比翻转元素小的元素索引

    for (j = low; j <= high- 1; j++) {
        if (array[j] < pivot) {             // 如果当前元素小于翻转元素
            i++;                            // 比较小的元素索引加 1
            交换 array[i]与 array[j];
        }
    }
    swap array[i+1] and array[high]);
    return (i+1);
}
quickSort(array[], low, high) {             // low 为数组的开始位置, high 为数组的结束位置
    if (low < high) {
        // pi 是当前的分区位置, arr[pi]当前被归为右边的数组
        pi = partition(array, low, high);

        quickSort(array, low, pi-1);        // pi 以前的元素数组
        quickSort(array, pi+1, high);       // pi 以后的元素数组
    }
}
```

快速排序示例如图 5-4 所示。快速排序的关键字是"交换",所以可以使用异或计算来节省燃料,还可以继续改进上面的快速排序算法。在 Solidity 中,函数调用也要耗费燃料,所以可以把 partition( )函数的内容直接复制到 sort( )函数中调用 partition( )函数的位置,这样就不用调用 partition( )函数了,从而可以省去调用函数的燃料费用。

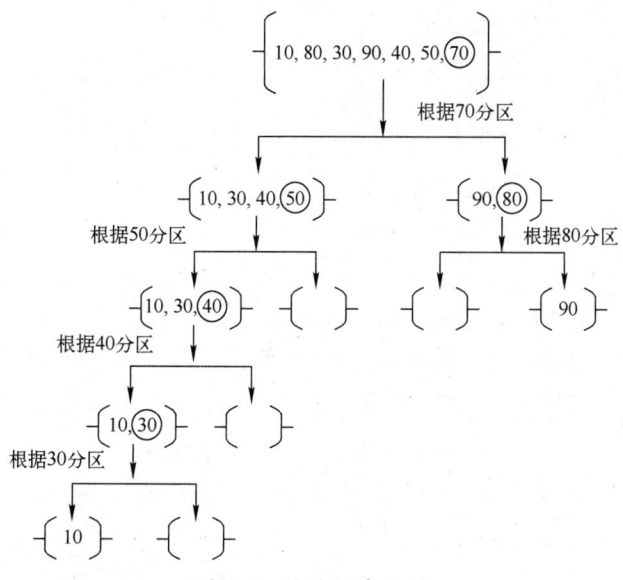

图 5-4 快速排序示例

## 5.5 智能合约的安全

本节以 Solidity 编程为例讨论智能合约的安全问题。对于智能合约的攻击大致可以分为以下几种:编程语言相关,平台相关,重入,阻塞。[5]

### 5.5.1 编程语言相关的攻击

本节以 Solidity 智能合约开发为例,列出了 Solidity 不当使用而引发的一系列问题。

**1. 溢出:上溢或下溢**

使用一个固定大小的数字时必须考虑其表示的范围。比如,Solidity 最大可以处理 256 位的整数,所以 $2^{256}-1$ 加 1 会变成 0,即上溢(Overflow)。

```
  0xFFFFFFFFFFFFFFFFFFFFFFFFFFFFFFFF
+ 0x00000000000000000000000000000001
  ─────────────────────────────────
= 0x00000000000000000000000000000000
```

如果使用的是无符号整数,0−1 就是 Solidity 最大的整数,即下溢(Underflow)。

```
  0x00000000000000000000000000000000
```

---

[5] 嘉文,管健,李万胜. 以太坊 Solidity 智能合约开发[M]. 北京:机械工业出版社,2020.

$$- \mathtt{0x0000000000000000000000000000000000000001}$$
$$= \mathtt{0xFFFFFFFFFFFFFFFFFFFFFFFFFFFFFFFF}$$

Solidity 都赋予整数类型固定大小，意味着这些整数类型的变量都是有表达范围的。如果在计算过程中不检查变量值是否发生了上溢或下溢，就会被黑客用来攻击智能合约。按时间锁定资金的智能合约的例子如下。

```
contract TimeLock {
    mapping(address => uint) public balances;
    mapping(address => uint) public lockTime;

    function deposit() public payable {
        balances[msg.sender] += msg.value;
        lockTime[msg.sender] = now + 1 weeks;
    }
    function increaseLockTime(uint _secondsToIncrease) public {
        lockTime[msg.sender] += _secondsToIncrease;        // 延长特定用户的锁定时长
    }
    function withdraw() public {
        require(balances[msg.sender] > 0);
        require(now > lockTime[msg.sender]);
        msg.sender.transfer(balances[msg.sender]);
        balances[msg.sender] = 0;
    }
}
```

上面的合约允许用户充值 Ether 并锁定一段时间。如果攻击者拥有其中一个用户的私钥，就可以知道该用户的 lockerTime 的当前值，因为用户的资金锁定时间 lockTime 是一个公开变量。攻击者以 $2^{256}$ 为参数调用 increaseLockTime() 函数将引起上溢。如果 lockTime[msg.sender]被设置为 0，攻击者就可以调用 withdraw()函数撤出资产。而合约的本意锁定资产的功能就完全失效了。

最典型的防止上溢或下溢的对策是，使用或者自己编写一个专门的数学库来替换 Solidity 的标准数学运算符。OpenZepplin 团队提供了一个知名度高、应用广的安全的数学库 SafeMath。下面用 OpenZepplin 的 SafeMath 库来重写 TimeLock 合约。

```
library SafeMath {
    function mul(uint256 a, uint256 b) internal pure returns (uint256) {
        if (a == 0) {
            return 0;
        }
        uint256 c = a * b;
        assert(c / a == b);
        return c;
    }

    function div(uint256 a, uint256 b) internal pure returns (uint256) {
        // assert(b > 0);                      // 当除 0 的情况发生时，Solidity 会自动抛出异常
        uint256 c = a / b;
        // assert(a == b * c + a % b);         // 这个条件不可能不成立
        return c;
    }
```

```solidity
    function sub(uint256 a, uint256 b) internal pure returns (uint256) {
        assert(b <= a);
        return a - b;
    }
    function add(uint256 a, uint256 b) internal pure returns (uint256) {
        uint256 c = a + b;
        assert(c >= a);
        return c;
    }
}
contract TimeLock {
    using SafeMath for uint;             // 对合约的 uint 类型变量使用 SafeMath 库
    mapping(address => uint256) public balances;
    mapping(address => uint256) public lockTime;

    function deposit() public payable {
        balances[msg.sender] = balances[msg.sender].add(msg.value);
        lockTime[msg.sender] = now.add(1 weeks);
    }
    function increaseLockTime(uint256 _secondsToIncrease) public {
        lockTime[msg.sender] = lockTime[msg.sender].add(_secondsToIncrease);
    }
    function withdraw() public {
        require(balances[msg.sender] > 0);
        require(now > lockTime[msg.sender]);
        balances[msg.sender] = 0;
        msg.sender.transfer(balances[msg.sender]);
    }
}
```

在上面的程序中，所有标准的数学运算符都被替换成了 SafeMath 库的相应函数。

### 2．Solidity 修饰符

internal 函数可以被合约自身及继承它的子孙合约调用。

public 函数可以被自身、继承它的子孙合约及其他合约调用。

private 函数只能被合约自身的成员函数调用。

external 函数不能被合约自身调用。

delegatecall 是一个消息调用。所有被调用者合约的代码运行在调用者合约的上下文环境中，这意味着被调用者合约的代码可以在调用者合约的存储、余额和当前地址上工作。图 5-5 是 delegatecall 工作机制的示意。

下面的例子演示了攻击者如何通过 delegatecall 代理调用到公开的授权合约的 pwn( ) 函数，从而获得调用者合约的控制权。

```solidity
pragma solidity ^0.4.11;

contract Delegate {
    address public owner;
    function Delegate(address _owner) {
        owner = _owner;
```

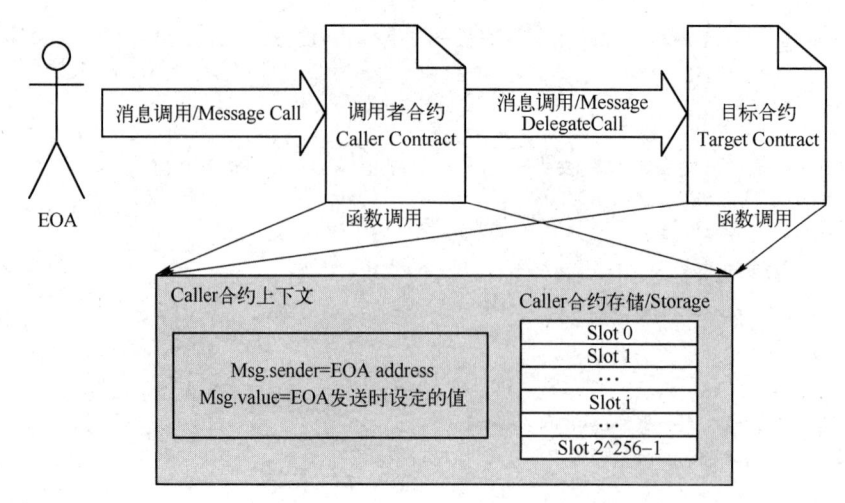

图 5-5 delegatecall 工作机制的示意

```
    }
    function pwn() {
        owner = msg.sender;
    }
}
contract Delegation {
    address public owner;
    Delegate delegate;
    function Delegation(address _delegateAddress) {
        delegate = Delegate(_delegateAddress);
        owner = msg.sender;
    }
    /*  攻击者可以在授权的上下文中调用 Delegation.pwn()，这意味着 pwn()可以修改 Delegation 的状
        态，而不是 Delegate 的状态。结果就是攻击者获得了未经授权的 Delegation 合约的所有权 */
    function() {
        if(delegate.delegatecall(msg.data)) {
            this;
        }
    }
}
```

上面的合约代码给攻击者开了一个后门。攻击者发动攻击调用的流程如图 5-6 所示。为了说明方便，在图 5-6 的第三步中，攻击者将 pwn()函数的选择子（即 0xdd365b8b）放入 msg.data，具体如何操作见 6.3.2 节。

下面是函数选择子的计算方式（Node.js 代码）。

```
msg.data = sha3(keccak256 的别名)的前 8 字节
web3.sha3("pwn()").slice(0, 10) --> 0xdd365b8b
// pwn()函数有一个参数，如 pwn(uint256 x)
web3.sha3("pwn(uint256)").slice(0,10) --> 0x35f4581b
```

然后，授权合约的 pwn( )函数被调用，授权的所有者被修改，因为此时是工作在授权合约的上下文中。

这里的攻击方式包括：不安全的修饰符，delegatecall 的误用，精心编造的数据组合。

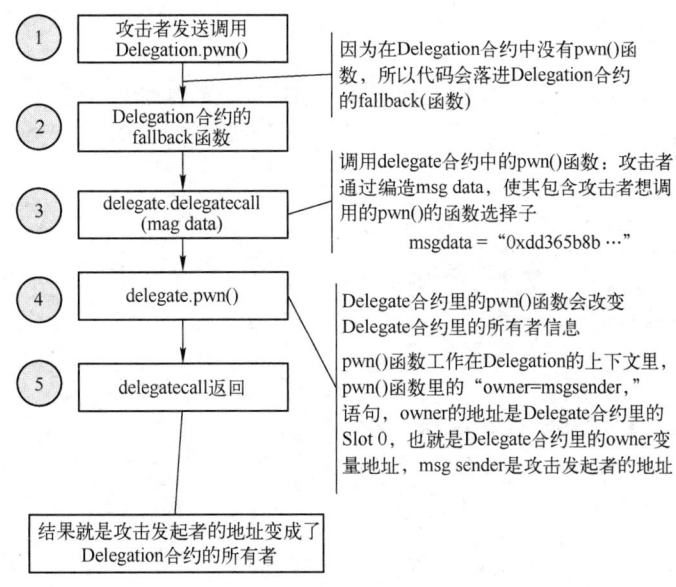

图 5-6 针对上面合约代码的攻击流程

### 3．浮点数精度

Solidity 在版本 0.4.24 前并不支持浮点数，所以必须使用整数来表示浮点数。如果实现不正确，就容易导致漏洞。例如（为了便于理解，忽略如下代码中可能的上溢/下溢漏洞）：

```solidity
contract FunWithNumbers {
    uint constant public tokensPerEth = 10;
    uint constant public weiPerEth = 1e18;
    mapping(address => uint) public balances;

    function buyTokens() public payable {
        uint tokens = msg.value/weiPerEth*tokensPerEth;    // 将转化成 Ether，再乘以通证转换率
        balances[msg.sender] += tokens;
    }

    function sellTokens(uint tokens) public {
        require(balances[msg.sender] >= tokens);
        uint eth = tokens/tokensPerEth;
        balances[msg.sender] -= tokens;
        msg.sender.transfer(eth*weiPerEth);
    }
}
```

上面的通证买卖程序有明显的问题：尽管计算公式是正确的，但是对浮点数的误用导致出乎意料的结果：在 buyTokens() 函数中，若购买数量小于 1 Ether，则 msg.value/ weiPerEth 的结果会是 0，最终结果也是 0。同样，在 sellTokens() 函数中，若卖出的数量小于 10 Ether，则最终结果也为 0。小数位的取舍永远是向下取的。比如卖 36 个通证，会输出结果 3 Ether（36/10=3，这里是整除）。

为了避免这样的问题，通用的防护方法是在智能合约里保持适当的精度，尤其是在算比率和兑换率的时候：在比率计算中，保证先计算分子；注意所有运算的优先顺序；将变量先切换到高精度，在高精度执行所有的数学运算，必要时再转换回输出精度。

### 4．Tx.Origin 身份验证

Solidity 有一个全局变量 tx.origin，通过追踪调用栈来找到交易的最初发起者。但是如果使用这个变量来进行用户身份验证，就会导致钓鱼攻击：引诱用户执行一些需要授权才能进行的操作。例如：

```solidity
contract Phishable {                                          // 钓鱼合约
    address public owner;
    constructor (address _owner) {
        owner = _owner;
    }
    function () public payable {}                             // fallback 函数，收集 Eth
    function withdrawAll(address _recipient) public {
        require(tx.origin == owner);
        _recipient.transfer(this.balance);
    }
}
```

withdrawAll( )函数通过判断 tx.origin 是否是所有者授权撤出资金。下面是一个攻击者合约。

```solidity
import "Phishable.sol";

contract AttackContract {
    Phishable  phishableContract;
    address    attacker;                                       // 攻击者用来窃取资产的地址
    constructor (Phishable _phishableContract, address _attackerAddress) {
        phishableContract = _phishableContract;
        attacker = _attackerAddress;
    }
    function () {
        phishableContract.withdrawAll(attacker);
    }
}
```

下面描述攻击合约的过程。
- 攻击者部署 AttackContract 合约。攻击者说服 Phishable 合约的所有者给 AttackContract 合约发送一些 Ether。
- 伪装这个合约，并且说服受害者发送交易到这个地址。除非很小心，受害者一般不会发现在攻击者地址上部署有代码，或者其上有一个多签的钱包或者其他高级功能的钱包。
- 受害者发送一个交易到 AttackContract 合约地址。
- 触发 fallback( )函数执行。
- 以攻击者的地址为参数，调用 Phishable 合约的 withdrawAll( )函数。

这会导致 Phishablecontract 合约的所有资产都被提取到攻击者地址。因为第一个发起交易的是受害者（如 Phishable 合约的所有者）。在这种情况下，tx.origin 等于所有者，然后 Phiashable 合约的 require 语句失效。所以，tx.origin 不应该被用来在智能合约中鉴权。

## 5．未检查调用的返回值

通常，transfer()函数、send()函数或者 call 指令用来发送 Ether。call()和 send()函数返回一个布尔变量表明调用的成功与否，这会导致一个简单的漏洞：如果外部调用失败，那么 Solidity 只是返回一个标志而不回退，这时需要程序员自己手动做回退处理。例如：

```
contract Lotto {
    bool public  payedOut = false;
    address public  winner;
    uint public  winAmount;
    function sendToWinner() public {            // 额外功能
        require(!payedOut);
        winner.send(winAmount);
        payedOut = true;
    }
    function withdrawLeftOver() public {
        require(payedOut);
        msg.sender.send(this.balance);
    }
}
```

这个合约中，赢家可以获取一定数量的 Ether。其问题在于，合约没有检查 send()函数的返回值。如果赢家在提取奖金时失败了（有很多可能，如燃料耗尽或者调用栈深度异常），那么 payedOut 会被设为 true（不管 Ether 是否提取成功）。这时 withdrawLeftOver()函数可以提取本属于赢家的奖金。

建议使用 transfer()函数而不是 send()函数，因为 transfer()函数在外部调用失败的情况下会自动回退。如果非要用 send()函数，就一定要检查函数的返回值。更好的解决方案是采用撤出（Pull）模式：逻辑上把外部调用和其他的代码区隔开，把外部调用失败的潜在风险让终端用户去承担。[6]

## 6．预料之外的 Ether

每个合约都有一个 balance 变量，可以这样被调用：

```
[合约地址].balance
```

在大多数情况下，这个变量可以被带有 payable 修饰符的函数改变。但是有两种特殊的情况，程序员可以操纵这个变量。Solidity 经常会做不变性检查，如在标准的 ERC20 合约中，totalSupply 是不变的。对于没有经验的开发者而言，balance 好像也是另一个不变量：当前合约拥有的资金余额，可能有这样的误解：只有带有 payable 修饰符的函数才能接受和发送 Ether。这种误解会导致对 this.balance 的不当使用。上面的误解至少有下面两个特例：

（1）自毁（Self destruct/Suicide）

Selfdestruct(address)函数会删除在合约地址上的所有代码并将合约的 Ether 送到参数指定的地址。由 selfdestruct()函数触发的强制发送 Ether 到一个地址的操作是不用经过任何带 payable 修饰符的函数（甚至 fallback()函数）。

---

[6] Etherpot. Repositories[OL]. [2020-04-20].

## （2）预先发送（Pre-sent）的 Ether

另一种方法是预先发送 Ether 到一个合约地址，尽管这个合约还没有被创建，但是合约地址是确定性的。实际上合约地址的计算公式如下：

$$address = sha3(rlp.encode([account\_address, transaction\_nonce]))$$

这意味着，我们可以预先算出合约地址，然后发送 Ether 到这个地址。注意，此时合约还未创建。一旦合约被创建，就有了一个非零的初始合约余额（balance）。

下面的例子讲述如何利用这个漏洞。

```solidity
contract EtherGame {
    uint public payoutMileStone1 = 3 Ether;
    uint public mileStone1Reward = 2 Ether;
    uint public payoutMileStone2 = 5 Ether;
    uint public mileStone2Reward = 3 Ether;
    uint public finalMileStone = 10 Ether;
    uint public finalReward = 5 Ether;
    mapping(address => uint) redeemableEther;
    // 用户支付 0.5 Ether，在特定里程碑时刻就可以获得奖金
    function play() public payable {
        require(msg.value == 0.5 Ether);             // 每次只能投 0.5 Ether
        uint currentBalance = this.balance + msg.value;
        // 确认游戏尚未结束
        require(currentBalance <= finalMileStone);
        // 若到达里程碑时刻，则将资金转入本次投注人账户
        if (currentBalance == payoutMileStone1) {
            redeemableEther[msg.sender] += mileStone1Reward;
        }
        else if (currentBalance == payoutMileStone2) {
            redeemableEther[msg.sender] += mileStone2Reward;
        }
        else if (currentBalance == finalMileStone ) {
            redeemableEther[msg.sender] += finalReward;
        }
        return;
    }
    function claimReward() public {
        // 确认游戏结束
        require(this.balance == finalMileStone);
        // 确认需要发送的奖金
        require(redeemableEther[msg.sender] > 0);
        redeemableEther[msg.sender] = 0;
        msg.sender.transfer(redeemableEther[msg.sender]);
    }
}
```

这个合约是一个简单的游戏，玩家发送 0.5 Ether 到合约，希望自己是达到 3 个里程碑目标（payoutMileStone1、payoutMileStone2、finalMileStone）的那个人，从而获得一些 Ether。当最终的里程碑目标（10 Ether）达成后，整个游戏结束，玩家就可以提取各自的奖金。

```
...
uint currentBalance = this.balance + msg.value;
```

```
// ensure no players after the game as finished
require(currentBalance <= finalMileStone);
…
require(this.balance == finalMileStone);
…
```

上面代码的问题在于 this.balance 的使用。攻击者可选的操作如下：
- 部署一个带有 selfdetruct() 函数的合约，在其中强制发送合约余额到 EtherGame 合约。
- 发送 0.1 Ether 给攻击者合约。若成功，则当前合约就有 0.1 Ether。
- 调用 selfdetruct() 函数会触发发送当前合约余额（0.1 Ether）到 EtherGame。这个过程并不需要经过 EtherGame 的任何带有 payable 修饰符的函数。

因为所有合法的玩家只能发送 0.5 Ether 的倍数，所以一旦 EtherGame 收到了 0.1 Ether，那么 this.balance 不可能是 0.5 Ether 的倍数了，意味着所有的里程碑目标都无法达成。

```
…
// 如果玩家达到了里程碑目标
if (currentBalance == payoutMileStone1) {
    redeemableEther[msg.sender] += mileStone1Reward;
}
else if (currentBalance == payoutMileStone2) {
    redeemableEther[msg.sender] += mileStone2Reward;
}
else if (currentBalance == finalMileStone) {
    redeemableEther[msg.sender] += finalReward;
}
…
```

更恶劣的情况是：一个恶意的攻击者强制发送 10 Ether（或者任何大于 finalMileStone 的数量）给 EtherGame 合约。这将锁住合约里所有的奖励，因为 claimReward() 函数会因为不满足 require 语句的条件，始终回退。

```
require(this.balance == finalMileStone);            // 确认游戏结束
```

这个漏洞的根本原因是对 this.balance 的误用。所以，合约的逻辑不能依靠 this.balance 来追踪合约当前余额。如果非要获取当前合约余额，就要自定义一个变量来追踪充值的 Ether，而且这个自定义变量不会受 selfdestruct() 函数调用的影响。

## 5.5.2 平台相关的攻击

Solidity 代码最终会编译成为 EVM 的字节代码执行。EVM 的指令定义在以太坊黄皮书[7]中。下面讨论与 EVM 相关的漏洞和攻击。

### 1. 平台限制

基于安全考虑，在设计上，EVM 有很多限制。在开发智能合约时，我们必须意识到这些限制的存在。例如，奖金计算合约如下：

---

[7] Dr. Gavin Wood. Ethereum: A Secure Decentralised Generalised Transaction Ledger EIP-150 Revision. (2018-02-12)[2020-04-24].

```
// 不安全的代码,不要使用!
contract BadArrayUse {
    address[] employees;

    function payBonus() {
        for (var i = 0; i < employees.length; i++) {
            address employee = employees[i];
            uint bonus = calculateBonus(employee);
            employee.send(bonus);
        }
    }
    function calculateBonus(address employee) returns (uint) {
        ...                          // 某些昂贵的计算指令
    }
}
```

程序逻辑非常直接,看起来安全。由于平台限制的存在,程序至少有3处"定时炸弹"。

(1)无限循环

根据 Solidity 的类型推断规则,变量 i 的类型被认为是 uint8。因为第一次使用变量 i 的时候是把 0 赋值给了 i。而 Solidity 总是自动推断最小可能的类型(这里就是 uint8),所以如果数组包含超过 255 个元素,循环就停不下来,最终导致燃料耗尽的异常。

必须记住:尽量使用显式的类型定义,而不要用 var。

改进后的版本如下:

```
// 不安全的代码,不要使用!
contract BadArrayUse {
    address[] employees;
    function payBonus() {
        for (uint i = 0; i < employees.length; i++) {
            address employee = employees[i];
            uint bonus = calculateBonus(employee);
            employee.send(bonus);
        }
    }
    function calculateBonus(address employee) returns (uint) {
        ...                          // 某些昂贵的指令
    }
}
```

(2)燃料限制(Gas Limitation)

以太坊是一台世界计算机,任何状态改变都需要消耗计算资源。燃料就是一种付费使用的机制。如果 calculateBonus( )函数中有很复杂的计算,那么函数可能消耗很多的燃料,甚至可能超过系统允许的燃料上限。如果一个交易耗费的燃料确实超过了系统允许的上限,那么所有状态改变都将回退,但是已经花掉的燃料不会退回。所以,在合约编程中使用循环时一定要考虑燃料的使用量。为了应对这个问题,上面的代码还可以再优化:把循环从计算中剥离。

```
// 不安全的代码,不要使用!
contract BadArrayUse {
    address[] employees;
```

```
    mapping(address => uint) bonuses;
    function payBonus() {
        for (uint i = 0; i < employees.length; i++) {
            address employee = employees[i];
            uint bonus = bonuses[employee];
            employee.send(bonus);
        }
    }
    function calculateBonus(address employee) returns (uint) {
        uint bonus = 0;
        …                            // 某些昂贵的计算数学的指令
        bonuses[employee] = bonus;
    }
}
```

（3）调用栈深度限制

EVM 的调用栈有一个最大值 1024，意味着嵌套调用的深度不能超过 1024。攻击者可以递归调用合约 1024 次，将导致一次发送资金的交易失败。下面是修正了所有漏洞的最后版本的程序：

```
import './PullPayment.sol';
contract GoodArrayUse is PullPayment {
    address[] employees;
    mapping(address => uint) bonuses;
    function payBonus() {
        for (uint i = 0; i < employees.length; i++) {
            address employee = employees[i];
            uint bonus = bonuses[employee];
            asyncSend(employee, bonus);
        }
    }
    function calculateBonus(address employee) returns (uint) {
        uint bonus = 0;
        …                            // 某些昂贵的计算指令
        bonuses[employee] = bonus;
    }
}
```

智能合约代码最大只能是 24 KB（EIP-170）[8]。现在以太坊社区提出了钻石合约标准来对应这一个限制。钻石标准的内容见 EIP2535。

### 2．竞争条件/提前抢跑

下面讨论在以太坊上可能发生的各种竞争条件。

交易一旦提交，一个以太坊节点会把交易放入交易池，并在适当的时候把它打包进一个块。如果矿工解决了共识问题，就可以在交易池中选择打包哪些交易入块。只有那些打包入块的交易才被认为是正常交易。一般，打包顺序取决于燃料价格（gasPrice）。攻击者可以监视交易池，寻找感兴趣的交易，如修改特权的交易或者修改状态的交易。攻击者一

---

[8] Ethereum. EIP=170[OL]. (2016-11-04)[2020-08-21].

旦发现攻击对象，就可以得到交易数据并据此创建一模一样的新交易，但是愿意付更高的燃料费。这样会让新交易排在原来的交易之前。

下面的代码演示如何实现预先抢跑攻击：

```
contract FindThisHash {
    bytes32 constant public hash = 0xb5b5b97fafd9855eec9b41f74dfb6c38f5951141f9a3ecd7f44d5479b630ee0a;

    constructor() public payable {}                // 构造函数导入 Ether

    function solve(string solution) public {
        // 如果能找到 hash 值哈希变换前的原值，就会收到 1000 Ether
        require(hash == sha3(solution));
        msg.sender.transfer(1000 ether);
    }
}
```

假设该合约拥有 10000 Ether，只要找到了 0xb5b5b97fafd9855eec9b41f74dfb6c38f5951141f9a3ecd7f44d5479b630ee0a 的哈希变换前的原值，就可以获得 10000 Ether。若用户找到答案（假定为 resolved）并通过 solve() 函数以参数方式提交了答案，而攻击者正在监视这个交易池，他们会看到答案并验证它。如果他们相信答案是正确的，就可以发起一个一样的新交易，但需支付比原交易更高的燃料价格：高于原交易。矿工更愿意优先打包那些愿意付更高燃料价格的交易入块。这样攻击者得到 10000 Ether 奖励，原交易什么也得不到[9]。

有两类人可以做这样的抢跑攻击：可以修改 gasPrice 的用户或者矿工。相比之下，第一类人更危险，因为矿工只能在出块后发动攻击。下面讨论减轻攻击危害的方法。

**一种方法是在合约中设定 gasPrice 的上限**：可以防止攻击者无限提高 gasPrice，从而造成攻击者所偏好的交易顺序。这个方法只减轻了第一类的攻击危险。矿工可以在生成新块的时候任意安排交易顺序，还是能发动抢跑攻击。

**另一种方法是使用 commit-reveal 模式**：用户发送一个交易，交易中的数据是加密的，通常是答案的哈希值；一旦交易被打包入块，用户就发送一个新的交易，带有真正的答案，这样矿工和其他用户都不知道真正的答案，也就不能通过创建新交易发动抢跑攻击。

### 3. 没有初始化的存储指针

在 EVM 中，变量可以存在内存或者存储单元上。变量的不当初始化会导致漏洞[10]。没有初始化的 storage 类型变量可以指向一个未知的地址，从而招致攻击。例如，名字登录合约：

```
// 锁定的名字登录合约
contract NameRegistrar {
    bool public unlocked = false;            // 注册器是否解锁标志，为 true，才允许名字注册
    struct NameRecord {                      // 名字记录（名字及其相应的地址）
        bytes32 name;
        address mappedAddress;
    }
```

---

[9] 解密 MEV、Flashbot 以及以太坊 Gas 之间的三角关系. 深链财经[OJ]. [2021-04-19](2021-04-21).
[10] Stefan Beyer. Storage Allocation Exploits in Ethereum Smart Contracts[OL]. [2020-04-20].

```
    mapping(address => NameRecord) public registeredNameRecord;  // 解析地址到相应的注册名字记录
    mapping(bytes32 => address) public resolve;         // 解析哈希值到地址
    function register(bytes32 _name, address _mappedAddress) public {
        // 设置新的名字记录
        NameRecord newRecord;
        newRecord.name = _name;
        newRecord.mappedAddress = _mappedAddress;
        resolve[_name] = _mappedAddress;
        registeredNameRecord[msg.sender] = newRecord;
        require(unlocked);                              // 仅在合约处于解锁状态下才允许注册
    }
}
```

上面的名字登录合约只有一个函数。如果合约是 unlocked 状态，任何人都可以注册一个名字（bytes32 类型的哈希值）。合约部署后，初始化为 locked 状态。require(unlocked)指令使用户在合约是 locked 状态下不能登录新名字，但是会导致一个漏洞：在合约是 locked 状态下，用户仍然可以加入新名字。

我们必须理解在 Solidity 里 storage 类型变量是如何安排的，见第 6 章。状态变量是以它们在合约中出现的顺序而被顺序存储在存储槽的，以上面的代码为例，unlocked 变量在存储槽 slot 0 中、registeredNameRecord 变量在存储槽 slot 1 中、resolve 变量在存储槽 slot 2 中等，每个存储槽是 32 字节长，如表 5-1 所示。

表 5-1 合约定义的变量的内存结构

| 存储槽 | 变量 | 类型 | 值 |
| --- | --- | --- | --- |
| 0 | unlocked | 布尔 | 0000000000000000000000000000000000000000000000000000000000000000 |
| 1 | registeredNameRecord | 结构 | / |
| 2 | resolve | 映射 | / |
| ... | ... | ... | ... |

作为函数的局部变量，newRecord 是结构类型，所以默认是 storage 类型。漏洞源于 newRecord 没有被初始化，它是 storage 类型，所以它是一个指向 storage 的指针。它没有被初始化，因此指向存储槽 slot 0，而这恰恰是 unlocked 变量存储的地方。然后，函数将 _name 赋值给 nameRecord.name，并将 _mappedAddress 赋值给 nameRecord.mappedAddress，实际上更改了存储槽 slot 0 和 slot 1，而它们恰恰是 unlocked 和 registeredNameRecord 的存储位置。这意味着 register()直接修改了 unlocked。所以，如果 _name 非零，那么存储槽 slot 0 会变为非零值，意味着 unlocked 的值被修改为 true。

Solidity 编译器对于未初始化的变量会提供警告。开发程序员必须注意这些警告。显式地在变量前面加上内存或者 storage 修饰符是一个编程的好习惯。

### 4．熵随机源

所有的以太坊交易都是确定状态的转换：每个交易改变以太坊的世界状态，并且状态变换是以计算的方式发生的。理论上，这个计算过程是可以形式化验证的，即以太坊上没有随机源。现在有很多关于生成随机数的提案，其中最著名的就是 RanDAO。

以太坊上有很多公益慈善合约和去中心化应用。一般，公益慈善需要来自区块链外部的一个随机源。通常的误用是使用块相关的变量，如块哈希、块时间戳、块号或者燃料上限。误用的根本原因在于这些块变量是被矿工控制的。因此，块变量也不是真正随机的。例如，智能合约有以下逻辑：若下一块的哈希值是偶数，则返回黑色。一个矿工可能在黑色上提供 10 万元资金，如果挖出了下一块并且下一块的哈希值是奇数，出于利益考虑，不会发表并广播挖出的块，而会继续挖，直到挖出一块的哈希值为偶数。与使用下一被挖出块的变量相比，显然使用以前的块和当前块的变量就更不安全了。另外，如果只使用块变量生成伪随机数，意味着块中的所有交易的伪随机数都是一样的。攻击者可以通过在一个块中做很多的交易来放大他们赢的次数和额度。

以太坊上没有随机源，随机源必须由外部接入区块链。RandDAO 的 commit-reveal 模式可以做到，或者通过改变参与者的信任模型来达成。另一个方案是从预言机（Oracle，可以是中心化的，也可以是去中心化的）接入一个外部随机源。<u>块变量不能作为随机源。</u>

### 5．编造块时间戳

块时间戳被很多应用用来实现商业逻辑，如作为随机源、资金锁定期间等。因为矿工可以调整时间戳，对于块时间戳的不当使用可能置合约于危险之中。矿工有足够的动机，可以改变块时间戳。例如：

```
contract Roulette {
    uint public pastBlockTime;                // 强制一个块只能交易一次
    constructor() public payable {}           // 初始基金合约
    function () public payable {              // fallback function used to make a bet
        require(msg.value == 10 Ether);       // 必须发送 10 Ether
        require(now != pastBlockTime);        // 每个块只能有一个交易
        pastBlockTime = now;
        if(now % 15 == 0) {                   // 如果块时间戳对 15 取模为 0，就判定为成功者
            msg.sender.transfer(this.balance);
        }
    }
}
```

这个合约是一个简单的智能合约。合约的逻辑基于一个前提：block.timestamp 的最后两位数是均匀分布的。如果前提正确，玩家就可以有 1/15 的机会赢得奖金。但是，如果矿工愿意，他们可以改变块时间戳。在上述例子中，如果合约里的资金量足够大，为了赢得锁定在合约里的资金和挖块奖励，矿工就会有意愿挖出一个块时间戳对 15 取模为 0 的块。如果不满足上面的条件，矿工就会继续挖。同时，因为一个块一个人只能玩一次，上面的代码还有抢跑的漏洞。

在现实中，矿工不能随心所欲地选择块时间戳，因为块时间戳是单调上升的。虽然节点并不检验块的时间戳是不是未来的某个时间，但是如果矿工把块时间戳设定为太远的未来，可能会被全网拒绝。

不能把块时间戳用来作为熵或者随机源。块时间戳不能作为决定游戏输赢或者修改重要状态的决定性因素，直接或间接的都不行。我们需要用到时间的时候，有些情况下可以用块号和块平均生成时间来估计。比如，解锁合约，ICO 结束后的几周或者某个特定时间

后才解锁合约的资金。假设解锁时间是 1 周，每 10 秒生成一个块，相当于 60480 个块。因此，指定一个特定的块号来改变合约的重要状态是比较安全的做法。矿工也不容易修改块号。所以，开发程序员在开发合约时必须知道块时间戳的特性，即使可能用不到。

### 6．外部合约引用

以太坊是一台世界计算机，我们可以复用已部署的合约的代码并与其交互。实际上，现在区块链上确实有很多合约保存了其他合约的外部引用地址。合约之间不当的消息调用会导致漏洞。

在 Solidity 智能合约开发中，任何地址可以强制类型转换为合约地址，不管在地址上是否有代码运行着。下面的例子演示了这么做的风险：

```
contract Rot13Encryption {                               // 加密合约
  event Result(string convertedString);
  function rot13Encrypt (string text) public {           // 使用 rot13 算法加密字符串
    uint256 length = bytes(text).length;
    for (var i = 0; i < length; i++) {
      byte char = bytes(text)[i];
      assembly {                                         // 用内联汇编来修改字符串
        char := byte(0, char)                            // 获取第 1 字节
        if and(gt(char, 0x6D), lt(char, 0x7B)) {         // 若是 n 与 z 之间的字符，则交换两个字符
          // subtract from the ascii number a by the difference char is from z.
          char:= sub(0x60, sub(0x7A,char))
        }
        if iszero(eq(char, 0x20)) {                      // 忽略空格
          mstore8(add(add(text,0x20), mul(i,1)), add(char,13))}    // 字符值加 3
      }
    }
    emit Result(text);
  }
  function rot13Decrypt (string text) public {           // 使用 rot13 解密字符串
    uint256 length = bytes(text).length;
    for (var i = 0; i < length; i++) {
      byte char = bytes(text)[i];
      assembly {
        char := byte(0, char)
        if and(gt(char, 0x60), lt(char, 0x6E)) {
          char := add(0x7B, sub(char, 0x61))
        }
        if iszero(eq(char, 0x20)) {
          mstore8(add(add(text, 0x20), mul(i,1)), sub(char, 13))
        }
      }
    }
    emit Result(text);
  }
}
```

上面的代码接受一个字符串作为输入并用 rot13 算法加密之。rot13 算法是将字符按照

字母顺序向后移动 13 位（遇到 z 就从头开始）。下面的合约使用外部引用来调用加密函数。

```
import "Rot13Encryption.sol";
contract EncryptionContract {                    // 加密机密信息
    // 加密库地址
    Rot13Encryption encryptionLibrary;           // 类型定义在 Rot13Encryption.sol 文件中
    constructor(Rot13Encryption _encryptionLibrary) {  // 构造函数，初始化加密库
        encryptionLibrary = _encryptionLibrary;
    }
    function encryptPrivateData(string privateInfo) {
        encryptionLibrary.rot13Encrypt(privateInfo);
    }
}
```

encryptionLibrary 的地址不是公共的，也不是合约，所以必须在部署合约的时候，在构造函数中把地址传给 encryptionLibrary。如果引用的合约并不包含 rot13Encrypt 函数，那么 fallback() 函数会被触发。例如，在 EncryptionContract 合约的构造函数中将 Blank 合约的地址传给 encryptionLibrary。

```
contract Blank {
    event Print(string text);
    function () {
        emit Print("Here");
        ...                                      // 如果有恶意代码，会被执行
    }
}
```

encryptionLibrary.rot13Encrypt()触发了一个事件，并打印了"Here"。原则上，攻击者可以在用户不知不觉的情况下运行任何代码。有很多办法可以防止上面的情况发生。首先，我们可以在构造函数里动态生成 encryptionLibrary 的值。

```
constructor() {
    encryptionLibrary = new Rot13Encryption();
}
```

外部引用的值是在部署的时候设定的，因此没有办法去取代 Rot13Encryption 的引用。另一个方案是在构造函数中把部署好的 Rot13Encryption 地址直接赋值给 encryption-Library[11]。

### 7．短地址/参数攻击

所有传送给智能合约的参数都是用 ABI 编码过的。如果参数是一个 address 类型，即 20 字节，那么开发程序员可以只传 19 字节作为 address 类型。在这种情况下，EVM 就会补 0，将其对齐到 20 字节。如果智能合约不检查参数，就有可能有问题，如 ERC20 标准中的 transfer() 函数。

```
function transfer(address to, uint tokens) public returns (bool success);
```

假设一个 ERC20 的合约拥有数十亿的通证而一个用户希望提取 1000 通证到他的地址 0xdeaddeaddeaddeaddeaddeaddeaddeaddeaddead。根据 ABI 规范，EVN 会将参数编码如下：

---

[11] Reddit. Tricked by a honeypot contract or beaten by another hacker. What happened[OL].

```
a9059cbb000000000000000000000000deaddeaddeaddeaddeaddeaddeaddeaddeaddead000000000000000000000000
0000000000000000000000000003635C9ADC5DEA00000
```

前 4 字节 a9059cbb 是 transfer()函数选择子，后 32 字节是一个 uint256 类型的变量，即用户希望提取的数量。3635C9ADC5DEA00000（十进制是 1,000,000,000,000,000,000,000）代表 1000 通证（设 ERC20 合约的精度是 18 位）。

例如，攻击者只传了 19 字节给 transfer()函数，如 0xdeaddeaddeaddeaddeaddeaddeaddeaddeaddeadde 作为接收者地址和 1000 通证，如果函数不检查输入参数，那么整个调用将被编码如下：

```
a9059cbb000000000000000000000000deaddeaddeaddeaddeaddeaddeaddeaddeaddead000000000000000000000000
0000000000000000000000000003635C9ADC5DEA00000
```

注意，为了 32 字节对齐，EVM 已经补了 00。如果这样的编码结果被发送给了合约，地址就变为了 0xdeaddeaddeaddeaddeaddeaddeaddeaddeaddeadde00，而提取的通证数量变成了 3635C9ADC5DEA0000000。现在，提取的通证数量变成了 256000。这时如果合约余额足够，用户将提取 256000 通证。

在将参数传给区块链前，需要验证所有的输入参数，而且参数的顺序很重要。

### 5.5.3 重入攻击

重入攻击由于臭名昭著的 The DAO 黑客事件而为人所知：The DAO 合约于 2016 年 4 月 30 日上线，有 28 天投资窗口期。募资结束后，它是当时最大的众筹项目，募集了超过 1200 万 Ether，时值超过 1.5 亿美元。The DAO 的创建者之一 Stephan Tual 在 6 月 12 日宣称合约有"递归调用漏洞"（如图 5-4 所示），但是他声称"DAO 项目募集的资金是没有风险的"。

```
// Burn DAO Tokens
Transfer(msg.sender, 0, balances[msg.sender]);
withdrawRewardFor(msg.sender); // be nice, and get is rewards
totalSupply -= balances[msg.sender];
balances[msg.sender] = 0;
paidOut[msg.sender] = 0;
return true;
```

图 5-4 The DAO 漏洞

当程序员在修正这个错误的时候，一个不知名的攻击者开始使用这个方法偷取 The DAO 募集的 Ether。到 6 月 18 日，攻击者已经偷取了 360 万 Ether 到了一个子 DAO 合约。因为这次攻击，Ether 的价格从 20 美元下跌到 13 美元。6 月 17 日，以太坊基金的 Vitalik Buterin 发表了一个重要的更新，声明由于 the DAO 经受了攻击，他已经找到了一个解决方案：

> A software fork has been proposed, (with NO ROLLBACK; no transactions or blocks will be "reversed") which will make any transactions that make any calls/callcodes/delegatecalls that reduce the balance of an account with code hash 0x7278d050619a624f84f51987149ddb439cdaadfba5966f7cfaea7ad44340a4ba (ie. the DAO and children) lead to the transaction (not just the call, the transaction) being invalid …

The DAO 攻击最终导致以太坊硬分叉为以太经典 ETC 和新以太坊 ETH。

在一个合约 A 中调用<address>.transfer()函数时，就给了恶意合约一个机会去控制代码流程。如果 address 是一个合约，当它被调用时，被调用的合约的 fallback( )函数可能包含以递归方式调用合约 A 的函数的代码。

在下面的代码中，为了让 withdrawFund( )函数工作，我们必须外部调用一个接收者的地址，因此使用 withdrawal 设计模式来隔离发送逻辑和计算逻辑。必须确保在外部调用之前完成所有的内部状态的变化。通常，transfer( )函数是最后一条语句。

```
function withdrawFund(address movie, address recipient, uint amount, string expense)
        public stopInEmergency onlyFilmmaker(movie) chargeWithdrawFee(amount) returns (bool) {
    require(recipient != address(0));
    require(amount > 0);
    require(bytes(expense).length > 0);
    Movie(movie).withdrawFund(amount.add(withdrawFee.mul(amount).div(100)));
    emit FundWithdrawn(now, movie, recipient, amount, expense);
    recipient.transfer(amount);
    return true;
}
```

有很多技术可以用来在智能合约开发里避免重入漏洞：

① 使用内置的 transfer( )函数来发送 Ether 给外部合约。transfer( )函数只使用 2300 Gas，这些 Gas 不足以让目标合约来调用其他合约（如重入发送 Ether 的合约）。

② 在 Ether 被发送前修改所有的状态变量。建议采用条件 - 行为 - 交互（check-effect-interaction）模式，即把对外界未知的地址调用总是放在函数的最后。

③ 引入一个互斥的信号灯（mutex），即增加一个状态变量，保证在代码执行期间合约是被锁住的，不能重入。

### 5.5.4 阻塞攻击

阻塞攻击（即拒绝服务，Denial of Service，DoS）的定义是让一个智能合约在一段时间不响应或者永远不工作。对智能合约的阻塞攻击不是窃取智能合约管理的资产，而是让智能合约不工作而导致用户无法使用智能合约。对智能合约发起阻塞攻击的方法有多种。

**1. 使用循环来遍历一个大映射或者数组**

下面的代码是分发通证给所有的投资者：

```
contract DistributeTokens {
    address public owner;
    address[] investors;                            // 投资人数组
    uint[] investorTokens;                          // 每个投资人所有的通证数
    ...                                             // 条件函数，包括transfertoken()
    function invest() public payable {
        investors.push(msg.sender);
        investorTokens.push(msg.value * 5);         // 发送的 Ether 的 5 倍
    }
    function distribute() public {
        require(msg.sender == owner);               // 仅限所有者
```

```
        for(uint i = 0; i < investors.length; i++) {
            // transferToken(to, amount)函数发送"amount"通证到地址"to"
            transferToken(investors[i],investorTokens[i]);
        }
    }
}
```

distribute()函数使用 for 循环来遍历数组，逻辑大致是对的，但是如果一个数组太大，遍历就会导致燃料耗尽。这时 distribute()函数总是失败。

### 2．只有所有者才能够执行的操作

下面是一个 ICO 合约，需要合约的所有者来设定 finalize 标志，而且通证只有在合约是 finalize 为 true 的状态下才能被发送和传输。

```
bool public isFinalized = false;
address public owner;
function finalize() public {
    require(msg.sender == owner);              // 只有 owner 才能设置 isFinalized 标志
    isFinalized == true;
}
function transfer(address _to, uint _value) returns (bool) {
    require(isFinalized);
    super.transfer(_to,_value)
}
...
```

明显，如果合约所有者的私钥丢失了，合约就不能工作了：由于私钥丢失，owner 无法调用 finalize()函数来设置 isFinalized 标志为 true。而这导致每次调用 transfer()函数转移资产的时候都会由 require(isFinalized)语句抛出异常。

### 3．基于外部调用的渐进式状态变换

有时我们会有这样的逻辑：发送一些 Ether 给外部合约并且仅在发送成功的情况下，才进入下一步。如果因为某种原因（如外部合约不接收 Ether 或者暂时/永久地被禁止接收 Ether），资金发送总是失败，合约的执行就永远无法进展到下一步。

为了避免燃料耗尽，建议：

① 不要在合约中遍历一个巨大的数据结构。建议使用 pull 模式，让参与者自己来提取他们自己的资产。

② 使用 fail-safe 模式来避免合约所有者失能的情况。可以推荐：

❖ 创建一个多签合约，而合约的所有者只是其中一个签名人。
❖ 用时钟保证经过一段时间，合约肯定能进行到下一步。
❖ 在渐进式状态变换判断时，加一些超时判断逻辑。
❖ 为了解决阻塞攻击，创建另一个操作账户来解决合约失能的问题。

Block Stuffing 攻击是一种著名的阻塞攻击，是指攻击者故意提交交易，使其耗费的燃料达到或者超过块燃料的上限，从而阻碍其他交易的执行。为了保证攻击用的交易会被矿工打包，攻击者可以选择支付更高的交易费。通过控制交易的燃料数量，攻击者可以影响

打包入块的交易数。

为了控制每个攻击者交易的燃料数量，攻击者可以利用一个特殊的合约。合约中有一个函数，接收需要燃烧掉的燃料作为参数。函数只是做一些无意义的操作，当指定的燃料被用完后，就返回或者抛出一个错误。假设最近 10 块的平均燃料价格是 5 Gwei，为了让攻击者发起的交易更容易被打包入块，攻击者可以支付更高的燃料价格，如 100 Gwei。矿工总是首先打包那些愿意支付更高燃料价格的交易，假设现在块的燃料上限是 8 000 000 Gas，攻击者选择将任务分拆为很多交易：可能拆分为 80 个交易，每个交易需要花费 100 000 Gas；或者 4 个交易，每个交易需要花费 2 000 000 Gas。

## 5.6 智能合约最佳安全开发指南

安全地开发区块链智能合约是需要花费大量精力的。现在市场上已经有一些好的指南和汇总。以 Solidity 为例，市场上有 Consensys 的智能合约最佳实践[12]和 Solidity 官方文档的安全指南。除非真正写代码，这些概念很难被记住和理解。

本节解释提升智能合约安全的一些策略，并展示一些不遵从规则而引发问题的例子。最后给一些已经修正的、可以直接使用的最佳实践。希望这能帮助读者创建避免某些不安全行为的编程习惯，从而在写代码的时候意识到可能的风险。

### 1. 尽早且明确地暴露问题

一个简单且强大的最佳实践是尽早且明确地暴露问题。下面看一个有问题的函数实现：

```
// 有问题的代码，不要使用！
contract BadFailEarly {
    uint constant DEFAULT_SALARY = 50000;
    mapping(string => uint) nameToSalary;

    function getSalary(string name) constant returns (uint) {
        if (bytes(name).length != 0 && nameToSalary[name] != 0) {
            return nameToSalary[name];
        }
        else {
            return DEFAULT_SALARY;
        }
    }
}
```

掩盖合约的内部问题可能让合约运行于一个不稳定或不一致的状态，应避免合约潜在的问题。上面例子中的 getSalary()函数应该在返回结果前检查参数，问题在于，如果条件不满足，将返回默认值。这将掩盖参数的严重问题，因为仍然可以按正常业务逻辑返回值。这虽然是一个比较极端的例子，却非常常见，原因是大家在程序设计时担心程序兼容性不够，所以设置一些"兜底方案"。但真相是，越快失败越容易发现问题。如果不恰当地掩盖错误，错误将扩散到代码的其他地方，从而引起非常难以跟踪的不一致错误。下面是调整

---

[12] ConsenSys. 以太坊智能合约——最佳安全开发指南[OJ](2021-04-21)[2019-10-21].

后的代码示例：

```
contract GoodFailEarly {
    mapping(string => uint) nameToSalary;
    function getSalary(string name) constant returns (uint) {
        if (bytes(name).length == 0)
            throw;
        if (nameToSalary[name] == 0)
            throw;
        return nameToSalary[name];
    }
}
```

上面的代码还展示了另一种推荐的编码方式：将条件与检查分开，分别判断并验证失败与否的原因。原因是可以使用 Solidity 提供的修改器的特性来实现重用。

### 2．在支付时使用 pull 模式而不是 push 模式

每次 Ether 的转移都需要考虑对应账户潜在的代码执行。一个接收的合约可以实现一个默认的回退函数，这个函数可能抛出错误。由此，我们一定要考虑在 send()函数执行中的可能的错误。一个解决方案是，在支付时使用 pull 模式而不是 push 模式。来看一个看起来没有问题的关于竞标函数的例子：

```
// 有问题的代码，请不要直接使用！
contract BadPushPayments {
    address highestBidder;
    uint highestBid;
    function bid() {
        if (msg.value < highestBid)
            throw;
        if (highestBidder != 0) {
            if (!highestBidder.send(highestBid))    // 将当前投标资金返还给最高价投标人
                throw;
        }
        highestBidder = msg.sender;
        highestBid = msg.value;
    }
}
```

上述合约调用了 send()函数，检查了返回值，看起来非常合理，但在函数中调用了 send()函数，这带来了不安全。因为 send()函数会触发另一个合约的代码执行。假如某个竞标的地址会在每次有人转账给他时抛出异常，当其他人尝试追加价格竞标时，send()函数调用总是失败，从而将错误上抛，让 bid()函数产生一个异常。函数调用如果以错误结束，将会让状态不发生变更（所有的变化都将回滚）。这意味着没有人将能继续竞标，合约失效。

最简单的解决方案是，将支付分离到另一个函数中，让用户请求（pull）金额，而余下的合约逻辑还可以继续执行直至结束：

```
contract GoodPullPayments {
    address highestBidder;
    uint highestBid;
    mapping(address => uint) refunds;
```

```
    function bid() external {
        if (msg.value < highestBid)
            throw;
        if (highestBidder != 0)
            refunds[highestBidder] += highestBid;
        highestBidder = msg.sender;
        highestBid = msg.value;
    }
    function withdrawBid() external {
        uint refund = refunds[msg.sender];
        refunds[msg.sender] = 0;
        if (!msg.sender.send(refund))
            refunds[msg.sender] = refund;
    }
}
```

这次使用映射来存储每个待退款的竞标者的信息，提供了 withdraw()函数用于退款。如果在 send()函数调用时抛出异常，仅仅只是那个有问题的竞标者受到影响。这是一个非常简单的模式，却解决了非常多的问题（如可重入）。所以，记住一点，当发送 Ether 时，使用 pull 模式而不是 push 模式。

### 3．函数代码的顺序：条件、行为、交互

尽可能早的暴露问题原则的一个延伸是一个好的实践是将函数结构化：首先，检查所有前置的条件；然后，对合约的状态进行修改；最后，与其他合约进行交互，即条件 - 行为 - 交互。这样的函数结构会避免大部分问题。例如：

```
function auctionEnd() {
    // 1. 条件/Condition
    if (now <= auctionStart + biddingTime)
        throw;                                  // 拍卖尚未结束，抛出异常
    if (ended)
        throw;                                  // 本函数被重复调用
    // 2. 行为/Effect
    ended = true;
    AuctionEnded(highestBidder, highestBid);
    // 3. 交互/Interaction
    if (!beneficiary.send(highestBid))
        throw;
}
```

代码符合尽可能早地暴露问题的原则，因为条件在一开始就进行了检查，让存在潜在交互风险的、与其他合约的交互留到了最后。

### 4．留意平台局限性

EVM 有非常多的关于合约能做的硬限制，都是出于平台级的安全考虑，否则会威胁合约安全。下面来看一个看起来正常的雇员津贴管理的代码：

```
// 不安全的代码，不要直接使用！
contract BadArrayUse {
    address[] employees;
```

```
function payBonus() {
    for (var i = 0; i < employees.length; i++) {
        address employee = employees[i];
        uint bonus = calculateBonus(employee);
        employee.send(bonus);
    }
}
function calculateBonus(address employee) returns (uint) {
    ...                               // 昂贵的计算操作
}
```

基于平台的一些独特性，上面的代码潜藏三个问题。

① i 的类型会是 uint8。因为如果要存 0，不指定类型，将自动选择一个占用空间最小的、恰当的类型，这里将是 uint8。如果这个数组的大小超过 255 个元素，这个循环将永远不会结束，最终导致燃料耗尽。应当在定义变量时尽可能不要使用 var，明确变量的类型。下面来修正上面的例子：

```
// 仍然是不安全的代码，请不要使用！
contract BadArrayUse {
    address[] employees;

    function payBonus() {
        for (uint i = 0; i < employees.length; i++) {
            address employee = employees[i];
            uint bonus = calculateBonus(employee);
            employee.send(bonus);
        }
    }
    function calculateBonus(address employee) returns (uint) {
        ...                               // 昂贵的计算操作
    }
}
```

② 燃料的限制。每个修改状态的功能调用都会花费燃料。假如 calculateBonus()函数有复杂的运算，如需要跨多个项目计算利润，将消耗非常多的燃料，会容易达到交易和区块的燃料限制。如果一个交易达到了燃料的限制，所有状态的改变都将被撤销，但消耗的燃料不会退回。使用循环时尤其要注意变量对燃料消耗的影响。

下面优化上述代码，将津贴计算与循环分开。注意，拆开后仍然有数组变大后带来燃料消耗增长的问题。

```
contract BadArrayUse {
    address[] employees;
    mapping(address => uint) bonuses;

    function payBonus() {
        for (uint i = 0; i < employees.length; i++) {
            address employee = employees[i];
            uint bonus = bonuses[employee];
            employee.send(bonus);
        }
    }
}
```

```
    function calculateBonus(address employee) returns (uint) {
        uint bonus = 0;
        bonuses[employee] = bonus;              // 昂贵的计算操作来修改奖金
    }
}
```

③ 调用栈调用深度的限制。EVM 栈调用的硬限制是 1024，意味着如果嵌套调用的深度达到 1024，合约调用会失败。一个攻击者可以调用递归的调用合约 1023 次，从而因为栈深度的限制，让 send( )函数失败。前述 pull 模式可以比较好地避免这个问题。

下面是一个最终的修改版，解决了上述所有问题：

```
import './PullPayment.sol';

contract GoodArrayUse is PullPayment {
    address[] employees;
    mapping(address => uint) bonuses;

    function payBonus() {
        for (uint i = 0; i < employees.length; i++) {
            address employee = employees[i];
            uint bonus = bonuses[employee];
            asyncSend(employee, bonus);
        }
    }
    function calculateBonus(address employee) returns (uint) {
        uint bonus = 0;
        bonuses[employee] = bonus;              // 昂贵的计算操作
    }
}
```

总之，需要注意：使用的变量类型的限制，合约的燃料消耗，栈调用限制为 1024；智能合约的大小有 24 KB 的限制。现在有钻石标准专门针对这种情况。

### 5．测试用例

编写测试用例会占用大量的时间，也能抵消在添加新功能后回归问题需要花费的时间。回归问题具体是指在添加功能的修改过程中，导致之前的组件出现 bug。

### 6．容错及自动 bug 奖励

代码审查和安全审核对保证安全来说还不足够。我们的代码需要做好最坏情况的准备。当我们的智能合约中有漏洞时，应该有一种方法可以安全的恢复，我们也应该尽可能早地发现漏洞。下面是一个内置的自动 bug 奖励机制带来的作用。

```
import './PullPayment.sol';
import './Token.sol';

contract Bounty is PullPayment {
    bool public claimed;
    mapping(address => address) public researchers;

    function() {
        if (claimed)
            throw;
```

```
    }
    function createTarget() returns(Token) {
        Token target = new Token(0);
        researchers[target] = msg.sender;
        return target;
    }
    function claim(Token target) {
        address researcher = researchers[target];
        if (researcher == 0)
            throw;
        if (target.totalSupply() == target.balance)        // 检查通证合约的常量
            throw;
        asyncSend(researcher, this.balance);
        claimed = true;
    }
}
```

首先，Pull 模式（让资产拥有者自己提取资产）让支付更安全。这个合约允许研究者创建当前审核的通证合约的副本。通过发送交易到这个项目地址，任何人都可以参与到这个赏金项目中。如果任何研究者可以攻破他自己的通证合约的副本，让一些本不该变的情况变化（如让总代币发行量与当前代币余额不一致），他将获得对应的奖励。一旦奖励给予了被奖励人，合约将不再继续接受新的资产（无名函数被称为合约的回退函数，在每次合约接收 Ether 时自动执行）。

这个机制有一个非常好的特性：分离了合约，不需要对原始的通证合约进行修改。

而对于容错性，我们需要修改原来的合约来增加额外的安全机制。一种简单方案是允许合约的监督者可以冻结合约，作为一种紧急的机制。通过继承实现这种行为的例子如下：

```
contract Stoppable {
    address public curator;
    bool public stopped;

    modifier stopInEmergency {
        if (!stopped)
            _;
    }
    modifier onlyInEmergency {
        if (stopped)
            _;
    }
    function Stoppable(address _curator) {
        if (_curator == 0)
            throw;
        curator = _curator;
    }
    function emergencyStop() external {
        if (msg.sender != curator)
            throw;
        stopped = true;
    }
}
```

stoppable()函数允许指定一个监督者，可以停止整个合约。实现方式是，继承这个合约，在对应的功能上使用修改器 stopInEmergency 和 onlyInEmergency。例如：

```
import './PullPayment.sol';
import './Stoppable.sol';

contract StoppableBid is Stoppable, PullPayment {
    address public highestBidder;
    uint public highestBid;

    function StoppableBid(address _curator) Stoppable(_curator) PullPayment() {}
    function bid() external stopInEmergency {
        if (msg.value <= highestBid)
            throw;
        if (highestBidder != 0)
            asyncSend(highestBidder, highestBid);
        highestBidder = msg.sender;
        highestBid = msg.value;
    }
    function withdraw() onlyInEmergency {
        suicide(curator);
    }
}
```

其中，bid()函数可以被一个监督者停止，监督者在合约创建时指定。stoppableBid()函数在正常情况下，只有 bid()函数可以被调用，而当出现紧急情况时，监督者可以介入，激活紧急状态，并让 bid()函数不再可用，同时激活 withdraw 功能。

上例中，紧急模式将允许监督者销毁合约，恢复资产。但在实际场景中，恢复的逻辑更复杂（如需要返还资产给每个投资者）。

### 7. 限制可存入的资金

另一个保护智能合约远离攻击的方式是限制。攻击者最有可能针对管理数百万美元的高额合同，并不是所有的合约都有这样的高额资产，尤其是当我们正在区块链和智能合约发展的初期。在这种情形下，限制合约可以接收的资金额度就将非常有用。最简单的方式是实现为一个余额的硬上限。例如：

```
contract LimitFunds {
    uint LIMIT = 5000;

    function() {
        throw;
    }
    function deposit() {
        if (this.balance > LIMIT)
            throw;
        ...
    }
}
```

回退函数会拒绝接收所有的直接支付。deposit()函数会先检查合约的余额是否已经超限，超限则直接抛出异常。其他如动态上限、管理限制也很容易实现。

### 8．简单和模块化的代码

安全来自我们想实现的功能与代码实际实现功能之间的距离。这非常难以验证，特别是当代码量又大又混乱时。所以，简单和模块化的代码变得非常重要。这意味着，函数应该尽可能简单，代码之间的依赖应该极尽可能少，文件应该尽可能小，将独立的逻辑放进模块，每块的职责更加单一。

命名是程序员在编码过程中表达意图的方式。想一个好的名字，尽可能让名字能清晰地表达程序意图。

Event 的差命名的例子如下。The DAO 攻击的函数代码很长（见教学资料），而且功能复杂。函数尽可能短小，如 30～40 行。理想情况下，程序员应该在 1 分钟内弄明白函数的意图。另一个问题是关于事件 Transfer 在第 685 行的命名，这个名字与 transfer() 函数名只有一字之差，但会带来误解。一般，关于事件的推荐命名是使用 Log 开始，这样这个事件应该命名为 LogTransfer。

记住，尽可能将合约写得简单、模块化，且命名友好。这将非常有助于代码审查。

### 9．不要从零开始写所有的代码

"不要从头造轮子"也适用于智能合约代码。操作与资产有关，数据是公开的，智能合约在一个全新的成长中的平台上。漏洞代价非常高，窥伺机会的人无处不在。

上述实践有助于我们写出更安全的合约。我们采用更好的创建智能合约的工具，如 better type systems[13]、Serenity Abstractions[14]和 the Rootstock platform。现在有很多安全的代码和框架，如 Github 的资源库 Open Zeppelin。

## 5.7　代码审计

如果对自己编写的智能合约的安全性不是很确定，或者不知道如何改进安全，可以提交智能合约代码审计，但服务费用昂贵。已经有很多公司在这个领域提供服务，如区块链基金会创始人 Peter Venesse 创建的 New Alchemy、Zeppeline，国内也有很多团队，如 TokenInsight、链安等。另一种智能合约安全方式是进行智能合约形式化验证（Formal Verification）。形式化验证是用数学的方法来保证合约执行精确的达成期望的执行结果。

## 小　结

本章详细讨论了智能合约开发与传统中心化编程的异同，也指出了开发智能合约所需要注意的事项：

① 不要从头发明轮子。最好站在巨人的肩膀上，利用现有的成熟的、久经考验的框架

---

[13] Ethereum. DEVCON1 : Towards safer languages for smart contracts - Jack Pettersson, Robert Edström [OJ](2021-04-21)[2015-12-16].

[14] Ethereum foundation Blog,Understanding Serenity, Part I: Abstraction[OJ](2021-04-21)[2015-12-24].

进行开发。

② 自开发之日起就要考虑如何升级。
③ 智能合约部署之前要代码审计。
④ 智能合约部署后也要通过各种方式改进，如奖励或者社区研讨等。
⑤ 注意合约的安全性。安全！安全！安全！
⑥ 合约进行外部调用时一定要细心。

# 习 题 5

1. 编写一个 ERC20 合约，部署到测试网，并发送一些新创建的 ERC20 代币。
2. 编写一个 ERC721 合约，部署到测试网，并发送一些新创建的 ERC721 代币。
3. 在 5.5 节的二分排序的程序中，从节省燃料的角度出发，还能进行哪些优化？请提供一个优化到极致的代码（可以是伪代码）。
4. 智能合约在发送资金时，为什么推崇 pull 模式而不是 push 模式？
5. 以以太坊为例，区块链上如何取得当前的时间？
6. 区块链上每块的 Timestamp 域能作为当前时间吗？
7. 选择任何一个以太坊漏洞进行介绍。（团队作业：2~4 人一组）[15]
8. 设计一个募资合约，募资期限是 1 周，以太坊是平均每 30 秒出一个块，募资合约在第 10000 块开始募资，那么募资结束的块号是多少？
9. 在文献[16]中选择一种模式并介绍，最好附有样例代码。

---

[15] SlowMist, Solidity. 安全：已知攻击方法和常见防御模式综合列表[OL](2018-02-13)[2020-08-21].
[16] Fravoll. Solidity Patterns[OL](2020-09-20)[2020-10-05].

# 第 6 章  Solidity 智能合约应用

本章将讨论在以太坊上开发 Solidity 智能合约的一些高级话题，如合约的可升级性、如何节约燃料、汇编代码、合约间的调用、ABI 编程、汇编代码编程等。本章将讨论 Solidity 智能合约在以太坊虚拟机上的运行机制。

## 6.1  可升级

区块链的代码和数据具有不可篡改性，意味着部署到以太坊的合约不能被修改了。但是在实际应用中，我们有可能因为各种各样的原因而必须修改合约的编码，如修改商业逻辑、修正程序漏洞、升级智能合约等。目前，智能合约升级的比较成熟的方式是以代理（Proxy、Delegator、Dispatcher）模式来实现的。

### 6.1.1  升级智能合约要考虑的问题

在升级智能合约的时候，我们必须考虑如下问题。

（1）块的燃料上限

以太坊 Homestead 版本的燃料上限为 4712388，为了升级智能合约，我们可能要做大量与升级相关的操作：部署合约、移动数据、移动引用等，应特别注意超大的数据结构（如映射）操作。升级一个包含超大存储变量的智能合约可能超过交易的燃料上限而导致失败。所以，我们必须尽量避免大量的数据复制操作，因为 sstore 指令要消耗大量燃料。

（2）合约间的依赖

当一个智能合约被编译后，所有的引入（import 语句）都被编译为智能合约的一部分。因而，为了升级而废弃一个旧智能合约时要特别注意，这个旧智能合约可能仍然被其他智能合约引用。

（3）代码升级

智能合约升级后，必须使用新的代码逻辑，而废弃旧的代码。注意：必须是所有相关智能合约同步升级，不能出现混合升级，即有的智能合约使用旧代码，有的智能合约使用新代码。除非确定需要这么做，因为混合升级容易导致不可理解的状态。

（4）存储升级

智能合约升级后，存储在智能合约中的数据必须同步升级，不能因为智能合约升级而导致原有数据不可用。

## 6.1.2 智能合约升级方法

在以太坊的黄皮书[1]中的 DAO 部分，以太坊团队是这样描述的：

　　Although code is theoretically immutable, one can easily get around this and have de-facto mutability by having chunks of the code in separate contracts, and having the address of which contracts to call stored in the modifiable storage.

以太坊团队认为虽然智能合约的代码理论上不可修改，但是可以通过将逻辑和存储分别放在不同的合约里，将合约的地址保存在一个可修改的存储变量中。调用时，通过这个存储变量来调用不同的合约。这就要求我们设计合约时要完美分割逻辑和数据，使它们尽量灵活。市场上通用的可升级的智能合约的设计大致可以归纳为以下 4 类。

### 1．代理合约

代理合约（Proxy Contract）的主要思想是，通过 delegatecall 指令调用目标智能合约。而目标智能合约是可以升级的。因为 delegatecall 指令保存了函数调用的状态，所以目标智能合约可以修改代理合约的状态，并且调用完成后保留在代理合约中。delegatecall、msg.sender 的值是代理合约的调用者。随着拜占庭硬分叉的发生，我们可以获得一个函数调用的返回值。

### 2．分离逻辑和数据

分离逻辑和数据的主要思想是，将智能合约数据（变量、结构、映射等）和相关 getter()、setter() 函数放在数据合约中，将所有商业逻辑的实现代码（即会修改数据合约的数据的代码）放在逻辑智能合约中。这样，即使逻辑发生了变化，数据还是在同一个地方。这种方法允许逻辑智能合约的全部升级。智能合约可以通过引导用户使用新的逻辑智能合约（通过 ENS（Ethereum Name Service，以太坊名称服务器）解析器），并且修改数据权限来执行 getter() 和 setter() 函数。

### 3．通过键值对分离数据和逻辑

通过键值对分离数据和逻辑与前面的分离逻辑和数据的方法大致相同，唯一的区别在于，访问数据的时候，所有数据都经过了抽象化，而且可以通过键值对来访问，通过 SHA-256 哈希算法和标准的命名系统来获取数据。

### 4．部分升级

创建全部可升级的智能合约有一个很大的信任问题：多方达成协作，彼此信任就是因为他们相信智能合约的不可篡改性。如果智能合约可以全部升级，那么表明智能合约在发布部署后是可以改动了，而这严重违反了智能合约不可篡改的约定，破坏了信任基础。所以在很多情况下，设计部分可升级的智能合约也是通行的做法，智能合约的核心功能可以

---

[1] Dr. Gavin Wood. Ethereum : A Secure Decentralised Generalised Transaction Ledger EIP-150 Revision [M](2018-02-12)[2020-04-24].

是不可升级的，而其他部分可以使用升级策略。例如：

① Ethereum Name Service "ENS"：ENS 合约的核心是很简单的合约，也不能修改。域名注册可以被管理员升级。".eth" 域名的注册管理合约是一个工厂合约，当切换到一个新的域名管理器时，可以通过重新连接老的合约来实现。

② 0x Project：DEX（Decentralized Exchange，去中心化交易所）智能合约可以被全部升级，而代理合约不变。0x "proxy" 智能合约包括用户的资金和设置。因为这个智能合约需要绝对的信任，所以智能合约是不可升级的。

Solidity 智能合约的常用升级方法如表 6-1 所示。

表 6-1 Solidity 智能合约的常用升级方法

| 策略 | 优点 | 缺点 |
| --- | --- | --- |
| 代理合约 | 升级合约不需要重新设计 | 代理合约代码并不反映它存储合约的状态；不能改变现有目标合约的域，但是可以增加新的域 |
| 分隔逻辑和数据 | 数据可以从数据合约里读取；数据合约的数据结构可以被修改和添加 | 合约需要分拆成数据合约和程序逻辑合约；复杂的数据类型，如结构可以被修改，但是修改比较复杂 |
| 键值对分隔逻辑和数据 | 键值对更为通用和简单；数据合约的数据结构可以被修改和添加 | 合约需要分拆成数据合约和程序逻辑合约；访问数据是非常抽象的，都是通过键值对来访问的 |
| 部分可升级的合约系统 | 合约中简单的部分可以不变以获取信任 | 不可升级的合约代码永远不能升级 |

代理合约使用 delegatecall 指令把所有的函数调用分发到各目标合约，而这些目标合约是可以升级的。下面简单介绍代理合约的实现。

代理合约的主要思想是有一个 Storage 合约、一个登录/注册合约（Registry 合约）和一个逻辑实现合约（LogicOne 合约），如图 6-1 所示。当增加或者升级 LogicOne 合约的某功能时，只要创建一个新的逻辑实现合约（LogicTwo 合约）即可，新的合约继承旧的合约。

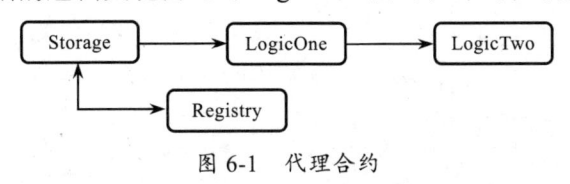

图 6-1 代理合约

Storage 合约仅保有状态：

```
pragma solidity ^0.4.21;

contract Storage {
    uint public val;
}
```

Registry 合约提供对逻辑实现的合约的代理。

```
pragma solidity ^0.4.21;

import './Ownable.sol';
import './Storage.sol';

contract Registry is Storage, Ownable {
    address public logic_contract;
```

```
        function setLogicContract(address _c) public onlyOwner returns (bool success){
            logic_contract = _c;
            return true;
        }
        function () payable public {
            address target = logic_contract;
            assembly {
                let ptr := mload(0x40)
                calldatacopy(ptr, 0, calldatasize)
                let result := delegatecall(gas, target, ptr, calldatasize, 0, 0)
                let size := returndatasize
                returndatacopy(ptr, 0, size)
                switch result
                case 0 { revert(ptr, size) }
                case 1 { return(ptr, size) }
            }
        }
}
```

Registry 合约需要知道逻辑实现具体调用哪个合约，可以通过 setLogicContract()函数来指定。Ownable.sol 用来保证只有合约拥有者能调用 setLogicContract()函数。fallback()函数使用了汇编代码，允许一个外部合约可以修改它的内部存储状态，通过 Delegatecall 指令调用 logic_contract 合约的相应方法。注意，我们必须先初始化 Storage 合约，再初始化 Ownable 合约。

下面来看逻辑实现部分。

```
pragma solidity ^0.4.21;

import './Storage.sol';

contract LogicOne is Storage {
    function setVal(uint _val) public returns (bool success) {
        val = 2 * _val;
        return true;
    }
}
```

LogicOne 合约就是修改 Storage 合约的 val 值，具体步骤如下：

① 部署 Registry.sol 和 LogicOne.sol。

② 向 Registry.sol 注册部署好的 LogicOne 合约的注册地址。

```
Registry.at(Registry.address).setLogicContract(LogicOne.address)
```

③ 使用 LogicOne ABI 在 Registry 合约中修改 val 的值。

```
LogicOne.at(Registry.address).setVal(2)
```

④ 升级时先部署 LogicTwo 合约，再更新 Registry 合约，使 Registry 指向最新的实现。

```
Registry.at(Registry.address).setLogicContract(LogicTwo.address)
```

⑤ 通过 LogicTwo 控制 Registry 合约的 Storage。

```
LogicTwo.at(Registry.address).setVal(2)
```

通过 ABI 操作，LogicOne 和 LogicTwo 其实都在操作 Registry 合约的存储域（包括其中的 val 的值），但是操作的逻辑（这里是 setval）定义在各自的合约中。

## 6.1.3 通用的代理模式

下面介绍基于 EVM Assembly 的更透明、更通用的代理模式：代理合约不需要知道目标合约的函数签名。这样操作的要点是使用代理合约的一个默认函数，用 callcode 或 delegatecall 指令把 msg.data 传给目标合约。

```
contract proxy {
    /*  为了使用callcode，成员数据必须与目标合约一致。也就是说，"address add"必须在Storage 0 的位
        置，而call指令不存在这样的问题   */
    address add;
    function proxy(address a) {
        add = a;
    }
    function () {
        assembly {
            // gas 必须是 uint
            let g := and(gas, 0xEFFFFFFF)
            let o_code := mload(0x40)              // 获得内存空闲指针
            // address 的大小为 20 字节。sload(0)获得 Storage 0 处的 address
            let addr := and(sload(0), 0xFFFFFFFFFFFFFFFFFFFFFFFFFFFFFFFFFFFFFFFF)   // 目标地址
            // 获得 calldata（函数签名和参数）
            calldatacopy(o_code, 0, calldatasize)
            // 可用 callcode 或者 delegatecall 或者 call
            let retval := call(g,
                               addr,              // 目标合约地址
                               0,                 // value
                               o_code,            // calldata
                               calldatasize,      // calldata 大小
                               o_code,            // 返回地址
                               32)                // 32 字节的返回地址
            // 检查返回值，若为 0，则跳到 bad destination(02)
            jumpi(0x02, iszero(retval))
            return(o_code, 32)
        }
    }
}
```

上述通用代理合约的使用方法如下。
① 实例化合约 A 地址在<addressA>中。
② 实例化代理合约 B 地址在<addressB>中。在初始化时，将<addressA>传给 B 的构造函数。
③ 使用 A 的 ABI 调用<addressB>中的函数。
在 Remix 中，gproxy.sol 的运行结果如图 6-2 所示。

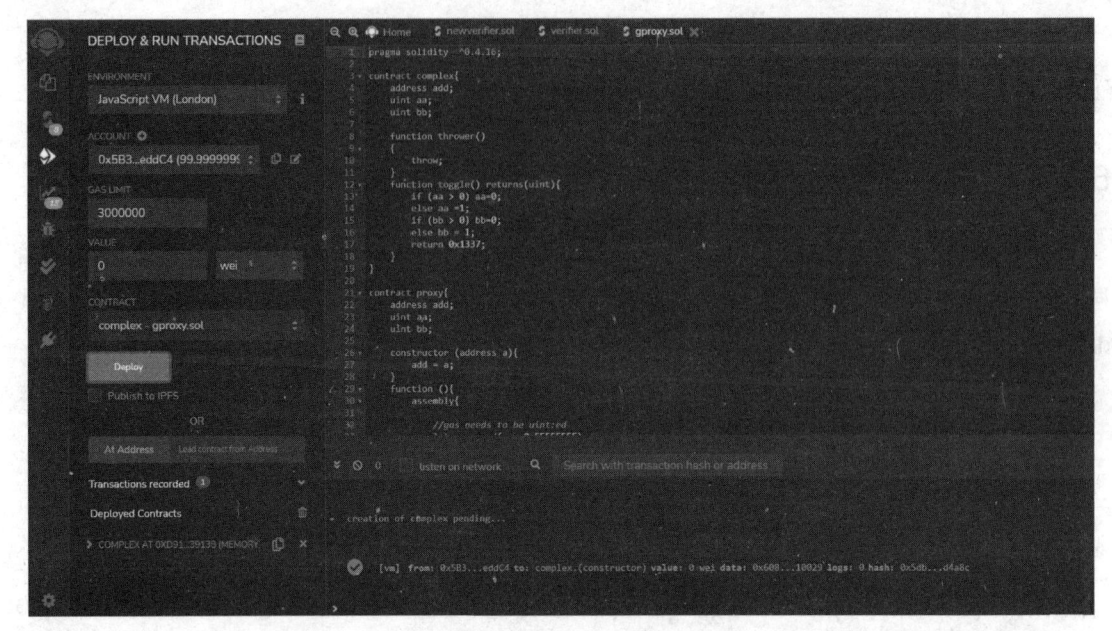

图 6-2  gproxy.sol

先部署一个 Complex 合约，其地址是 0xb0c1d180f649571a94f8ddb150a510dc85ee8c0d，作为构造函数的参数传给代理合约，再部署代理合约，如图 6-3 所示。

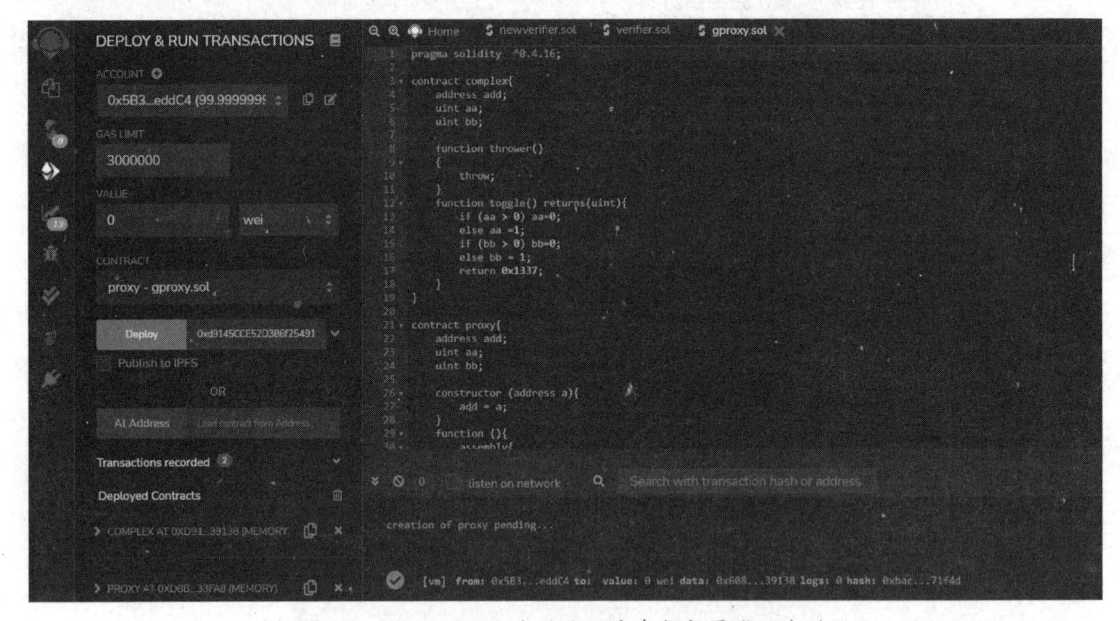

图 6-3  以 Complex 合约地址为参数部署代理合约

再把代理合约的地址 0x1e921c9b168f1481101ba2239ef0ef9e2c977a6e 作为参数映射到 Complex 合约，如图 6-4 所示。

EVM 认为 0x1e921c9b168f1481101ba2239ef0ef9e2c977a6e 上的是一个 Complex 合约，而不是代理合约。这时调用 Complex 合约的 toggle()函数，因为它实际上是一个代理合约，toggle()并不存在，所以自动调用 fallback()函数。而在 fallback()函数中，代码会通过 call/

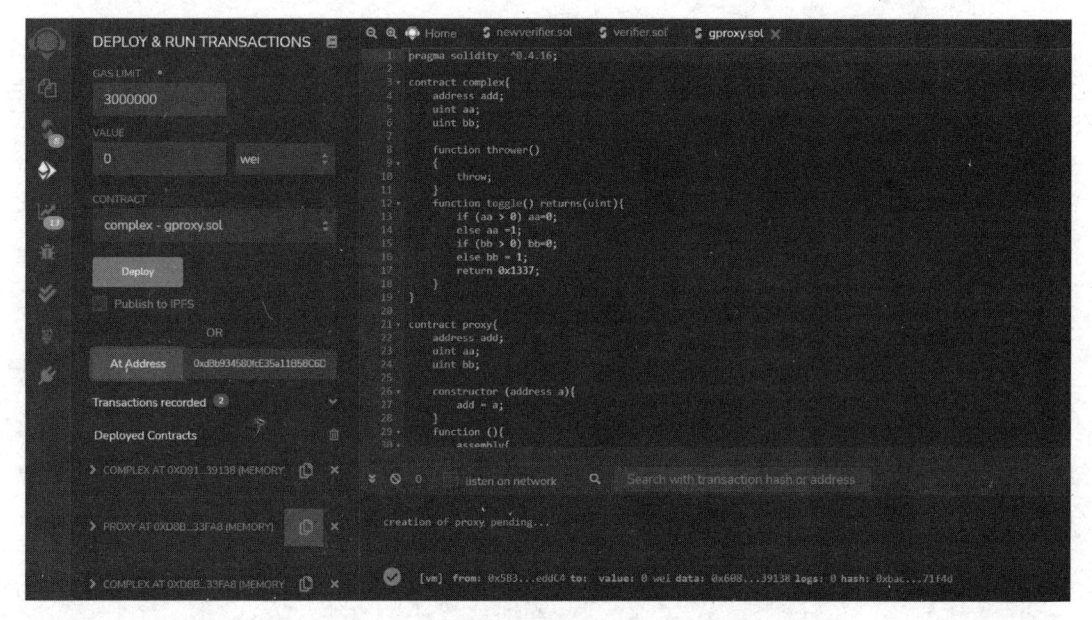

图 6-4 以代理合约地址为参数再部署 Complex 合约

delegatecall 指令调用 Complex 合约的 toggle() 函数，如图 6-5 所示。

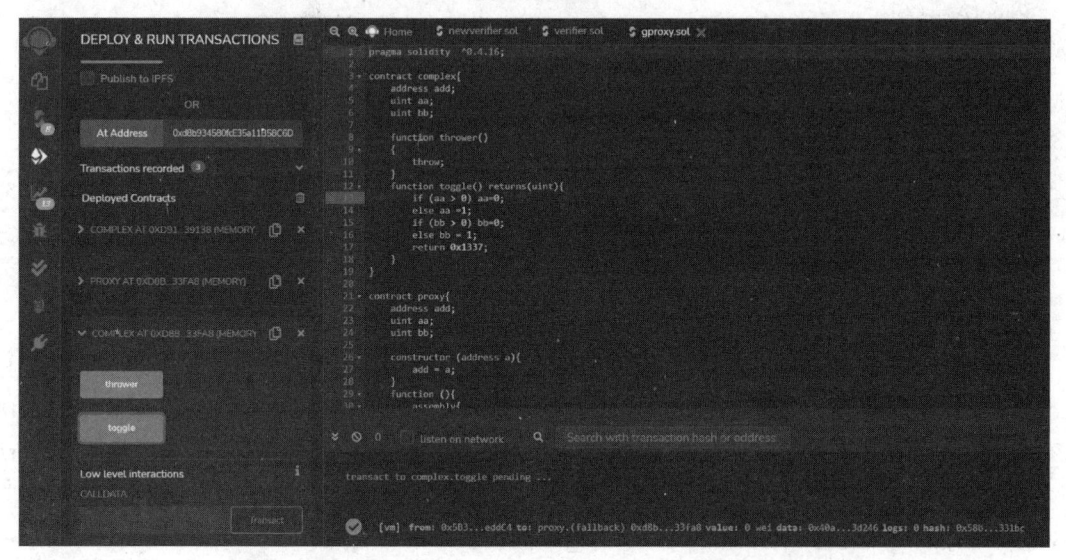

图 6-5 用 delegatecall 指令调用 Complex 的 toggle() 函数

调用 toggle() 函数后，在图 6-5 的左下方生成了一个交易。单击旁边的"debug"按钮，会打开"debugger"标签，代码停在了 Complex 合约的 toggle() 函数处。这样，我们就可以修改 Complex 合约的代码，而对于通过代理合约调用 Complex 合约的程序不需要做任何改变，就可以使用 Complex 合约修改后的代码。

## 6.1.4 存储升级

前面介绍了合约代码升级的一些技巧，但是并不包括数据部分。合约升级后，新合约有可能不能访问旧合约的数据，或者出现旧合约的数据丢失的情况，那么，如何保证商业逻辑的合约不覆盖那些在代理升级合约中被用到的状态变量呢？下面是一个升级后数据会出问题的例子，包含一个代理合约 ProxyA 和一个逻辑合约 FacetA。[2]

代理合约 ProxyA：

```
contract ProxyA {
    address facetA;
    address owner;

    constructor() public {
        owner = msg.sender;
        facetA = 0x0b22380B7c423470979AC3eD7d3c07696773dEa1;
    }
    fallback() external payable {
        address facetAddress = facetA;
        assembly {
            ...                          // 此处省略代码
        }
    }
}
```

FacetA 合约：

```
contract FacetA {
    address user;
    function getUser() external view returns(address) {
        return user;
    }
    function setUser(address newUser) external {
        user = newUser;
    }
}
```

ProxyA 使用了 delegatecall 指令，将相应的函数调用转到 FacetA。这样，ProxyA 和 FacetA 工作在同一个上下文中，使用同样的存储框架。但是，ProxyA 合约的状态变量 facetA 在存储槽 0，而 FacetA 合约的 user 变量也在存储槽 0。所以，通过 delegatecall 调用 FacetA 的 setUser()函数，将 FacetA 合约的 user 状态变量、ProxyA 合约的 facetA 状态变量都设为 newUser 的值，明显是不对的。

存储升级主要分为三类（由 ZepplinOS 提出）：继承存储（Inherited Storage）、永久存储（Ethernal Storage）、非结构存储（Unstructured Storage）。

### 1. 继承存储

继承存储是让商业逻辑合约和代理合约共享相同的存储结构。如 6.1 节的例子，初始的 LogicOne 合约升级成 LogicTwo 合约后，LogicTwo 对 LogicOne 是继承关系。只要代理合约和 LogicOne 的数据结构不变，升级就没有问题，如图 6-6 所示。

一个简单的例子如下：

---

[2] Nick Mudge. Solidity Storage Layout For Proxy Contracts and Diamonds[OL]. (2020-03-11)[2020-08-21].

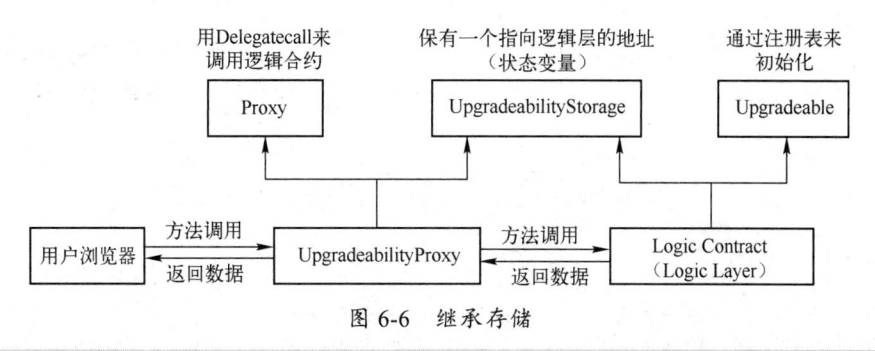

```
                    用Delegatecall来      保有一个指向逻辑层的地址      通过注册表来
                      调用逻辑合约              (状态变量)              初始化
                        Proxy            UpgradeabilityStorage        Upgradeable
                          ↑                      ↑                        ↑
                          │                      │                        │
                    方法调用 │                方法调用 │                   │
    ┌─────────┐  ──────────→ ┌──────────────────┐ ──────────→ ┌─────────────────┐
    │用户浏览器│              │UpgradeabilityProxy│             │ Logic Contract  │
    └─────────┘  ←────────── └──────────────────┘ ←────────── │ (Logic Layer)   │
                    返回数据                       返回数据    └─────────────────┘
```

图 6-6 继承存储

```
contract Storage1 {
    address  owner;
    address  facetA;
    address  user;
}
contract ProxyA is Storage1 {
    …                        // 此处代码省略
}
contract FacetA is Storage1 {
    …                        // 此处代码省略
}
```

在部署了如上合约后，如果增加更多的状态变量，可以通过创建一个继承自旧存储合约的新存储合约，在新存储合约中加入新的状态变量。例如：

```
contract Storage2 is Storage1 {
    address  facetB;
    address  nextUser;
}
contract FacetB is Storage2 {
    …                        // 此处代码省略
}
```

继承存储的缺点如下：

① 逻辑实现合约必须继承存储合约，而存储合约可能包含很多状态变量，在逻辑实现合约中可能没有用到。

② 逻辑实现合约与特定的代理合约强相关，因此逻辑实现合约不能被其他声明了不同状态变量的代理合约和逻辑实现合约所用。

**2．永久存储**

在永久存储中，Storage 合约定义在代理合约和逻辑合约都能继承的合约中，如图 6-7 所示（来自 ZepplineOS[3]）。Storage 合约保存所有的状态变量，代理合约继承自 Storage 合约，可以通过在自己合约中定义自己的状态变量而不用担心会被覆盖。注意，以后逻辑合约就不能再定义其他状态变量了。逻辑合约必须使用最初定义的合约的数据结构。

代理合约（Proxy）：封装了 Fallback()函数，代理对其他合约的 delegatecall。

---

[3] Elena nadolinski．Proxy Patterns[OL]．[2020-10-05]．

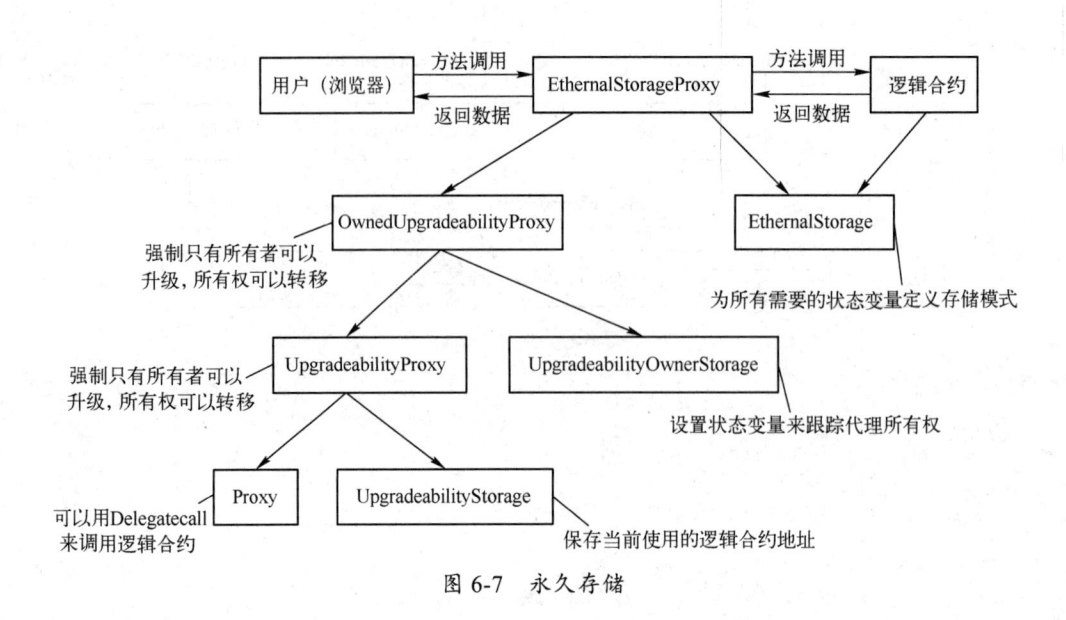

```
                     方法调用                    方法调用
    ┌─────────┐  ─────────→ ┌──────────────────┐ ─────────→ ┌────────┐
    │用户(浏览器)│             │EthernalStorageProxy│           │逻辑合约 │
    └─────────┘  ←───────── └──────────────────┘ ←───────── └────────┘
                     返回数据                    返回数据
                                    │    │
                                    ↓    ↓
                          ┌──────────────────┐      ┌──────────────┐
                          │OwnedUpgradeabilityProxy│  │EthernalStorage│
                          └──────────────────┘      └──────────────┘
      强制只有所有者可以           │                     为所有需要的状态变量定义存储模式
      升级,所有权可以转移          │
                                   ↓
                          ┌───────────────┐    ┌──────────────────────┐
                          │UpgradeabilityProxy│  │UpgradeabilityOwnerStorage│
      强制只有所有者可以  └───────────────┘    └──────────────────────┘
      升级,所有权可以转移   │       │                设置状态变量来跟踪代理所有权
                          ↓       ↓
                       ┌─────┐ ┌──────────────────┐
                       │Proxy │ │UpgradeabilityStorage│
      可以用Delegatecall└─────┘ └──────────────────┘
      来调用逻辑合约                  保存当前使用的逻辑合约地址
```

图 6-7 永久存储

**UpgradeabilityStorage** 合约：封装了所有用来升级的数据。

**UpgradeabilityProxy** 合约：继承了 UpgradeabilityStorage 和代理合约。

**注意**：TokenProxy 和 UpgradeableTokenStorage 的继承顺序必须一样，同时不能在合约实现时定义新的状态变量，以保持 Storage 合约的结构和顺序不变。不要搞乱代理合约的存储结构，这也是"永久"的含义。

下面是一个简单的例子。**ProxyA** 的源代码：

```
contract ProxyA {
    mapping(bytes32 => uint256) internal uIntStorage;
    mapping(bytes32 => uint256[]) internal uIntArrayStorage;
    mapping(bytes32 => string) internal stringStorage;
    mapping(bytes32 => address) internal addressStorage;
    mapping(bytes32 => bytes) internal bytesStorage;

    constructor() public {
        addressStorage["owner"] = msg.sender;
        addressStorage["facetA"] = 0x02b2830B7c423470979AC3eD7...;
    }

    fallback() external payable {
        address facetAddress = addressStorage["facetA"];
        assembly {
            ...                                    // 代码省略
        }
    }
}
```

**FacetA** 的源代码：

```
contract FacetA {
    mapping(bytes32 => uint256) internal uIntStorage;
```

```
    mapping(bytes32 => uint256[]) internal uIntArrayStorage;
    mapping(bytes32 => string) internal stringStorage;
    mapping(bytes32 => address) internal addressStorage;
    mapping(bytes32 => bytes) internal bytesStorage;

    function getUser() external view returns(address) {
        return addressStorage["user"];
    }

    function setUser(address newUser) external {
        addressStorage["user"] = newUser;
    }
}
```

ProxyA 和 FacetA 合约中定义了各种基础类型的映射。实现逻辑时，通过对映射的访问来读写状态变量。

永久存储的缺点如下：

① 状态变量臃肿，语法笨拙。

② 对基础类型变量（如整型、数组等）很有效，但是对于映射类型和结构类型的状态变量没有一个通用而简单的解决方案。

③ 代理合约和其所有相关的逻辑实现合约必须使用同样的存储 API。

④ 所有的状态变量都定义在映射中，不容易发现状态变量的定义。

### 3．非结构化存储

非结构化存储与继承存储差不多，不同之处是：要求逻辑实现合约必须继承要升级的状态变量，使用代理合约来定义和保存需要升级的数据。

非结构化存储的主要思想是：在代理合约中定义一个常量的变量，为 SHA-3 值，如果把这个值作为 Storage 的位置，由于足够随机而不会被逻辑实现合约重写，如图 6-8 所示。

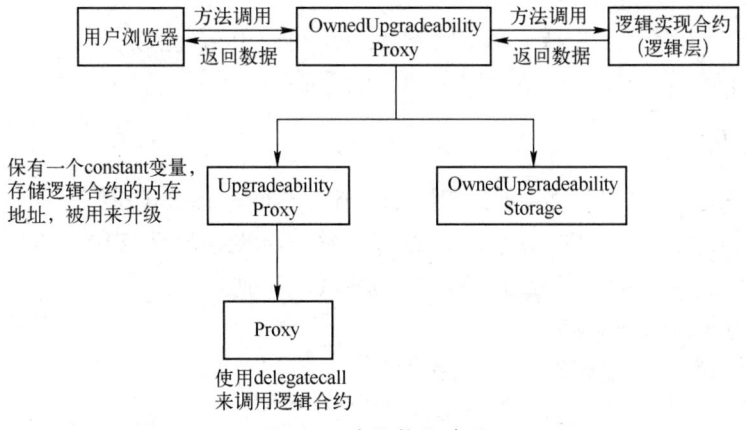

图 6-8 非结构化存储

其好处是，逻辑实现合约不需要知道代理合约的存储结构，同时由于是常量，也不会占用存储空间。

```
bytes32 private constant implementationPosition =
                        keccak256("org.zeppelinos.proxy.implementation");
```

在参考文献[4]可以找到具体的实现源码。下面是一个简化的例子：

```
contract ProxyA {
    function getOwner() internal view returns(address owner) {
        bytes32 position = keccak256("owner");
        assembly {
            owner := sload(position)
        }
    }
    function setOwner(address owner) internal {
        bytes32 position = keccak256("owner");
        assembly {
            sstore(position, owner)
        }
    }
    function getFacet() internal view returns(address facet) {
        bytes32 position = keccak256("FacetA");
        assembly {
            facet := sload(position)
        }
    }
    function setFacet(address facet) internal {
        bytes32 position = keccak256("FacetA");
        assembly {
            sstore(position, facet)
        }
    }
}
```

非结构化存储的缺点如下：
① 对每个存储变量，必须定义和使用 getter( )和 setter( )函数。
② 适用于简单数据类型，不适用于结构或者映射。

### 4．钻石标准

钻石合约是这样的合约：将函数调用代理调用（delegatecall）到外部已经部署的合约。外部已部署合约被称为钻石面（Facet）。钻石合约的标准定义在 EIP-2535 [5]中。代理合约和钻石合约联合使用可以升级合约和复用已部署合约的功能。

下面是使用钻石合约的具体步骤：
① 创建一个合约，被称为钻石存储合约。
② 在钻石存储合约中，创建包含要用到的状态变量的结构。
③ 在钻石存储合约中，写入读写结构的逻辑。

---

[4] Zeppelinos．Upgradeability using unstructured storage[OL]．(2019-04-17)[2019-05-20]．
[5] Diamond Standard Ethereum[OL]．[2020-08-21]．

④ 在钻石存储合约中，编写一个函数，生成结构的存储指针和返回值。

⑤ 任何需要访问定义在结构中的状态变量的合约、代理、钻石面，都需要继承钻石存储合约并调用函数获取存储指针。

一个简单的钻石合约存储基类如下：

```
contract MyStorageContract {
    // 状态变量
    struct MyStorage {
        uint aVar;
        bytes myBytes;
        mapping(uint => bytes32) myMap;
    }
    // 创建并返回指向结构的存储指针
    function myStorage() internal pure returns(MyStorage storage ms) {
        // ms_slot = keccak256("com.mycompany.my.storage")
        assembly {
            ms_slot := 0xabcd55b489adb030b...d09c4154cf0
        }
    }
}
```

继承上面钻石合约存储基类的例子如下：

```
contract MyContract is MyStorageContract {
    function doSomething(uint selector, bytes32 myData) external {
        MyStorage storage ms = myStorage();
        ms.myMap[selector] = myData;
        ms.aVar = uint(myData);
        ...                        // 代码省略
    }
    function returnMyData() external view returns(bytes32) {
        MyStorage storage ms = myStorage();
        bytes32 data = ms.myMap[ms.aVar];
        ...                        // 代码省略
        return data;
    }
}
```

diamondCut( )函数用来合约升级，可以增加、替代和删除钻石合约的任意函数，接收 bytes[]类型的参数输入，指明修改内部映射表所需的方法，即钻石面对。比如，diamondCut( )函数可以一次性在一个交易中增加 2 个新函数、替换 3 个函数且删除 4 个函数，同时可以触发事件，记录所有的增加、替换和删除。

放大镜（Loupe）用来查询钻石合约的内部状况。钻石合约提供了 4 个函数来提供钻石合约当前存储的函数和钻石面，这些函数被统称为放大镜。所有的钻石合约都必须实现这些函数。

钻石标准的实现可以在文献[6]中找到全部实现源代码。

---

[6] Nick Mudge．New Storage Layout For Proxy Contracts and Diamonds[OL]．(2020-03-11)[2020-08-21]．

### 5. 小结

对于继承存储、永久存储、非结构存储升级，小结如下：

① 非结构化存储模式适用于一个代理合约代理一个逻辑实现合约。

② 当代理到多个逻辑实现合约时，继承存储和永久存储是比较适合的。

与继承存储、永久存储、非结构存储对比，钻石存储有如下优点：

① 声明状态变量的语法很优美，使用本地的存储指针来读写状态变量，也容易被具有其他编程语言背景的程序员所理解。

② 可以处理多个简单类型和数组、映射、其他结构。

③ 不需要像永久存储一样，强制实现存储 API。

④ 每个钻石存储合约保有一个结构，其中声明所有的状态变量。

## 6.2 节省燃料

以太坊是一台世界计算机，使用计算机资源的操作都必须支付燃料。

- ❖ EthGasStation：估计交易费用和时间的网站。
- ❖ Petrometer：用于计算特定账户每天所花费的燃料。
- ❖ CryptoProf：智能合约燃料消耗测量工具。

所有指令（opcode）的燃料成本请参考以太坊黄皮书。

Web3 的库包括 web3.eth.estimateGas 函数：

```
web3.eth.estimateGas(callObject[, callback])
```

estimateGas 在该节点的 EVM（以太坊虚拟机）上执行一个消息调用或者交易，但是并不广播打包上链（意味着不需要网路的所有节点同步，所以不需要支付燃料费），然后返回所需的燃料数量。参数是 web3.eth.sendTransaction 类型，其他参数都是可选的。返回值是模拟调用/交易花费的燃料。例如：

```
var result = web3.eth.estimateGas({
    to: "0xc4abd0339eb8d57087278718986382264244252f",
    data: "0xc6888fa10000000000000000000000000000000000000000000000000000000000000003"
});
console.log(result);    // "0x0000000000000000000000000000000000000000000000000000000000000015"
```

### 1. 汇编代码优化

在使用 SOLC 编译代码时，一定要打开关于燃料成本的编译开关：

```
SOLC 'optimize-runs'
```

生成可以在 EVM 上运行的最优汇编代码。

在区块链上永久存储数据，通过 sstore 汇编命令在后台运行，这几乎是最昂贵的命令，大致会消耗 20000 Gas。所以，sstore 汇编命令最好少用，越少越好。

下面是一个利用 SOLC 编译器压缩变量的例子。在结构中，sstore 操作所花费的燃料的数额可以通过重安排变量来降低：

```
struct Data {
    uint64  a;
    uint64  b;
    uint128 c;
    uint256 d;
}
Data public data;
constructor(uint64 _a, uint64 _b, uint128 _c, uint256 _d) public {
    Data.a = _a;
    Data.b = _b;
    Data.c = _c;
    Data.d = _d;
}
```

在结构中，所有变量可以被放到 256 位槽中并被排序，以便 EVM 编译器可以进行压缩。在本例中，sstore 操作只被执行了 2 次，1 次用来存储 a、b 和 c（因为 a、b、c 变量的大小正好是 64+64+128=256 位，一个存储槽的大小），另一次用来存储 d。同理，sstore 操作也适用于结构以外的变量。注意，把多个变量放入同一个存储槽比补零填充更节省燃料，需要打开 SOLC 的优化开关。

### 2. 注意数据类型

在智能合约开发中，最好使用 256 位的变量，如 uint256 和 bytes32。EVM 的每个存储槽有 256 位，如果只存储一个 uint8 变量，EVM 因为 256 位对齐的原因而必须补 0。而这需要燃料。另外，EVM 的计算是毫无例外地基于 uint256 的，如果使用非 uint256 变量，就会多出一步：必须将非 uint256 类型转换成 uint256 类型。注意，为了填满整个存储槽，应该认真设计变量的大小。

SOLC 的计算单位是 uint256。其他类型（如 uint8）在进行计算的时候需要进行类型转换，而这会需要额外的燃料。另外，直接访问内存比直接访问存储会更省燃料，而且比基于结构的指针访问更省燃料。小技巧如下：

```
uint8 data;                       =>    uint256 data;
uint256 val = storageData;        =>    uint256 memoryData = storageData;
                                        uint256 val = memoryData;
uint64 val = obj.v1;              =>    uint64 val = val1;
```

### 3. 以字节编码的形式存储值

相对便宜的存储和读取信息的方法是直接把他们包含在智能合约中，作为字节编码，花费在引导/存储数据上的燃料大大降低。其缺点是一旦部署，值就不能再改变了。实现的方法有两种：变量声明的时候使用 constant 变量，或者固定编码变量。例如：

```
uint256 public v1;
uint256 public constant v2;

function calculate() returns (uint256 result) {
    return v1 * v2 * 10000
}
```

变量 v1 在合约的存储域，变量 v2（因为是常量）和 10000（已经固定编码）在合约的字节编码中。（读取变量 v1 是通过 sload 操作来实现的，要花费 200 Gas。）

### 4．使用汇编代码压缩变量

使用汇编代码压缩变量总体上是压缩变量，使用 sstore 操作越少越好。这样的压缩可以手工进行。下面的代码演示了如何压缩 4 个 uint64 变量到一个 256 位存储槽。

**编码**：把 4 个变量合并为 1 个。

```
function encode(uint64 _a, uint64 _b, uint64 _c, uint64 _d) internal pure returns (bytes32 x) {
    assembly {
        let y := 0
        mstore(0x20, _d)
        mstore(0x18, _c)
        mstore(0x10, _b)
        mstore(0x8, _a)
        x := mload(0x20)
    }
}
```

在读取变量内容的时候，压缩后的变量需要解码。下面的代码演示了解码逻辑。

**解码**：分拆一个变量成为最初的形态。

```
function decode(bytes32 x) internal pure returns (uint64 a, uint64 b, uint64 c, uint64 d) {
    assembly {
        d := x
        mstore(0x18, x)
        a := mload(0)
        mstore(0x10, x)
        b := mload(0)
        mstore(0x8, x)
        c := mload(0)
    }
}
```

与以字节编码的形式存储值相比，本方法更便宜。

**精度**：只是做了一个位压缩操作。

**只读一次**：变量存储在一个存储槽中，只需执行一次导入操作，就可以获得所有变量的值。

代码使用了汇编指令来编码和解码变量，放弃了程序的可阅读性，可能导致程序容易出错。另外，每个需要的地方都必须带上编码和解码函数，这大大提高了部署成本。但是，如果希望节省燃料，就建议使用这种方法。越多的变量被压缩，享受的利益（节省燃料）就越大。

### 5．合并函数参数

就像使用编码和解码函数来优化读取和存储数据的过程，我们可以使用同样的原理来连接一个函数调用的参数，这样可以降低调用数据的负载。尽管这会导致合约的执行成本稍稍上升，但是基础费用会降低，总体上还是节省了燃料。

文献[7]比较了两个函数调用，一个使用了参数合并，而另一个没有，完美解释了发生在函数执行背后的具体情形。

**6．用默克尔树减少存储成本**

默克尔（Merkle）树的核心是通过一个少量的数据来证明大量数据的合法性，好处巨大。假设想存储一个购车的交易信息，这些交易信息包含所有的信息——32个配置信息，而创建32个变量，每个变量代表一种配置是非常昂贵的。这时我们需要默克尔树。

首先，看哪些信息我们需要，然后把这32个属性组合在一起。假设找到了4个组，每组包含8个配置，就给每个组创建一个组内数据的哈希值，把它们再组合在一起。一直重复，直到只有一个哈希值，即默克尔树根（hash1234），如图6-9所示。

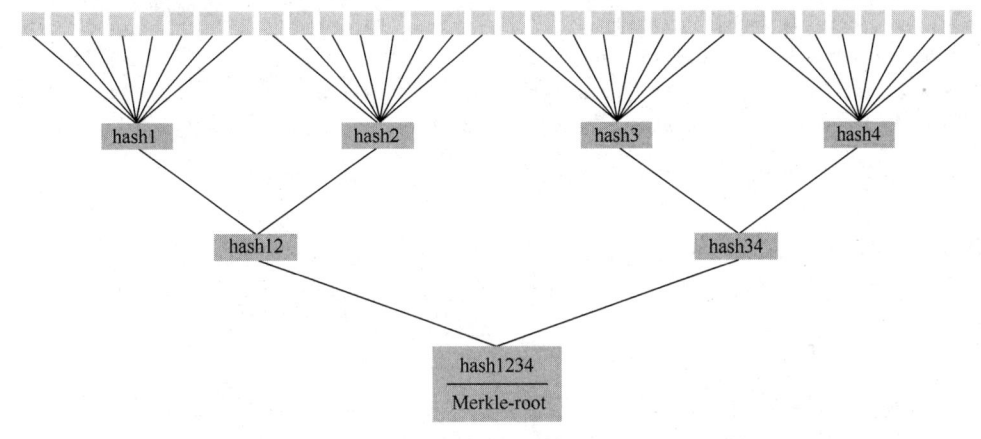

图6-9　默克尔树全貌

把可能用到的所有信息组合在一起，是因为每个分支的所有元素都需要验证，而且要自动验证，这意味着只需一个验证过程即可，如图6-10所示。

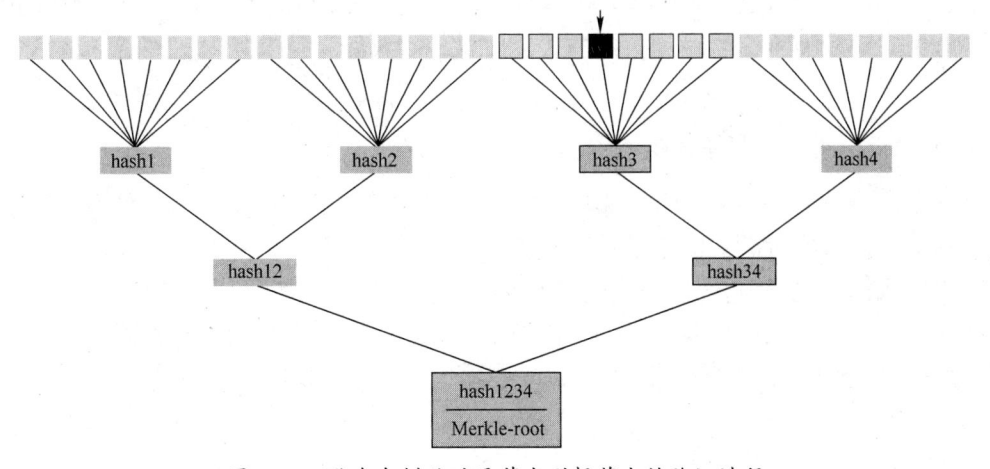

图6-10　默克尔树从叶子节点到根节点的验证过程

---

[7] Zhichao Li. Techniques to Cut Gas Costs for Your DApps[OL] (2018-06-15)[2019-03-15].

我们只需把默克尔树的根上传到链上，通常是一个 256 位的变量（keccak256）。

```
bytes32 public merkleRoot;
// 假设 a,...,h 为上面的橙色的区块
function check(bytes32 hash4,
               bytes32 hash12,
               uint256 a,
               uint32 b,
               bytes32 c,
               string d,
               string e,
               bool f,
               uint256 g,
               uint256 h)
public view returns (bool success) {
    bytes32 hash3 = keccak256(abi.encodePacked(a, b, c, d, e, f, g, h));
    bytes32 hash34 = keccak256(abi.encodePacked(hash3, hash4));
    require(keccak256(abi.encodePacked(hash12, hash34)) == merkleRoot, "Wrong Element");
    return true;
}
```

如果一个变量可能被频繁访问或者不时地被修改，那么最好用传统的方法来存储这个变量，而不要用默克尔树。同时注意，每个分支不要太大，否则有可能超出交易的栈深度。

## 7. 无状态的合约

交易数据和事件调用都存储在区块链上，因而不用经常修改合约状态，使用无状态（stateless）合约只需发送交易并发送要修改的值。因为 sstore 操作使用了大部分的交易燃料，与有状态（stateful）合约相比，无状态合约使用的燃料很少。

把无状态合约方案应用到前面的购车例子，可以发送 1 个或者 2 个交易，取决于我们是否能够把函数的参数连接在一起，从而传输关于购车的 32 个配置参数，我们只需验证外部信息即可。这个方案比较合适，而且可能比默克尔树方案还要便宜。但是，从合约中访问这些信息基本上是不可能的。

## 8. 在 IPFS 网络上存储数据

IPFS 网络是一个去中心化的数据存储，其中的每个文件不是以 URL 来寻址，而是通过内容的哈希值来寻址的。由于哈希值的存在，而一个哈希值指向一个文件，因此内容不能被篡改。我们可以在 IPFS 网络中广播数据，并将相应的哈希值存在合约中。[8]

就像无状态合约，这个方法不适合合约中的数据，如果想存储大量的数据，如视频，那么存储在 IPFS 上是最好的方法。（Swarm 是另一个去中心化的存储系统，可能是 IPFS 的替代品。）

简单总结如下。

① 默克尔树，适合小型到中型数据。

---

[8] Adil H. Off-Chain Data Storage : Ethereum & IPFS[OL]. (2017-10-17)[2019-03-15].

- ❖ 数据可以在合约中直接使用。
- ❖ 修改数据比较复杂。
② 无状态合约，适合小型到中型数据。
- ❖ 数据不能在合约中直接使用。
- ❖ 数据可修改。
③ IPFS，适合大型数据。
- ❖ 在合约中使用数据很烦琐。
- ❖ 修改数据比较复杂。

## 9．位压缩

对外部函数的参数进行位压缩有助于减少燃料，因为减少了送往以太坊的输入数据的大小，虽然需要额外的燃料来解压位信息，但是总体上还是节省燃料的。例如：

```
pragma solidity ^0.4.21;
contract bitCompaction {
    function oldExam(uint64 a, uint64 b, uint64 c, uint64 d) public { }
    function newExam(uint256 packed) public { }
}
```

它们相应的汇编代码显示：oldExam()函数有 4 次 calldataload 操作，且都会触发以太坊内存分配操作；而 newExam()函数只会有 1 次。注意：汇编代码很大，可以通过执行如下命令生成。

```
'solc -asm -optimize -optimize-runs 200 bitCompaction.sol'.
```

下面是生成的汇编代码的片段：

```
oldExam call data: ([]uint8) (len=132 cap=132) {
    00000000  3e f2 62 fd 00 00 00 00  00 00 00 00 00 00 00 00
    00000010  00 00 00 00 00 00 00 00  00 00 00 00 00 00 00 00
    00000020  00 00 00 01 00 00 00 00  00 00 00 00 00 00 00 00
    00000030  00 00 00 00 00 00 00 00  00 00 00 00 00 00 00 00
    00000040  00 00 00 01 00 00 00 00  00 00 00 00 00 00 00 00
    00000050  00 00 00 00 00 00 00 00  00 00 00 00 00 00 00 00
    00000060  00 00 00 01 00 00 00 00  00 00 00 00 00 00 00 00
    00000070  00 00 00 00 00 00 00 00  00 00 00 00 00 00 00 00
    00000080  00 00 00 01
}
newExam call data: ([]uint8) (len=36 cap=36) {
    00000000  83 ba 6e 5a 00 00 00 00  00 00 00 01 00 00 00 00
    00000010  00 00 00 01 00 00 00 00  00 00 00 01 00 00 00 00
    00000020  00 00 00 01
}
```

oldExam()函数中的 uint64 参数需要被转换成 uint256 类型。两个函数的燃料成本分别是 22235 Gas 和 21816 Gas，意味着 newExam()函数节省了 419 Gas。参数越多，位压缩技术会越节省燃料成本。

### 10．批处理

批处理（Batching）可以减少燃料成本，因为批处理可以减少通用的数据传输。例如：

```
Old: func once(uint256 header, uint256 val,…) * N        // N次调用
New: func batch(uint256 header, uint256[] val, … * N)    // N个数组元素
```

如果执行旧函数，那么 N 次执行会导致执行 header 域 N 次，同时调用函数 N 次；如果用批处理策略，函数只被调用一次，那么通用的 header 域仅仅被执行 1 次。因而，通过减少 calldataload 指令、内存分配和函数调用，批处理能够节省燃料。N 越大，采用批处理就可以节省越多。

### 11．存储结构类型读写分离

对存储结构变量的读写分离可以在很多方面减低燃料成本。例如：

```
pragma solidity ^0.4.21;
contract structWrite {
    struct Object {
        uint64 v1;
        uint64 v2;
        uint64 v3;
        uint64 v4;
    }
    Object obj;
    function StructWrite() public {
        obj.v1 = 1;
        obj.v2 = 1;
        obj.v3 = 1;
        obj.v4 = 1;
    }
    function oldExam(uint64 a, uint64 b) public {
        uint a0;  uint a1;  uint a2;  uint a3;  uint a4;  uint a5;  uint a6;
        uint b0;  uint b1;  uint b2;  uint b3;  uint b4;  uint b5;
        obj.v1 = a + b;
        obj.v2 = a - b;
        obj.v3 = a * b;
        obj.v4 = a / (b + 1);
    }
    function setObject(uint64 v1, uint64 v2, uint64 v3, uint64 v4) private {
        obj.v1 = v1;
        obj.v2 = v2;
        obj.v3 = v3;
        obj.v4 = v4;
    }
    function newExam(uint64 a, uint64 b) public {
        uint a0;  uint a1;  uint a2;  uint a3;  uint a4;
        uint b0;  uint b1;  uint b2;  uint b3;
```

```
        setObject(a + b, a - b, a * b, a / (b + 1));
    }
}
```

一旦编译的优化开关打开,对于上面的例子,SOLC 把对存储结构变量的写编译为:oldExam()函数对每个结构体的域会有 1 个 sstore 操作(消耗很多燃料),因为当前的 SOLC 在没有足够的栈空间的情况下(栈空间仅仅容纳 16 个本地变量)没有优化 sstore 操作。如果采用读写处理的范式,就会有足够的栈空间使当前的编译器优化代码,同时只会生成 1 个 sstore 操作。这可以通过看代码编译后的汇编代码来得到验证,只适合当前的 SOLC 版本。上面的例子中,oldExam()和 newExam()需要分别花费 58140 Gas 和 27318 Gas,后者大概节省了 30822 Gas。采用读写处理策略,如果栈空间不够,结构体的域越多,就可以节省越多的燃料成本。

## 6.3 汇编代码

所有 EVM 的汇编指令都列在以太坊的黄皮书中,如图 6-11 所示。

| Value | Mnemonic | $\delta$ | $\alpha$ | Description |
|---|---|---|---|---|
| 0x00 | STOP | 0 | 1 | Halts execution. |
| 0x01 | ADD | 2 | 1 | Addition operation. $\mu'_s[0] \equiv \mu_s[0]+\mu_s[1]$ |
| 0x02 | MUL | 2 | 1 | Multiplication operation. $\mu'_s[0] \equiv \mu_s[0] \times \mu_s[1]$ |
| 0x03 | SUB | 2 | 1 | Subtraction operation. $\mu'_s[0] \equiv \mu_s[0] - \mu_s[1]$ |

All arithmetic is modulo $2^{256}$ unless otherwise noted.

图 6-11 以太坊的汇编指令

### 6.3.1 栈

EVM 是一个基于栈的机器。这个栈最大为 1024,栈中的每个元素是 256 位。EVM 是一个 256 位的字(32 字节)机器,有利于 Keccak256 哈希值和椭圆曲线计算。为了直接操作栈,EVM 提供了以下操作指令。

POP:从栈上移除元素。
PUSH$n$:把随后的 $n$ 字节的元素放入栈,$n$ 为 1~32,如 PUSH1、PUSH2。
DUP$n$:复制栈里的第 $n$ 个元素,$n$ 为 1~16,如 DUP1、DUP16。
SWAP$n$:在栈里交换第 1 个和第 $n$ 个元素,$n$ 为 1~16,如 SWAP1、SWAP8。

### 6.3.2 调用数据

调用数据是交易或者调用保有的一块只读、字节寻址的空间。与栈访问不同,调用的数据必须指定精确的字节偏移和字节大小。

EVM 提供的与调用数据相关的操作指令如下：
- calldatasize：返回交易数据的大小。
- calldataload：将 32 字节的交易数据导入栈。
- calldatacopy：复制一定字节的交易数据到内存中。

Solidity 为上面的指令提供内联的函数 calldatasize()、calldataload()和 calldatacopy()。calldatacopy()函数有 3 个参数 t、f、s，会把 f 位置的 s 字节的调用数据复制到内存的 t 位置。同时，Solidity 允许通过 msg.data 访问调用数据。

delegatecall 指令的 inline 汇编语句如下：

```
assembly {
    let ptr := mload(0x40)
    calldatacopy(ptr, 0, calldatasize)
    let result := delegatecall(gas, _impl, ptr, calldatasize, 0, 0)
}
```

为了代理一个到_impl 地址的调用，必须发送 msg.data。delegatecall 指令操作内存数据，需要复制调用数据到内存。这就是使用 calldatacopy()函数将所有调用数据复制到内存指针指向的内存地址的原因。例如：

```
contract Calldata {
    function add(uint256 _a, uint256 _b) public view returns (uint256 result) {
        assembly {
            let a := mload(0x40)
            let b := add(a, 32)
            calldatacopy(a, 4, 32)              // 把_a 的值复制到 a
            calldatacopy(b, add(4, 32), 32)     // 把_b 的值复制到 b
            result := add(mload(a), mload(b))
        }
    }
}
```

这个函数的目的是返回两个数（作为参数）的和。存储在 0x40 的空闲的内存指针被导入并存储到变量 a，而 b 变量是 a 变量的后 32 字节。用 calldatacopy()函数把第一个参数存储到 a。注意，从 calldata 位移为 4 的地方开始复制，因为前 4 字节是函数选择子。上例中是 bytes4(keccak256("add(uint256, uint256)"))。函数选择子是 EVM 用来决定调用哪个函数的依据。然后把第二个参数复制给 b 变量。最后，只需计算内存中 a 变量和 b 变量的和。

在 Truffle Console 中测试：

```
truffle(develop)> compile
truffle(develop)> Calldata.new().then(i => calldata = i)
truffle(develop)> calldata.add(1, 6).then(r => r.toString())              // 7
```

## 6.3.3 内存

内存是可变的可读写的以字节寻址的空间，主要用来存储程序执行时的数据，传递参数给 internal 函数。每个消息 call 指令开始执行时，内存是清空的。所有地址的值都初始化为 0。作为调用数据，内存以字节为单位计算地址，但是一次只能读 32 字节的字。

向内存中写一个以前没有用到过的字时，内存被"扩展"了。这时，除了写操作本身的成本，还有扩展成本。扩展成本对于前 724 字节会线性增加，其后会是 4 倍的成本。

EVM 提供了 3 个操作内存的指令。

❖ mload：从内存导入一个字到栈上。
❖ mstore：保存一个字到内存。
❖ mstore8：保存一字节到内存。

Solidty 在 0x40 位置保存了一个空闲内存指针，指向第一个未用内存字地址。这就是为什么在内联编译中经常需要导入这个字。内存的前 64 字节是 EVM 预留的，使用空闲内存指针，可以保证程序不会覆盖到 Solidity 自己使用的内存。例如，delegatecall 指令使用内存空闲指针来存储调用数据，以便后续使用，因为 delegatecall 指令需要从内存中导入或引出数据。

Solidity 编译器产生的字节码都以 0x6060604052 开头。

❖ PUSH1：EVM 指令是 0x60。0x60 为空闲内存起始地址。
❖ PUSH1：EVM 指令是 0x60。0x40 为空闲内存指针。
❖ MSTORE：EVM 指令是 0x52。

用汇编指令操作内存的时候必须非常小心，否则非常可能覆盖系统的保留空间。

## 6.3.4 存储

存储（Storage）是一个持久化的字编址的读写空间，是每个合约存储持久化信息的地方。存储是一个键值映射，映射空间是 $2^{256}$ 个槽，每个槽 32 字节。所有位置都初始化为 0。

保存数据到存储所需的燃料是 EVM 所有的操作中最高的。修改一个存储槽（Storage Slot）从 0 到非零值需要 20000 Gas，保存同样的非零值或者设定一个非零值需要 5000 Gas。把一个非零值设定为 0，会返还 15000 Gas。

EVM 提供了两个指令来操作存储。

❖ sload：从 Storage 中导入一个字到栈上。
❖ sstore：保存一个字到存储。

Solidity 的内联编译也支持指令，自动映射每个定义的状态变量到存储的一个槽。策略非常简单：静态定长的变量（除了 mapping 和动态数组）被挑出，放到 Storage 从 0 开始的连续地址上。对于动态数组，存储槽存储数组的长度，而数组的数据会存在哈希值（keccak256($p$)，$p$ 是数组元素位置）的地方。对于映射变量，存储槽不会用到，而与键 $k$ 对应的值存储在 keccak256($k, p$)。注意，keccak256($k, p$) 的参数都会被对齐成 32 字节。

Storage 合约如下：

```
contract Storage {
    uint256 public number;
    address public account;
    uint256[] private array;
```

```
    mapping(uint256 => uint256) private map;
    function Storage() public {
        number = 2;
        account = this;
        array.push(10);
        array.push(100);
        map[1] = 9;
        map[2] = 10;
    }
}
```

在 Truffle Console 中测试。首先，编译合约并创建一个新的合约实例：

```
truffle(develop)> compile
truffle(develop)> Storage.new().then(i => storage = i)
```

然后验证地址 0（Slot 0）保存 number 变量的值（为 2），地址 1（Slot 1）保存合约地址 account：

```
truffle(develop)> web3.eth.getStorageAt(storage.address, 0)    // 0x02
truffle(develop)> web3.eth.getStorageAt(storage.address, 1)    // 0x…
```

存储位置 2（Slot 2）保存数组 array 的长度：

```
truffle(develop)> web3.eth.getStorageAt(storage.address, 2)    // 0x02
```

存储位置 3（Slot 3）保存映射变量 map。因为 map 是动态类型，所以 Slot 3 没有被使用，且映射的值被存储如下：

```
truffle(develop)> web3.eth.getStorageAt(storage.address, 3)
// 输出为 0x00，因为 map 是动态类型，所以没有使用 Slot 3
truffle(develop)> mapIndex = '0000000000000000000000000000000000000000000000000000000000000003'
truffle(develop)> firstKey = '0000000000000000000000000000000000000000000000000000000000000001'
// 公式为 keccak256(bytes32(key) + bytes32(position))，见 6.5.4 节
// firstPosition = keccak256(firstKey + mapIndex)    // mapIndex 就是 Position，其值为 3
truffle(develop)> firstPosition = web3.sha3(firstKey + mapIndex, { encoding: 'hex'})
// 输出为 0x09
truffle(develop)> web3.eth.getStorageAt(storage.address, firstPosition)
truffle(develop)> secondKey = '0000000000000000000000000000000000000000000000000000000000000002'
// 公式为 keccak256(bytes32(key) + bytes32(position))，见 6.5.4 节
// firstPosition = keccak256(secondKey + mapIndex)
truffle(develop)> secondPosition = web3.sha3(secondKey + mapIndex, { encoding: 'hex'})
// 输出为 0x0A
truffle(develop)> web3.eth.getStorageAt(storage.address, secondPosition)
```

请阅读官方文档了解更多的关于状态变量如何映射到存储的细节。

# 6.4 合约间调用

合约间调用有几种方法。一个已经被部署的合约会有一个地址，而这个地址对象提供

了 3 种方法来调用其他合约。

- ❖ call：执行其他合约的代码，使用被调用合约的存储。
- ❖ delegatecall：执行其他合约的代码，但是使用调用合约的存储。
- ❖ callcode：已过时，将被弃用。

delegatecall 指令是 callcode 指令的修正版，后者并不保存 msg.sender 和 msg.value，所以已经过时并且以后会被移除。call 指令与 delegatecall 指令的功能类似，区别仅在于 delegatecall 指令仅使用给定地址的代码，其他信息（如存储、余额等）则使用调用合约（而非被调用合约）。不当使用 delegatecall 指令会引起安全问题（见 5.6.1 节）。

## 6.4.1 函数调用

合约在调用其他合约的时候是通过消息调用的。每次一个合约调用另一个合约的函数，就会产生一个消息调用（message call）。每个调用包括发送者（sender）、接收者（recipient）、数据（payload）、传输的 Ether 数量（value）和燃料的数量。

可以以如下方式给调用提供燃料和 Ether：

```
someAddress.call.gas(1000000).value(1 ether)("register", "MyName");
```

gas 是为执行调用将支付的燃料，address 是被调用的合约地址，value 是发送的 Ether，以 wei 为单位，data 是要发送的负载。注意，value 和 gas 是可选的。

每个合约都可以确定一个调用用到的燃料数量。在可能发生燃料耗尽异常的情况下，为了防止安全问题，至少 1/64 的交易发起者发送的燃料会被保留。这些燃料被发送者用来处理内部调用的燃料耗尽异常错误，停止代码的执行，就不会因为燃料耗尽异常导致无法停止而将异常向上传递。我们来看看下面的 Caller 合约：

```
contract Implementation {
    event ImplementationLog(uint256 gas);
    function() public payable {
        emit ImplementationLog(gasleft());
        assert(false);
    }
}
contract Caller {
    event CallerLog(uint256 gas);
    Implementation public implementation;
    function Caller() public {              // 构造函数
        implementation = new Implementation();
    }
    function () public payable {            // fallback 函数
        emit CallerLog(gasleft());
        implementation.call.gas(gasleft()).value(msg.value)(msg.data);
        emit CallerLog(gasleft());
    }
}
```

Caller 合约只有一个 fallback 函数,将收到的每个调用都转到 Implementation 的实例。这个实例只是为每个调用运行一次 assert(false)语句,而这最终会导致燃料耗尽。所以,设计思想是记录在 Caller 之前和将调用传到 Implementation 之后的燃料。在 Truffle Console 中验证:

```
truffle(develop)> compile
truffle(develop)> Caller.new().then(i => caller = i)
truffle(develop)> opts = { gas: 4600000 }
truffle(develop)> caller.sendTransaction(opts).then(r => result = r)
truffle(develop)> logs = result.receipt.logs
truffle(develop)> parseInt(logs[0].data)        // 4578955
truffle(develop)> parseInt(logs[1].data)        // 71495
```

71495 大致是 4578955 的 1/64。本例清晰显示了我们可以处理内部调用引发的 Out-Of-Gas(OOG)异常。

Solidity 还提供了如下指令,允许用内联汇编来管理调用:

```
call(g, a, v, in, insize, out, outsize)
```

g 是提供的燃料数量,a 是被调用的地址,v 是被传输的以 wei 来计数的 Ether 数量,in 表明了从内存位置开始的 insize 字节被用来存储调用数据,out 和 outsize 用来表明返回数据在内存的起始地址和大小,唯一的差别是这个指令允许处理返回的数据。不管函数返回失败与否,函数只会返回 1 或 0。

**注意**:delegatecall 指令可能给调用合约带来安全风险,因为被调用的合约能访问/操纵调用合约的存储。由于 EVM 的限制,call 和 delegatecall 指令都不能接受返回值。2017 年 10 月 17 日,以太坊拜占庭分叉后,可以使用新增的汇编指令 resultdatasize 和 resultdatacopy 来获取返回值。

## 6.4.2 依赖注入

另一种合约间的调用方法是使用依赖注入(Dependency-Injection)的方式:调用者可以实例化一个想调用的合约,并且获得想调用函数的类型签名,可以获得被调用函数的返回值。下面是一个演示函数调用和依赖注入技术的例子。Callee 合约源代码如下:

```
pragma solidity ^0.4.24

contract Callee {
    uint[] public values;
    function getValue(uint initial) returns(uint) {
        return initial + 150;
    }
    function storeValue(uint value) {
        values.push(value);
    }
    function getValues() returns(uint) {
        return values.length;
    }
```

}
```

Caller 合约源代码：

```solidity
pragma solidity ^0.4.24;

contract Caller {
    function someAction(address addr) returns(uint) {
        Callee c = Callee(addr);
        return c.getValue(100);
    }
    function storeAction(address addr) returns(uint) {
        Callee c = Callee(addr);
        c.storeValue(100);
        return c.getValues();
    }
    function someUnsafeAction(address addr) {
        addr.call(bytes4(keccak256("storeValue(uint256)")), 100);
    }
}
contract Callee {                                        // Callee 合约签名
    function getValue(uint initialValue) returns(uint);
    function storeValue(uint value);
    function getValues() returns(uint);
}
```

### 1．Callee 合约

Callee 合约定义了一个整数数组，并提供 getValue()/storeValue()函数，向整数数组追加/获取值，还定义了 getValues()函数，返回值整数数组的长度。

### 2．Caller 合约

Caller 合约接口在程序的底部，具有与 Callee 合约一样的函数签名。这个接口也可以定义在一个单独的 .sol 文件中并导入，这样就会分离接口和实现。Caller 合约提供了 3 个函数，都接受 address 类型的输入参数，代表已经部署的 Callee 合约地址。先用一个地址初始化合约，再修改地址是可能的。现实中的例子是给目标合约升级（Upgradable Contract）。

## 6.4.3  消息调用

EVM 支持一种特殊的消息调用 delegatecall 指令，Solidity 也提供了一个汇编版本的相应的内置方法，区别在于，相比于低级的调用，被调用的代码是在调用合约的上下文中运行的，msg.sender 和 msg.value 并没有随着调用的发生而改变。

下面通过分析 Greeter 合约来理解 delegatecall 指令是如何工作的。

```solidity
contract Greeter {
    event Thanks(address sender, uint256 value);
    function thanks() public payable {
        emit Thanks(msg.sender, msg.value);
```
```

            }
    }

Greeter 合约仅仅定义了 thanks()函数，其唯一功能是触发 Thanks 事件，并将 msg.value 和 msg.sender 数据传给事件。下面通过 Truffle Console 验证这个函数：

```
truffle(develop)> compile
truffle(develop)> someone = web3.eth.accounts[0]
truffle(develop)> ETH_2 = new web3.BigNumber('2e18')
truffle(develop)> Greeter.new().then(i => greeter = i)
truffle(develop)> opts = { from: someone, value: ETH_2 }
truffle(develop)> greeter.thanks(opts).then(tx => log = tx.logs[0])
truffle(develop)> log.event                              // Thanks 事件
truffle(develop)> log.args.sender === someone            // true
truffle(develop)> log.args.value.eq(ETH_2)               // true
```

Wallet 合约只定义了 fallback 函数，通过 delegatecall()函数调用 Greeter 合约的 thanks()函数。

```
contract Wallet {
    Greeter internal greeter;
    function Wallet() public {                           // 构造函数
        greeter = new Greeter();
    }                                                    // fallback 函数
    function () public payable {
        bytes4 methodId = Greeter(0).thanks.selector;
        require(greeter.delegatecall(methodId));
    }
}
```

下面通过 Truffle Console 来验证：

```
truffle(develop)> Wallet.new().then(i => wallet = i)
truffle(develop)> wallet.sendTransaction(opts).then(r => tx = r)
truffle(develop)> logs = tx.receipt.logs
truffle(develop)> SolidityEvent = require('web3/lib/web3/event.js')
truffle(develop)> Thanks = Object.values(Greeter.events)[0]
truffle(develop)> event = new SolidityEvent(null, Thanks, 0)
truffle(develop)> log = event.decode(logs[0])
truffle(develop)> log.event                              // Thanks 事件
truffle(develop)> log.args.sender === someone            // true
truffle(develop)> log.args.value.eq(ETH_2)               // true
```

delegatecall()函数保留了所调用合约的 msg.value 和 msg.sender，意味着一个合约可以在运行时动态地导入另一个地址的代码，所有存储、当前地址和余额都是属于调用合约的，只有代码来自于被调用的地址。所以，在 Solidity 中可以实现库/包的功能。

下面通过 Calculator 合约来看 delegatecall()函数的存储合约用法。

```
contract ResultStorage {                                 // 基类存储合约
    uint256 public result;
}
contract Calculator is ResultStorage {                   // 计算器合约，从 ResultStorage 派生
    Product internal product;                            // Product 合约对象
```

```
    Addition internal addition;                    // Addition 合约对象
    function Calculator() public {
        product = new Product();
        addition = new Addition();
    }
    function add(uint256 x) public {               // 将加法代理到相应的 Addition 合约
        bytes4 methodId = Addition(0).calculate.selector;
        require(addition.delegatecall(methodId, x));
    }
    function mul(uint256 x) public {               // 将乘法代理到相应的 Product 合约
        bytes4 methodId = Product(0).calculate.selector;
        require(product.delegatecall(methodId, x));
    }
}
contract Addition is ResultStorage {               // 加法合约，由 ResultStorage 派生
    function calculate(uint256 x) public returns (uint256) {
        uint256 temp = result + x;
        assert(temp >= result);
        result = temp;
        return result;
    }
}
contract Product is ResultStorage {                // 乘法合约，由 ResultStorage 派生
    function calculate(uint256 x) public returns (uint256) {
        if (x == 0)
            result = 0;
        else {
            uint256 temp = result * x;
            assert(temp / result == x);
            result = temp;
        }
        return result;
    }
}
```

Calculator 合约有两个函数 add()和 product()。Calculator 合约并不知道如何来做加法或者乘法，只是一个代理，把加法或乘法请求转到 Addition 和 Product 合约。但是，所有合约都共享同样的状态变量，来保存每次计算的结果。

下面通过 Truffle Console 来验证：

```
truffle(develop)> Calculator.new().then(i => calculator = i)
truffle(develop)> calculator.addition().then(a => additionAddress=a)
truffle(develop)> addition = Addition.at(additionAddress)
truffle(develop)> calculator.product().then(a => productAddress = a)
truffle(develop)> product = Product.at(productAddress)
truffle(develop)> calculator.add(5)
truffle(develop)> calculator.result().then(r => r.toString())        // 5
truffle(develop)> addition.result().then(r => r.toString())          // 0
truffle(develop)> product.result().then(r => r.toString())           // 0
truffle(develop)> calculator.mul(2)
```

```
truffle(develop)> calculator.result().then(r => r.toString())     // 10
truffle(develop)> addition.result().then(r => r.toString())       // 0
truffle(develop)> product.result().then(r => r.toString())        // 0
```

结果表明，delegatecall()函数实际上是使用 Calculator 合约的存储，真正执行的代码存储在 Addition 和 Product 合约中。

下面是汇编版的 delegatecall()函数：

```
contract Implementation {
    event ImplementationLog(uint256 gas);
    function() public payable {
        emit ImplementationLog(gasleft());
        assert(false);
    }
}
contract Delegator {                                    // 代理合约
    event DelegatorLog(uint256 gas);
    Implementation public implementation;
    function Delegator() public {                       // 构造函数，保存 Implementation 合约对象
        implementation = new Implementation();
    }
    function () public payable {
        emit DelegatorLog(gasleft());
        address _impl = implementation;
        assembly {
            let ptr := mload(0x40)                      // 获取内存空闲指针
            calldatacopy(ptr, 0, calldatasize)          // 把 calldata 复制到内存空闲指针处
            // 通过 delegatecall()调用_impl 地址的合约
            let result := delegatecall(gas, _impl, ptr, calldatasize, 0, 0)
        }
        emit DelegatorLog(gasleft());
    }
}
```

用内联汇编来实现 delegatecall()函数。

再强调一次，delegatecall()函数是从调用合约发出的，而不是被调用合约。被调用的代码可以读写调用合约的 Storage。

## 6.4.4 获取合约间调用的返回值

本节讨论在合约间调用方法时，如何获取被调用方法的返回值。假设已经部署了一个简单的 Deployed 合约，其唯一的函数允许用户设定/修改合约的一个成员变量。

```
pragma solidity ^0.4.18;

contract Deployed {
    uint public a = 1;

    function setA(uint _a) public returns (uint) {
        a = _a;
```

```
        return a;
    }
}
```

同时，部署另一个 Existing 合约，来修改 Deployed 合约的变量 a。

```
pragma solidity ^0.4.18;

contract Deployed {
    function setA(uint) public returns (uint) { }
    function a() public pure returns (uint) { }
}
contract Existing {
    Deployed dc;
    function Existing(address _t) public {
        dc = Deployed(_t);
    }
    function getA() public view returns (uint result) {
        return dc.a();
    }
    function setA(uint _val) public returns (uint result) {
        dc.setA(_val);
        return _val;
    }
}
```

这里不需实现 Deployed 合约的所有功能，只需它的函数签名。这是 ABI 接口规范要求的。在 Existing 合约初始化时，就获取并保存了 Deployed 合约的地址，在 Existing 合约中对 Deployed 合约的访问有 setA()和 getA()函数（推荐用法）。但是，如果没有 Deployed 合约的 ABI，我们还能调用 Deployed 合约的 setA()函数。

```
pragma solidity ^0.4.18;
contract ExistingWithoutABI  {
    address dc;
    function ExistingWithoutABI(address _t) public {
        dc = _t;
    }
    function setA_Signature(uint _val) public returns(bool success){
        require(dc.call(bytes4(keccak256("setA(uint256)")),_val));
        return true;
    }
}
```

函数签名是 4 字节，生成规则如下：

```
bytes4(keccak256("setA(uint256)"))
```

在 call()函数中调用 setA()函数时可以传给它一个值。但是，call()函数和 delegatecall()函数仅仅传送值给合约地址而无法获取返回值，所以无法知道 setA()函数是否正确地完成了工作，除非检查 Delegate 合约。我们可以使用 Solidity 的汇编代码获取 setA()函数的返回值。

```
pragma solidity ^0.4.18;

contract ExistingWithoutABI {
    address dc;
    function ExistingWithoutABI(address _t) public {
        dc = _t;
    }
    function setA_ASM(uint _val) public returns (uint answer) {
        bytes4 sig = bytes4(keccak256("setA(uint256)"));  // 生成函数签名
        assembly {
            let ptr := mload(0x40)                  // 获得空闲内存指针
            mstore(ptr, sig)                        // 把函数签名放到空闲内存指针处
            mstore(add(ptr, 0x04), _val)            // 把函数的参数值放到函数签名后
            // 调用 call 指令
            let result := call(15000,               // 燃料上限
                            sload(dc_slot),         // 调用的合约地址
                            0,                      // 不发送任何 Eth
                            ptr,                    // 输入在 ptr
                            0x24,                   // 输入是 36 字节= 4 字节的函数签名+ 32 字节的参数
                            ptr,                    // 函数输出放到 ptr
                            0x20)                   // 函数返回值是 32 字节长
            if eq(result, 0) {
                revert(0, 0)
            }
            answer := mload(ptr)                    // 把内存空闲指针的内容放到 answer
            mstore(0x40,add(ptr,0x24))              // 修改内存空闲指针
        }
    }
}
```

Solidity 的内联汇编代码用关键字 assembly 标明，并包含在 "{ }" 中，可以在 0x40 处获得空闲内存指针，然后把函数签名和它的参数放到空闲内存指针处。函数签名是 4 字节（0x04），参数是 32 字节，所以共 36 字节。

然后调用 call 指令，返回值放在空闲内存指针处，是布尔类型，为 1 或 0。如果返回值为 0，交易就要回退。我们可以在内存空闲指针处获得返回值。

## 6.5 ABI 编程

ABI（Application Binary Interface，合约二进制接口规范）是以太坊指定的一个通用的数据交换格式，就像 Google 的 Protocol Buffer，适用于外部调用和合约间的交互。交易的输入数据只是一个字节序列，EVM 就是用 ABI 指定的交换格式来解释输入的数据。

### 6.5.1 内存结构

合约执行时内存的结构如下。

- 0x00~0x3f：为哈希方法而保留的空间。
- 0x40~0x5f：当前分配的内存大小（如内存空闲指针）。
- 0x60~0x7f：初始值为 0 存储槽。

## 6.5.2 函数选择子

调用数据的前 4 字节是函数选择子（Function Selector），参数的数据将从第 5 字节开始。函数选择子的产生方式如下：

```
bytes4(keccak256("函数名(函数参数)"))
```

比如，对于如下函数：

```
function substract(uint256 _a, uint256 _b) public view returns (uint256 result)
```

其函数选择子是

```
bytes4(keccak256("substract(uint256,uint256)"))
```

## 6.5.3 类型定义

Solidity 的类型如表 6-2 所示。[9]

表 6-2 Solidity 类型定义列表

| 函数名 | 解释 | 例子 |
| --- | --- | --- |
| uint\<M\> | M 位无符号整数类型（0 < M <= 256，M % 8 == 0） | uint32，uint8，uint256 |
| int\<M\> | M 位采用补码编码的有符号的整型类型（0 < M <= 256，M % 8 == 0） | int8，int256 |
| Address | 等同于 uint160 | |
| uint，int | 等同于 uint256、int256 类型 | |
| bool | 等同于 uint8，取值只能是 0 或者 1 | |
| fixed\<M\>x\<N\> | M 位有符号定点浮点数（0 < M <= 256，M % 8 == 0，0 < N <= 80，v as v / (10 ** N)） | fixed128x18 |
| ufixed\<M\>x\<N\> | fixed\<M\>x\<N\>的无符号变种 | ufixed128x18 |
| fixed，ufixed | 等同于 fixed128x18、ufixed128x18 | |
| bytes\<M\> | M 字节的二进制类型（0 < M <= 32） | |
| function | Address + 函数选择子（4 字节），编码等同于 bytes24 | |
| \<type\>[M]定长数组 | M（M >= 0）个指定类型元素的定长数组 | |
| bytes | 动态的字节序列 | |
| string | 动态长度的 UTF-8 编码的 unicode 字符串 | |
| \<type\>[] | 动态长度的指定类型的元素数组 | |
| (T1,T2,...,Tn) | 由类型 T1, ..., Tn 组成的元组（n >= 0），元组可以嵌套，可以有元组数组，甚至 0 元组 | |

不固定的类型包括下列类型：bytes，string，T[]（T 可以是任意类型），T[k]（任意动态 T 和 k≥0 的情况），(T1,…,Tk)（Ti 是动态类型，1≤i≤k）。

所有其他类型被称为固定大小的类型。

---

[9] Ethereum. Contract ABI Specification[OL]. [2019-03-15].

## 6.5.4 数据表示

我们需要了解数据类型在 EVM 里是如何表示的、数据的存储方式和相应的汇编实现，从而更好地理解 Solidity 的工作方式、预估燃料费用。比如，sstore 指令会耗费 20000 Gas，大概是基本算术指令的 5000 倍；sload 指令会耗费 200 Gas，大概是基本算术操作指令的 100 倍。

每个合约的 Storage 槽有 $2^{256}$（约为 $10^{77}$）个，而世界的微观粒子数大约是 $10^{80}$，所以这个数量足够编程需求了。

Solidity 智能合约变量位置的一般规则如下：

① 状态变量（State Variable）起始于存储槽 0，并且对应每个新增的状态变量，存储槽号递增。所以，第一个状态变量存储在存储槽 0（Slot 0），第二个状态变量在存储槽 1（Slot 1），第三个状态变量被存储在存储槽 2（Slot 2），以此类推。

② 每个结构或者数组变量使用下一个存储位置，不管结构或者数组变量中包含多少元素，其中的成员元素是单独被定义的。

③ 动态数组和映射也是用下一个存储位置，但是由于其动态特性，它们的值被存储在由它们的存储槽位置和键值哈希后的指定的存储槽上。

Solidity 文档[10]中包括存储结构的详细信息。**注意**：存储起始于位置 0，而且对每个新的状态变量，存储槽位置递增。

### 1. 固定长度数据类型的表示

本节讨论 Solidity 的固定长度的数组类型：基本类型、结构、固定长度的数组等。

（1）零值

例如：

```
pragma solidity ^0.4.24;

contract vartest {
    uint256 a;
    uint256 b;
    uint256 c;

    function C() {
        c = 0x614bfe;
    }
}
```

存储变量的声明不需要任何成本，因为没有初始化的必要（也就是没有赋值）。Solidity 为存储变量保留了位置，但是只有当存储数据的时候才需要付费。上面程序中没有用到 a 和 b，所以 a 和 b 不需要燃料，只需为存储槽 0x2（即变量 c 的存储位置）进行付费。

（2）结构体的表示

下面是一个复杂数据类型，一个拥有 3 个域的结构体：

---

[10] Ethereum. Contract ABI Specification[OL]. [2021-03-15].

```
pragma solidity ^0.4.24;
contract structExample {
    struct expstruct{
        uint256 a;
        uint256 b;
        uint256 c;
    }
    expstruct t;
    function structExample() {
        t.c = 0x614bfe;
    }
}
```

t.a 存在存储槽 0x0 的位置，没有赋值，所以没有任何费用，只需为写入 t.c 付费。

（3）固定长度数组

下面是一个关于定长数组的例子：

```
pragma solidity ^0.4.24;
contract arraytest{
    uint256[3] numbers;
    function arraytest() {
        numbers[2] = 0x614bfe;
    }
}
```

定长数组的规则相同，声明了 3 个元素的数组，只需为第 3 个元素的写入付费。

### 2. 动态长度数据类型的表示

Solidity 提供了一些随着数据的增加可以进行动态扩展的动态类型。动态类型有 3 类。

- 映射（mapping）：如 mapping(uint256 => bytes32)、mapping(address => string)等。
- 数组（array）：如 uint256[]、byte[]等。
- 字节数组（byte array）：包括 string 和 bytes。

（1）映射

映射也被称为字典。例如，将值 0x5d 存入映射，其键值为 0x6f0f9b4e。

```
pragma solidity ^0.4.24;
contract testmapping {
    mapping(uint256 => uint256) itemmap;
    constructor() public {
        itemmap [0x6f0f9b4e] = 0x5d;
    }
}
```

下面的汇编代码是从 Remix 获得的：

```
017 PUSH1 5d
019 PUSH1 00
```

```
021 DUP1
022 PUSH4 6f0f9b4e
027 DUP2
# 将 6f0f9b4e 存储在存储槽 0x0 的位置，即 mem[0..(0+32))=0x6f0f9b4e
028 MSTORE
029 PUSH1 20
031 ADD
032 SWAP1
033 DUP2
# 将 0 存储在存储槽 0x1 的位置，即 mem[32..(0+64))=0x0
034 MSTORE
035 PUSH1 20
037 ADD
038 PUSH1 00
040 SHA3             # keccak(mem[0...(0+64)))
041 DUP2
042 SWAP1
043 SSTORE           #
```

在运行到 sstore（上面的 043 处）指令前，栈的情况如图 6-12 所示。

sstore 命令在存储槽的地址为 0x371642d60e332274644e4d4f1bcb929d17e136c8ad344600f78bb20776ef7fa3 处存入 0x5d。那么，0x371642d60e332274644e4d4f1bcb929d17e136c8ad344600f78bb20776ef7fa3 是怎么得来的呢？

映射的地址的计算方式为：

```
keccak256(bytes32(key) + bytes32(position))
```

图 6-12　运行 sstore 指令前的栈状态

在 Python 控制台中验证。先引入 bytes32() 和 keccak256() 函数，被定义在 tools.py 中。

```
root@btcpool:/work/authorbook# cat tools.py

import sha3
import binascii

def bytes32(i):
    return binascii.unhexlify('%064x' % i)

def keccak256(x):
    return sha3.keccak_256(x).hexdigest()
```

输入上面的计算公式和相应的参数，结果如下：

```
root@btcpool:/work/authorbook# python3

Python 3.6.1 (default, Sep 23 2018, 23:21:00)
[GCC 5.4.0 20160609] on linux
Type "help", "copyright", "credits" or "license" for more information.
>>> from tools import *
>>> keccak256(bytes32(0x6f0f9b4e)+ bytes32(0))
    '371642d60e332274644e4d4f1bcb929d17e136c8ad344600f78bb20776ef7fa3'
```

>>>

所以，映射的键值为 0x6f0f9b4e 的存储地址，即 0x371642d60e332…7fa3。0x6f0f9b4e 是键值，0 是 itemmap 在存储中的槽号，将 uint256 映射到 uint256。但是如果映射的值比较大，会发生什么情况？下面是将 uint256 映射到结构，结构体本身的大小超过 32 字节。

```solidity
pragma solidity ^0.4.24;
contract bigmapping {
    mapping(uint256 => Tuple) tuplemap;
    struct Tuple {
      uint256 a;
      uint256 b;
      uint256 c;
    }
    constructor () public {
        tuplemap [0x1].a = 0x7A;
        tuplemap [0x1].b = 0x7B;
        tuplemap [0x1].c = 0x7C;
    }
}
```

Remix 的相关的反汇编源代码如下（只显示 tuplemap [0x1].a = 0x7A 的汇编代码，其余类似）：

```
017 PUSH1 7a
019 PUSH1 00
021 DUP1
022 PUSH1 01
024 DUP2
025 MSTORE      # 将 0x01 存储在存储槽 0x0 的位置，即 mem[0..(0+32))=0x01
026 PUSH1 20
028 ADD
029 SWAP1
030 DUP2
031 MSTORE      # 将 0x01 存储在存储槽 0x1（即 0x20）的位置，即 mem[32..(0+64))=0x00
032 PUSH1 20
034 ADD
035 PUSH1 00
037 SHA3        # keccak(mem[0…(0+64)))= keccak256(bytes32(0x1)+bytes32(0))
038 PUSH1 00
040 ADD
041 DUP2
042 SWAP1
043 SSTORE
...
```

sstore 命令就是在存储槽地址为 0xada5013122d395ba3c54772283fb069b10426056ef8ca54750cb9bb552a59e7d 处存入 0x7a，该地址通过如下计算得到（在 Python Console 中验证，

163

公式一样，参数不同）：

```
>>> keccak256(bytes32(0x1) + bytes32(0))
    'ada5013122d395ba3c54772283fb069b10426056ef8ca54750cb9bb552a59e7d'
```

如果映射的值大于 32 字节，那么需要的存储空间是 32 字节且依次增加，同时编译器不会优化打包。

```
maptuples[0x1].a = 0x7a:
0xada5013122d395ba3c54772283fb069b10426056ef8ca54750cb9bb552a59e7d  0x7a

maptuples[0x1].b = 0x7b:
0xada5013122d395ba3c54772283fb069b10426056ef8ca54750cb9bb552a59e7e  0x7b

maptuples[0x1].c = 0x7c:
0xada5013122d395ba3c54772283fb069b10426056ef8ca54750cb9bb552a59e7f  0x7c
```

（2）动态数组

在 Solidity 中，数组是映射的升级，比映射的花费更多。数组的元素会按照顺序排列在存储器中（此处假设 0x48cf…e001 是数组的开始地址）：

```
0x48cf...e001
0x48cf...e002
0x48cf...e003
0x48cf...e004
```

对于这些存储槽的每次访问实际上就像数据库的键值对的查找一样。访问一个数组的元素与访问一个映射的元素没什么区别，只是数组访问更严格、更复杂，主要包括：数组长度，数组边界检查，比映射更复杂的存储打包行为，数组变小时如何清除未使用的存储槽，bytes 和 string 的特殊优化。例如：

```
pragma solidity ^0.4.24;

contract testarray {
    uint256[] array1;

    constructor () public {
        array1.push(0xAA);
        array1.push(0xBB);
        array1.push(0xCC);
    }
}
```

在 Remix 中查看存储的变量结构：

```
key:   0x0000000000000000000000000000000000000000000000000000000000000000  // array1 的存储槽号为 0
value: 0x0000000000000000000000000000000000000000000000000000000000000003  // 存储 array1 的长度
key:   0x290decd9548b62a8d60345a988386fc84ba6bc95484008f6362f93160ef3e563  // array1 第 0 元素的地址
value: 0x00000000000000000000000000000000000000000000000000000000000000aa
key:   0x290decd9548b62a8d60345a988386fc84ba6bc95484008f6362f93160ef3e564  // array1 第 1 元素的地址
value: 0x00000000000000000000000000000000000000000000000000000000000000bb
key:   0x290decd9548b62a8d60345a988386fc84ba6bc95484008f6362f93160ef3e565  // array1 第 2 元素的地址
value: 0x00000000000000000000000000000000000000000000000000000000000000cc
```

在存储位置 0 的地方存储的是数组长度 3。具体元素的存储地址可以参照上面的映射的计算公式。

```
>>> keccak256(bytes32(0))
'290decd9548b62a8d60345a988386fc84ba6bc95484008f6362f93160ef3e563'
```

数组元素会被对齐到 32 字节。如果数组元素不足 32 字节，Solidity 编译器会自动将数组元素压缩存储，这样可以减少 sstore 指令的调用次数，从而减少燃料。

字节数组有两种情况：

① 如果字节数组长度小于 31 字节，那么只占用 1 个存储槽，其他与字符串数组一样。

② 如果字节数组长度大于等于 31 字节，那么字节数组与 byte[]一样，数组元素的地址计算方式同字符串和映射变量的计算方式一样。

## 6.5.5 编码

调用数据是一个字节序列，需要应用 ABI 解析，因为所有的调用数据都是遵循 ABI 接口规范的。本节结合外部方法调用介绍固定长度的数据类型、动态长度的数据类型。

### 1．简单的例子

下面的合约有一个对变量 val 的 getValue()和 setValue()函数：

```
pragma solidity ^0.4.24;

contract simplexample{
    uint256 val;

    function setValue(uint256 para) public{
        val= para;
    }

    function getValue() public returns(uint256)  {
        return val;
    }
}
```

这个合约部署在 Rinkeby 测试网上，可以随意使用 etherscan，并搜索地址 https://ropsten.etherscan.**/address/0x27177bcd11a30b1ac1c70798a44d27da761bfb4c 进行查看。创建一个可以调用 setValue(50)的交易，可以在地址 https://ropsten.etherscan.**/tx/0xf7b6837abd071b76824a3386b23d8f9c7ac2fc418a6cee5fb891508dd0c701e3 上查看该交易。交易的输出数据为：

```
0x552410770000000000000000000000000000000000000000000000000000000000000032
```

对于 EVM 而言，这只是 36 字节的元数据，不会进行处理，而是直接将元数据作为调用数据传递给智能合约。如果智能合约是 Solidity 程序，那么它会将这些输入字节解释为方法调用，并为 setValue(50)执行适当的汇编代码。

输入数据可以分成两部分：函数选择器 0x55241077 和第一个参数 00000000000000000000000000000000000000000000000000000000000000032。

前 4 字节是函数选择器，剩下的输入数据是函数的参数，32 字节。本例中只有一个参数，值是 0x32（十进制数 50）。函数选择器是方法签名的 kecccak256 哈希值。本例的签名是 setValue(uint256)，也就是函数名称和参数的类型。上面的 36 字节原始数据作为调用数据被传给合约。

**2．外部调用例子**

合约外部数据通过调用数据（Calldata）传入。调用数据只是一个字节序列，EVM 没有提供解析调用数据的方法。同样用上面的简单合约的例子来解析。编译如下：

```
solc --bin --asm --optimize simplexample.sol > simpleexample.asm
```

合约体的汇编代码在 sub_0 下：

```
sub_0: assembly {
    /* "simpleexample.sol":26:210  contract simplexample {
    ...
    */
        mstore(0x40, 0x80)
        jumpi(tag_1, lt(calldatasize, 0x4))
        and(div(calldataload(0x0), 0x100000000000000000000000000000000000000000000000000000000), 0xffffffff)
        0x20965255
        dup2
        eq
        tag_2
        jumpi
        dup1
        0x55241077
        eq
        tag_3
        jumpi
    tag_1:
        0x0
        dup1
        revert
    /* "simpleexample.sol":132:207  function getValue() public view returns(uint256)  {
    ...
    */
    ...
    auxdata:
        0xa165627a7a7230582097c3213864b2674ababc34376c8a991b87535e4bdf6b63c72e55d93ee61da4730029
}
```

说明：mstore(0x40, 0x60)存储的前 64 字节是系统保留进行 SHA-3 哈希运算的，是 EVM 的保留区域；auxdata 用来验证发布的源码是否与部署的字节代码一致。

汇编代码分成两部分：根据函数选择子，调到相应的方法；导入函数参数，执行方法并且从方法体返回。

首先，下面的代码用来进行函数选择子的匹配。

```
// 引入前 4 字节的函数选择子
and(div(calldataload(0x0), 0x100000000000000000000000000000000000000000000000000000000), 0xffffffff)
```

```
// 若函数选择子是 0x20965255,就跳到 getValue(tag_2)函数
0x20965255
dup2
eq                          // 若函数选择子等于 0x20965255(getValue),则跳到 tag_2,否则继续执行
tag_2
jumpi
dup1
0x55241077                  // 若函数选择子等于 0x55241077(setValue),则跳到 tag_3,否则执行 tag_1
eq
tag_3
jumpi
// 没有找到相应的函数,则回退并返回
tag_1:
    0x0
    dup1
    revert
// getValue()函数体
tag_2:
    ...
```

上面的代码很直观,就是取头 4 字节作为函数选择子。为了清晰解释,我们用下面的汇编语言伪代码来说明:

```
methodSelector = calldata[0:4]
if methodSelector == "0x20965255":
    goto tag_2                          // 跳到 getValue()
else if methodSelector == "0x55241077":
    goto tag_3                          // 跳到 setValue()
else:
    ...                                 // 如果没有找到匹配的函数选择子的话,则失败回退
    revert
```

函数体代码如下:

```
// setValue
/* "simpleexample.sol":69:126  function setValue(uint256 para) public {
    ...
*/
tag_3:
    callvalue               /* "--CODEGEN--":8:17  */
    dup1                    /* "--CODEGEN--":5:7   */
    iszero
    tag_7
    jumpi                   /* "--CODEGEN--":30:31 */
    0x0                     /* "--CODEGEN--":27:28 */
    dup1                    /* "--CODEGEN--":20:32 */
    revert                  /* "--CODEGEN--":5:7   */
tag_7:
    pop
```

```
/* "simpleexample.sol":69:126  function setValue(uint256 para) public {
   ...
*/
tag_8
calldataload(0x4)
jump(tag_9)
tag_8:
   stop
```

在进入函数体前，EVM 要做两件事：保留方法的返回地址，把调用数据的参数放到栈上。下面用伪代码来示意：

```
@returnTo = tag_3

tag_3:                                    // setValue()
   // 把调用数据的参数放到栈上
   @arg1 = calldata[4:4+32]
tag_9:                                    // val = para
   sstore(0x0, @arg1)
   // return
   jump(@returnTo)
tag_8:
   stop
```

将两部分结合在一起，整体逻辑的伪代码示意如下：

```
methodSelector = calldata[0:4]
if methodSelector == "0x20965255":
   goto tag_2                             // 跳到 getValue()
else if methodSelector == "0x20965255":
   goto tag_3                             // 跳到 setValue
else:                                     // 没有找到匹配的方法，失败回退
   revert
@returnTo = tag_3
tag_3:                                    // setValue(uint256 para)
   @arg1 = calldata[4:36]
tag_9:                                    // obj = para
   sstore(0x0, @arg1)
   // return
   jump(@returnTo)
tag_8:
   stop
```

### 3．外部方法调用的 ABI 编码

下面利用 PyEthereum 的库来演示和验证。先进入 Python 3，再导入 PyEthereum 库：

```
gavin@gavin-VirtualBox:~/pyethereum$ python3

Python 3.6.7 (default, Oct 22 2018, 11:32:17)
[GCC 8.2.0] on linux
Type "help", "copyright", "credits" or "license" for more information.
```

```
>>> from ethereum.utils import sha3;
>>> sha3("setValue(uint256)").hex()
    '5524107728b6898cfcb4f9c8c4692293f130d6580f855e9f0718b1fa98cbecbd'
```

（1）固定大小的数据类型

对于固定大小的数据类型，如 uint256：

```
>>> from ethereum.abi import encode_abi;
>>> encode_abi(["uint256", "uint256", "uint256"],[0xA, 0xB, 0xC]).hex()
    '000000000000000000000000000000000000000000000000000000000000000a0000000000000000000000000
    00000000000000000000000000000000000000b000000000000000000000000000000000000000000000000000
    0000000000000c'
```

调整输出数据的格式如下：

```
000000000000000000000000000000000000000000000000000000000000000a
000000000000000000000000000000000000000000000000000000000000000b
000000000000000000000000000000000000000000000000000000000000000c
```

上面 3 个数据类型都是 uint256 类型。下面尝试用不同类型的固定长度数据类型。

```
>>> encode_abi(["int8", "uint32", "uint64"],[0xA, 0xB, 0xC]).hex()
    '000000000000000000000000000000000000000000000000000000000000000a0000000000000000000000000
    00000000000000000000000000000000000000b000000000000000000000000000000000000000000000000000
    0000000000000c'
```

**注意**：int8、uint32 等不足 256 位的数据类型都被自动对齐为 32 字节（256 位）。对于固定大小的数组：

```
>>> encode_abi(["int8[3]", "int256[3]"],[[0xA, 0xB, 0xC], [0xD, 0xE, 0xF]]).hex()
    '000000000000000000000000000000000000000000000000000000000000000a0000000000000000000000000
    00000000000000000000000000000000000000b00000000000000000000000000000000000000000000000000
    000000000000c000000000000000000000000000000000000000000000000000000000000000d
    000000000000000000000000000000000000000000000000000000000000000e
    000000000000000000000000000000000000000000000000000000000000000f'
```

调整输出数据的格式如下：

```
000000000000000000000000000000000000000000000000000000000000000a
000000000000000000000000000000000000000000000000000000000000000b
000000000000000000000000000000000000000000000000000000000000000c
000000000000000000000000000000000000000000000000000000000000000d
000000000000000000000000000000000000000000000000000000000000000e
000000000000000000000000000000000000000000000000000000000000000f
```

（2）动态的数据类型

对于动态的数据类型，ABI 采用头 - 尾（head-tail）模型：动态的元素被放在交易 calldata 的尾部（tail 部分），而参数（head 部分）是数组元素 calldata 的索引，指向动态元素的开始。

```
>>> encode_abi(["uint256[]", "uint256[]", "uint256[]"],[[0xa1, 0xa2, 0xa3], [0xb1, 0xb2, 0xb3],
    [0xc1, 0xc2, 0xc3]]).hex()
    '00000000000000000000000000000000000000000000000000000000000000600000000000000000000000000
    0000000000000000000000000000000000000000e0000000000000000000000000000000000000000000000000
    000000000000016000000000000000000000000000000000000000000000000000000000000000003000000000
```

```
0000000000000000000000000000000000000000000000a10000000000000000000000000000000
00000000000000000000000000a2000000000000000000000000000000000000000000000000000
0a3000000000000000000000000000000000000000000000000000000030000000000000000000
0000000000000000000000000000000000000000000b10000000000000000000000000000000000
000000000000000b200000000000000000000000000000000000000000000000000000b300000000
0000000000000000000000000000000000000000000000000000000030000000000000000000000
000000000000000000000000000c100000000000000000000000000000000000000000000000000
0000c200000000000000000000000000000000000000000000000000000000000000000000c3'
```

上面的二进制表示比较杂乱，整理如下：

```
/*    头部（32*3 字节）         */
// arg1: 数组数据在 0x60    0000000000000000000000000000000000000000000000000000000000000060
// arg2: 数组数据在 0xe0
00000000000000000000000000000000000000000000000000000000000000e0
// arg3: 数组数据在 0x160
0000000000000000000000000000000000000000000000000000000000000160
/*    尾部（128*3 字节）        */
// 在 0x60 位置存的是 arg1 的数据。除了数组元素，还有数组长度
0000000000000000000000000000000000000000000000000000000000000003        // 数组长度
00000000000000000000000000000000000000000000000000000000000000a1
00000000000000000000000000000000000000000000000000000000000000a2
00000000000000000000000000000000000000000000000000000000000000a3
//在 0xe0 位置存的是 arg2 的数据
0000000000000000000000000000000000000000000000000000000000000003        // 数组长度
00000000000000000000000000000000000000000000000000000000000000b1
00000000000000000000000000000000000000000000000000000000000000b2
00000000000000000000000000000000000000000000000000000000000000b3
// 在 0x160 位置存的是 arg3 的数据
0000000000000000000000000000000000000000000000000000000000000003        // 数组长度
00000000000000000000000000000000000000000000000000000000000000c1
00000000000000000000000000000000000000000000000000000000000000c2
00000000000000000000000000000000000000000000000000000000000000c3
```

固定大小与动态大小混用的例子如下，即{staitic, dynamic, static}：

```
>>> encode_abi(["uint256", "uint256[]", "uint256"],[0xdddd,[0xa1, 0xa2, 0xa3], 0xeeee]).hex()
'000000000000000000000000000000000000000000000000000000000000dddd00000000000000000000
0000000000000000000000000000000000000000000000600000000000000000000000000000000000000
00000000000eeee0000000000000000000000000000000000000000000000000000000000000030000000
0000000000000000000000000000000000000000000000000000000000a1000000000000000000000000
0000000000000000000000000000000000000000000a200000000000000000000000000000000000000000
00a3'
```

上面的信息整理如下：

```
/*    头部（32*3 字节）         */
// arg1: 0xdddd
000000000000000000000000000000000000000000000000000000000000dddd

// arg2: 数组数据在地址 0x60
```

```
00000000000000000000000000000000000000000000000000000000000000060

// arg3: 0xeeee
000000000000000000000000000000000000000000000000000000000000eeee

/*     尾部（128 字节）    */
// 位置 0x60，arg2 的数组数据在 0x60 处
0000000000000000000000000000000000000000000000000000000000000003      // 数组长度
00000000000000000000000000000000000000000000000000000000000000a1
00000000000000000000000000000000000000000000000000000000000000a2
00000000000000000000000000000000000000000000000000000000000000a3
```

字符串和字节数组也采用 Head-tail 编码模型：

```
>>>encode_abi(["string", "string", "string"],["aaaa", "bbbb", "cccc"]).hex()
'000000000000000000000000000000000000000000000000000000000000006000000000000000000000
00000000000000000000000000000000000000000000a0000000000000000000000000000000000000000
000000000000000e00000000000000000000000000000000000000000000000000000000000000461616161000
0000000000000000000000000000000000000000000000000000000000000000000000000000000
00000000000000000000000000000000046262626200000000000000000000000000000000000000000000
00000000000000000000000000000000000000000000000000000000000000000004636363630000000000000
00000000000000000000000000000000000000000000000'
```

整理后：

```
// arg1: 字符串数据在地址 0x60
0000000000000000000000000000000000000000000000000000000000000060
// arg2: 字符串数据在地址 0xa0
00000000000000000000000000000000000000000000000000000000000000a0
// arg3: 字符串数据在地址 0xe0
00000000000000000000000000000000000000000000000000000000000000e0
// 0x60(96)，arg1 数据所在的位置
0000000000000000000000000000000000000000000000000000000000000004      // 字符串长度
6161616100000000000000000000000000000000000000000000000000000000      // "aaaa"
// 0xa0(160)，arg2 数据所在的位置
0000000000000000000000000000000000000000000000000000000000000004      // 字符串长度
6262626200000000000000000000000000000000000000000000000000000000      // "bbbb"
// 0xe0(224)，arg3 数据所在的位置
0000000000000000000000000000000000000000000000000000000000000004      // 字符串长度
6363636300000000000000000000000000000000000000000000000000000000      // "cccc"
```

如果字符串大于 32 字节，那么：

```
>>>encode_abi(["string"], ["a"*(32+16)]).hex()
'000000000000000000000000000000000000000000000000000000000000002000000000000000000000
000000000000000000000000000000000000000000000030616161616161616161616161616161616161616161
6161616161616161616161616161616161616161100000000000000000000000000000000'
// arg1 指示数组数据开始于 0x20 处
0000000000000000000000000000000000000000000000000000000000000020

// 字符串的长度是 0x30(48)
0000000000000000000000000000000000000000000000000000000000000030      // 字符串长度
```

```
6161616161616161616161616161616161616161616161616161616161616161        // 字符串内容
61616161616161616161616161616161000000000000000000000000000000
```

嵌套数据的编码如下：

```
>>>encode_abi(["uint256[][]"], [[[0xd1,0xd2,0xd3],[0xe1,0xe2,0xe3],[0xf1,0xf2,0xf3]]]).hex()
'0000000000000000000000000000000000000000000000000000000000000020000000000000000000000000
00000000000000000000000000000000000000000300000000000000000000000000000000000000000000000
00000000000000060000000000000000000000000000000000000000000000000000000000000000e00000000
000000000000000000000000000000000000000000000000000001600000000000000000000000000000000
0000000000000000000000000000000003000000000000000000000000000000000000000000000000000000
0d10000000000000000000000000000000000000000000000000000000000000d200000000000000000000000
000000000000000000000000000000000000000000d30000000000000000000000000000000000000000000
0000000000000000000300000000000000000000000000000000000000000000000000000000000000e100000000
00000000000000000000000000000000000000000000000000000000e200000000000000000000000000000
0000000000000000000000000000000000e300000000000000000000000000000000000000000000000000000
0000030000000000000000000000000000000000000000000000000000000000000f100000000000000000000
0000000000000000000000000000000000000000000f20000000000000000000000000000000000000000000
00000000000000000f3'
```

```
// arg1: 外层数组地址在 0x20
0000000000000000000000000000000000000000000000000000000000000020

// 0x20, 每个元素是内部嵌套数组的地址
0000000000000000000000000000000000000000000000000000000000000003        // 嵌套数组长度为 3
0000000000000000000000000000000000000000000000000000000000000060        // 第 0 个嵌套子数组地址
00000000000000000000000000000000000000000000000000000000000000e0        // 第 1 个嵌套子数组地址
0000000000000000000000000000000000000000000000000000000000000160        // 第 2 个嵌套子数组地址

// array[0]在 0x60 位置
0000000000000000000000000000000000000000000000000000000000000003        // 第 0 个嵌套子数组长度为 3
00000000000000000000000000000000000000000000000000000000000000d1
00000000000000000000000000000000000000000000000000000000000000d2
00000000000000000000000000000000000000000000000000000000000000d3

// array[1]在 0xe0 位置
0000000000000000000000000000000000000000000000000000000000000003        // 第 1 个嵌套子数组长度为 3
00000000000000000000000000000000000000000000000000000000000000e1
00000000000000000000000000000000000000000000000000000000000000e2
00000000000000000000000000000000000000000000000000000000000000e3

// array[2]在 0x160 位置
0000000000000000000000000000000000000000000000000000000000000003        // 第 2 个嵌套子数组长度为 3
00000000000000000000000000000000000000000000000000000000000000f1
00000000000000000000000000000000000000000000000000000000000000f2
00000000000000000000000000000000000000000000000000000000000000f3
```

EVM 采用 2 的补码来表示负数，所以-1 在 EVM 中的表示是：

```
0xffffffffffffffffffffffffffffffffffffffffffffffffffffffffffffffff
```

## 6.6 运行原理

下面是一个 ERC20 的通证合约的标准实现，程序逻辑简单。我们以它为例来解析智能合约的实现。这个合约有溢出漏洞，这里忽略这个漏洞，专注于合约语言、字节编码和汇编语言的实现。

```solidity
pragma solidity ^0.4.24;
contract SampleERC20{
    uint256 _totalSupply;
    mapping(address => uint256) balances;
    constructor(uint256 _initialSupply) public {
        _totalSupply = _initialSupply;
        balances[msg.sender] = _initialSupply;
    }
    function totalSupply() public view returns (uint256) {
        return _totalSupply;
    }
    function balanceOf(address _owner) public view returns (uint256) {
        return balances[_owner];
    }
    function transfer(address _to, uint256 _value) public returns (bool) {
        require(_to != address(0));
        require(_value <= balances[msg.sender]);
        balances[msg.sender] = balances[msg.sender] - _value;
        balances[_to] = balances[_to] + _value;
        return true;
    }
}
```

将上面的代码复制到 Remix 中进行编译，编译器版本应为 0.4.24。输入程序如图 6-13 所示。

单击 "Details" 按钮，查看生成的合约的相关信息，如图 6-14 所示。

生成的字节码如下：

```
608060405234801561001057600080fd5b506040516020806103ee833981018060405281019080805190602001909
2919050505080600081905550806001600003373ffffffffffffffffffffffffffffffffffffffff1673ffffffffff
ffffffffffffffffffffffffffffff16815260200190815260200160002081905550506103608061008e600039600
0f300608060405260043610610057576000357c01000000000000000000000000000000000000000000000000000000
0000900463ffffffff16806318160ddd1461005c57806370a0823114610087578063a9059cbb146100de575b60008
0fd5b34801561006857600080fd5b506100716101435b604051808281526020019150506040518091039f35b34
80156100935760008df5b506100c860048036038101908080357ffffffffffffffffffffffffffffffffffffffff
f1690602001909291905050506101014c565b604051808281526020019150506040518091039f35b3480156100ea57
600080fd5b5061012960048036038101908080357ffffffffffffffffffffffffffffffffffffffff16906020019
092919080359060200190929190505050610195565b60405180821515151581526020019150506040518091039f3
5b60008054905090565b60006001600083373ffffffffffffffffffffffffffffffffffffffff1673ffffffffffff
ffffffffffffffffffffffffffffff168152602001908152602001600020549050919050565b60008073ffffffffff
ffffffffffffffffffffffffffffffff168373ffffffffffffffffffffffffffffffffffffffff16141515156101d2576
```

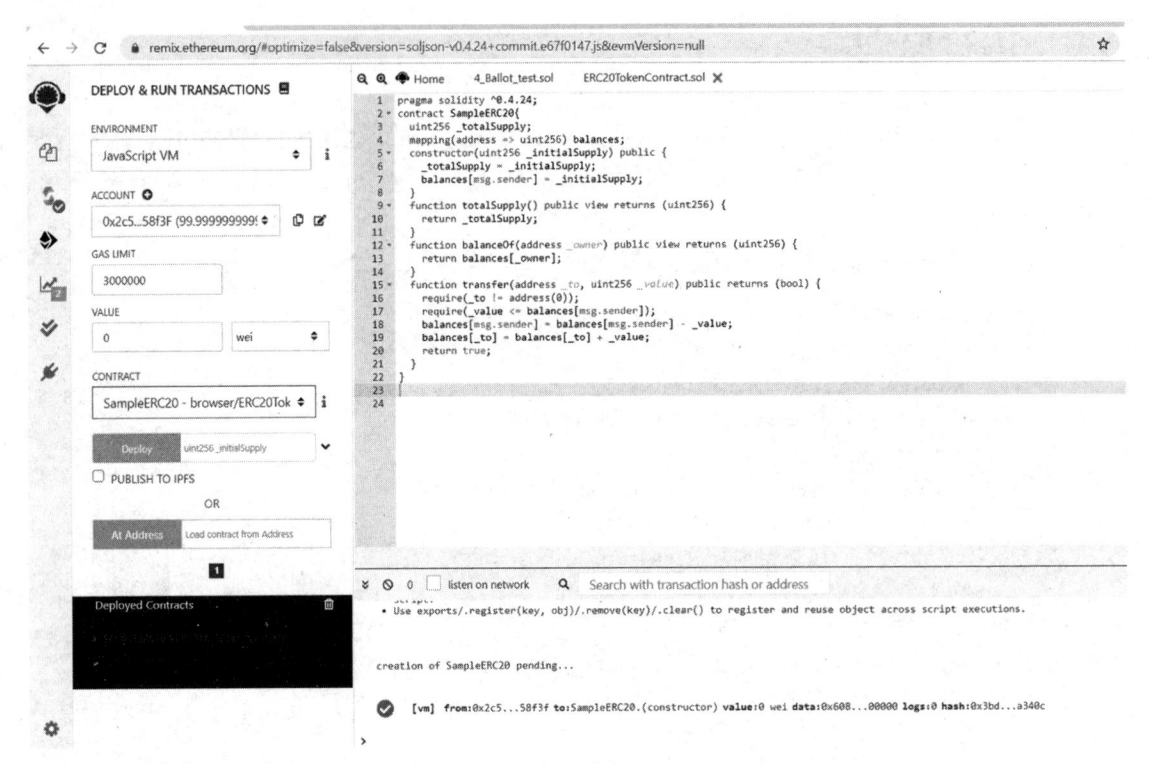

图 6-13　SampleERC20.sol

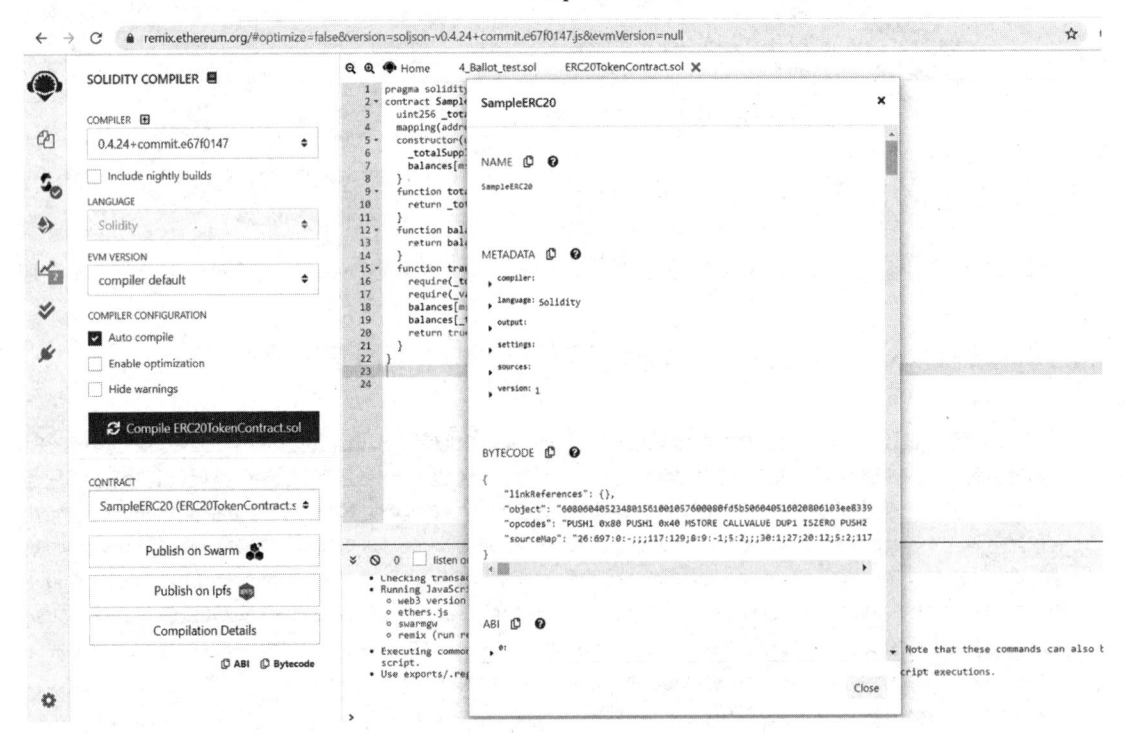

图 6-14　SampleERC20 编译后生成的明细

```
ffffffffffffffffffffffffffffff1673ffffffffffffffffffffffffffffffffffffffff1681526020019081
5260200160002054036001600033730ffffffffffffffffffffffffffffffffffffffff1673ffffffffffffffffff
ffffffffffffffffff1673fffffffffffffffffffffffffffffffffffffffff168152602001908152602001600020
5401600160008573ffffffffffffffffffffffffffffffffffffffff1673ffffffffffffffffffffffffffffffff
ffffffff16815260200190815260200160002081905550600190509291505056600a165627a7a72305820736f98218
c5fe9418d7fcfad2b6b502cfa8f999ca749d0174a2efcf37e151afc0029
```

生成的runtime字节码如下：

```
608060405260043610610057576000357c010000000000000000000000000000000000000000000000000000009
00463ffffffff16806318160ddd1461005c57806370a0823114610087578063a9059cbb146100de575b600080fd5b
3480156100685760008wfd5b50610071610143565b6040518082815260200191505060405180910390f35b3480156
1009357600080fd5b506100c860048036038101908080359073ffffffffffffffffffffffffffffffffffffffff1690
6020019092919050505061014c565b604051808281526020019150506040518091039f35b3480156100ea5760008
0fd5b506101296004803603810190808035739ffffffffffffffffffffffffffffffffffffffff1690602001909291
9080359060200190929190505050610195565b6040518082151515158152602001915050604051809103900f35b600
08054905090565b6000600160008373ffffffffffffffffffffffffffffffffffffffff1673ffffffffffffffffff
ffffffffffffffffffff168152602001908152602001600020549050919050565b6000807ffffffffffffffffffff
ffffffffffffffff168373ffffffffffffffffffffffffffffffffffffffff16141515156101d257600080
fd5b6001600033373ffffffffffffffffffffffffffffffffffffffff1673ffffffffffffffffffffffffffffffff
ffffffff168152602001908152602001600020548211151515610220576000806fd5b81600160003373ffffffffffff
ffffffffffffffffffffffffff1673ffffffffffffffffffffffffffffffffffffffff168152602001908152602
0016000205403600160003373ffffffffffffffffffffffffffffffffffffffff1673ffffffffffffffffffffffff
fffffffffffffffff168152602001908152602001600020819055508160016000&573ffffffffffffffffffffffff
fffffffffffffff1673ffffffffffffffffffffffffffffffffffffffff168152602001908152602001600020540
16001600085730ffffffffffffffffffffffffffffffffffffffff1673ffffffffffffffffffffffffffffffffff
fff16815260200190815260200160002081905550600190509291505056600a165627a7a72305820736f98218c5fe9
418d7fcfad2b6b502cfa8f999ca749d0174a2efcf37e151afc0029
```

对比生成的字节编码和合约的runtime字节编码，差别在于下面划线的部分。我们会发现上面加粗的代码是对所有合约都适用的合约导入的代码。

```
6080604052348015610010576000806fd5b506040516020806103ee83398101806040528101
908080519060200190929190505050806000819055506001600033736fffffffffffffffffff
fffffffffffffffffffffff1673ffffffffffffffffffffffffffffffffffffffff168152
602001908152602001600020819055505061036080610086000396000f300
```

可以看到，上面的二进制代码完全不可读，影响我们对合约代码的理解和分析。下面我们来看看生成的可读的汇编代码。

```
.code
    PUSH 80            contract SampleERC20{\r\n  uin...
    PUSH 40            contract SampleERC20{\r\n  uin...
    MSTORE             contract SampleERC20{\r\n  uin...
    CALLVALUE          constructor(uint256 _initialSu...
    DUP1               olidity ^
    ISZERO             a
    PUSH [tag] 1       a
    JUMPI              a
    PUSH 0             r
    DUP1               o
```

```
    REVERT              .24;\r\ncontra
    tag 1               a
    JUMPDEST            a
    POP                 constructor(uint256 _initialSu...
    PUSH 40             constructor(uint256 _initialSu...
    MLOAD               constructor(uint256 _initialSu...
    PUSH 20             constructor(uint256 _initialSu...
    DUP1                constructor(uint256 _initialSu...
    PUSHSIZE            constructor(uint256 _initialSu...
    DUP4                constructor(uint256 _initialSu...
    ...                 // 此处省略
```

上面的汇编代码复制自 Remix。还可以用如下命令生成智能合约的汇编代码：

```
solc --asm --output-dir=build/binaries SampleERC20.sol
```

汇编代码和字节编码的对照表见文献[11]。例如：

```
0x60 => PUSH
0x01 => ADD
0x02 => MUL
0x00 => STOP
...
```

所以，合约的字节码如图 6-15 所示。具体的汇编代码讨论请参照文献[11]，本书只讨论其逻辑流程。

### 1. 合约导入代码

合约导入代码的流程如图 6-16 所示。所有合约代码导入逻辑都是类似的，唯一不同的是构造函数体（图中虚框）。

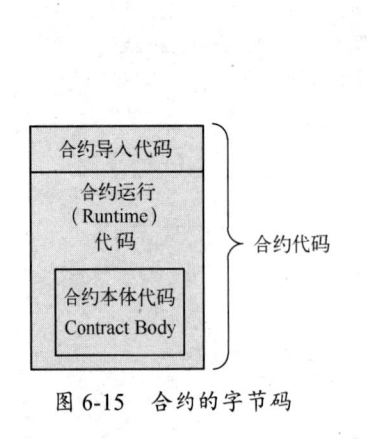

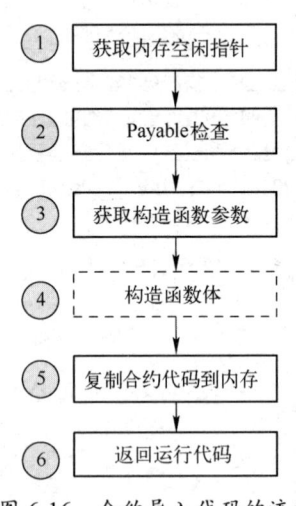

图 6-15　合约的字节码

图 6-16　合约导入代码的流程

① 获取内存空闲指针。以上面二进制代码的前 5 字节 6080604052 为例，Push1 的二

---

[11] Ethereum．Opcodes[OL] (2019-05-27) [2019-05-27].

进制代码是 0x60，所以：

```
6080  ==》  PUSH1 0x80
6040  ==》  PUSH1 0x40
52    ==》  MSTORE
```

执行完第二条指令后，栈的情况是 {0x40, 0x80}，第三条指令可以解释如下：

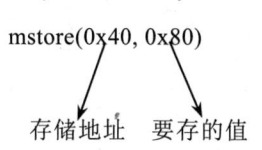

$$\text{mstore}(0x40, 0x80)$$

（存储地址）（要存的值）

上面的指令是把 0x80 存到地址 0x40 中，即内存中空闲指针的地址。所以，空闲内存指针从地址 0x80 开始。

② payable 检查。合约的创建需要以支付 Ether 的方式付费。合约导入代码必须检查这个调用是否有 Ether。

③ 获取构造函数参数。如果合约的构造函数有参数，那么参数的值以十六进制数据的形式放在合约运行代码末尾。

④ 构造函数体。每个合约的构造函数不一样，但是调用逻辑是一致的。

⑤ 复制合约代码到内存。将合约体代码（即 runtime 代码）复制到内存。关键参数是合约体大小和合约体的起始地址。

⑥ 返回运行代码。设置返回值，则合约导入成功。

### 2．合约本体通用部分

合约本体通用部分的流程如图 6-17 所示。

① 获取内存空闲指针：

```
6080  ==》  PUSH1 0x80
6040  ==》  PUSH1 0x40
52    ==》  MSTORE
```

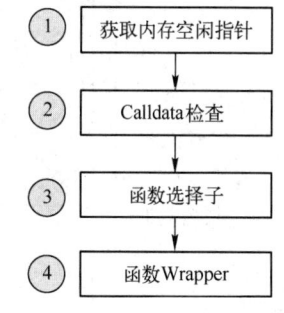

图 6-17　合约本体通用部分的流程

② 检查调用数据。如果调用数据少于 4 字节，那么返回。因为合约调用需要调用数据至少包含函数选择子（4 字节），这样才能继续执行下面的步骤。

③ 函数选择子。从调用数据中获取函数选择子，紧跟 switch 分支语句。以本节的 SampleERC20 合约为例，如果函数选择子是 totoalSupply()，就跳到 totalSupply 的函数外包装（Wrapper）处继续执行，进入下一步。

④ 函数外包装。Wrapper 的代码都是由 Solidity 编译器注入的，主要是在执行函数本体代码前进行必要的检查：基于 payable 修饰符的有无，进行相应的 Ether 检查；将调用数据入栈，为函数本体代码执行做准备；跳到函数本体代码执行。

### 3．合约本体特定代码

由于智能合约的商业逻辑千变万化，函数实现各有不同，本节只解析智能合约的工作机制，即只讨论和分析函数参数的传入机制和返回值传回机制，而不讨论函数商业逻辑的具体汇编实现。在执行合约本体代码前，Wrapper 已将调用数据放在栈顶，同时返回地址入栈，如图 6-18 所示。结果返回后，将结果入栈，然后跳转返回。以 totalSupply() 函数为例，如图 6-19 所示。

图 6-18　调用函数本体时的栈状态

图 6-19　函数本体返回时的栈状态

### 4．合约运行全视图

综合以上讨论，合约运行全视图如图 6-20 所示。

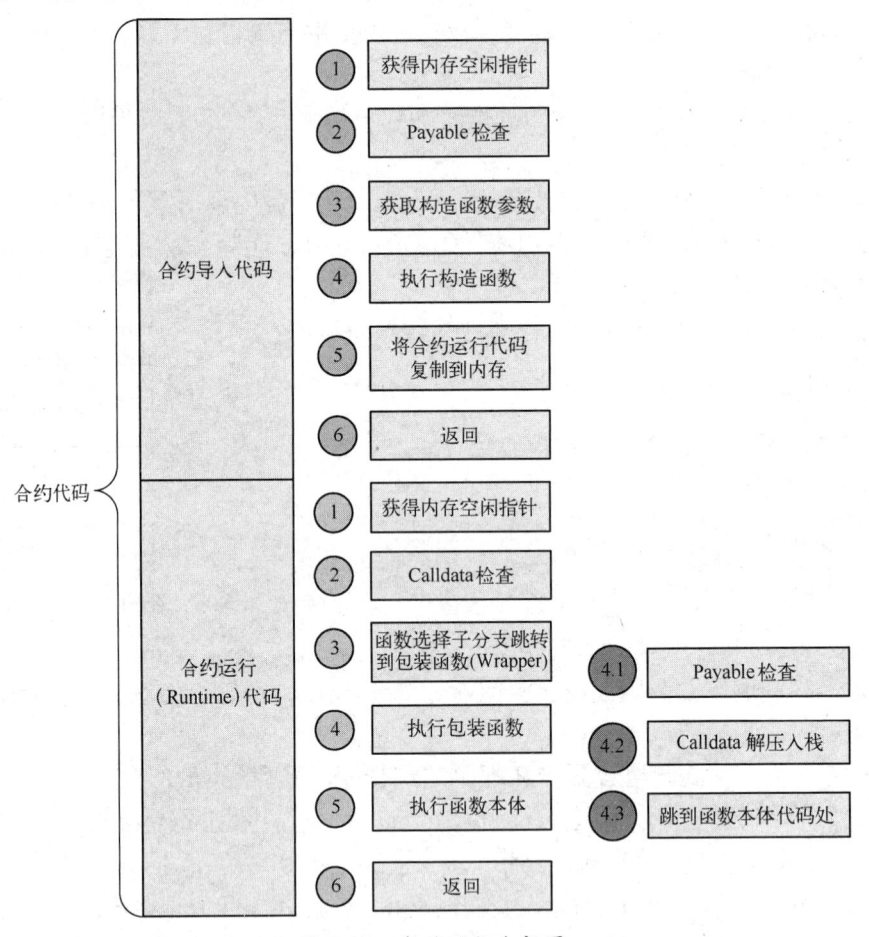

图 6-20　合约运行全视图

# 习　题　6

1．开放问题（团队作业：2~4 人一小组）：选择任何一个区块链智能合约应用，阐述其中的合约升级策略。可以在以下两个（但不限于）应用中任选其一或自由选择：**Augur**，**Colony**。

2. Solidity 实现 RSA 签名。

3. 现有函数声明如下：

```
function responseBytes(bytes32 queryId, address callbackAddr, string calldata callbackFUN,
            uint64 stateCode, bytes calldata respData) payable external isOwner returns(bool)
```

其函数原型和函数选择子是什么？

4. delegatecall 一直被认为是最有风险的指令，其危险之处是什么？

5. Solidity 如何实现签名验证？例如，函数有两个输入 message 和 signature，message 的格式是：message.length + message。

6. 程序如下：

```
pragma solidity ^0.4.0;
contract sample {
    struct s{
        uint a;
        uint b;
    }
    uint x;
    mapping(uint => mapping(uint => s)) data;
}
```

那么，data[3][6].b 存储在何处？

# 第 7 章 去中心化应用

本章介绍如何开发基于 Solidity 智能合约的去中心化应用（DApp）。去中心化应用的开发大概分为 5 部分：服务器端（应用逻辑），客户端，数据存储，消息通信，名字解析。

## 7.1 DApp 概述

图 7-1 是去中心化应用（DApp）的示意图，主要包括智能合约、网络文件存储和动态通信。

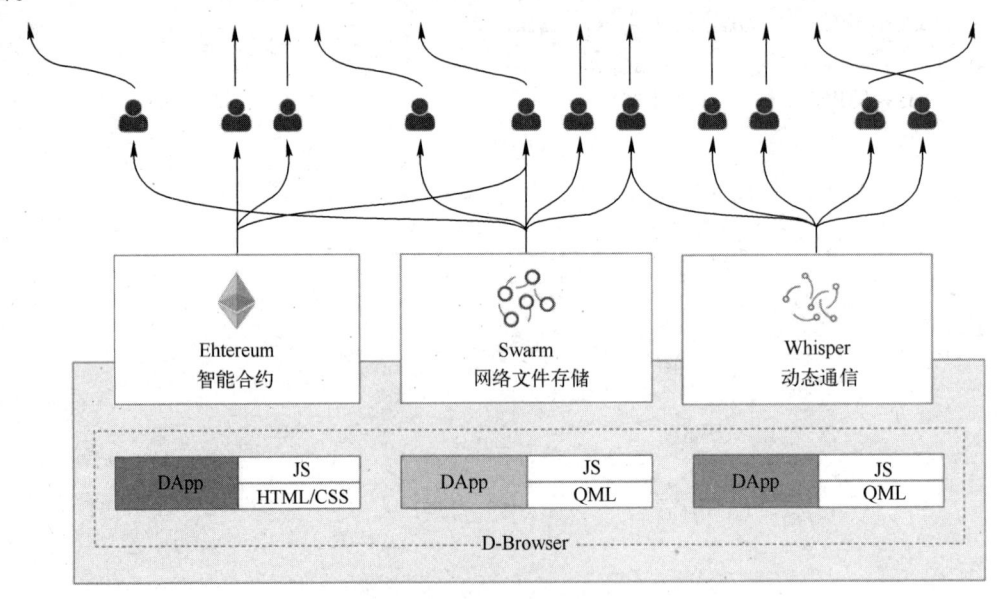

图 7-1　去中心化应用示意图[1]

DApp 可以被认为是一个"现代的 Web 应用+关键组件分配到对点网络"，从而减少应用风险，保证优良的用户体验。从逻辑上，DApp 的组成如下。

① Web 基础设施（Web Application Infrastructure）：DApp 具有传统 Web 应用的特性，也就是说，能处理 HTTP Request，返回 Response。

② 去中心化数据（Distributed Data）：数据存储在区块链上，或者采用分布式存储。

---

[1] Andreas M. Antonopoulos, Dr.Gavin Wood. Mastering Ethereum[M]. Sebastopol CA: O'Reilly, December, 2018.

③ 去中心化商业逻辑（Distributed Business Logic）：商业逻辑主要由智能合约编程构成，而智能合约的代码必须部署到区块链上，公开透明，但是容易引致攻击。

④ 客户端加密（Client Encryption）：由于客户端经常保有钱包的私钥，很多交易事务需要进行加密后再传输。

与传统的应用相比，DApp 有以下特点。

（1）减轻单点失败的风险（Single Point of Failure，SPOF）

Web 应用依赖的基础设施（如服务器设施、代码、数据库等）天然具有单点失败的可能性，而 DApp 可以大幅减低单点失败的风险，同时提高可用性（High Availability）。

（2）降低对中心权威的依赖性

区块链技术通过智能合约技术，为执行商业逻辑提供了一个不可篡改的、可完全审计的环境。DApp 的任何用户都可以验证智能合约中的逻辑，包括输入、输出、状态等。

（3）提高安全性

通过引入加密技术，DApp 大大提高了安全性。

（4）利用网络效应

DApp 通过使用公开的分布式账本或者分布式存储作为信任的基础，提供身份验证、授权规则和访问权限控制。

（5）分布式数据存储

分布式账本 IPFS 或者 Swarm 能在多个节点上保存数据。

（6）分布式商业逻辑

以太坊用智能合约实现商业逻辑，超级账本使用了相似的技术，即链码。而链码代码运行在分布式账本上。

（7）客户端加密

区块链钱包在客户端实现了加密功能，使用户可以在与服务器通信前加密或签名数据。

从用户视角，典型的 DApp 如图 7-2 所示，用户通过一个支持 web3 库的浏览器访问网站，网站从数据库或者区块链上读写数据。网站本身维护一个以太坊的全节点，或者连接到一个以太坊的全节点上。图 7-3 则更为具体，从技术人员视角描写了具体的执行步骤。

合约创建和合约函数调用步骤如下。

① 编写智能合约，存入以 .sol 为后缀的文件。
② 将合约文件编译，部署到 testrpc/Ganache，进行测试。
③ 测试成功后，将相应的合约文件的字节码返回。
④ DApp 将编译好的合约字节编码部署到区块链上。
⑤ 返回合约地址和合约二进制编码接口。
⑥ 前端调用带有参数的合约函数，包括合约地址、ABI 和 Nonce。

Web 1.0 是静态页面，Web 2.0 是交互式（Interactive）和 JavaScript。传统的 C/S 结构大致包括：客户端（Client）、服务器（Server）和数据库（Database）。

Web 3.0 是指服务器和数据库如同客户端一样去中心化（Decentralized），也就是说，客户端也可以扮演服务器和数据库的角色。由于多对多的关系，这个体系没有中心化的控制，也没有单点失败的问题。

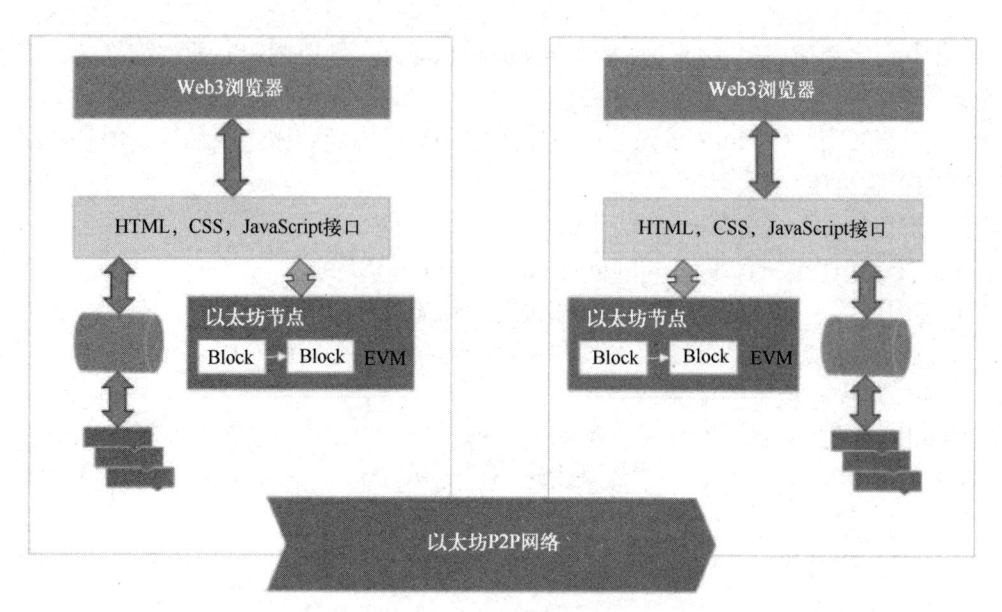

图 7-2 用户视角的 DApp

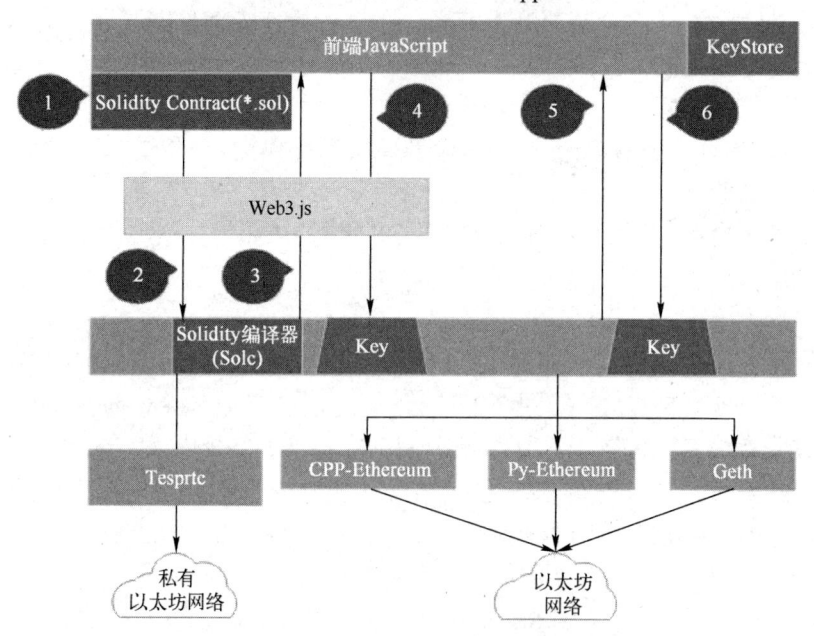

图 7-3 技术人员视角的 DApp

DAapp 与传统程序的区别如下：

① DAapp 所有数据都公开可见，但是我们可以选择加密或者哈希数据来保护数据，即代码混淆（Code Obfuscation）。

② 所有交易都需要付费，否则去中心化系统无法运行。也就是说，用户要为运行交易给每个交易付费。付费多少取决于智能合约交互的执行需要消耗多少资源，被称为燃料费。

③ 与中心化应用不同，在考虑给每个交易付费时，还必须知道交易被执行需要的时间。每个区块打包的交易有限，所以愿意支付的燃料价格越高，交易就越有机会被优先打包进块中。

与建立一个正常的网站或者移动端应用一样，创建一个 DAapp 一般需要计算、文件存储、外部数据、资产收入和支付。表 7-1 是 DAapp 技术栈的 2017 年发展状况。

表 7-1  DApp 技术栈（2017 年）

| 内容 | Web 2.0 | Web 3.0 | 状态 |
| --- | --- | --- | --- |
| 可扩展计算 | Amazon EC2 | Ethereum，Truebit | 进行中 |
| 文件存储 | Amazon S3 | IPFS/Filecoin，Storj | 进行中 |
| 外部数据 | 第三方 API | 预言机 | 进行中 |
| 资产收入 | 广告、销售 | 通证模型 | 准备就绪 |
| 支付 | 信用卡、Paypal | 加密货币、状态通道 | 准备就绪 |

## 7.2  DApp 架构

DApp 的特点如下。

① DApp 的智能合约不是由任何的中心化个体或者组织控制的，甚至不是由智能合约开发者或者赞助者所能控制的。

② 数据交易被广播到区块链，由矿工去执行相关智能合约。

③ 在数据和资产收入方面，智能合约强制执行一系列规则。一旦智能合约被部署，就没有人能修改规则了。

④ 智能合约代码和交易都必须是公开透明的、可审计的和可以验证的。

⑤ 网站必须全部是静态文件，而且依赖于区块链作为唯一的数据库来源。

本节主要讨论 DApp 的无服务器应用（Serverless App）、浏览器插件、私人节点、离线签名和其他相关问题。图 7-4 是 DApp 程序结构的示意图。

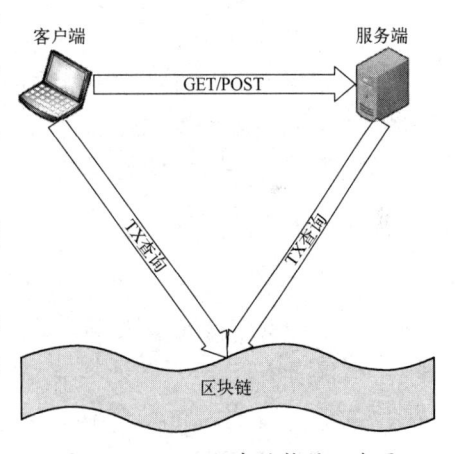

图 7-4  DApp 程序结构的示意图

### 7.2.1  客户端

DApp 的客户端可以存在任何地方，如静态网页、移动终端等。托管这些内容的可以是任何云服务提供商。如果云服务商提供 Swarm、Stroj 或者 IPFS，就可以做到将内容（网页、资源）完全去中心化。

目前，大部分应用客户端使用 web3 库，用来连接区块链、查询信息、发送交易等。另一种方案是使用官方的 Mist 客户端或者浏览器插件 MetaMask。

下面的代码演示如何在网页初始化时检查 web3 库是否已经安装：

```
window.addEventListener('load',
  function() {
```

```
    // 检查 web3 对象是否被注入浏览器 (Mist/MetaMask)
    if (typeof web3 !== 'undefined') {
        // 若 web3 对象存在，则使用 Mist/MetaMask 作为提供者
        window.web3 = new Web3(web3.currentProvider);
    }
    else {
        // 应变计划：如果 web3 对象不存在，那么使用本地节点/宿主节点 + in-dapp id mgmt
        window.web3 = new Web3(new Web3.providers.HttpProvider("http://localhost:8545"));
    }
    // 运行 DApp，并与 web3 交互
    startApp()
  }
)
```

## 7.2.2 服务器端

为什么 DApp 还需要服务器端程序呢？首先，因为区块链的代码不能直接与链下的服务通信。在有与第三方服务交互的情况下，如获取外部行情或者发送/接收电子邮件的情况下，程序仍然需要服务器端程序。

其次，服务器端程序可以起到缓存器或者索引引擎的作用。客户端程序需要服务器端提供搜索功能，或者验证链上数据。

再次，目前在以太坊上存储和计算数据是非常昂贵的，操作需要燃料。比较经典的做法是把数据存储和计算放在链下，链上只保存证据用于验证。

假设应用都是运行在服务器上，那么，服务器端如何与区块链打交道呢？

### 1．本地节点

简单方法是建立一个本地的以太坊节点（如图 7-5 所示），所有与区块链打交道的操作都通过调用 JSON RPC 接口来实现。如果客户端想做一些改变状态的操作，就必须在本地保存一个解锁的账户，保证本地节点的 JSON RPC 接口只能由自己的应用访问，否则可能被别人访问，资产可能被窃取。同时，放在解锁账户的资产越少越好。

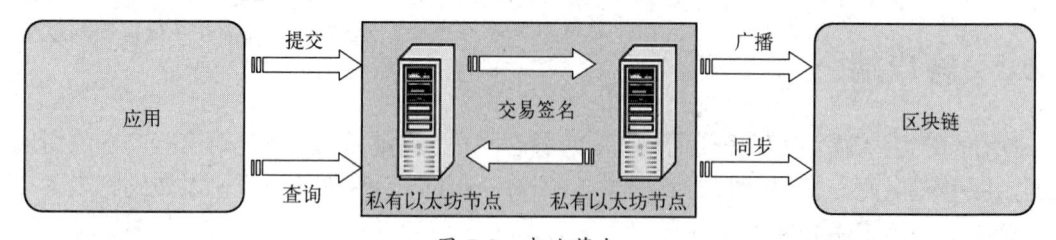

图 7-5　本地节点

### 2．线下签名

另一个方案是，在客户端的应用中对交易进行离线签名，然后向一个公共节点发送交易（如图 7-6 所示）。这个方案其实是盲目相信公共节点：公共节点不会篡改交易详细信息，公共节点也不会选择性地不传输交易到区块链或者返回虚假的查询信息。为了防止公共节

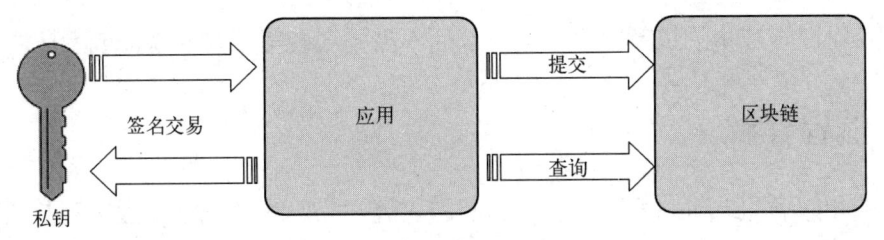

图 7-6 线下签名

点作恶，在编程上可以选择同时连接多个公共节点，选择同时向多个公共节点发送交易、查询信息。这种方法会使编程序变得更加复杂。

这样的公共节点起到网关的作用，比较著名的公共节点有 Infura。

### 3．改变状态的操作（State-change transaction）

以上两个方案对于对区块链的查询足够了，但是如果操作会改变区块链的合约状态就不够了。对于 sendtransaction 操作，如果客户端安装了 Mist 或者 Metamask，就比较简单：Mist 提供一个网关/账户给用户的本地节点，用来签名交易，而 Metamask 在客户端签名交易并且中继转发给 Metamask 的公共节点。否则，客户端必须手工发送交易。

为了运行一个特定的合约函数，用户在发送数据时需要发送 Ether。request( )函数可以容易获得运行一个方法所需的数据。

```
SimpleToken.at(tokenAddress).transfer.request("0xbcfb5e3482a3edee72e101be9387626d2a7e994a",
                                               1e18).params[0].data
// 调用 transfer 的返回数据
'0xa9059cbb0000000000000000000000000000000000000000000000000000000000000000000000000000
  00000000000000000000000000000000de0b6b3a7640000'
```

在实现合约时，应确定合约的默认回退（fallback）函数拒绝所有支付给该合约的资产，或者设计合理的逻辑来处理支付给合约的资产。这样的目的是：即使用户忘记发送附加数据，用户也不会丢失资产。

另一个方法是加入代理合约。在收到 Ether 后，每个合约代理执行主合约的一个特定函数。例如，实现一个二分法的投票程序：主合约有 vote-yes()和 vote-no()函数，部署两个附加合约，其中除了调用主合约的 vote-yes()或者 vote-no()函数，没有任何逻辑，而不是通过交易发送 yes 或者 no 标志。这个方法通常用于比较简单的应用，用来降低以太坊编程的复杂性。

### 4．实现自己的钱包

第四种方法是在应用中集成钱包功能。应用程序可以为用户创建新的账户，由应用代码发送交易信息。用户需要预先在新账户中存放一些资产（如 Ether），程序需要使用账户的资产来支付交易费用。也就是说，应用程序有新建账户的私钥，可以用私钥签名交易，并通过公共节点执行。

这种做法需要很多编程实现，如：新建账户和加密、导入/导出功能等，可以参考 ethereum-wallet 库的实现；所有交易必须手工创建并签名，以原始交易的方式发送给节点。用户也会增加很多工作，如配置新建账户、保存账户文件。但是，一旦配置完成，好处就是应用程序可以零成本的执行以太坊交易,而不需要安装第三方的软件或者插件。

## 7.2.3 流程详解

客户端和服务器端可以同时并发地访问区块链,经典的做法是向区块链发送请求,然后监听链上的合约事件,如图 7-7 所示。这里可以使用监听者(Observer)模式,客户端程序可能只监听与其相关的事件,而服务器端程序可能监听所有事件,通过事件的 indexed 参数区分事件种类。

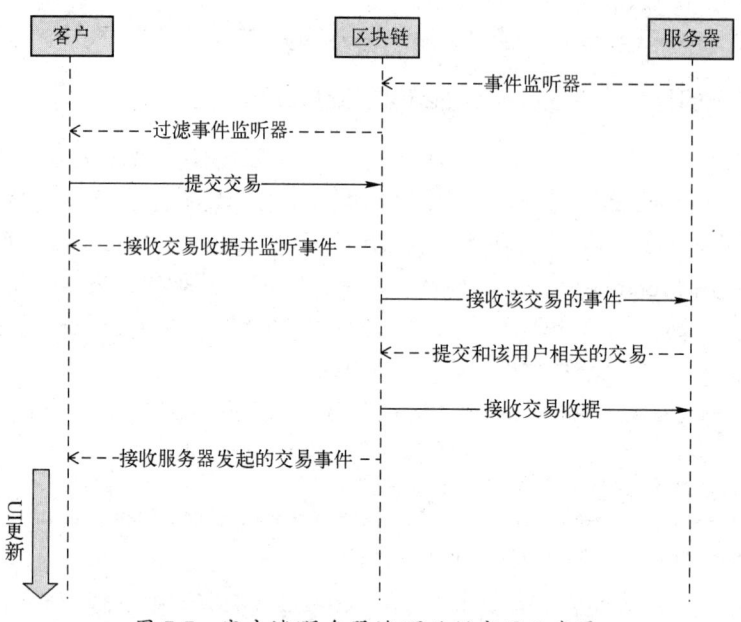

图 7-7 客户端/服务器端/区块链交互示意图

### 1. 合约事件(Contract Events)

可以使用诸如 Filter 等事件来创建事件过滤器:

```
var event = myContractInstance.myEvent({valueA: 23} [, additionalFilterObject])
// 监听变化事件
event.watch(function(error, result) {
            if (!error)
                console.log(result);
        }
);
// 或者传递一个回调函数来立即开始监听
var event = myContractInstance.myEvent([{valueA: 23}] [, additionalFilterObject],
                                function(error, result) {
                                    if (!error)
                                        console.log(result);
                                }
);
```

创建事件的方法相同,但是传入事件的参数不一样。

（1）参数

第一个参数是过滤日志索引后的返回值，如上面代码中的[{valueA: 23}]。默认所有过滤器的值都被设为 null。这意味着用来匹配所有从这个合约发出的事件。

第二参数是附加的过滤器选项，如上面代码中的[, additionalFilterObject])。默认 filterObject 有 address 域，设定为合约地址。另外，第一项是事件的签名。

第三个参数（可选）是函数，如上面代码中的 function(error, result)。如果传递了一个回调函数作为参数，就立即开始监听程序，不需要调用 myEvent.watch(function(){})。

（2）回调函数

事件对象由以下域组成。

- address：日志源地址，String 类型，32 字节。
- args：事件参数，Object 类型。
- blockHash：日志所在的块哈希值，String 类型，32 字节。
- blockNumber：日志所在的块号，Number 类型。
- logIndex：块中日志索引的位置，Number 类型。
- event：事件名，String 类型。
- removed：标明该交易事务创建的时间是否从区块链上已被删除，bool 类型。
- transactionIndex：创建日志的交易的整数型索引，Number 类型。
- transactionHash：创建日志的交易信息的哈希值，String 类型，32 字节。

（3）示例

下面是一个监听相关事件的例子。

```
var MyContract = web3.eth.contract(abi);          // 利用已有的ABI生成合约
// 映射到已部署的合约地址
var myContractInstance = MyContract.at('0x78e97bcc5b5dd9ed228fed7a4887c0d7287344a9');
// 监听带有{some:'args'}的事件
var myEvent = myContractInstance.myEvent({some:'args'}, {fromBlock:0, toBlock:'latest'});
                        myEvent.watch(function(error, result){ … }
);
// 获得所有以往的日志
var myResults = myEvent.get(function(error, logs){ … });
…
// 将停止监听并且卸载 filter
myEvent.stopWatching();
```

### 2．合约所有事件

下面是一个监听所有事件的例子。

```
// 获取和合约相关的所有事件
var events = myContractInstance.allEvents([additionalFilterObject]),
                        // 监听所有的变化
                        events.watch(function(error, event) {
                            if (!error)
                                console.log(event);
                        }
```

```
);
// 或者传递一个回调函数来立即开始监听
var events = myContractInstance.allEvents([additionalFilterObject],
                                          function(error, log) {
                                              if (!error)
                                                  console.log(log);
                                          }
);
```

事件发生时,将调用由本合约创建的所有事件的回调函数。

创建监听所有事件的参数说明如下.

(1)参数

第一个参数是附加的过滤器选项,如上面代码中的[additionalFilterObject]。默认 filterObject 有 address 域,设定为合约地址。另外,第一项是事件的签名,并且不支持附加的 topics。

第二个参数是可选的函数,如上面代码中的 function(error, log)。如果传递了一个回调函数作为参数,就立即开始监听程序,不需要调用 myEvent.watch(function(){})。

(2)回调返回值

返回的对象是合约的事件。

(3)示例

```
var MyContract = web3.eth.contract(abi);
var myContractInstance = MyContract.at('0x78e97bcc5b5dd9ed228fed7a4887c0d7287344a9');
// 监听带有{some:'args'}的事件
var events = myContractInstance.allEvents({fromBlock: 0, toBlock: 'latest'});
events.watch(function(error, result) { … });
// 将获得所有以往的日志
events.get(function(error, logs){ … });
…
// 停止监听并卸载 filter
events.stopWatching();
```

客户端可以通过交易号去区块链上查询交易的状态。在这种情况下,应确保客户端和服务器端的消息仅仅是通知而不能轻易信任。不论是监听交易还是事件,应确保等到获得一定数量的确认后才开始后续操作。因为即使一个交易已经被打包进了区块,还是有可能因为区块链重组而被舍弃,成为非法交易。现在 EVM 周边的服务方兴未艾,如 Filecoin 或 Storj 作为存储服务,Truebit 作为离线计算服务,Oraclize 作为预言机服务等。

## 7.3 去中心化数据存储

当前比较流行的去中心化的存储平台有 Swarm、IPFS/Filecoin、Storj。Storj 是一个由区块链技术赋能的中心化系统应用,使用了区块链使用的一系列技术,但它本身不是区块链。所以本节主要介绍 Swarm 和 IPFS/Filecoin。

## 7.3.1　Swarm

Swarm 是一个分布式存储平台和内容分发服务,是一个以太坊 web3 栈的本土服务层,如图 7-8 所示[2]。Swarm 的最主要目标是为以太坊公共记录,尤其是 DApp 代码、数据和区块数据提供足够去中心化和足够重复的存储。从经济学角度,Swarm 会激励一部分参与者集中他们的存储和带宽资源为其他网络成员提供以上服务。如果说以太坊是世界计算机,那么 Swarm 就是世界硬盘。

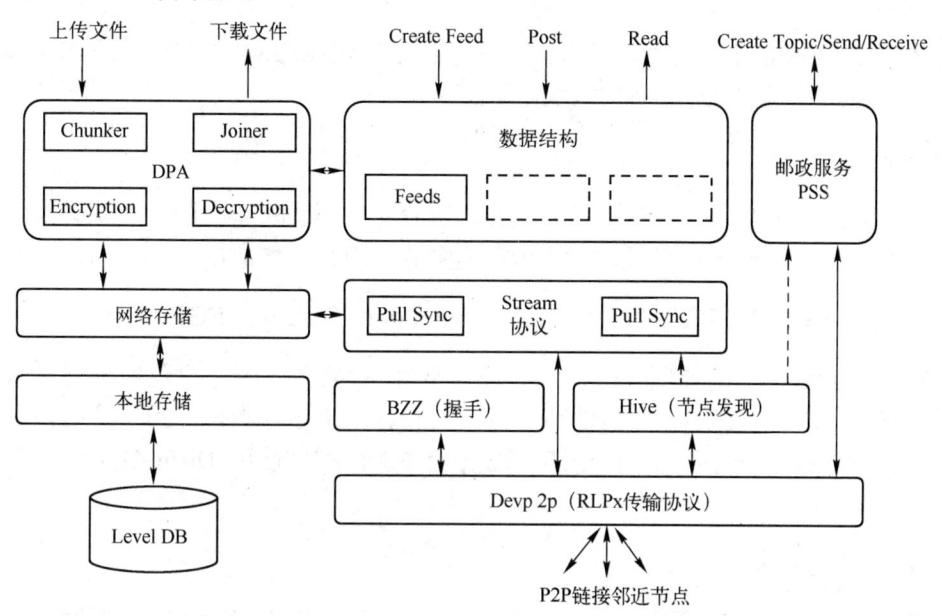

图 7-8　Swarm 架构

从终端用户角度,Swarm 与 Web 并无很大区别,采用点对点存储方式,以达到抗 DDoS 攻击、零停机、容错、耐屏蔽和自我维持的目的。自我维持之所以得以实现,是因为 Swarm 内置的点对点账户系统将便捷地允许资源与支付之间的交换。

Swarm 为开发 DApp 提供基础设施,主要包括:消息机制,数据流,点对点会计,可变资源更新,存储保险,托管扫描和修复证明,以及数据库服务。Swarm 的代币为 BZZ。

注意,目前主流浏览器并不支持 BZZ 模式。如果访问 BZZ 模式的内容,就必须通过一个网关。Swarm 提供了 HTTP 代理 API 来访问。以太坊基金会的公开网关上运行的是最新版本的 Swarm。目前,这个网关只能上传有限大小的数据,或者通过支持 BZZ 模式的浏览器来访问,如 Mist。Swarm 支持加密,但是不建议上传未加密的敏感数据和私人数据。Swarm 中没有删除操作。加密是非确定性的:同样的内容上传两次,加密后的结果不同。

### 1．Devp2p/RLPx 传输协议

Swarm 使用以太坊的 P2P 层 Devp2p 进行 Swarm 节点之间的通信。Devp2p 采用 RLPx,使用 Diffie-Hellman 密钥交换系统的传输协议。一旦 Devp2p 链接建立后,就可以在上面多

---

[2]　Zahoor Mohamed．Swarm architecture – a view from above[OL](2019-06-26)[2020-04-24]．

路复用多种协议，如 Hive 发现、BZZ 握手和 Stream 协议。

### 2．Swarm Kademlia 网络的覆盖层——Hive

Hive 用来基于网络发布的信息来找到相应的节点。Swarm 使用 Hive 发现协议，构建 Kademlia 表。Swarm 使用与标准 Kademlia 略有不同的算法 Forwarding Kademlia 构建这个覆盖网。

### 3．BZZ

BZZ 也是 Swarm 节点间的握手协议。一旦节点被 Hive 发现，就会与该节点握手协商。在新版本的 Swarm 中，BZZ 可能被 ENR 所取代。

### 4．Stream 协议

Stream 协议负责如何在网络里以区块的形式分发数据。同步就是一个发送区块数据到目标节点的过程。Swarm 节点不间断地与它周围的节点共享块数据。

### 5．基于 Swarm 的邮政服务（Postal Service over Swarm，PSS）

PSS 是 Swarm 提供的通信基础设施，类似 Whisper 协议，但是带有更多的可调的安全性保证。PSS 创建一个主题，而其他节点可以监听这个主题。所有订阅了该主题的节点可以收到所有该主题相关的消息。在信道传输安全性上，PSS 使用 Diffie-Hellman 算法来加密通信。

### 6．数据结构 Feed

Feed 是一个键值对存储，由所有者创建并允许访问。一旦 Feed 被创建后，所有者可以更新其值。Feed 保存左右历史更改并默认返回最新值。Swarm 用 Feed 管理可变内容。

### 7．分布式归档前映像（Distributed Pre-image Archive，DPA）

DPA 函数是 Swarm 与外部的一个接口。当一个文件被上传到 Swarm 时，DPA 把它切分成块，加密之并保存在本地数据库，然后同步机制启动，如图 7-9 所示[3]。

当前 Swarm 使用的是金字塔形块，把文件切分成 4KB 的块并创建默克尔树。叶子节点存储数据块，其他节点存储树相关的信息。根哈希就是这个文件的 Swarm 哈希值。数据下载则是上面过程的反过程。

### 8．存储

块数据保存在 Swarm 节点的本地。当一个文件上传到本地时，它首先被存在本地存储上，然后同步协议被触发，被推送到 Swarm 网络。同样，其他 Swarm 节点以同样方式发送块数据。

---

[3] Zahoor Mohamed．Swarm – Distributed Pre-image Archive(DPA)[OL]．(2019-07-10)[2020-04-24]．

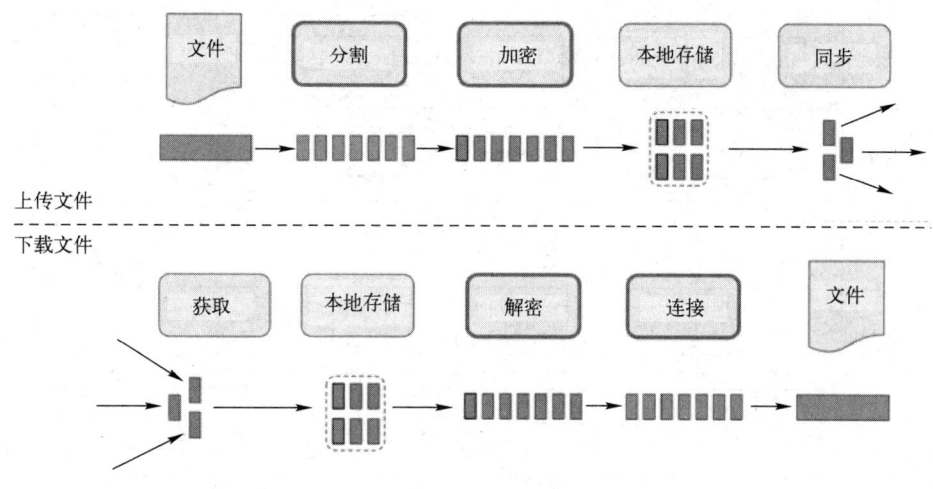

图 7-9 Swarm 的上传/下载

本地存储采用 Google LevelDB 数据库。默认情况下，本地存储会存 500 万块。如果超过，就会进行垃圾回收。垃圾回收会留下最近使用的块，而删除旧的未使用的块。

## 7.3.2 IPFS/FileCoin

IPFS（Inter-Planetary File System，星际文件系统）是一个基于内容寻址、分布式的、点对点的超媒体传输规则，可以视为 HTTP 或内容分发网络（Content Delivery Network，CDN）。这是一种查找资源的方法，文件去中心化地托管在世界上任何人都可以运行的节点上，而不是将资源托管在大型数据中心。HTTP 根据 URL 查找资源，但是 IPFS 使用哈希值在其网络上查找资源。

IPFS 分层架构如图 7-10 所示。

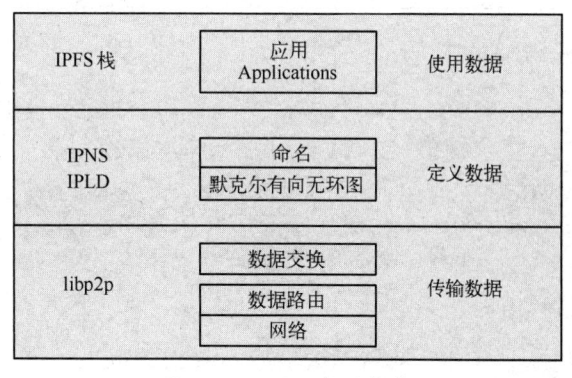

图 7-10 IPFS 分层架构

IPFS 协议的自协议如图 7-11 所示和表 7-2 所示。

在安装了 IPFS 的情况下，在桌面上执行如下命令：

```
ipfs daemon
```

将创建一个节点。然后继续输入：

```
ipfs swarm peers
```

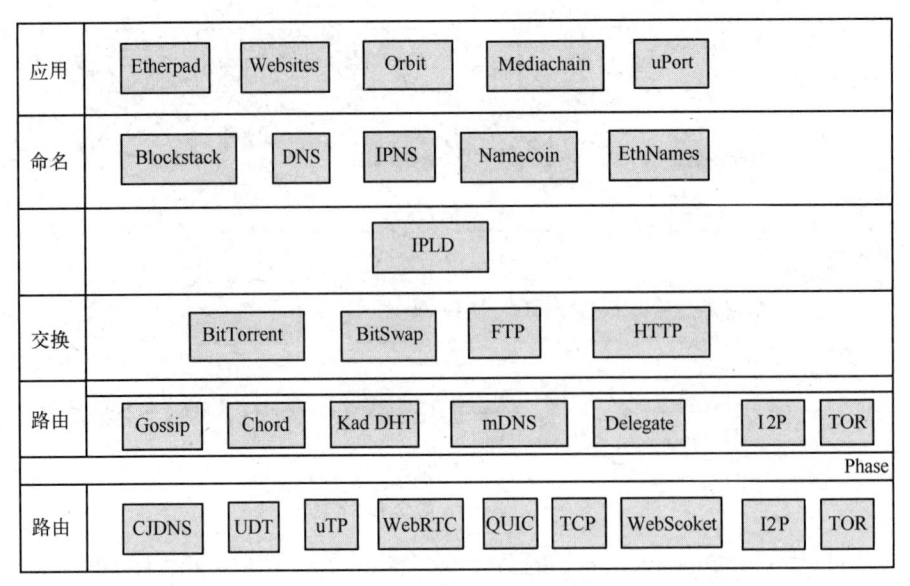

图 7-11 IPFS 协议的子协议

表 7-2 IPFS 的子协议

| 分层 | 子协议作用 |
| --- | --- |
| 身份层（Identities） | 管理节点 ID 的产生和验证 |
| 网络层（Network） | 管理与其他节点的连接，可以使用多种可配置的底层网络协议 |
| 路由层（Routing） | 保持相应的信息来定位特定的节点和对象 |
| 交换层（Exchange） | 全新的块交换协议（BitSwap），保证有效的块分配 |
| 对象层（Objects） | 内容寻址的不可篡改对象的默克尔有向无环图 |
| 文件层（Files） | 带有版本控制的文件层级 |
| 名字层（Naming） | 自验证的可变的名字系统 |

则使与节点相连的 peer 能够共享内容。命令

```
ipfs add -r dist/
```

会把用户的 dist 目录加入整个网络，生成目录的长哈希值。最后的哈希值是目录的唯一 ID。

```
added Qmc9HzLPur2ncuUArLjAaa4t2HrXFycgjUPb6122N6tzi2 dist/build.js
added QmZBaGYWsACJ5aCFhW459xHZ8hk4YazX1EQFiSenu3ANfR dist/index.html
added QmfZoCnPcgmHYmFJqHBcyuFh3FEYrTZqGdGyioSMrAZzw2 dist
```

复制最后的哈希值并执行：

```
ipfs name publish QmfZoCnPcgmHYmFJqHBcyuFh3FEYrTZqGdGyioSMrAZzw2
```

则出现如下类似的信息：

```
Published to QmRDVed784YwKrYAgiiBbh2rFGfCUemXWk3NkD7nWdstER:
/ipfs/QmfZoCnPcgmHYmFJqHBcyuFh3FEYrTZqGdGyioSMrAZzw2
```

这表明内容已经存在该 URL 下。可以以如下方式检查 gateway.ipfs.io/ipns/<你的哈希>，如：

```
gateway.ipfs.io/ipns/QmRDVed784YwKrYAgiiBbh2rFGfCUemXWk3NkD7nWdstER
```

## 7.4 消息通信

Whisper 是一个基于身份的通信系统，被设计用于 DApp 之间的少量数据通信，使用 SHH 协议。

### 1．通信加密

每条 Whisper 消息在网络上都是加密传输的，可以选择非对称加密（椭圆曲线）和对称加密（AES GSM）两种加密算法之一。Whisper 消息主要有三种，分别是 messagesCode、p2pCode 和 p2pRequestCode。messagesCode 类型比较常用，p2pCode 用于点对点直接通信，p2pRequestCode 为智能合约使用。

### 2．Envelope（信封）

信封是网络传输的 Whisper 消息的基本单位，包含已加密的原始消息和与消息相关的控制信息。

- Expiry time：消息的超时时间。超时后，消息不会被节点处理或者转发。
- TTL：消息的存活时间。消息被创建后只能存活 TTL 的时间。
- Topic：消息的主题。
- AESNonce：采用 AES 对称密钥加密算法时使用的 Nonce 值。
- EnvNonce：计算 PoW。

当节点从一个 peer 收到信封时，不管自己关不关心里面的数据（主题是否符合设置的值），都会将这个信封转发给其他 peer。这是 Whisper 的固有机制。

每个信封写明了自己封装消息的主题，如果一个节点不关心这个主题，那么它不需要打开（解密）这个信封。通常，一个主题对应一个消息加密时使用的 Key（无论是对称还是非对称加密）。所以，如果节点收到了关心的主题的信封，它就应该能打开这个信封。

### 3．Filter（过滤器）

DApp 可以在节点上安装多个过滤器。每个过滤器包含一组条件，只有满足这些条件的信封才能被打开，准确地说，不是节点打开信封，而是节点上安装的过滤器打开信封，每个过滤器有一个缓冲区可以存储解密后的消息。如果信封满足多个过滤器，那么这个消息会存储在多个过滤器中。过滤器可以设置以下条件。

- Topics：关心的主题的集合。
- Sender address：创建这个消息的节点。
- Recipient address：指定接收节点的地址。
- PoW requirement：消息需要的 PoW。
- AcceptP2P：节点是否接收 P2P 消息，这类消息有特殊的用途。

过滤器必须给出公钥或者 AES 密钥来解密消息，也可以给出一个或多个可选的主题来进行过滤。过滤器实际上是用户接入 Whisper 消息系统的入口，也只有用这种方式来接收消息。另外，过滤器可以指定一个更高难度（相对默认难度）的工作量来过滤消息。

## 7.5 名字解析

互联网发展的结果越来越中心化，如 DNS 解析服务集中在几个机构中，网站越来越集中托管在少数云服务商中。人们需要托管网站时通常使用专用 VPS（Virtual Private Server，虚拟专用服务器），如 Digital Ocean、Linode、Google 或 Amazon。设置好服务器后，用户可以在云服务中注册域名。编辑 DNS，以将域名指向服务器，就可以通过域名来访问网站了。VPS 托管控制着网站，域名服务控制着域名，这里有几个问题。

- ❖ VPS 出现故障或提供 VPS 的公司突然把用户所在的国家或地区列入黑名单,怎么办？
- ❖ ICANN 把用户域名夺走，怎么办？
- ❖ 域名服务商倒闭，怎么办？

ENS（Ethereum Name Service，以太坊域名服务）本质上是一个映射：将域名映射至某加密货币地址或某 IPFS 的哈希地址。因此，IPFS+ENS 技术可以被用来去中心化某网站。

ENS 提供一种安全且去中心化的方式，使用简单易懂的名字来处理区块链链上、链下的资源。不同于在 Web 网站上注册域名，ENS 是一个非营利组织，提供在以太坊区块链上注册的、不可改变的 .eth 域名。以太坊生态圈中使用的哈希地址通常很长，如以太坊钱包地址和 Swarm 文件的哈希地址，.eth 域名的主要目标是使加密货币地址易于阅读。但是，ENS 增加了将域名链接到 IPFS 哈希地址的支持，因此当将 .eth 域名输入浏览器时，它将解析到 IPFS 的网站。

ENS 旨在为用户提供简短易读的域名，没有授予任何商标或者声明任何所有权，注册一个 .eth 域名是一个完全去中心化的过程。域名并不是通过购买获得的，用户需要将一定数额的 Ether 存入相应的注册合约，作为保证金，锁定至少 1 年。为了避免垃圾和无意义的操作，拍卖域名的过程包括锁定保证金和销毁违约金，尽量确保域名会被实际的使用者所注册。过程中花费的 Ether 最终会被返回给中标者，违约销毁，不会产生收益，完全非盈利性质。

ENS 临时注册器要求用户必须参与为期 5 天的拍卖流程才能注册新的 .eth 域名。这是一个非常耗费资金和时间的过程。而永久注册器大大简化了注册的流程。现在只需访问 manager.ens.dom**ns 并输入要注册的以 .eth 结尾的域名即可。永久注册器发布后，现在已经不需要拍卖。所以，用户只需进行两笔交易即可完成注册。

ENS 定义在三个以太坊改进提案（Ethereum Improvement Proposal，EIP）中：EIP-137，定义 ENS 的基本函数；EIP-162，描述 .eth 拍卖系统；EIP-181，指定地址的反向注册。

## 习 题 7

1．DApp 通过什么方式发请求，又通过什么方式获取响应？
2．DApp 发送请求为什么不能获得返回值？
3．开发 DApp 用到的技术栈有哪些？
4．ENS 与 DNS 的区别是什么？它们的优势和劣势分别是什么？
5．IPFS/FileCoin 最大的问题是什么？

# 第 8 章　超级账本

超级账本（Hyperledger）项目是由 Linux 基金会主导推广的区块链开源项目，其中汇集了金融、银行、物联网、供应链、制造等各界开发人员的努力支持，其目的是打造一个跨领域的区块链应用。

本章主要介绍超级账本的典型项目 Fabric 的组件、技术架构和网络架构，以及运行在 Fabric 上的智能合约——链码。

## 8.1　Fabric 概述

2015 年 12 月，Linux 基金会牵头，联合 30 家初始成员（包括 IBM、Accenture、Intel、J.P.Morgan、R3、DAH、DTCC、Fujitsu、Hitachi、Swift、Cisco 等），共同宣告 Hyperledger 项目的成立。超过 80 家企业和机构（大部分均为各自行业的领导者）宣布加入 Hyperledger 项目，目前包括 13 家来自中国的公司。超级账本是属于基金会的一个项目，因此只要是 Linux 基金的会员，通过缴纳一定的年费，就可以成为超级账本项目的会员，根据缴费的数额大小，可以成为不同级别的会员，目前主要分为两种：首要会员和普通会员。还有一种是不需要缴费的附属会员，不过这种会员没有投票权。一旦成为会员，就可以享有约定的会员特权，并且可以履行自己的会员义务，如参加日常会议等。

超级账本项目设有理事会、技术指导委员会、市场委员会和用户顾问团。

理事会主要负责：重大事项的投票表决预计日常事务的管理，促进项目按计划持续推进。技术指导委员会主要负责：制定技术方向、审批技术议案等，确保项目的整体技术推进，人选一般从项目代码的贡献者中选举产生。市场委员会主要负责：开展市场营销工作，推广项目。用户顾问团是为最终用户服务的。最终用户是指那些正在使用或打算使用超级账本来构建行业解决方案的公司团队，用户顾问团负责审核新用户的加入，日常主要通过协调用户交流，通过会议、邮件列表或创造特别兴趣小组（SIG）等方式。

超级账本项目的使用对象主要还是以企业为主的，实现的是企业级区块链应用服务。

超级账本其实是一个开源项目组，包括 Fabric、Sawtooth 等项目。任何提案只要通过委员会审议，就可以加入超级账本项目组。

在超级账本社区，项目的生命周期包括：提案、孵化、成熟、弃用、终止。注意，这个过程并不一定是单向的，在研发开展过程中，可能在各状态之间来回迭代。

① 提案，就是提出项目建议。任何一个人都可以将自己的项目建议向技术指导委员会提交，一旦批准，项目就是正式启动了。项目启动后，会交由指定的维护者进行管理。

② 孵化，就是创建源码仓库。比如，在超级账本的 Github 账号下创建项目专属的代码库。孵化主要是指进行协作开发，探索具体的各项实现方案，为进化到成熟期服务。

③ 成熟。成熟期的项目基本是可以进行实际应用的。

④ 弃用。当项目由于种种原因不再具备可用性时，项目维护者会进行投票表决，决定是否进入弃用状态。

⑤ 终止。当项目进入弃用状态保持 6 个月后，就正式进入终止期，此时这个项目就不再进行维护和开发了。事实上，超级账本项目已经发展出了很多子项目。

## 8.1.1 Fabric 结构

Fabric 是超级账本最重要、应用最广泛的项目。2016 年 3 月，超级账本把 Blockstream、Digital Asset Holdings（数字资产控股公司）和 IBM 三个项目成员贡献的代码合并为一个新的代码库，形成新的企业级区块链的基础，即 Hyperledger Fabric。Fabric 项目的目标是实现一个通用的许可区块链（Permissioned Chain）的底层基础框架，采用模块化架构，可以适用于不同场合，提供可切换和可扩展的组件，包括共识算法、加密安全、数字资产、记录仓库、智能合约和身份鉴权等服务。Fabric 克服了比特币等公有链项目的缺陷，如吞吐量低、无隐私性、无最终确定性、共识算法低效等问题，使用户方便地开发商业应用。

Hyperledger Fabric 有三层：作为基础设施的区块链网络层，实现商业规则和逻辑的链码层，以及 Web 和移动端应用层，如图 8-1 所示。

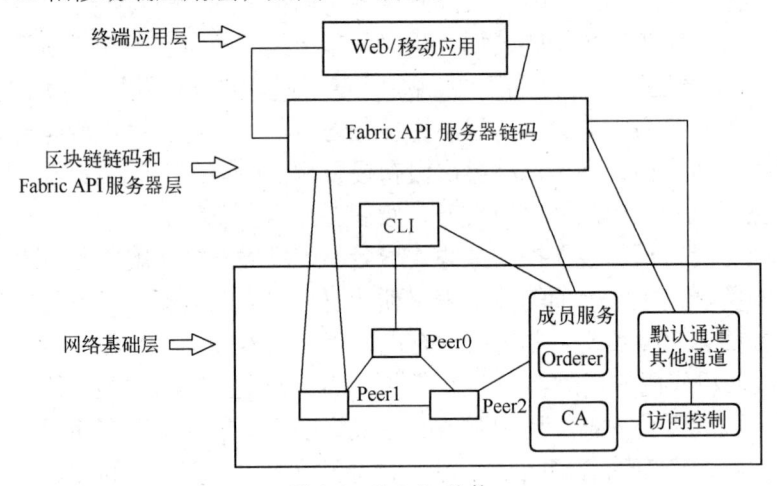

图 8-1 Fabric 结构

简而言之，Fabric 有如下特点：
- 支持智能合约，即链码（Chaincode）。
- 许可链（Permissioned Blockchain）。
- 通道支持创建独立的交易，并将最终状态记录在主链上。
- 所有参与者都有 ID，由成员服务（Membership Service Providers，MSP）管理。
- 共识没有采用 PoW 或者 PoS，而采用 PBFT。

## 8.1.2 Fabric 组件

Fabric 包含以下模块化的组件（Component）[1]。
- ❖ 普通节点：每个节点都在本地保存一个只增账本和一个最近的键值快照。
- ❖ 排序节点：广播状态的变化和建立交易顺序的共识。
- ❖ Gossip 协议：将区块输出广播给所有的节点。
- ❖ 智能合约：用标准的编程语言开发，运行在隔离的容器环境中，不能直接修改账本的状态。
- ❖ 成员服务提供商：负责加密身份和节点的绑定，保证 Fabric 许可链的特性。

### 1．节点（Peer）

Fabric 的节点（Peer）组成如图 8-2 所示。节点可以有多个角色：背书（Endorser）、领导（Leader）、锚定（Anchor）和提交（Committer）。

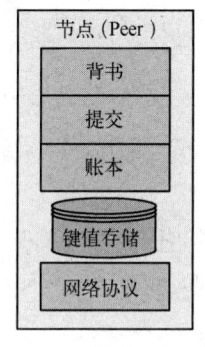

图 8-2　Fabric 节点功能组成

（1）背书节点（Endorsing Peer）

背书节点是一种特殊类型的提交节点，比提交节点多一个任务——背书交易。每个背书节点保有部署好的智能合约一个副本和一个账本。背书节点的最主要功能是模拟交易，即基于背书节点保存的智能合约副本及账本执行智能合约，生成读写集合。在整个模拟过程中，交易并没有提交到账本。

（2）领导节点（Leading Peer）

领导节点负责把来自排序服务的消息传播到同组织的其他节点。Fabric 使用 Gossip 协议保证每个节点都收到了消息。如果任何一个领导节点不工作，那么 Fabric 会基于选举或者随机选择一个领导节点。

（3）锚定节点（Anchor Peer）

由于 Fabric 网络架构可以跨越多个组织，因此需要某些节点能够跨组织通信。只有被

---

[1] Elli Androulaki, Artem Barger, Vita Bortnikov, Christian Cachin, Konstantinos Christidis, Angelo De Caro, David Enyeart, Christopher Ferris, Gennady Laventman, Yacov Manevich, Srinivasan Muralidharan, Chet Murthy, Binh Nguyen, Manish Sethi, Gari Singh, Keith Smith, Alessandro Sorniotti, Chrysoula Stathakopoulou, Marko Vukolić, Sharon Weed Cocco, and Jason Yellick. 2018. Hyperledger Fabric: A Distributed Operating System for Permissioned Blockchains．In EuroSys '18: Thirteenth EuroSys Conference 2018, April 23–26, 2018, Porto, Portugal. ACM, New York, NY, USA, 15 pages.

授权的节点即锚定节点才能做到跨组织通信。锚定节点在通道配置中定义。

（4）提交节点（Committing Peer）

提交节点提交收到的来自排序服务的区块到提交节点本身所在的链。这个区块包括所有的经过提交节点验证后的交易。不管验证结果如何，是合法交易还是非法交易，所有交易都提交到区块链为未来可能的审计做准备。

## 2．排序节点（Orderer）

排序节点在 Fabric 架构中处于核心地位，管理系统通道和所有应用通道，负责通道创建、通道配置更新等操作，并处理客户端提交的交易消息请求，对交易排序并按规则打包成新区块，提交账本并维护通道的账本数据，提供交易广播服务、共识排序服务、区块分发服务等。通常，Fabric 启动时需要先启动排序节点，创建系统通道提供正常服务后，再启动其他角色的节点，进入正常工作状态。

Fabric 使用排序服务来保证写入块的交易的一致性，允许选择最适合网络环境的。这种模块化和灵活性使得 Fabric 远远优于其他企业应用。Fabric 提供三种排序机制：Solo、Kafka 和 SBFT（未在 Fabric 1.0 版本中实现）。

（1）Solo

Solo 是最通用的开发测试的排序机制，只允许一个排序节点，节点是按时间排序的。

（2）Kafka

Kafka 是 Fabric 给真正的生产环境推荐使用的排序机制，通过开源的流处理平台提供一个处理实时数据流的唯一的、高吞吐的、低延迟的平台。Kafka 提供了一个排序服务宕机容错的方案。

（3）SBFT

SBFT（Simplified Byzantine Fault Tolerance，简单拜占庭容错）是宕机容错和拜占庭容错的，意味着即使网络存在恶意节点，网络仍然能达成一致。Fabric 还没有实现，但是已经在 Fabric 的路线图上。

排序节点启动后，基于创世区块初始化系统通道，创建排序服务器（实现 AtomicBroadcastServer 服务器接口），封装了 Broadcast 服务处理句柄、Deliver 服务处理句柄、多通道注册管理器 Registrar 对象，并提供交易广播服务接口和区块分发服务接口。

其中，排序服务器基于 Broadcast 接口接收服务请求，调用 Broadcast 服务处理句柄的 Handle( )函数进行处理，建立消息处理循环，接收客户端提交的普通交易消息、配置交易消息等请求消息（通道头部类型是 ENDORSER_TRANSACTION、CONFIG_UPDATE 等），经过滤后，发送至通道绑定的共识组件（Solo 或 Kafka 机制等）链对象进行排序。再将排序后的交易添加到本地待处理的缓存交易消息列表，并按照交易出块规则构造新区块，提交到排序节点指定通道账本的区块数据文件中，同时负责创建新的应用通道、更新通道配置等通道管理工作。

目前，排序服务器主要负责接收与处理两类交易消息。

① 配置交易消息（ConfigMsg）：通道头部类型是 CONFIG_UPDATE 的通道配置交易消息，包含最新的通道配置信息，经过通道消息处理器过滤后，转换为通道头部类型为

ORDERER_TRANSACTION 或 CONFIG 的配置交易消息，分别用于创建新的应用通道或更新通道配置，同时将通道配置交易消息单独打包成新区块，并提交到系统通道账本和应用通道账本。

② 普通交易消息（NormalMsg）：通道头部类型是 ENDORSER_TRANSACTION 等的标准交易消息（经过背书的交易消息或其他非配置交易消息），包含改变世界状态的模拟执行结果读写集，经过背书节点签名背书后，打包发送到排序节点请求处理；经过通道消息处理器过滤后，将合法交易提交到共识组件链对象进行排序，再按照交易出块规则（出块时间周期、打包最大交易数量、区块字节数限制等）生成新区块，并提交到通道账本。

注意，目前排序节点账本只包括区块数据文件与区块索引数据库，负责保存区块数据即公有数据（包含公共数据与隐私数据哈希值），不存在状态数据库、历史数据库、隐私数据库等。不同于 Peer 节点，排序节点在提交区块到本地账本前，不需要验证交易背书策略和执行 MVCC 检查，也不保存任何隐私数据，只负责存储所有通道账本的区块数据。

### 3．通道（Channel）

Fabric 网络可以有多个通道。通道允许不同的组织利用同样的网络组建区块链，同时与其他区块链隔离。只有通道的成员节点才能看到通道中的交易，才能参与共识过程。节点可以保存多个账本，加入多个通道。

例如，图 8-3 中的三角形账本由节点 1 和节点 3 维护，圆形账本由节点 2 和节点 4 维护，但是方形账本由节点 1～节点 4 共同维护。

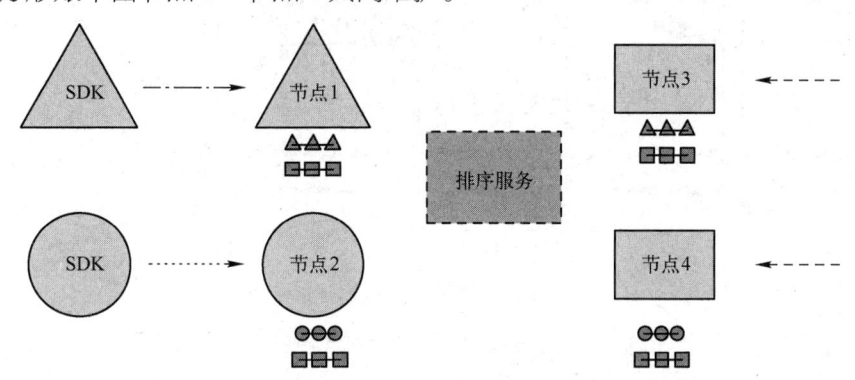

图 8-3 Fabric 节点（来自 opensourceforum）

通道的配置文件是 configtx.yaml，我们可以生成 channel.tx 文件并创建一个使用它的通道。链码被安装在通道里的所有参与节点上并在通道上被实例化。一个通道包含节点间通信的配置。它维护了一个节点列表，包括节点的角色（背书，提交，领导，锚定等）。当一个客户使用 SDK 通信时，SDK 先获得所有背书节点的列表，客户端交易请求将被发送到这些背书节点。排序节点被认为通道的一部分。

### 4．账本（Ledger）

账本由两部分组成：世界状态和区块链。所有节点都保存账本并且可能被保存在排序节点的子集中。排序节点的账本被称为 OrdererLedger，普通节点的账本被称为 PeerLedger，二者的区别在于，PeerLedger 有一个位用来区分是否为合法交易。

Fabric 账本包括世界状态（World State，W）和区块链（Blockchain，B），如图 8-4 所示。

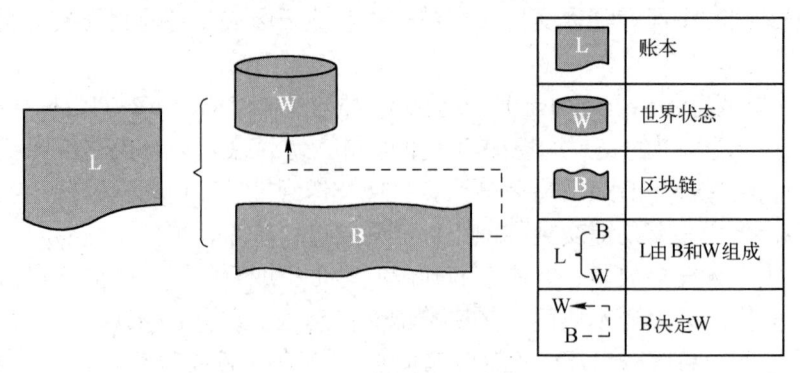

图 8-4　Fabric 账本

世界状态是一个保存有账本当前状态的数据库。状态是一个键值对。当交易被提交且提交节点认为其是合法交易时，交易首先提交到世界状态，再修改账本。这意味着随时可以从区块链生成世界状态。

区块链包括导致当前世界状态变化的所有变化的交易日志。每个 Fabric 区块包含一系列交易，每个交易代表对世界状态的查询或修改，如图 8-5 所示。

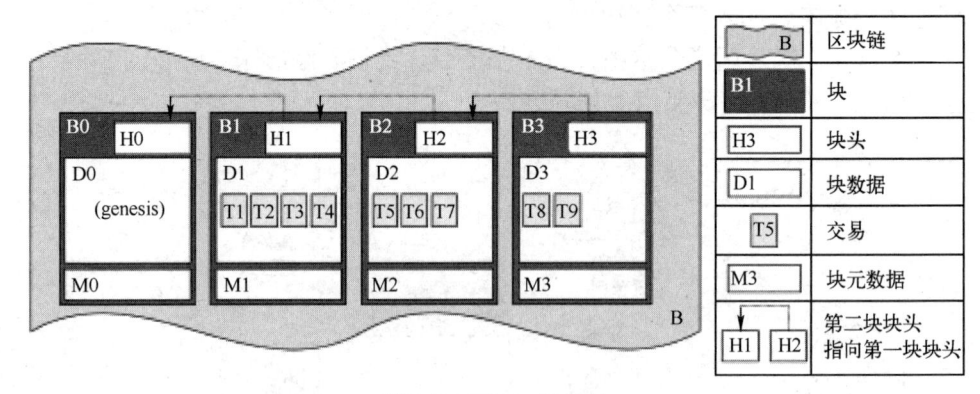

图 8-5　Fabric 区块链

区块链保存在一个文件里，而世界状态保存在数据库里。

区块链的第一块为创世块，但是创世块并不包含交易，仅仅包含通道的初始状态和交易配置详情。当前块保留指向前一块的指针。

Fabric 区块的结构如图 8-6 所示。

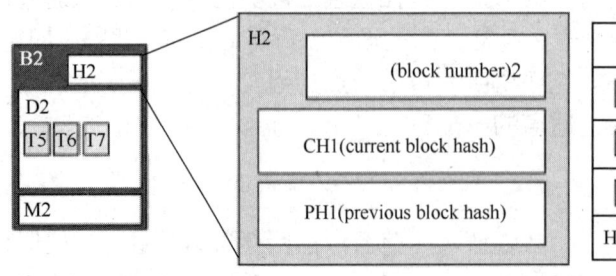

图 8-6　Fabric 区块

① 区块头（Header）：包含 3 个域，即块号（Block Number）、当前块哈希值（Current Block Hash，块中所有交易的哈希）、前块的哈希值（Previous Block Hash）。

② 块数据（Data）：包含顺序的交易列表。

③ 块元数据（Metadata）：包含块写入的时间、证书、公钥和块写入者的签名。每个交易有一个合法/非法的标识，但是没有包含在块哈希中。

Fabric 交易如图 8-7 所示。

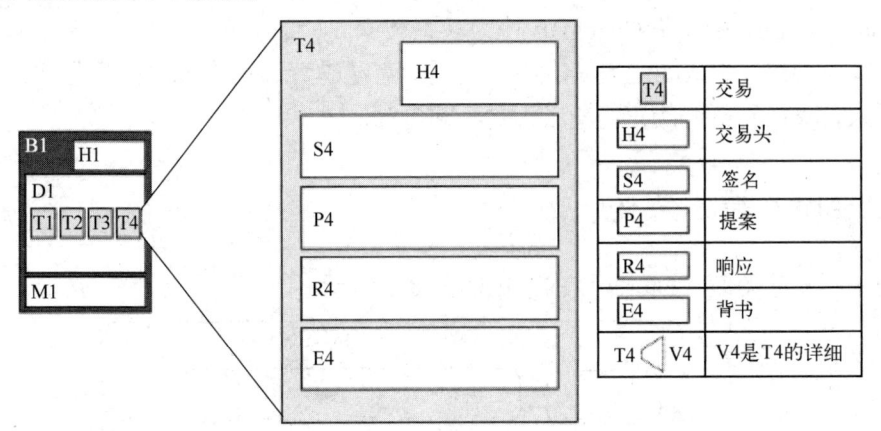

图 8-7　Fabric 交易

① 交易头：包含交易的基本元数据，如链码的名字和版本。

② 签名（Signature）：包含客户端的加密签名的合法性，即没有篡改、使用私钥签名。

③ 提案（Proposal）：给链码提供编码后的输入参数。通过提供当前世界状态和提案的输入参数，就可以决定新的世界状态。

④ 响应（Response）：链码的输出，包含读写指令集合之前和之后的世界状态。

⑤ 背书（Endorsement）：满足背书策略的一系列签名交易的响应。

### 5．成员服务

成员服务（Membership Service Provider，MSP）维护着系统中所有节点的身份，负责发放用来审查和授权的证书。Fabric 是许可链，所以节点间所有的交互消息都必须是经过审查的，通常是通过数字签名。MSP 服务运行在每个节点上，验证交易的合法性，签名并验证所有的背书，审查其他链上的操作等。密钥管理和节点注册的工具也属于 MSP 范围。

MSP 只是一个抽象化的概念，可以有不同的实例化对象。比如，Fabirc 默认的 MSP 实现为身份审查使用基于数字签名的方法来处理标准的 PKI 方法，也接受很多其他商业话认证机构的证书。Fabric 还提供了一个标准的独立的认证机构 Fabric-CA。其他 MSP 实现也正进入议事日程。

### 6．其他组件

（1）身份（Identity）

Fabric 的每个节点都有一个基于 X.509 证书的数字身份，用来检验交易的发起者是否合法。除了背书、验证和版本检查需要验证数字身份，交易流的每一步都会进行身份验证。

（2）策略（Policies）

策略在通道配置中定义，有些也在链码中。

策略测试签名者是否满足条件，有两种：① 签名策略，功能强大，将策略指定为基于 MSP 原则的规则组合结果，支持 AND、OR 和 NOutOf 的组合；② 隐式元策略，缺少灵活性，并且只有在配置的上下文里才合法。

（3）数据库

Fabric 支持 LevelDB 和 CouchDB 作为状态数据库，保存每个对象的最新状态。在每个节点中，LevelDB 是默认的键值状态库，仅支持对键的查询；CouchDB 则是可选的，但是功能更强大，支持对链码的 JSON 格式状态的查询。

### 8.1.3 Fabric 技术架构

从程序开发的角度，Fabric 技术架构如图 8-8 所示。

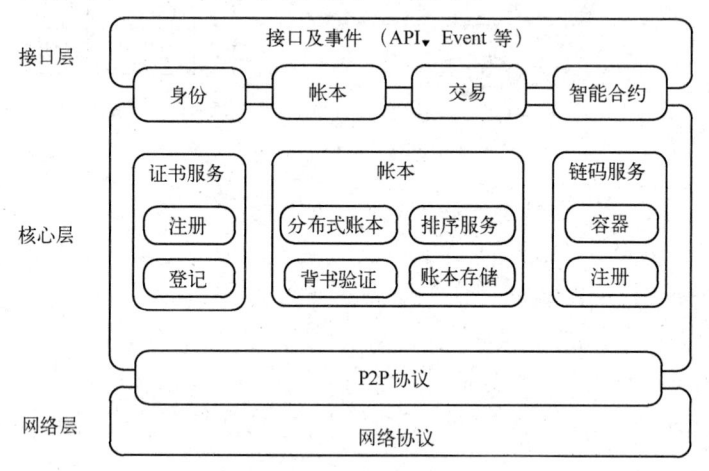

图 8-8 Fabric 技术架构

（1）身份管理

用户注册和登录系统后，获得用户注册证书，所有其他操作都需要与用户证书关联的私钥进行签名，消息接收方会先进行签名验证，才进行后续的消息处理。

（2）账本管理

授权的用户可以查询账本数据，可以通过多种方式查询，包括：根据区块号查询区块，根据区块哈希值查询区块，根据交易号查询区块和交易，还可以根据通道名称获取查询到的区块信息。

（3）交易管理

账本数据只能通过执行交易才能更新，应用程序通过交易管理提交交易并获得交易背书后，再为排序服务节点提交交易，然后打包生成区块。

（4）智能合约管理

实现"可编程的账本"，通过链码执行提交的交易实现基于区块链的智能合约业务逻辑。

从底层技术的角度，Fabric 技术架构如下。

(1)成员管理(MSP)

MSP 对成员管理进行抽象,每个 MSP 都会建立一套根信任证书体系,利用公钥基础设施(Public Key Infrastructure,PKI)对成员身份进行认证,验证成员用户提交请求的签名,结合 Fabric-CA(Certificate Authority,证书颁发机构)或者第三方 CA 系统提供成员注册功能,并对成员身份证书进行管理。

(2)共识服务

在分布式环境下,共识服务要实现同一个区块链上不同节点的一致性,并确保区块的交易有效和有序。共识机制包括三个阶段:① 客户端向背书节点提交提案进行背书签名;② 客户端将背书后的交易提交给排序服务节点进行排序,生成区块和排序服务;③ 广播给记账节点验证交易后写入本地账本。

(3)链码服务

智能合约的实现依赖于安全的执行环境,确保安全的执行过程和用户数据的隔离。Fabric 采用 Docker 管理普通的链码,提供安全的沙箱环境和镜像文件仓库。

(4)安全和密码服务

Fabric 定义了 BCCSP(BlockChain Cryptographic Service Provider,区块链加密服务提供者),使其实现密钥生成、哈希运算、签名验签、加密/解密等基本功能。

Fabric 底层由 4 种服务构成:身份服务、策略服务、区块链服务和智能合约服务,如图 8-9 所示。

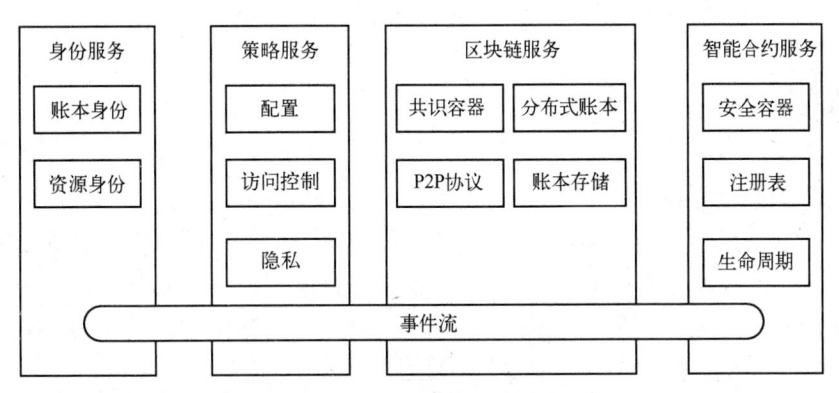

图 8-9 Fabrics 模块和服务

在此基础上,Fabric 提供给上层应用的编程接口(API)、软件开发工具(SDK)和命令行工具(CLI)。

Fabric 的区块链服务主要包含 P2P 协议组件、分布式账本组件、共识管理器组件和账本存储组件。

Fabric 的链(Chain)包含链码(Chaincode)、账本(Ledger)、通道(Channel)的逻辑结构,将参与方(Organization)、交易(Transaction)进行隔离,满足了不同业务场景不同的人访问不同数据的基本要求。

## 8.1.4 Fabric 网络架构

多链在运维层次上也就是多通道。Peer 节点可以接入多条通道，从而加到多条链上，参与到不同的业务中，如图 8-10 所示。

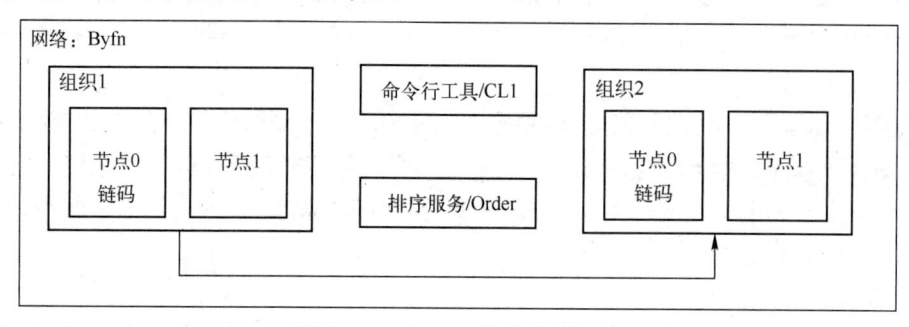

```
网络：Byfn
┌─────────────────────────────────────────────────────────────┐
│  ┌─────────────────┐   命令行工具/CL1   ┌─────────────────┐ │
│  │ 组织1            │                    │ 组织2            │ │
│  │ ┌────┐ ┌────┐   │                    │ ┌────┐ ┌────┐   │ │
│  │ │节点0│ │节点1│  │   排序服务/Order   │ │节点0│ │节点1│  │ │
│  │ │链码 │ │    │  │                    │ │链码 │ │    │  │ │
│  │ └────┘ └────┘   │                    │ └────┘ └────┘   │ │
│  └─────────────────┘                    └─────────────────┘ │
└─────────────────────────────────────────────────────────────┘
```

图 8-10 Fabrics 通过通道组链

Fabric 的基本组成单元是组织（Org）。组织包含 Peer。每个 Peer 默认为提交节点，但是可以兼有其他角色，如背书、领导和锚定。每个组织有自己的认证节点（CA），也可以有自己的超级用户（Admin）和普通用户。由于 Fabric 的模块化设计，每个组织的认证策略是可以配置的，如 Fabric-CA、Comodo-CA 或者 DigiSign。智能合约对应通道，被安装到每个背书节点上。

Fabric 还有两种特殊节点：排序节点和命令行节点。排序节点前面已经介绍，命令行节点的功能是提供一个命令行的界面，查询当前区块链的各组件的状态。

## 8.2 链码

Fabric 的智能合约架构被称为链上代码，简称链码（Chaincode），一般是指由开发人员使用 Go 语言（也支持 Java、Nodejs 语言）编写的应用程序代码，提供分布式账本的状态处理逻辑。链码被部署在 Fabric 的节点中，能够独立运行在具有安全特性的受保护的容器中，以 gRPC 协议与相应的节点进行通信，以便操作（初始化或管理）分布式账本中的数据。根据不同的需求，可以开发不同的复杂应用。

在 Fabric 交易的处理过程中，客户端将提案先发送到背书节点，背书节点检查提案的合法性。如果合法，背书节点就将通过交易所属的链码临时执行一个交易，并执行背书节点在本地持有的状态副本。链码被安装于链码所有者的背书节点上，但是在节点的容器（沙盒）中运行，并通过 gRPC 协议与相应的节点进行交互，以便使该链码逻辑对整个网络的其他成员保密。

Fabric 区块链包括一个账本、一个通道和多个节点。

### 8.2.1 链码的分类

在 Fabric 中，链码一般分为系统链码和用户链码。

系统链码的功能主要包括：
- 负责节点自身的处理逻辑，包括系统配置、背书、校验等工作。
- 系统链码仅支持 Go 语言，在节点启动时自动完成注册和部署。

系统链码分为如下 5 种。
- 配置系统链码（Configuration System Chaincode，CSCC）：处理节点的通道配置，支持链外调用。
- 生命周期系统链码（Lifecycle System Chaincode，LSCC）：对用户链码的生命周期进行管理，不支持链外调用。
- 查询系统链码（Query System Chaincode，QSCC）：提供账本查询 API，如获取区块和交易等信息，支持链外调用。
- 背书管理系统链码（Endorsement System Chaincode，ESCC）：负责背书（签名）过程，并支持对背书策略进行管理，对提交的交易提案的模拟运行结果进行签名，然后创建响应消息，返回给客户端。它支持链外调用。
- 验证系统链码（Validation System Chaincode，VSCC）：处理交易的验证，包括检查背书策略、多版本并发控制，不支持链外调用。

用户链码是由应用程序开发人员根据不同场景需求及成员制定的相关规则，使用 Go（或 Java、Node.js）语言编写的基于操作区块链分布式账本的状态的业务处理逻辑代码，运行在链码容器中，通过 Fabric 提供的接口与账本状态进行交互。

系统链码运行于节点内，而用户链码运行在隔离的容器中。因此，系统链码在节点中构建且不遵循链码生命周期（见 8.2.2 节）。同时，安装、实例化、升级这三项操作不适用于系统链码。

## 8.2.2 链码的生命周期

链码的生命周期如图 8-11 所示，相关命令如下。

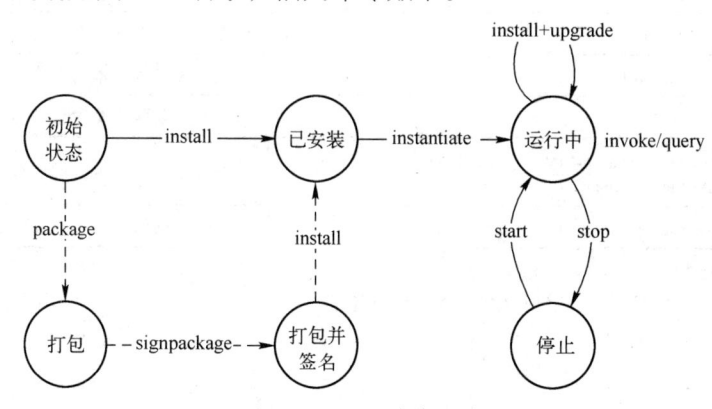

图 8-11 链码生命周期

- install：将已编写完成的链码安装在网络节点中。
- instantiate：对已安装的链码进行实例化。
- upgrade：对已有链码进行升级，链码可以在安装后根据具体需求的变化进行升级。

- invoke/query：对指定的链码进行操作。
- signpackage：签名。

install 命令用于映射智能合约代码（链码）的地址和路径。链码系统知道需要时如何找到并启动它。

instantiate 命令用于创建一个容器映像，用来支持对特定链码的调用和查询。这也是要花很长时间才能完成的原因。

invoke 命令用于写数据或者数据上链。

query 命令用于从数据获取数据。

如果手动搭建 Fabric 网络，即通过命令行的形式进行链码的安装和实例化，就需要多次 install 操作和一次 instance 操作。也就是说，整个 Fabric 网络假设有 $n$ 个背书节点，那么我们需要给每个背书节点安装链码，但是搭建过程只需要 instance 链码一次。因为 install 操作针对的是背书节点，主要目的是方便背书节点对运行链码，对交易进行模拟。instance 操作针对的是通道，主要目的是将安装过的链码在指定通道上进行实例化，在节点上创建容器启动并执行初始化操作。实例化的过程中需要指定背书策略，来确定通道上哪些节点执行的交易才能添加到账本中。

## 8.3 链码交互

在超级账本 Fabric 项目中，用户可以使用 Go 语言来开发链码，Java、JavaScript 等语言也将被支持。本节以 Go 语言为例，解释如何与链码交互，如表 8-1 所示。用户链码相关的代码都在 core/chaincode 路径下。其中，core/chaincode/shim 包中的代码主要是供链码容器侧调用使用，其他代码主要是 Peer 侧使用。

表 8-1　Golang 访问链码的方法说明

| 方　　法 | 描　　述 |
| --- | --- |
| GetState(key string) ([]byte, error) | 查询对象的当前状态 |
| PutState(key string, value []byte) | 创建或者修改账本的对象的世界状态 |
| DelState(key string) error | 从账本里删除一个对象，但是并不删除其历史 |
| GetStateByPartialCompositeKey(objectType string, keys []string) (StateQueryIteratorInterface, error) | 基于给出的部分组合键值查询账本的状态 |
| GetHistoryForKey(key string) (HistoryQueryIteratorInterface, error) | 返回一个键值的历史 |

从应用角度，整个交易流程如图 8-12[2]所示。

---

[2] Elli Androulaki, Artem Barger, Vita Bortnikov, Christian Cachin, Konstantinos Christidis, Angelo De Caro, David Enyeart, Christopher Ferris, Gennady Laventman, Yacov Manevich, Srinivasan Muralidharan, Chet Murthy, Binh Nguyen, Manish Sethi, Gari Singh, Keith Smith, Alessandro Sorniotti, Chrysoula Stathakopoulou, Marko Vukolić, Sharon Weed Cocco, and Jason Yellick. 2018. Hyperledger Fabric: A Distributed Operating System for Permissioned Blockchains . In EuroSys '18: Thirteenth EuroSys Conference 2018, April 23–26, 2018, Porto, Portugal. ACM, New York, NY, USA, 15 pages.

■ 调用　❶ 链码执行　❷ 背书集合　❸ 排序广播　❹ 传送　❺ 验证　● 提交

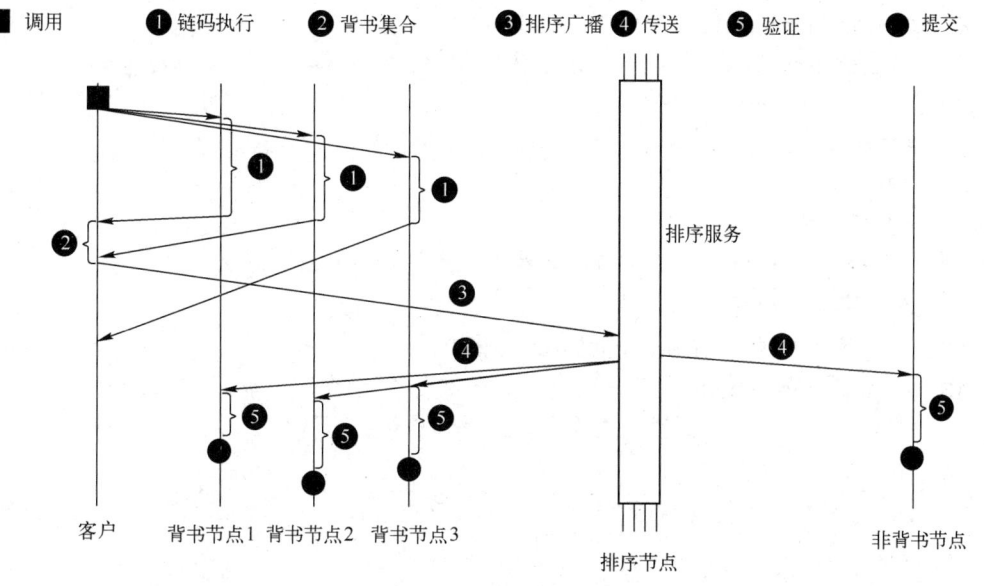

图 8-12　链码交易流程

① 客户发起交易。

② 将交易提议发送给各背书节点：基于预先定义的背书节点配置。

③ 基于背书节点的本地区块链状态，模拟执行交易提议，将输出的内容签名作为背书返回给客户作为交易响应，模拟执行的输出是 writeset 和 readset，即阶段❶。

④ 客户收集到足够的背书，直到满足了链码的背书策略的要求，即阶段❷。背书策略是预先定义好的。

⑤ 客户把所有背书打包成一个交易，发送给排序节点服务，即阶段❸。交易中包含：负载（Payload）、数据和一组背书。

⑥ 排序节点为每个通道所有提交的交易排序，排序节点自动广播背书并在排序节点间达成共识，即阶段❹。共识的结果是交易打包成块，并通过哈希值相联的块序列。

⑦ 排序节点将共识结果发送给各背书节点进行验证，即阶段❺。通过 Gossip 协议广播或者直接由排序节点派送。

⑧ 验证，由 VSCC 进行背书策略评估，读写指令冲突检查。检查所有背书是否符合背书策略配置。

⑨ 修改账本。如果第⑧步的验证通过，那么进行账本修改。

# 习题 8

1. 在 Linux/Ubuntu 操作系统下，列出文件和目录的命令是什么？将文件的权限改成可执行的命令是什么？列出所有安装容器映像的命令是什么？

2. 在使用著名的"byfn" (Build Your First Network)例子时，如果碰到了一个错误，需要使用什么命令来调查？

3. 在基于组织的结构中创建一个网络并启动一个通道时，我们需要生成哪些组件？

4. Hyperledger Fabric 账本包括哪两部分？
5. Hyperledger Fabric 的账本系统默认使用什么数据库？
6. 区块链服务包含哪三个主要成员？
7. 用户链码的生命周期包括哪些？通过什么命令来实现？
8. 节点类型包括哪些？
9. 什么是通道？
10. 一个节点能同时成为很多通道的节点么？为什么？
11. 什么是身份管理？
12. 什么是证书授权（Certificate Authority）？
13. Hyperledger Fabric 中的链码功能是什么？
14. 如果所有节点都不能同时在线，交易是如何被处理的？
15. 下面的代码的功能是什么？

```
curl -s -X POST http://{hostname}:{port}/chaincodes

-H 'authorization: Bearer mytoken'

-H 'content-type: application/json'

-d '{""peers"": [""peer0.org1.example.com"",""peer1.org1.example.com""], ""chaincodeName"":
    ""house"", ""chaincodePath"":""/home/userid/fabric-samples/chaincode/houseproj/node"",
    ""chaincodeType"":""node"", ""chaincodeVersion"":""v0""}'
```

# 第 9 章  Web Assembly

Web Assembly（WASM）是一个用于基于栈的虚拟机的二进制指令格式，被设计成为其他高级语言（如 C#/C++）编译的结果平台，同时支持客户端和服务器端应用程序的部署。Web Assembly 定义了抽象语法树（Abstract Syntax Tree, AST），并以二进制格式保存。

## 9.1  为什么需要 WASM

通常的汇编语言是一组指令原语，而且可以被编译成基于不同物理硬件（如 x86 架构或者 ARM 架构）的可执行的机器码。WASM 指的是一组指令原语，而且可以被编译为可执行的代码，运行在任意的基于栈的虚拟机上。这与 Java 倡导的"编译一次、到处运行"（Compile Once, Run Everywhere）的思想类似。WASM 最重要的目标是把不同编程语言（如 C++、Rust）编写的源代码编译成在任何平台上都能以原生代码速度执行的程序。也就是说，即使 WASM 代码是被一个浏览器导入执行的，它的执行速度与本地二进制程序的执行速度也没有什么差别。

为了让现有的区块链能接纳 WASM，我们必须对现有的虚拟机进行改造。以太坊虚拟机的缺陷如下。

### 9.1.1  EVM 的缺陷

通常，区块链虚拟机需要满足以下需求。

① 安全。任何人都能编写和部署智能合约，而且没有人能违反权限设定在智能合约平台上任意操作。

② 确定性。运行在不同平台、节点、操作系统或者其他架构的智能合约必须产生同样的结果。

③ 通用性。开发程序员使用虚拟机提供的各种原语，能够实现任何的商业逻辑。

④ 有效性。因为智能合约的执行需要消耗多种的计算资源，如 CPU、内存和存储器，而这些资源都是由矿工提供的。矿工需要通过提供服务和计算资源而获益。因此，对于终端用户而言，运行智能合约必须是终端用户能支付得起且经济上可行的。这就要求虚拟机的智能合约执行的有效性。

以太坊是第一个实用的区块链平台，也是当前使用最频繁、最多的区块链平台。总体上，以太坊虚拟机（EVM）满足了安全性和确定性的要求，尽管 EVM 是一个图灵完备的机器，但是在通用性和效率上仍然有所不足。一个重要的提高效率的方法是即时编译技术（Just-In-Time，JIT）。JIT 技术意味着可以在程序运行时编译源代码为原生代码，即所谓边运行、边编译。运用 JIT 技术的前提就是编程语言可以被复杂性解析所解释。但是这对于 EVM 并不容易，也不简单。

在过去几年的智能合约开发实践中，加密货币社区已经爆出了很多针对 Solidity 编写的智能合约进行攻击的消息，大大动摇了对于 Solidity 智能合约的信心，如 The DAO 攻击和 Parity 的多签钱包漏洞等。大多数人容易将之归咎于不安全的 Solidity 智能合约设计和编写。但是，Solidity 本身有其内在的缺陷：缺乏审查和追踪机制，链上数据的不透明性和非法性，调用外部智能合约代价昂贵，速度慢且危险。所有的不足都源于在架构 EVM 时的一些基础性的设计选择。所以，从程序员的生产效率和语言表达的宽泛性上，Solidity 还有很长的一段路要走。下面具体阐述其缺陷。

### 1．缺乏现代虚拟机的特点

一个好的虚拟机竭尽可能保护程序开发者，让他们不犯危险的错误，并支持一些中心化的特点，如方法分发、名字解析等。EVM 在这方面是有欠缺的。以太坊的 EVM 可能陷开发程序员于危险之中，而这些危险是已经被现代虚拟机早就攻克了的。EVM 没有吸收现代虚拟机的最新进展，反而期待程序员在程序开发、编译的时候去处理这些危险的情况。

从 EVM 字节代码和其原生功能的本质上，EVM 安全问题变得很复杂，在设计和创建 EVM 时没有纳入太多的安全性考量。如果 EVM 当时采用更严格的，图灵不完备的计算模型，那么 EVM 的智能合约的安全性接近于比特币的字节代码。另一方面，如果 EVM 实现了一些现代虚拟机支持的特点，那么 EVM 智能合约就能提供接近于 Java 虚拟机（JVM）级别的安全性。

因此，任何基于 EVM 的编程语言都必须与 EVM 不安全的、没有吸收虚拟机最新进展的设计选择做斗争。EVM 的执行模式没有包含很多重要的模块和特点，反而强迫程序设计者自己实现。比如，EVM 把下列工作留给了智能合约编程语言：真正的 library 支持，更丰富的数据类型，直接支持和加强接口。

### 2．代码可阅读性

Solidity 程序编译的 EVM 字节代码几乎是不可阅读的。例如：

```
6080604052348015610010576000080fd5b5060405160208061603ee83398101806040528101908080519060200190
29190505050806000819055508060016000033373ffffffffffffffffffffffffffffffffffffffff1673ffffffffff
ffffffffffffffffffffffffffffff16815260200190815260200160002081905550506103608061008e600039600
0f30060806040526004361061005757600035 7c0100000000000000000000000000000000000000000000000000000000
0000900463…
5600a165627a7a7230582041e440ef41138511bd018bb2004da6344b9aeb249ba3cedf943e1e5d786bf67a0029
```

EVM 将合约的字节代码视为目标机器码，所以如果源代码如果没有被上传，在区块链上很难阅读 Solidity 写的智能合约。这样 EVM 就丧失了一个关键的安全特点：使智能合约代码在区块链上可读。这个认知障碍给开发和调试智能合约引入了太多的复杂性。

相对于以太坊，比特币提供了一个安全、简单且可读的字节代码语言，保证在区块链上执行代码的一致性和正确性。比特币提供了一个最小的指令集，并且使用字节代码达到负载最小化。比特币从未提供一个通用编程语言的结果平台。在设计上，比特币故意在语言层级上设置了一些限制，来降低理解代码逻辑的认知成本：开发程序员能更容易、更有效地解析自己的或者他人的代码。实际上，有经验的比特币开发者能够直接阅读和解析比特币指令。

Pact（Kadena 项目）采用了不同的方法，提供了一个解析后的语言。如果一个编程语言不能提供内联编译、缓冲和即时优化，那么解析后的语言一般更有效率，同时提供更好的可读性。

### 3．成本昂贵且速度缓慢

在 EVM 上运行智能合约采用了一种不透明的"自上而下"的执行模型：为了找到并执行一个特定函数，EVM 把智能合约所有的内容都导入一个黑盒子，并且从最开始的地方执行。这种执行模型缺少现在虚拟机提倡的"按需导入、按需执行"特点。例如，JVM 可以单独导入单个函数，并在域和模块化设计的支持下直接调用。EVM 的执行模型是非常不实用的、不经济的：因为所有 EVM 的执行，用户都要支付费用。

同时，EVM 也不像现代虚拟机那样提供标准库的支持。在理想状态下，如果智能合约能够调用标准库，那么很多通用任务可以转到标准库实现并执行，而不需要自己实现。执行每条用户合约指令都要花费燃料。强迫开发程序员为一些基本功能而付费使得在 EVM 上运行和部署合约更昂贵。

在 EVM 中，成本控制的一个解决方案是采用内置合约。比如，很多 ERC20 合约中包括如下 SafeMath 库代码：

```
library SafeMath {
  /**
  * @dev Multiplies two numbers, throws on overflow.
  */
  function mul(uint256 a, uint256 b) internal pure returns (uint256 c) {
      // Gas optimization: this is cheaper than asserting 'a' not being zero, but the
      // benefit is lost if 'b' is also tested.
      // See: https://git**b.com/OpenZeppelin/openzeppelin-solidity/pull/522
      if (a == 0) {
          return 0;
      }
      c = a * b;
      assert(c / a == b);
      return c;
  }
  /**
  * @dev Integer division of two numbers, truncating the quotient.
  */
  function div(uint256 a, uint256 b) internal pure returns (uint256) {
      // assert(b > 0); // Solidity automatically throws when dividing by 0
```

```
    // uint256 c = a / b;
    // assert(a == b * c + a % b); // There is no case in which this doesn't hold
    return a / b;
  }
  /**
  * @dev Subtracts two numbers, throws on overflow (i.e. if subtrahend is greater than minuend).
  */
  function sub(uint256 a, uint256 b) internal pure returns (uint256) {
    assert(b <= a);
    return a - b;
  }
  /**
  * @dev Adds two numbers, throws on overflow.
  */
  function add(uint256 a, uint256 b) internal pure returns (uint256 c) {
    c = a + b;
    assert(c >= a);
    return c;
  }
}
Resource: https://git**b.com/OpenZeppelin/openzeppelin-contracts/blob/master/contracts/math/SafeMath.sol
```

SafeMath 库是由 Openzeppline 团队开发并经过社区申请、代码复查的，被认为是健壮且安全的，因而被推荐使用。以内置的方式使用 SafeMath 库是处于省燃料和避免合约外部调用风险的考虑。但是，从一个更大的视角，为什么每个 ERC20 合约都必须包含相同的 SafeMath 代码？为什么不能把它作为一个标准库被所有 ERC20 合约调用？在每个 ERC20 合约中包含 SafeMath 库看起来是烦人的：它会占用更多的空间并降低执行速度。总而言之，内置合约的方案只能是一个用来降低燃料成本的临时方案，并没有改进 EVM 的整个执行模型。

### 4．危险性

在 EVM 上做外部调用（call 和 delegatecall 指令）是非常不安全的，因为调用合约无法确定在合约里引用地址是不是其他合约的合法地址，外部调用只是盲目调用在引用地址上的代码。如果引用地址指向一个恶意的代码地址，那么 EVM 没有提供任何的保护。例如，在 Parity 钱包漏洞中，钱包调用了一个后来被删除的核心合约。因为核心合约的消失，所有这些钱包的资金都被锁住了。另一个例子就是，在 The DAO 攻击中一个账户的一个不安全的合约引用地址，如果一个恶意的合约调用它，就会导致默认函数被触发，从而隐性调用了 send() 函数，开启了递归式的盗取资金。

### 5．不支持多签和可升级的合约

在以太坊中，每个智能合约或者账户都有一个地址，地址是公钥的一种哈希表现方式。这样设计的结果就是不能对多签合约提供内生的支持，也不能升级特定地址上的合约。EVM 这样设计是有其自身道理，来源于以太坊团队一直宣扬的"代码即法律"的理念。由于在以太坊中没有任何基于名字的解析，以太坊同样不能支持代码分发。没有代码分发和名字解析，以太坊就无法检查特定地址的代码是否为已升级的。单地址模式（即一个地址只有一个签名的模式）强制所有以太坊合约是单签名模式的。如果想要多签支持功能，程序员就必须采取更昂贵的解决方案，如内置合约或者多个交易调用等。

市场上有大量支持多签的产品和方案，如代理合约、多签钱包等，但是这样的临时解决方案更昂贵，而且给智能合约开发增添了更多的复杂性。

## 9.1.2  WASM 的优越性

既然已经有了以太坊虚拟机和众多的智能合约编程语言，为什么我们还需要 WASM 呢？主要原因如下。

### 1．宽泛性

Solidity 语言毕竟是一门新语言，用户学习起来还是有一定的学习曲线。而且 Solidity 的社区从人群到活跃度都比不上传统的编程语言，如 C++社区、Java 社区。如果所有传统编程语言的从业者能够使用自己得心应手的语言来编写智能合约，一是节省了学习一门新的智能合约编程语言的时间，二能迅速扩大智能合约编程的应用范围，快速推广、普及智能合约应用。

### 2．速度

WASM 的最大的承诺就是保证 WASM 格式的程序可以以原生程序的速度在任意平台上执行。这正好可以弥补现在智能合约程序的效率不彰的弱点。

① 受多个 JavaScript 引擎和运行时环境的支持，WASM 可以在大多数浏览器中执行。
② Go、Rust、C/C++语言可以直接编译为 WASM。
③ 能够快速适应所有机器级架构，具备极高性能。
④ 附带与大多数现代硬件架构兼容的指令集。

EVM 的主要设计目标是保证正确性，即使可能会因此牺牲一定的效率。以太坊开发者 Lane Rettig 认为，EVM 基于理论设计而非实用设计，因此可能无法完美支持现实应用。EVM 中的每个节点必须完整正确地运行 EVM，而 WASM 是为现实应用而生的，能够翻译轻松实际的代码逻辑，因此在效率和速度上更具优势。

## 9.2  WASM 特色

如 WASM 官网所述："WebAssembly 或者 WASM 是一个新的可移植的、大小和导入时间非常有效率的格式，适合编译和运行在 Web 上。"所以，如果在创建计算繁重、注重高效率的 Web 应用时，WASM 是一个非常好的候选者。WASM 的典型应用包括：图像和视频编辑，游戏，点对点应用，音乐应用，交互工具和远程工具，企业应用的胖客户端，服务器端不可信的计算，游戏和应用分发。

### 9.2.1 WASM 特点

**1．效率：近乎原生程序的速度**

WASM 支持把多种编程语言的程序编译成为平台无关的 WASM 格式，而且以近乎原生代码的速度运行。WASM 允许在前端开发极度消耗 CPU 计算资源的应用，我们可以在 Web 上开发以前无法开发的桌面应用，如字处理软件、复杂的仿真、图像编辑和游戏等。我们可以用现代的编程语言（如 C++、Rust 和 Go 语言）实现注重速度的部分并将其编译成 WASM。在前端，WASM 文件可以被浏览器像导入 JavaScript 模块一样导入。通过使用不同的编程语言，我们可以发掘不同平台，不同硬件的特性并充分利用之。

粗略来说，WASM 比 JavaScript 更快：

- WASM 模块和 JavaScript 模块都是文本模式，但是 WASM 模块更精炼，压缩后的尺寸也更小，这意味着快速交付和低延迟。
- 解析 WASM 所花的时间比解析 JavaScript 所花的时间短。
- WASM 更接近机器码，所以编译和优化所花的时间更短。而且在服务器端，WASM 代码已经经过了优化。
- WASM 有明确的类型定义，所以不用像优化 JavaScript 的时候要猜测数据类型。
- 因为编译器很少对 WASM 代码的专门处理，执行 WASM 代码更快，而且 WASM 的指令集合更贴近机器。
- 所有内存都是人工管理，所以没有垃圾回收模块。

**2．不需要插件**

因为目前几乎所有的主流浏览器都实现了对 WASM 的支持，所以不需要安装浏览器插件。

**3．与 JavaScript 联通**

WASM 与 JavaScript 是双向连通的：WASM 可以直接像 JavaScript 一样操纵 DOM 对象、事件；JavaScript 也可以触发 WASM 代码的执行，如同执行 restful API 和 RPC 调用。

**4．可移植性**

有了 WASM 的支持，移植现有的大量 C/C++ 应用到 Web 就有了可能。随着工具链和 WASM 标准的不断演进，使用其他语言开发的应用（如 Java 或者 Python）的移植也有了可能。移植现存的应用或者库需要 3 个步骤：① 使用任何适合的可以编译成为 WASM 的程序开发语言来开发应用或者库；② 将开发后的源代码编译成为 WASM 格式；③ 选择任何支持 WASM 的浏览器来解析 WASM 代码并运行之。

**5．可读性**

WASM 生成的代码定义了二进制格式的抽象语法树，开发程序员可以容易地审计和调试文本格式的代码。例如，对于如下 WASM 文件，受过训练的人都可以解析该代码。

```
(module
    (func (param i32) (param i32) (result i32)
        get_local 1
            (block (result i32)
                get_local 0
                get_local 0
                br_if 0
                unreachable
            )
        i32.add
    )
)
```

## 9.2.2  WASM 动态运行库

现在有几支团队在开发 WASM 动态原型环境，如 kWASM、MicroWASM 和 eWASM。在以太坊 2.0 "宁静"（Serenity）路线图上，eWASM 是取代 EVM 的一个主要候选者，而且预计近期会被纳入以太坊的主网，所以下面主要介绍 eWASM。

eWASM 团队给出了具体的设计目标：
- ❖ 构建 EVM 转译器，并且以 eWASM 合约形式添加计量注入器。
- ❖ 发布明确详细的规范，包括以太坊接口、eWASM 合约语义和细节。
- ❖ 为 solc 编译器构建一个 eWASM 后端。
- ❖ 提供 C 语言和 Rust 语言的相应指令和库，以支持智能合约编写。

eWASM 的思路可以概括为：

eWASM = WASM - 非确定性（浮点）+ 计量 + EEI 路径（与以太坊交互）

eWASM 最主要的目标是提高效率，并且支持用更多的传统的编程语言来编写智能合约。eWASM 定义了 eWASM 合约接口（eWASM Contract interface，ECI）和以太坊环境接口（Ethereum Environment Interface，EEI），任何实现了 ECI 和 EEI 接口的编程语言都可以被用来开发智能合约。eWASM 的工作流如图 9-1 所示。

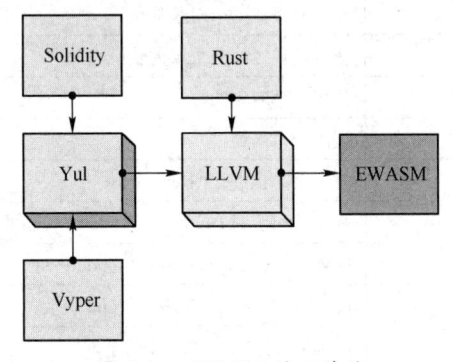

图 9-1  eWASM 的工作流

对于现存的编程语言，eWASM 建议如下迁移路径。

（1）对于现存的智能合约编程语言，如 Solidity 和 Vyper

eWASM 建议将这些智能合约编程语言编译成为 Yul，再把 Yul 编译成后端语言（如 LLVM），最后部署到 EWASM 测试网。

（2）对于现存的编程语言，如 Rust、Go 和 C++

eWASM 建议直接将这些程序编译到后端语言（如 LLVM 和 EmScripten），再部署到 eWASM 测试网。

eWASM 将获得所有主流 JavaScript 引擎的支持，如 Microsoft 的 Chakra 引擎（Microsoft Edge）、Google 的 V8 engine（Node.js 和基于 Chrome 的浏览器）、Mozilla 的 Spidermonkey 引擎（Firefox 和 Thunderbird）。

eWASM 还将获得以下非浏览器实现的支持：ml-proto（OCaml 引用解释器）、wasm-jit-prototype（使用 LLVM 后端的独立虚拟机）、wabt（基于堆栈的解释器）。

eWASM 还具有以下开创性优势，是之前的 EVM 不可能拥有的：

- ❖ 对于以太坊轻客户端，浏览器支持更简单，因为 eWASM 是根据 W3C 标准架构的。
- ❖ 有更多编译器和更多种类的开发者工具。
- ❖ 大量的项目已经在使用 eWASM，已聚集了一个健康、多元的开发者社区。

## 9.3 WASM 前后端交互

通常，一个专业应用会有很多前端和后端的交互，如从 Go 语言模块中操纵 DOM 元素、调用前端方法并且等待方法的返回。下面以 Go 语言为例，讲述 Go 语言模块如何与前端的 JavaScript 交互。

### 1. 从后端（Go）到前端 Javascript

Go 语言的 syscall/js 包有一个新的类型 js.Value，其成员 API 如表 9-1 所示。

表 9-1　js.Value 的成员 API

| API | 描述 |
| --- | --- |
| js.Value.Get()，js.Value.Set() | 获取和设定一个对象的值 |
| js.Value.Index()，js.Value.SetIndex() | 获取和设定一个数组的值 |
| js.Value.Call() | 调用一个对象的方法 |
| js.Value.Invoke() | 调用一个函数 |
| js.Value.New() | 基于 JS 类型调用 New 操作 |
| js.Value.Int()，js.Value.Bool() | 基于其相应的 Go 类型获取 JavaScript 的值 |
| js.Undefined() | js.Value 对应 JavaScript 的 undefined |
| js.Null() | js.Value 对应 JavaScript 的 null 值 |
| js.Global() | js.Value 对应 JavaScript 的全域 |
| js.ValueOf() | 放回相应的 js.Value 的值 |

下面的代码片段演示了如何使用 Go 语言的 js 包来操作 DOM 元素。如果读者熟悉 JavaScript 语法，应该很容易理解。

```go
func setup() {
    window = js.Global()
    doc = window.Get("document")
    body = doc.Get("body")

    windowSize.h = window.Get("innerHeight").Float()
    windowSize.w = window.Get("innerWidth").Float()
    canvas = doc.Call("createElement", "canvas")
    canvas.Set("height", windowSize.h)
    canvas.Set("width", windowSize.w)
    body.Call("appendChild", canvas)
    // red laser dot canvas object
    laserCtx = canvas.Call("getContext", "2d")
    laserCtx.Set("fillStyle", "red")
}
```

### 2．从前端（JavaScript）到后端（Go）

Go 语言从版本 1.12 起增加了 js.Func() 函数，用来被 JavaScript 回调的 Go 语言函数在版本 1.11 中起相应作用的是 js.Callback()。下面是一个简单的例子，演示如何实现 JavaScript 回调函数并把控制权返回给前端。

```go
package main

import (
    "fmt"
    "syscall/js"
)
var done = make(chan struct{})
func main() {
    callback := js.NewCallback(printMessage)
    defer callback.Release()

    setPrintMessage := js.Global().Get("setPrintMessage")

    // 调用 setPrintMessage，结束后回调 callback 函数，此处为 printMessage
    setPrintMessage.Invoke(callback)
    // 等待回调函数执行完毕
    <-done
}
// 回调函数
func printMessage(args []js.Value) {
    message := args[0].String()
    fmt.Println(message)
    // 通知主 goroutine，回调函数执行完毕
    done <- struct{}{}
}
```

在上面的程序中，我们需要注意如下事项。

① Go 语言通道的用法。回调函数是在专门的 goroutine 中实现的，主 goroutine 需要等待回调函数的结束。上述通道（在上例中通道是 done）被用来通知主 goroutine 回调函数执行的结果。

② 何时释放回调资源。每次创建一个 js.Callback 或者 js.Func 类型的回调函数时，在 WASM 模块终止前，最好释放这些回调资源。

③ 每次都必须实例化 WASM。前端在调用后端的方法时，每次都需要实例化 WASM 模块。这会引起一个效率问题当然，不过也有解决办法。

## 9.4 从 Solidity 迁移到 WASM

如何让 WASM 助力 Solidity 智能合约编程？若以太坊虚拟机支持 WASM，程序员就可以用熟悉的编程语言来开发智能合约，只要他们选择的编程语言能够被编译成 WASM 格式。由于这些成熟的平台和它们的底层基础设施已经运行时间足够长，普遍相信，它们比以太坊更稳定、更安全。通过 WASM，EVM 能够间接地享受到这些成熟平台带来的好处。

在 2019 年日本大阪的以太坊开发者大会上，Second State 团队推出了他们的 SOLL 编译器项目，这是世界上第一个基于 LLVM 的工具链。在大会上，他们演示了如何把 Solidity 智能合约编译成 WASM 字节代码，并将之部署到 EWASM 的测试网。EWASM 是目前兼容了 WebAssembly 的以太坊平台。SOLL 项目在其网站上有实用的例子，演示了如何编译 ERC20 合约为 WASM 并且部署。

## 习 题 9

1. 前端在调用后端的方法时，每次都需要实例化 Web Assembly 模块。这会引起一个效率问题，如何解决？

2. 使用 SOLL 编译，将下面简单的 ERC20 合约移植到 EWASM 测试网。

```solidity
pragma solidity 0.4.20;

contract BasicToken {
    uint256 totalSupply_;
    mapping(address => uint256) balances;
    constructor(uint256 _initialSupply) public {
        totalSupply_ = _initialSupply;
        balances[msg.sender] = _initialSupply;
    }
    function totalSupply() public view returns (uint256) {
        return totalSupply_;
    }
    function balanceOf(address _owner) public view returns (uint256) {
```

```
        return balances[_owner];
    }
    function transfer(address _to, uint256 _value) public returns (bool) {
        require(_to != address(0));
        require(_value <= balances[msg.sender]);
        balances[msg.sender] = balances[msg.sender] - _value;
        balances[_to] = balances[_to] + _value;
        return true;
    }
}
```

3. 基于 Github 上的 kadena-io 项目和 Kadena 网站的信息，简述 Pact（Kadena 项目）的智能合约编程语言，着重介绍解析后的语言（开放问题）。

4. 为什么 EVM 原生不能支持多签和合约升级？

5. 用 WASM 编写一个计算器程序。

# 第 10 章　开发环境和工具安装

## 10.1　实验 1：区块链开发基本语言工具包安装配置

**实验目的**：熟悉并选择合适的区块链编程语言，配置开发环境。

**实验任务**：安装 Go 语言程序包并进行相关配置；安装 Node.js 语言包并进行相关配置；安装 Python 语言包并进行相关配置（可选）；安装 Git 包并简单使用。有兴趣的同学可以安装 Rust 语言包并进行配置。

**实验时长**：1 小时。

**注意事项**：不同的操作系统环境下，设定环境变量的方法不同，如 GoProxy。

### 10.1.1　编程语言包的安装

#### 1. Go 语言

下面以 Ubuntu 为例讲述如何编译以太坊源代码（见教学资源包或见 Github 的相关网页，还包含其他平台如 Windows、MacOS 的编译指导）。

首先，下载 Go 1.9.4 语言包（以太坊要求 Go 语言版本在 1.8 以上），在本地解压，将 Go 语言包移到 /usr/local 下。

```
mkdir dev
sudo mv go /usr/local
```

其次，修改环境配置文件，使 Go 语言包在当前用户环境下都可用。需要配置 Go 环境变量 GOPATH 和 GOROOT，并将它们加入系统环境变量 PATH：

```
sudo vi .bashrc
```

在文件尾追加以下内容：

```
export GOROOT=/usr/local/go                              // 配置 GOROOT 变量
export GOPATH=/opt/goworkspace                           // 配置 GOPATH 变量
export PATH=$PATH:$GOROOT/bin:$GOPATH/bin                // 将 GOROOT 和 GOPATH 加入系统环境变量 PATH
```

使环境配置文件生效，并验证 Go 语言版本：

```
source .bashrc
go version
```

再次，安装编译必需的依赖包：

```
sudo apt install -y build-essential
```

### 2. Python 语言

使用如下命令安装 Python 语言：

```
$ sudo apt-get install python-pip python-dev build-essential
$ sudo pip install --upgrade pip
$ sudo pip install --upgrade virtualenv
$ sudo apt-get install python3-dev
#官网下载安装包
1. wget http://www.python.org/ftp/python/3.6.4/Python-3.6.4.tgz
# 解压
2. tar -xvzf Python-3.6.4.tgz
# 安装
3. cd Python-3.6.4
4. ./configure --with-ssl
# 编译
5. sudo make
6. sudo make install
# 创建软连接，先查看python3.6.4的安装路径
7. which python3      # /usr/local/bin/python3
8. sudo ln -s /usr/local/bin/python3 python
```

输入命令：

```
sudo apt-get update
sudo apt-get install python3.6
```

## 10.1.2 Node.js 环境的安装

Node.js 环境的安装有多种方法，可以下载安装包，或者下载源程序编译，或者采用如下方法：

```
sudo apt-get install curl
curl -sL https://deb.nodesource.com/setup_10.x | sudo -E bash -
```

遵从提示信息进行操作，运行如下命令，安装 Node.js 10.x 和 Npm：

```
sudo apt-get install -y nodejs
sudo apt-get install  npm
```

为搭建本地的开发环境，还需要安装一些开发工具：

```
sudo apt-get install gcc g++ make
```

安装 Yarn 库包：

```
curl -sL https://dl.yarnpkg.com/debian/pubkey.gpg | sudo apt-key add -
echo "deb https://dl.yarnpkg.com/debian/ stable main" | sudo tee /etc/apt/sources.list.d/yarn.list
sudo apt-get update && sudo apt-get install yarn
```

进行验证：

```
node -v
npm -v
```

如图 10-1 所示，表示已经成功安装 Node.js 10.6.0 和 Npm 库包管理器 6.1.0。

```
gavin@gavin-VirtualBox:~/dev/test$ node -v
v10.6.0
gavin@gavin-VirtualBox:~/dev/test$ npm -v
6.1.0
gavin@gavin-VirtualBox:~/dev/test$
```

图 10-1  检查 Node.js 和 Npm 的版本信息

### 10.1.3  Git 包的安装

Git 包的安装命令如下：

```
$ apt-get install git
$ git --version
```

## 10.2  实验 2：以太坊开发环境安装

**实验目的**：熟悉以太坊智能合约开发环境、编程语言并熟练使用。

**实验任务**：web3 库、Ganache、Truffle 安装；使用 Etherscan 或者其他区块链浏览器按地址或者交易号查询交易；在测试环境中通过水龙头领取测试用代币。有兴趣的同学可以安装 hardhat、brownie 等库包，并进行配置。

**实验时长**：4 小时。

**注意事项**：下载包时有时会失败，或者太慢，需要设定相应的镜像源才能安装成功。

### 10.2.1  web3 库安装

web3 库是最广泛被使用的以太坊的开发程序包。阿里巴巴做了 Node.js 很多包的镜像，所以 cnpm 包的下载和安装更快速、更稳定。

```
sudo npm install -g cnpm --registry=https://registry.npm.taobao.org
```

安装 web3 包：

```
sudo cnpm install  web3 -g
```

也可以使用 Npm 安装，^0.20.0 表示指定安装 web3 包版本为 0.20.0：

```
npm install web3@^0.20.0
```

### 10.2.2  Ganache 安装

Ganache（以前称为 testprc）是一个独立的用于本地以太坊测试的环境，用来测试智能合约编程。启动 testrpc：

```
npm install -g ethereumjs-testrpc
testrpc
```

或者安装 Ganache（以下均使用 Ganache 作为开发调试工具）：

```
sudo npm install -g ganache-cli
```

启动 Ganache，输入命令"ganache-cli"，运行结果如图 10-2 所示，自动创建了 10 个账户及其私钥。

图 10-2  Ganache 的运行

### 10.2.3  Truffle 安装

Truffle 是一个优秀的开发环境、测试框架和以太坊的资源管理套件，让以太坊上的开发变得简单。Truffle 有以下功能：

- ❖ 内置的智能合约可以编译、链接、部署和管理二进制文件。
- ❖ 快速开发下的自动合约测试。
- ❖ 脚本化的、可扩展的部署与发布框架。
- ❖ 部署到公网或私网的网络环境管理功能。
- ❖ 使用 EthPM&NPM 提供的包管理，采用 ERC190 标准。
- ❖ 与智能合约直接通信的交互控制台（写完智能合约就可以在命令行中验证）。

❖ 可配置的构建流程，支持紧密集成。
❖ 支持外部脚本的执行。

在 Ubuntu 上安装 Truffle 的命令如下：

```
sudo npm install -g truffle
```

输入以下命令，验证 Truffle 安装是否成功及其版本信息：

```
truffle v
```

结果如图 10-3 所示。

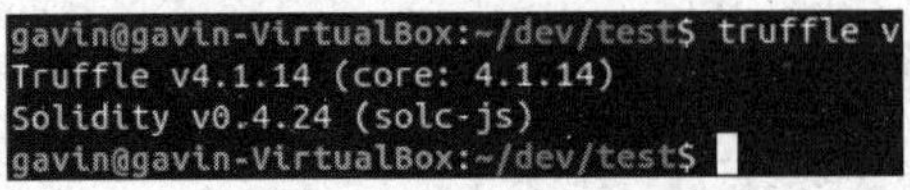

图 10-3　Truffle 版本信息

用 Truffle 生成一个项目。创建一个名为 test 的目录，在 test 目录下输入如下命令：

```
truffle init
```

进行检查，发现项目已经生成（如图 10-4 所示）。

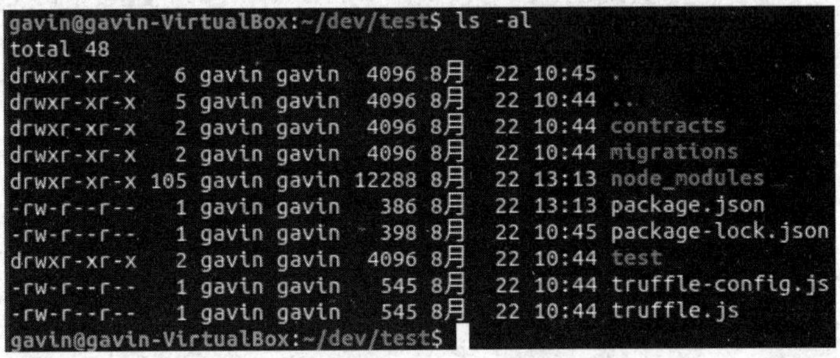

图 10-4　Truffle 项目目录结构

目录结构如下：
```
test/
    contracts/
        Migrations.sol
    migrations/
        1_initial_migration.js
    test/
    truffle.js
    truffle-config.js
```

contracts 目录包括智能合约源文件。migrations 目录包括用来部署智能合约的 JavaScript 文件。contracts 目录下有一个 Migrations 合约，这个合约将被保存到区块链上，记录智能合约的迁移历史。test 目录一开始是空的，用来保存所有的测试文件。项目的根目录下有 truffle.js 和 truffle-config.js 文件，用来部署智能合约的一些参数。具体信息可以查看 Truffle 官方文档，归纳如下。

❖ contracts/：Solidity 智能合约目录。
❖ migrations/：可编程部署脚本文件。
❖ test/：用来测试 DApp 和智能合约的测试文件目录。

❖ truffle.js：Truffle 配置文件。

Truffle 使用 Mocha 作为测试框架，使用 Chai 执行断言（Assertion）。根据 Mocha 的官方文档，一个测试案例如下：

```
const MyToken = artifacts.require('MyToken')
contract('MyToken', accounts => {
    it('has a total supply and a creator', async function() {
        const owner = accounts[0]
        const myToken = await MyToken.new({from: owner})
        const creator = await myToken.creator()
        const totalSupply = await myToken.totalSupply()
        assert(creator === owner)
        assert(totalSupply.eq(10000))
    })
})
```

下面是常用的 Truffle 命令：

| | |
|---|---|
| truffle compile | // 编译智能合约源文件 |
| truffle migrate | // 将编译好的合约迁移到本地链或者指定的链上 |
| truffle test | // 运行测试案例 |

Truffle 可以让程序员可以迅速进入写代码 - 编译 - 部署 - 测试 - 打包 DApp 的流程。

## 10.2.4 区块链浏览器

区块链的数据都是公开透明的，意味着上传到区块链的数据（如交易、合约等）都可以通过编程或者区块链浏览器来检查，因此区块链浏览器可以检查提交的交易。数据检查是以太坊应用编程的必备技能。下面简单介绍 etherscan 浏览器。

etherscan 浏览器可以通过合约地址来查询：

```
https://etherscan.io/token/0x6ebeaf8e8e946f0716e6533a6f2cefc83f60e8ab#readContract
```

可以通过地址来查询：

```
https://etherscan.io/address/0x73d5c5f6a8925c817c7e5518592fe0b0a7cdf0af
```

可以通过交易 ID 来查询：

```
https://etherscan.io/tx/0x837bf52f3a7eaa115fee9dde783b617976c907d59e2bd79014339f54c2b8decd
```

## 10.2.5 测试环境

以太坊目前有 5 个测试环境：Rinkeby、Ropsten、Goerli、Sepolia 和 Kovan。Rinkeby 和 Ropsten 用于基于 Geth（以太坊的 Go 语言实现）的测试，比较拥堵，所以新建了 Goerli 和 Sepolia 测试网络。Kovan 用于基于 Parity（以太坊的 Rust 语言实现）的测试。不同的测试环境使用不同的区块链浏览器地址，在领取测试用币时也使用不同的水龙头地址（见教学资料包）。

除了主网络，以太坊社区还提供了测试网络，供 DApp 开发者进行开发调试。由于 DApp

的运行需要消耗一定的燃料，在测试网络中进行开发调试可以节省经济成本。

以太坊的第一个测试网络 Morden 从 2015 年 7 月开始运行，直至 2016 年 11 月，由于不同客户端之间无法共识，导致区块链分叉而被弃用。

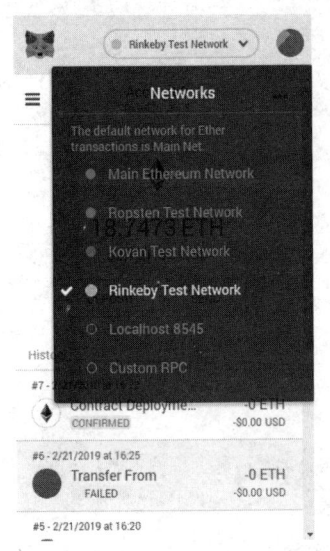

以太坊的第二个测试网络 Ropsten 同时被部署，直至 2017 年 2 月。由于测试网络本身算力不足，恶意攻击者在网络中传递了巨大的区块数据，导致整体网络瘫痪，造成区块链分叉，测试网络再次不可用。

### 1．MetaMask 访问测试环境

MetaMask 插件可以自由地在不同的测试网络之间切换，如图 10-5 所示。

### 2．测试环境领取测试用币

为了测试，用户可能需要去水龙头处获得免费的测试用币，因为 Solidity 编程实验需要耗费燃料，而且每个测试网络都有自己的区块链浏览器。下面以 Rinkeby 测试网络为例，简单说明如何领取免费的测试用币。

图 10-5　MetaMask 网络切换菜单

先在一个公共网站发一个帖子，如 Facebook、Twitter、微博等，帖子中必须包含钱包地址；复制所发帖子的 URL，在 rinkeby 网站的 faucet 网页中粘贴帖子的 URL，选择充值的 Ether 数量；单击"Give me Ether"按钮，就能收到测试用币，如图 10-6 所示。

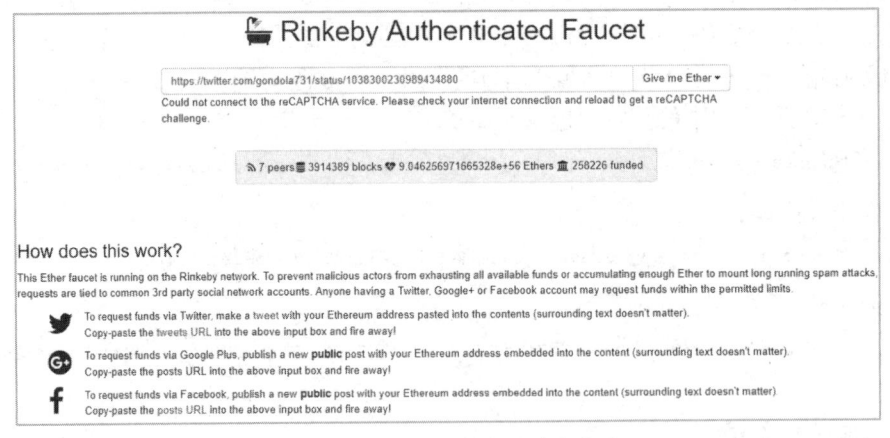

图 10-6　Rinkeby 测试用币水龙头

### 3．开发时连接测试环境

下面以使用 Truffle 框架为例，介绍如何连接 Rinkeby 测试网络。我们需要修改 truffle-config.js 文件：

```
module.exports = {
    networks: {
        development: {
```

```
            host: "localhost",
            port: 8545,
            network_id: "*"                     // 匹配任意的网络 ID
        },
        rinkeby: {
            host: "localhost",
            port: 8545,
            network_id: "4",                    // Rinkeby 的网络 ID 为 4
            from: "0xf6e9dc98fe5d2951744967133b3c31765be657c1"  // 用来部署的账户
        }
    }
}
```

## 10.3 实验 3：以太坊开发工具

**实验目的**：熟悉以太坊智能合约的开发工具，并熟练使用、编程和调试。

**实验任务**：Remix 的使用，包括编辑、编译、部署和调试；Infura 的登录、注册；MetaMask 安装和使用。例子见教学资料包。

**实验时长**：2 小时。

**注意事项**：Remix、Infura、Metamask 网站访问需要科学上网方法，可以预先安装或者提供下载包；在以太坊应用程序编程中，可能需要一些调试工具、钱包工具和各种插件。

### 10.3.1 Remix 的使用

Remix 是一个智能合约编程语言 Solidity 的集成开发环境。下面用 2 个智能合约样例 Callee 和 Caller 来介绍 Remix 的使用。Callee 是被调用的合约，而 Caller 是调用者的合约。

Callee 合约源代码如下：

```
pragma solidity ^0.4.24

contract Callee {
    uint[] public values;
    function getValue(uint initial) returns(uint) {
        return initial + 150;
    }
    function storeValue(uint value) {
        values.push(value);
    }
    function getValues() returns(uint) {
        return values.length;
    }
}
```

Caller 合约源代码如下：

```solidity
pragma solidity ^0.4.24;

contract Caller {
    function someAction(address addr) returns(uint) {
        Callee c = Callee(addr);
        return c.getValue(100);
    }
    function storeAction(address addr) returns(uint) {
        Callee c = Callee(addr);
        c.storeValue(100);
        return c.getValues();
    }
    function someUnsafeAction(address addr) {
        addr.call(bytes4(keccak256("storeValue(uint256)")), 100);
    }
}
contract Callee {
    function getValue(uint initialValue) returns(uint);
    function storeValue(uint value);
    function getValues() returns(uint);
}
```

在区块链浏览器中打开 Remix，并粘贴上述程序。单击 "Deploy" 按钮，部署 Callee 合约，如图 10-7 所示。然后单击 "Copy Address" 按钮，复制部署的合约地址 0x692a70d2e424a56d2c6c27aa 97d1a86395877b3a。（注意，读者实验的地址可能不同。）

创建 Caller 合约。单击 "Deploy" 按钮，部署 Caller 合约，如图 10-8 所示。

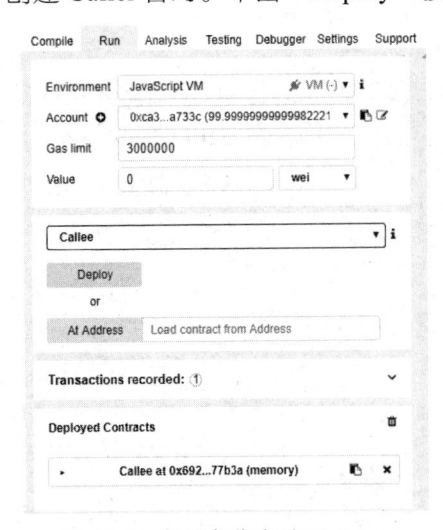

图 10-7　部署智能合约 Callee 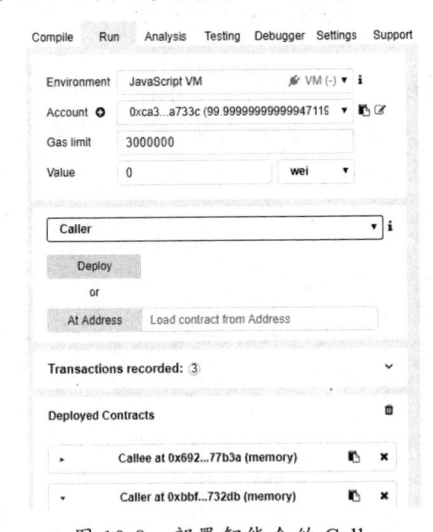　　　　图 10-8　部署智能合约 Caller

在操作面板中调用 someAction 方法，以 Callee 合约的地址作为参数，返回了我们期望的值 250，如图 10-9 所示。

接下来，用同样的方法测试 someUnsafeAction 和 storeAction 方法。storeAction 方法调用将返回 Callee 合约的当前值的数量（本例中为 1），如图 10-10 所示。

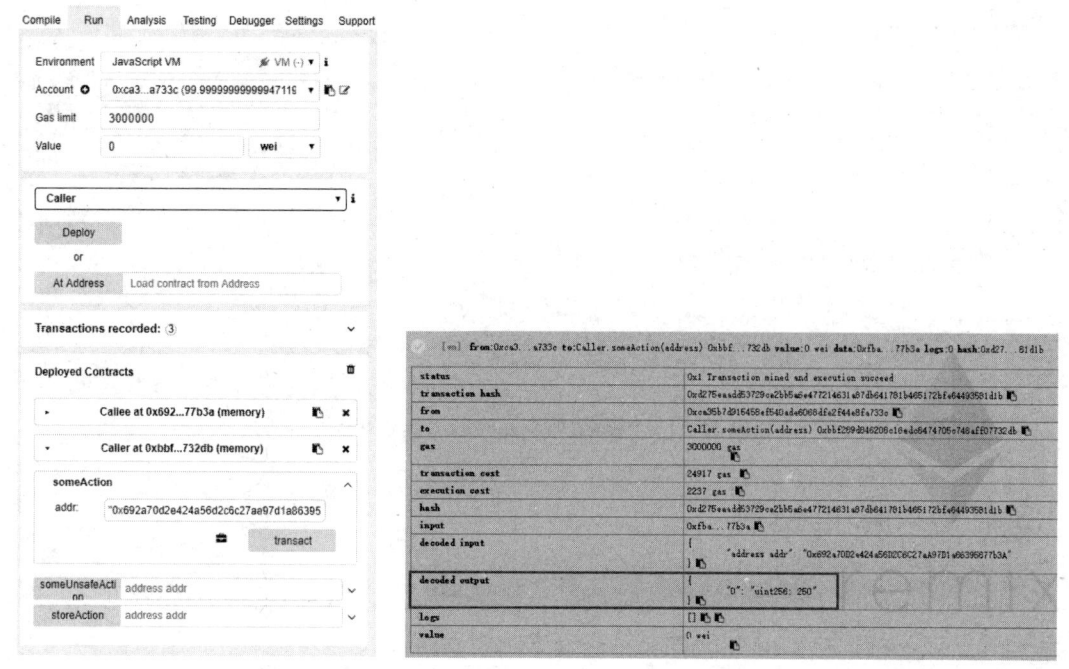

图 10-9　调用智能合约方法 someAction 和返回结果

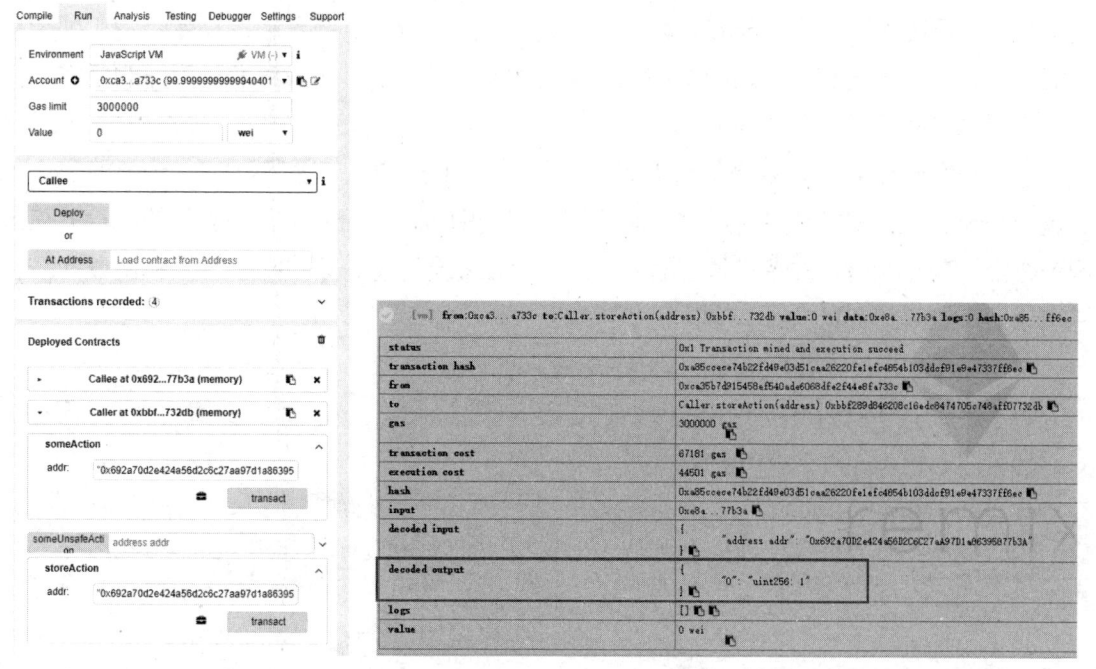

图 10-10　调用智能合约方法 someUnsafeAction、storeAction 和返回结果

注意，在运行程序前一定要选用合适的编译器版本来运行，否则会出现如图 10-11 所示的错误。

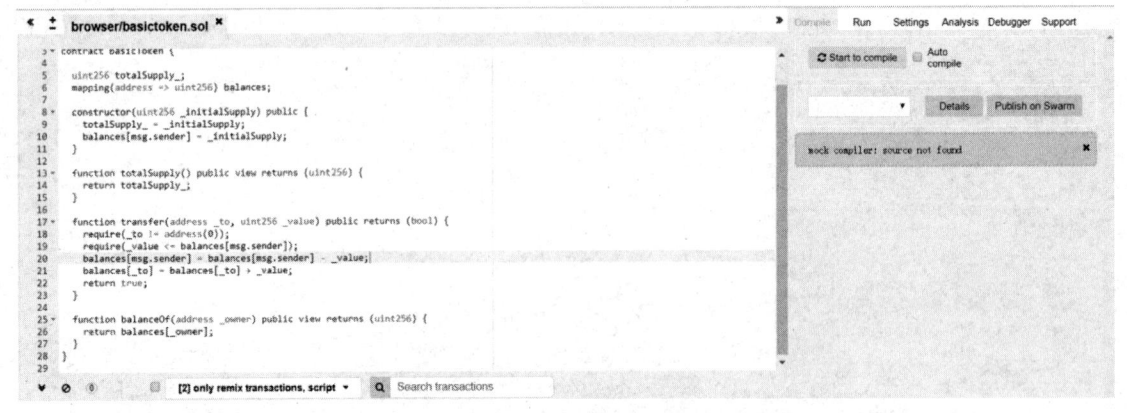

图 10-11　Remix 编译程序版本错误提示

## 10.3.2　Infura 的使用

Ganache 可以用于智能合约的本地测试，如果想向生产环境（公网）或者测试网部署智能合约，就必须连接到一个全节点，有以下两个方法。

① 在本地运行一个全节点。这个方法对开发者要求较高，需要合约开发者在本地配置，编译并运行一个以太坊的全节点，还必须同步所有的区块。现在以太坊的区块同步比较困难：一是因为以太坊的全节点数据比较大，已经逼近 TB 级别；二是受带宽和硬盘等的限制，如想同步全节点使用 SSD 固态硬盘比较好。这个方案导致准备工作的工作量巨大，部署的时间延长。

② 托管节点。智能合约开发者也可以选择连接网络上的一些托管节点。该托管节点本身是一个全节点，开发者只需通过相应的接口连接即可。Infura 是比较流行的托管节点。这个方案的缺点就是开发者必须相信 Infura，存在安全隐患，不过对于开发和测试而言，是快速而有效率的方案。

为了在 Trufffle 中使用 Infura，需要安装下面的包：

```
npm install truffle-hdwallet-provider
```

然后在 tuffle-config.js 中设置：

```
require('dotenv').config()
const HDWalletProvider = require('@truffle/hdwallet-provider')
const utils = require('web3-utils')
...
module.exports = {
    /*  下面的 network 参数用于定义连接的以太坊客户端，并指定如何用 web3 来发送交易。如果不指定以太坊客
        户端，可以用 truffle develop 或者 truffle test 命令自动启动一个开发用的本地区块链，监听 9545 端
        口。通过命令启动 Truffle 时，会询问运行哪个命令
            $ truffle test --network <network-name>
    */
```

```
networks: {
    ...
    // 在指定部署到哪个网络时有用。provider 必须是一个函数
    kovan: {
        provider: () => new HDWalletProvider(process.env.PRIVATE_KEY, 'https://kovan.infura.
                                    io/v3/97c8bf358b9942a9853fab1ba93dc5b3'),
        network_id: 42,
        gas: 6000000,
        gasPrice: utils.toWei('1', 'gwei'),
        // confirmations: 0,
        // timeoutBlocks: 200,
        skipDryRun: true
    },
    ropsten : {
        provider: () => new HDWalletProvider(process.env.PRIVATE_KEY, 'https://ropsten.
                                    infura.io/v3/0a1dcb02e8d54e1ea22c8c70675e8dbe'),
        network_id: 3,
        gas: 6000000,
        gasPrice: utils.toWei('1', 'gwei'),
        // confirmations: 0,
        // timeoutBlocks: 200,
        skipDryRun: true
    },
    rinkeby: {
        provider: () => new HDWalletProvider(process.env.PRIVATE_KEY, 'https://rinkeby.
                                    infura.io/v3/97c8bf358b9942a9853fab1ba93dc5b3'),
        network_id: 4,
        // 如果定义了这个网络但在命令行运行时没有指定这个网络，就需要在一个独立的终端窗口中运行一个
        // 以太坊客户端（如 gonache-cli、geth 或 parity），同时必须设置参数 host、port 和 network_id
        ...
    }
}
```

### 10.3.3　MetaMask 的使用

MetaMask 是一个浏览器插件，同时扮演以太坊浏览器和钱包的角色。MetaMask 可以与 DApp 和智能合约交互，而不需要安装任何软件或者下载区块链。安装插件后，创建钱包，就可以进行交易、接收和发送 Ether。MetaMask 最大的缺点就是像其他线上钱包一样，存在一定的安全隐患。因为用户信息都是线上存储的，而 MetaMask 被侵入或者泄露信息的可能性确实存在。

**1. MetaMask 的安装**

在相关应用商店中下载 MetaMask 后进行安装，出现如图 10-14 所示的提示，说明安装成功。然后需要输

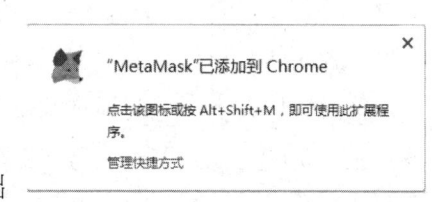

图 10-12　MetaMask 安装成功提示

入密码和确认密码。

### 2．用 MetaMask 创建钱包

MetaMask 创建钱包后，会生成 12 个英文助记词。用户一定要保存好这些助记词，在其他钱包导入这个新创建的账户时可能需要这些助记词，如图 10-13 所示。

进入钱包页面（如图 10-14 所示），MetaMask 自动创建了一个钱包地址，地址显示不全没关系，单击右上方的"…"按钮，可以打开钱包地址相关的菜单，如图 10-15 所示。

菜单中有两项：一项是显示钱包的二维码，在"Account Details"中还可以导出私钥；另一项是在 Etherscan 上查看该钱包地址的所有转账信息，如图 10-16 所示。

图 10-13　保存助记词　　　　　　　图 10-14　钱包页面

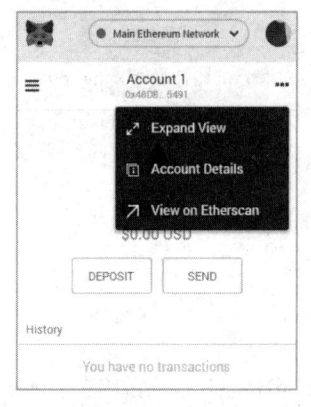

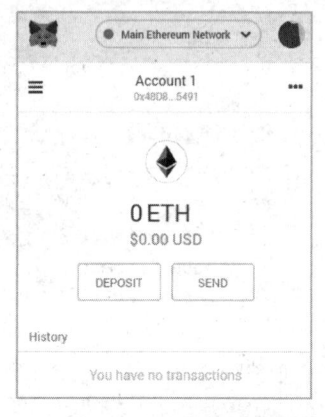

图 10-15　钱包的下拉菜单　　　　　图 10-16　钱包中查看私钥

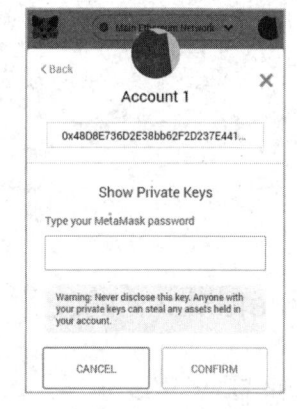

输入框中的就是在创建钱包时输入的密码，然后单击"CONFIRM"按钮，返回到钱包首页。单击上方的"Main Ethereum Network"按钮，或选择钱包使用的网络，MetaMask 将提示。默认情况是连接到测试网络。

单击钱包右上角三条横杠的设置图标，显示设置菜单，如图 10-17 所示。下拉菜单主要有三个功能：创建账户、导入账户和连接冷钱包。在"Setting"中可以设置钱包中虚拟币的计价方式，如图 10-18 所示。

单击其中的下拉菜单，可以选择计价方式，包括法币和代币，用户可以根据自己的习惯选择。

### 3．MetaMask 的功能

MetaMask 的主要功能就是充值（Deposit）和发送代币（Send）。图 10-19 是发送代币的页面。

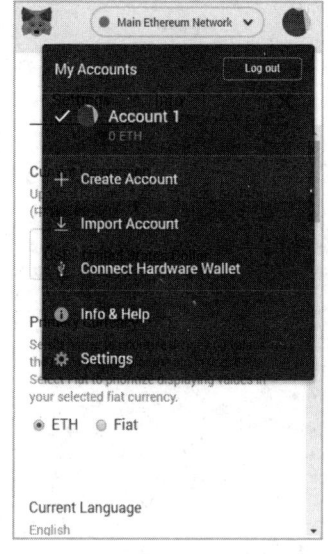

图 10-17　设置下拉菜单 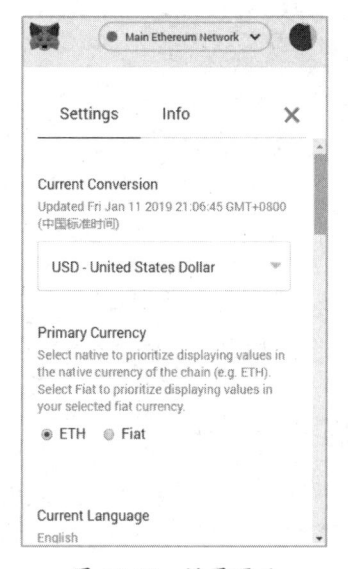　　　图 10-18　设置页面 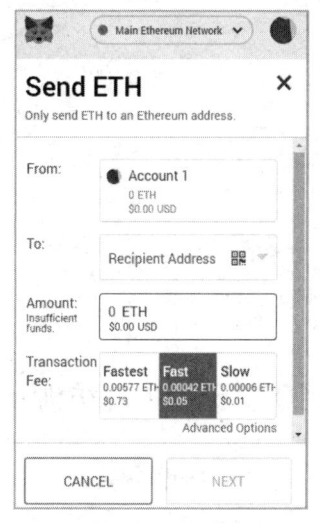　　　图 10-19　发送代币页面

## 10.3.4　Mist 的使用

Mist 是一个基于 Electron（使用 JavaScript、HTML 和 CSS 来开发跨平台桌面应用的框架）的应用程序，意味着它是一个桌面应用，同时有 Web 接口。Mist 包括一个在后台运行的 Geth 节点。在 Mist 启动时，与以太坊区块链的连接就已经被建立。

在 Ubuntu 中也可以用如下命令安装：

```
sudo dpkg -i ./Downloads/Ethereum-Wallet-linux64-0-11-1.deb
```

不带任何参数运行 Mist，就会启动一个内部的 Geth 节点。如果已经运行了一个本地 Geth 节点，我们可以提供 IPC 路径来启动 Mist。这时，Mist 会连接到本地的 Geth 节点。

```
mist --rpc <test-chain-directory>/geth.ipc
```

一旦 Mist 启动，就必须确认 Mist 是否连接到 Geth 节点。

Mist 现在集成了浏览器、钱包、测试节点/网络、Remix 等功能于一体。通过钱包，我们可以发送交易、检查账户余额等。图 10-20 为 Mist 账户信息。

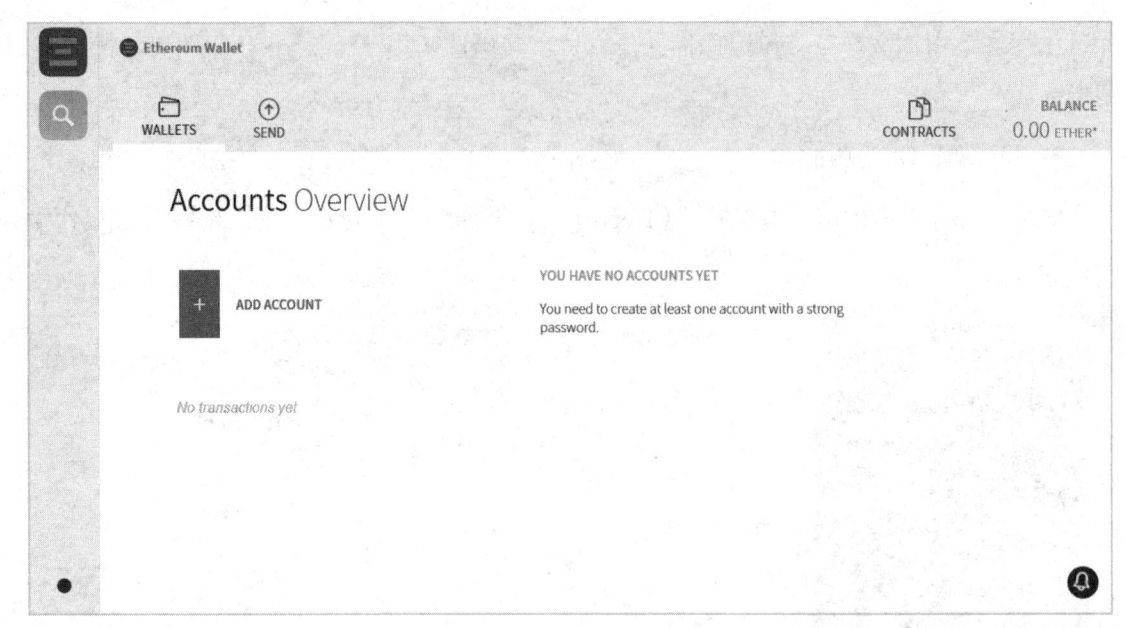

图 10-20　Mist 账户信息

## 10.3.5　以太坊源码编译

### 1．Geth 安装

运行 Geth 前需要安装 Git：

```
mkdir geth
cd geth
```

下载源代码：

```
git init
git remote add origin https://github.com/ethereum/go-ethereum.git
git pull origin master
```

编译 Geth：

```
make geth
```

然后可以运行 Geth 了。

### 2．Pyethereum 安装

为了分析的目的，需要安装 pyethereum 和相关库。pyethereum 是以太坊的 Python 实现。我们使用 Python 3.6。

```
sudo apt-get install libssl-dev build-essential automake pkg-config libtool
libffi-dev libgmp-dev libyaml-cpp-dev
git clone https://github.com/ethereum/pyethereum/
cd pyethereum
python setup.py install
```

为了分析以太坊的加密函数原理和地址计算，需要安装 SHA-3 的库：

```
pip3 install pysha3
```

## 10.3.6 其他

在深入讲解 Solidity 合约的运行机理时，可能用到 solc 命令行编译器。如果已经安装 Node.js，可以使用如下命令来安装 Solc。安装前可能需要先安装 node-gyp 库包。

```
npm install -g solc
npm install -g solc-cli
```

如果操作系统是 Ubuntu 系统，安装命令如下：

```
sudo add-apt-repository ppa:ethereum/ethereum
sudo apt-get update
sudo apt-get install solc
```

如果是 Windows 系统，可以直接下载相应的安装包。

# 动手实验

1. 用 Remix 部署一个 ERC20 合约到测试网上（Rinkeby/Ropsten）。
2. 用 MetaMask 生成一个钱包，提供钱包地址。
3. 用水龙头领取不少于 3 个 Ether 的测试用币。
4. 在测试网上向以下地址发送测试用币，并使用区块链浏览器提供交易详细截图，需要包含块号、交易哈希值等信息。

```
Ropsten:    0xCeCE3427Ec9B685d6bc77e46219600A0b8226551
Rinkeby:    0xCeCE3427Ec9B685d6bc77e46219600A0b8226551
```

# 第 11 章 Solidity 智能合约开发

## 11.1 实验 4：以太坊 Solidity 智能合约 ERC20 开发

**实验目的**：熟悉以太坊智能合约的开发工具并熟练使用，编程和调试一个 ERC20 合约程序。

**实验任务**：编写一个 ERC20 合约，并进行编译和部署；在 MetaMask 中导入自己编写的 ERC20 代币，并发送 ERC20 代币给别人。

**实验时长**：2 小时。

ERC20 通证的发行已经风靡一时。下面具体分析其中的实现。

```solidity
pragma solidity ^0.4.0;

contract MyToken {
    address public creator;                              // 合约创建者
    uint256 public totalSupply;                          // Token 总供应量
    mapping (address => uint256) public balances;        // 账户余额

    function MyToken() public {
        creator = msg.sender;
        totalSupply = 10000;
        balances[creator] = totalSupply;
    }
    function balanceOf(address owner) public constant returns(uint256){
        return balances[owner];
    }
    function sendTokens(address receiver, uint256 amount) public returns(bool) {
        address owner = msg.sender;
        require(amount > 0);
        require(balances[owner] >= amount);
        balances[owner] -= amount;
        balances[receiver] += amount;
        return true;
    }
}
```

上述代码中，creator 是一个 address 变量，记录智能合约的拥有者。

totalSupply 是一个 256 位的无符号整数，存储将要发布给投资者的通证数量。

balances 是一个地址到无符号整数的字典，存储的是对应地址拥有的通证数量。

随后是一个与智能合约同名的构造函数，只会在智能合约实例部署到网络的时候一次性被调用。构造函数设置了智能合约的所有者变量，因为每个智能合约的函数调用都可能需要知道智能合约的所有者是不是函数的调用者 msg.sender。最后，智能合约定义了一个总供应量为 10000，并将这个数额的 MyToken 通证划转到合约创建者的余额地址中。

balanceOf 方法用于返回一个指定地址的余额，用 constant 关键字说明。

Solidity 有两种函数：constant 和 non-constant。non-constant 函数用来改变状态。constant 函数是只读，意味着函数不能执行任何状态改变。实际上有两类函数：view 关键字声明的函数不会改变状态（等同于 constant）；pure 关键字声明的函数不会读也不会改变状态。

最后一个函数允许在不同地址之间交易通证，是 non-constant。因为函数可能改变余额，接受接收者的地址和通证的数量作为参数，并且返回一个布尔变量，表明交易是否成功执行。

下面是两个前置条件：

```
require(amount > 0);
require(balances[owner] >= amount);
```

require 是一个用来校验的方法，会评估一个条件是否被满足且在条件不符合的情况下回退。所以需要传输的通证的数量必须大于 0，并且确保发送者有足够的余额来发送指定的数量。

需要将发送的通证的数量从所有者的余额中减除，并且加到接收方的余额中：

```
balances[owner] -= amount;
balances[receiver] += amount;
return true;
```

具体可以在参考 ERC20 合约的官方说明。

## 11.1.1 方法

调用者必须处理返回值为 false 的情况，不应该假设所有的方法都能成功。

（1）totalSupply 方法

totalSupply 方法用于获得通证的总供应量：

```
function totalSupply() constant returns(uint256 totalSupply)
```

（2）balanceOf 方法

balanceOf 方法用于获取地址为 _owner 的账户的余额：

```
function balanceOf(address _owner) constant returns(uint256 balance)
```

（3）transfer 方法

transfer 方法用于发送 _value 数量的通证给地址 _to：

```
function transfer(address _to, uint256 _value) returns(bool success)
```

（4）transferFrom 方法

transferFrom 方法用于从地址 _from 发送 _value 数量的通证给地址 _to：

```
function transferFrom(address _from, address _to, uint256 _value) returns(bool success)
```

transferFrom 方法被用在一个提现的工作流中，允许合约按设置的意愿发送通证，如充值到一个智能合约地址或者以用户自己发行通证的形式收费；_from 账户必须通过某种方式授权发送交易的账户（msg.sender），否则 transferFrom 方法会失败。建议在获得授权后再使用本方法。

（5）approve 方法

approve 方法允许_spender 从账户中多次提取额度为_value 数量的通证。如果这个方法再次被调用，那么后一次的授权额度就会重置前一次的授权。

```
function approve(address _spender, uint256 _value) returns(bool success)
```

（6）allowance 方法

allowance 方法用于返回_spender 中可以从_owner 提取的通证余额：

```
function allowance(address _owner, address _spender) constant returns(uint256 remaining)
```

## 11.1.2 事件

事件在通证被传输时被触发：

```
// Transfer 事件
event Transfer(address indexed _from, address indexed _to, uint256 _value)
```

例如，Approve(address _spender, uint256 _value)被调用时被触发：

```
// Approval 事件
event Approval(address indexed _owner, address indexed _spender, uint256 _value)
```

## 11.1.3 OpenZeppline 框架

OpenZeppline 是一个开源的框架，提供可复用的智能合约模板来开发分布式的应用、协议和 DAO（去中心化的自治组织），通过使用标准的、经过完整测试和整个社区检视的代码，减少产生漏洞的风险。

OpenZeppline 框架的安装命令如下：

```
$ npm install zeppelin-solidity
```

OpenZeppelin 智能合约的实现方法如下：

```
import 'zeppelin-solidity/contracts/token/BasicToken.sol';
import 'zeppelin-solidity/contracts/ownership/Ownable.sol';

contract MyToken is BasicToken, Ownable {
    uint256 public constant INITIAL_SUPPLY = 10000;
    function MyToken() {
        totalSupply = INITIAL_SUPPLY;
        balances[msg.sender] = INITIAL_SUPPLY;
    }
}
```

可以看出，上述代码隐藏了一些核心功能的实现，只是让 OpenZeppeline 智能合约来代理这些核心功能。复用安全的设计过的代码是非常有意义的，意味着可以大大减少被攻击的风险。

我们的智能合约派生自两个 OpenZeppeline 合约：Ownable 和 BasicToken。Solidity 支持多重继承，而且派生合约的基类合约的顺序是至关重要的。

MyToken 派生自 OpenZeppelin 的 Ownable 合约。

Ownable 提供了 3 个功能：
- 定义了一个特殊的地址变量 owner。
- 允许转换合约的所有权。
- 非常有用的 onlyOwner 修饰符，保证方法只能被所有者调用。

MyToken 也继承了 OpenZeppelin 的 BasicToken 合约，与 11.1 节开头的 MyToken 合约非常相似，只不过这里调用的 sendTokens 使用了 transfer，实现了除触发 Transfer 事件以外的同样功能。

OpenZeppelin 建议使用 SafeMath 库进行数学操作，并带有安全性检查。SafeMath 也是被使用次数最多的库包之一，因为它能保证数学操作不会溢出。

## 11.2 实验 5：以太坊 Solidity 智能合约 ERC721 开发

**实验目的**：熟悉以太坊智能合约的开发工具并能熟练使用，编程和调试一个 ERC721 合约程序。

**实验任务**：编写一个 ERC721 合约，并编译和部署；将 ERC721 免费赠给其他人。

**实验时长**：4 小时。

2017 年，加密猫（Cryptokitties）游戏验证了不可细分的资产如何产生，以及如何在以太坊上交易。在游戏中，玩家可以喂养和交易加密猫。但是，所有加密猫都存在区块链上，也只能在区块链上被它们的拥有者喂养和交易。在该游戏中，玩家可以在一个去中心化的、无信任的网络上，他们对加密猫的所有权可以毫无疑问地被验证：如果你拥有一个加密猫，区块链能证明加密猫是你的，而不是他人的。

NFT（Non-Fungible Token，非同质化通证）则是唯一的、不可拆分的通证。NFT 的创建有一个特定目的：代表数字或实体资产的相关权益，可以对应现实世界的唯一性的东西，如土地、版权等。

### 11.2.1 ERC721 接口定义

ERC721 标准实际上包含 4 个不同的接口：ERC721 合约，接收 ERC721 通证标准，以及两个可选的扩展。每个 ERC721 标准合约必须实现 ERC721 和 ERC165 接口。

总体上，ERC721 标准必须满足相应的条件，总结如下。
- 所有权：如何处理通证的所有权。
- 创建：通证是如何创建的。

- ❖ 转账和授权：通证如何转账，以及如何允许其他地址（智能合约或者外部拥有的账户）具有转账的能力。
- ❖ 销毁：如何销毁通证。

下面的例子都遵循 OpenZeppelin 开发的符合 ERC721 标准的通证实例。

### 1．通证所有权

现在 ERC20 标准已经成为一个标准，从所有权来看，ERC20 保有了一个映射，映射用户账户的通证余额到用户相应的地址：

```
mapping(address => uint256) balances
```

如果购买了 ERC20 通证，用户最终对通证的所有权可以通过合约来验证，因为合约中保存一条记录，表明每个地址拥有多少通证。如果准备转发 ERC20 通证，可以通过 balances 这个映射变量来验证账户余额，这样才不会发送用户不具备的通证数量（即不会超发）。如果用户从来都没有与合约交互过，合约如何知道用户的余额是 0？上面的映射初始化为 0，所以即使用户没有与智能合约交互过，用户的余额也会是 0。

假设下面的状态：

```
balance[addressA]= 0
balance[addressB] =10000
```

然后用户需求是向 addressZ 发送 100 个通证，如果从 addressA 发送，就会因为账户余额不足而失败；如果从 addressB 发送给 addressZ，就不会有问题。这就是 ERC20 的做法。

与 ERC20 不同，ERC721 是不可分的，这意味着同一类通证或者合约会有不同的值。一个 ERC721 加密猫的值不等于另一个 ERC721 以太猫的值，因为每个加密猫都是唯一的。所以，不能像 ERC20 一样映射余额到一个地址，而是必须知道拥有的每个加密猫的唯一通证。

因此，在 ERC721 标准中，所有权是由映射到一个地址的一个通证索引的数组来决定的。每个通证的值是唯一的，所以不能只看通证的余额，必须仔细检查智能合约创建的每个通证。主智能合约必须保存所有智能合约创建的通证的列表。每个通证都有各自的索引号，定义在智能合约的 allTokens 数组中。

```
uint256[] internal allTokens
```

假设使用 ERC721 合约创建了两只猫：猫 A 和猫 B，allTokens[0]存的是猫 A 的通证索引，allTokens[1]存的是猫 B 的通证索引。allTokens 变量记录了智能合约有哪些通证。

但是程序员需要知道某地址拥有哪些通证，不仅是智能合约有哪些通证。所以，除了在智能合约中有一个所有通证的索引的数组，还需要知道每个地址拥有哪些通证（即通证索引，或者称为 id）及其数量。所以，需要把通证的索引和数量映射到一个地址上。因为一个地址可能拥有多个通证，所以需要数组进行保存：

```
mapping (address => uint256[]) internal ownedTokens
```

若 addressA 拥有猫 A 和猫 B，则 ownedTokens[addressA]就指向一个数组，其内容为 [0, 1]。其中，0 为猫 A 在 allTokens 中的索引，1 为猫 B 在 allTokens 中的索引。

这会为 ERC721 通证增加附加的需求。ERC20 通证可以直接检查地址余额，而 ERC721 需要检查特定的通证索引来确定通证的所有权，在需要的情况下必须重组整个数组。

除了一个地址拥有的通证数组，可以将每个通证的 ID 映射到所有者上，每次知道谁拥有特定通证时，只需在映射中以通证标识（Token ID，被定义在 ERC721BasicToken.sol 中，继承自 ERC721Token.sol）检查相应的映射是否存在即可。

```
mapping (uint256 => address) internal tokenOwner
```

继续假设：addressA 拥有猫 A，则 tokenOwner[猫 A 的 token ID]=addressA。

为什么不遍历通证数组来确认用户对特定通证的所有权呢？如果用户转发通证的时候，程序员能简单加入或删除通证索引吗？很不幸，不行。根据 Solidity 的实现，从一个数组删除一个成员，这个成员实际上并没有被完全删除，只仅是被 0 替换而已。比如，数组 myarray = [2 5 47]的长度为 3，调用一个函数来删除 myarray[myarray.length.sub(1)]，期望看到删除后的 myarray 为[2 5]，但是实际上得到的是 [2 5 0]，而且它的长度还是 3。但用户其实并不拥有通证标识为 0 的通证。同时，通证必须从一个地址拥有列表中被删除：除了把通证标识从数组中删除，可能还需要重排数组。后面会看到，在传输通证和销毁通证时会有这样的需求。所以，ownedTokensIndex 映射要做的是把每个通证标识映射到他们所有者数组的相应的位置或索引，也要把通证标识映射到全局的 allTokens 数组。

```
// 将通证标识映射到拥有通证列表的索引
mapping(uint256 => uint256) internal ownedTokensIndex;
// 将通证标识映射到所有通证数组的位置
mapping(uint256 => uint256) internal allTokensIndex;
```

另一个可能的问题是，用户想知道该用户地址到底拥有多少个 ERC721 通证。所以，ERC721 引入了另一个变量（定义在 ERC721BasicToken.sol 中，继承自 ERC721Token.sol）来追踪所有权：

```
mapping (address => uint256) internal ownedTokensCount
```

所以需要将地址映射到一个数字（代表某个地址拥有通证的数量）上。当用户购买通证时，ownedTokensCount 会被更新，传输和销毁通证时也会被相应地更新。为什么需要检查某个用户地址拥有多少 ERC721 通证呢？就是为了校验。比如，有可能需要传输一个地址拥有的所有 ERC721 通证到一个新地址，或者只是想检查某用户地址是否拥有一定数量的通证。

由此可知，引入唯一的通证所有权是如何给通证拥有权的判定带来复杂性的。

### 2. Token 创建

ERC20 标准有一个通证余额的数组，在创建 ERC20 通证时，只需调整可用通证的总额。ERC20 中有一个变量 totalSupply_，用于记录所有可用通证的总供应量。在某些情况下，有可能一个 ERC20 通证合约会在构造函数中设置总供应量，而构造函数只在合约创建的时候执行一次。构造函数代码是合约的一部分，但是在部署的地址上并不包含构造函数的代码。构造函数被用来设置变量初始值、所有权等。

例如，MyToken 合约中设置 totalSupply_的值，为了对应 ERC20 标准不断变化的需求，ERC20 标准引入了 mint()函数，用来处理增发通证的需求，更新 totalSupply_的同时保证账户余额被正确更新。下面代码中，Transfer 是一个事件，而不是一个函数，mint()函数需要更新余额。

```
uint256 totalSupply_
```

```
// 通过构造函数来设置通证总供应量的例子
contract MyToken {
    function MyToken(uint _setSupply) {
        totalSupply_ = _setSupply_
    }
…
// 通过minting来维护通证总供应量的例子
function mint(address _to, uint256 _amount) onlyOwner canMint public returns (bool) {
    totalSupply_ = totalSupply_.add(_amount);
    balances[_to] = balances[_to].add(_amount);
    Mint(_to, _amount);                              // 事件
    Transfer(address(0), _to, _amount);              // 事件
    return true;
}
```

对于 ERC721，因为每个通证都是唯一的，所以必须手动创建每个通证。而 ERC20 可以批处理地创建 100 个通证或者更多，并把新创建的通证数量加到 totalSupply_。但是，因为 ERC721 标准定义了一个通证数组，即 allTokens 数组，程序员必须手动、依次把每个创建的通证加入通证数组 allTokens。

ERC721 合约中有关于总供应量的函数有两个：addTokenTo( )和_mint( )。

调用智能合约的 addTokenTo( )函数会通过父类的 super.addTokenTo( )函数先调用基类 ERC721 合约的 addTokenTo( )函数，就更新了所有全局的所有权变量。函数接受两个参数：_to，即拥有通证的账户地址；_tokenId，即通证的唯一 ID，同时限定仅有智能合约的拥有者才能调用这个函数。在这种情况下，用户可以使用任何唯一的 ID。首先，在 ERC721 的 BasicToken 合约中检查通证标识是否被合约拥有。设置所请求的通证标识的所有者，并且更新那个账户拥有的通证的数量。同时，把这个新通证添加到 ownedTokens 数组的最后，保存新通证的索引，并更新所有者的数组。

```
// 在 ERC721Token.sol 中调用本函数
function addTokenTo(address _to, uint256 _tokenId) internal {
    super.addTokenTo(_to, _tokenId);
    uint256 length = ownedTokens[_to].length;
    ownedTokens[_to].push(_tokenId);
    ownedTokensIndex[_tokenId] = length;
}
// 在 ERC721BasicToken.sol 中调用本函数
function addTokenTo(address _to, uint256 _tokenId) internal {
    require(tokenOwner[_tokenId] == address(0));
    tokenOwner[_tokenId] = _to;
    ownedTokensCount[_to] = ownedTokensCount[_to].add(1);
}
```

可以看到，addTokenTo( )函数被用来更新与用户地址相关的信息。下面的_mint( )函数用来处理 allTokens 数组。_mint( )函数首先跳到基类的合约实现，保证代币地址不是 0，然后调用 addTokenTo( )，来回调派生合约的 addTokenTo( )函数。当基类合约的_mint( )函数完成后，_tokenId 被加入 allTokensIndex 映射和 allTokens 数组。在派生的 ERC721 合约中使

用_mint()创建新通证。

```
function _mint(address _to, uint256 _tokenId) internal {      // 派生合约的_mint
    super._mint(_to, _tokenId);
    allTokensIndex[_tokenId] = allTokens.length;
    allTokens.push(_tokenId);
}
function _mint(address _to, uint256 _tokenId) internal {      // 基类合约的_mint
    require(_to != address(0));
    addTokenTo(_to, _tokenId);
    Transfer(address(0), _to, _tokenId);
}
```

但是 ERC721 的元数据做什么用呢？上面已经创建了通证及其标识，但是还没有任何数据。Open Zeppelin 提供了一个例子，显示如何将一个通证 ID 映射到 URI 字符串。

```
// 通证唯一的 URI 映射（可选）
mapping(uint256 => string) internal tokenURIs;
```

为了设置通证的 URI 数据，引入了_setTokenURI()函数。通过_mint()函数得到的通证标识和 URI 信息，可以设置数据，在 tokenURI 中创建一个通证标识的映射。注意，在设置数据前必须确认通证标识存在（意味着该通证被某账户拥有）。

```
function _setTokenURI(uint256 _tokenId, string _uri) internal {      // 创建通证标识到 URI 的映射
    require(exists(_tokenId));
    tokenURIs[_tokenId] = _uri;
}
function exists(uint256 _tokenId) public view returns (bool) {      // 检查传入的通证标识是否存在
    address owner = tokenOwner[_tokenId];
    return owner != address(0);
}
```

尽管创建一个结构来存储数据比用映射来存储数据更复杂，而且更频繁地消耗燃料，但是前一种方法还是比较有趣的：通过大量的变量来创建不可细分的通证比为每个资产创建一个智能合约要便宜得多。

### 3．传输和授权

首先来看 ERC20 是如何传输和授权通证的，可以直接使用 transfer()函数来传输 ERC20 通证，只需在 transfer()函数中指定一个希望发送到的地址和通证的数量，再更新 ERC20 合约即可。

```
function transfer(address _to, uint256 _value) public returns (bool) {
    require(_to != address(0));
    require(_value <= balances[msg.sender]);
    balances[msg.sender] = balances[msg.sender].sub(_value);
    balances[_to] = balances[_to].add(_value);
    Transfer(msg.sender, _to, _value);
    return true;
}
```

那么什么是授权呢？当需要另一个智能合约或者地址能传输特定的通证时，就需要授权 ERC20 合约地址。这个场景会发生在很多应用场合中，如代管支付、游戏、拍卖等。因此，需要一种方法来授权其他地址来划转特定的通证，故 transfer( )函数要先检查授权。

ERC20 合约中有一个全局变量 allowed，表示所有者的地址到被映射到已授权的地址，同时已授权的地址被映射为其拥有通证的数量。为了设置这个变量，在 approve( )函数中可以映射授权到期的_spender 和_value。注意，approve( )函数没有检查发送者拥有的通证数量是否满足请求的数量，这样的检查在 transfer( )函数中进行。另外，Approval 是一个事件而不是函数。

```
// 全局变量
mapping (address => mapping (address => uint256)) internal allowed
// 允许其他地址使用该 ERC20 通证
function approve(address _spender, uint256 _value) public returns (bool) {
    allowed[msg.sender][_spender] = _value;
    Approval(msg.sender, _spender, _value);
    return true;
}
```

那么，其他地址如何传输通证呢？获得授权的 spender 要调用 transferFrom( )函数，其参数_from 代表原始的所有者地址，_to 参数代表接受者地址和通证数量参数_value。首先，需要检查最初的所有者确实拥有请求数量的通证：

```
require(_value <= balances[_from])
```

检查 msg.sender 是否被授权来传输通证：检查 allowed 变量，判断_from 给予 msg.sender 的授权额度是否足够，再更新映射的 balances 和 allowed 的数量。increaseApproval( )函数用来提升授权的额度，decreaseApproval( )函数用来减少授权额度。

```
function transferFrom(address _from, address _to, uint256 _value) public returns (bool) {
    require(_to != address(0));
    require(_value <= balances[_from]);              // 检查要源地址是否具有足够的通证数量
    require(_value <= allowed[_from][msg.sender]);   // 源地址是否有足够的授权额度
    balances[_from] = balances[_from].sub(_value);
    balances[_to] = balances[_to].add(_value);
    allowed[_from][msg.sender] = allowed[_from][msg.sender].sub(_value);
    Transfer(_from, _to, _value);
    return true;
}
```

ERC721 标准也可以授权一个地址来传输某通证（通过指定的通证标识）或者拥有的所有通证。ERC721 使用 approve( )函数来对某通证标识进行授权转账如下。

tokenApprovals 是一个全局变量，把通证索引或者 id 映射到一个地址上，而这个地址是获得授权可以传输通证的。approve( )函数首先检查所有权或者 msg.sender 是不是 isApprovedForAll( )，然后使用 setApprovalForAll( )函数授权一个地址去传输和处理所有的通证。通证必须被一个特定地址所拥有。在全局变量 operatorApprovals 中，所有者的地址被映射到一个被授权的 spender 的地址，它再被映射到 bool 变量。这个变量被设置为 0，即默认为 false，但是使用 setApprovalForAll( )函数，可以设置这个映射为 true 并且允许该地址来处理其拥有的 ERC721 通证。如果一个 spender 被授权来处理所有的通证，还可以设定更多的划转权限。然后，使用 getApproved( )函数来检查有没有给地址 address(0)授权。最后，对 tokenApprovals 映射变量也做了相应的调整，设定到所期望的地址。

```
mapping (uint256 => address) internal tokenApprovals;    // 可以传输的通证标识的地址
// 用来记录所有者 address 授权了哪些地址来操作通证
mapping (address => mapping (address => bool)) internal operatorApprovals;  // 所有者->授权者->Bool
function approve(address _to, uint256 _tokenId) public {
    address owner = ownerOf(_tokenId);
    require(_to != owner);
    // 发送者要么是拥有者，要么获得了拥有者的授权
    require(msg.sender == owner || isApprovedForAll(owner, msg.sender));
    if (getApproved(_tokenId) != address(0) || _to != address(0)) {
        tokenApprovals[_tokenId] = _to;
        Approval(owner, _to, _tokenId);
    }
}
// 返回拥有者是否给-operator 授权了
function isApprovedForAll(address _owner, address _operator) public view returns (bool) {
    return operatorApprovals[_owner][_operator];
}
function getApproved(uint256 _tokenId) public view returns (address) {
    return tokenApprovals[_tokenId];
}
function setApprovalForAll(address _to, bool _approved) public {
    require(_to != msg.sender);
    operatorApprovals[msg.sender][_to] = _approved;
    ApprovalForAll(msg.sender, _to, _approved);
}
```

下面介绍如何传输 ERC721 通证。在完整的实现中提供了两种方法来传输通证，第一种方法虽然不推荐，但是进行简单介绍。

（1）第一种方法（不推荐）

在 transferFrom( )函数中，发送者和接收者的地址以及传输的_tokenId 都被设定好了，使用修饰符 canTransfer 确保 msg.sender 是获得授权的或者是通证的所有者。确认发送者和接受者的地址都是合法的，然后 clearApproval( )函数用来删除通证原来拥有者的授权，即原来的拥有者不再拥有授权的权限，这样使以前获得授权的拥有者不再能够传输通证。其后，在 ERC721 合约的完整实现中调用 removeTokenFrom( )函数，与在 ERC721 的基类合约实现中调用 addTokenTo( )函数类似。removeTokenFrom( )函数调用基类合约的 removeTokenFrom( )函数，把指定的通证从 ownedTokensCount 映射里删除。另外，把拥有者的 ownedTokens 数组的最后一个通证移到被传输通证的索引位置，同时将数组长度减 1。最后，addTokenTo( )函数把通证的索引或 id 加到新的所有者名下。

```
modifier canTransfer(uint256 _tokenId) {      // 修饰符，检查传入的_tokenId是否可以被传输
    require(isApprovedOrOwner(msg.sender, _tokenId));
    _;
```

```solidity
}
// 判断_spender是否获得了传输_tokenId的授权
function isApprovedOrOwner(address _spender, uint256 _tokenId) internal view returns (bool) {
    address owner = ownerOf(_tokenId);
    return _spender == owner || getApproved(_tokenId) == _spender || isApprovedForAll(owner, _spender);
}

function transferFrom(address _from, address _to, uint256 _tokenId) public canTransfer(_tokenId) {
    require(_from != address(0));
    require(_to != address(0));
    clearApproval(_from, _tokenId);              // 解除_from对_tokenId的授权
    removeTokenFrom(_from, _tokenId);            // 将_tokenId从_from的_ownedTokenCount映射中删除
    addTokenTo(_to, _tokenId);                   // 将_tokenId加入_to账户
    Transfer(_from, _to, _tokenId);
}

function clearApproval(address _owner, uint256 _tokenId) internal {
    require(ownerOf(_tokenId) == _owner);
    if (tokenApprovals[_tokenId] != address(0)) {
        tokenApprovals[_tokenId] = address(0);
        Approval(_owner, address(0), _tokenId);
    }
}
// 完整ERC721实现
function removeTokenFrom(address _from, uint256 _tokenId) internal {// 将_tokenId从_from中删除
    super.removeTokenFrom(_from, _tokenId);                         // 调用基类的removeTokenFrom
    uint256 tokenIndex = ownedTokensIndex[_tokenId];
    uint256 lastTokenIndex = ownedTokens[_from].length.sub(1);
    uint256 lastToken = ownedTokens[_from][lastTokenIndex];
    ownedTokens[_from][tokenIndex] = lastToken;
    ownedTokens[_from][lastTokenIndex] = 0;
    ownedTokens[_from].length--;
    ownedTokensIndex[_tokenId] = 0;
    ownedTokensIndex[lastToken] = tokenIndex;
}
// 基本ERC721实现
function removeTokenFrom(address _from, uint256 _tokenId) internal {
    require(ownerOf(_tokenId) == _from);
    ownedTokensCount[_from] = ownedTokensCount[_from].sub(1);     // _from拥有的ERC721通证数量减1
    tokenOwner[_tokenId] = address(0);
}
```

那么，如何保证ERC721通证被发送到一个智能合约而这个智能合约可以处理随后的更多的传输？必须知道一个外部拥有的账户可以使用ERC721的完整合约来交易通证，但是如果发送通证到了一个智能合约而这个智能合约没有函数通过原有的ERC721合约来交易和传输通证，通证就会被丢失，也没有办法被找回。这个问题就是ERC223提出的顾虑：ERC223对ERC20提出了改进建议，来防止这种错误的传输。

### （2）第二种方法（推荐）

为了防止上述问题，标准 ERC721 的完整实现引入了 safeTransferFrom( )函数。这就是我们推荐的方法。

在讨论这个函数前，先来看看实现了 ERC721Receiver 接口的 ERC721Holder.sol 的一些新增需求。ERC721Holder.sol 合约是钱包的一部分，也是拍卖或者经纪人合约。魔术值 ERC721_RECEIVED 用于发现一个接口，它是 onERC721Received( )函数的函数签名。函数签名是标准签名字符串的前 4 字节，是通过 bytes4(keccak256("onERC721Received(address, uint256, bytes)"))来计算的。用函数签名来验证在智能合约的字节代码中是否被使用，从而判断函数是否被调用。智能合约的每个函数都有独有的签名，并且当调用智能合约时，EVM 使用 switch 语句找到函数签名，通过函数签名找到所匹配的函数，然后执行相应的函数。而在 ERCHolder 智能合约中，只有 onERCReceived( )函数的函数签名与 ERC721Receiver 接口的 ERC721_RECEIVED 变量相匹配。

```
contract ERC721Receiver {
  /**
   * @dev 若接收到NFT，就返回魔术值，等于bytes4(keccak256("onERC721Received(address, uint256, bytes)"))
   * 也可以通过ERC721Receiver(0).onERC721Received.selector 获取
   */
  bytes4 constant ERC721_RECEIVED = 0xf0b9e5ba;
  /**
   * @notice 处理函数当收到一个@dev ERC721 合约在 safetransfer 后调用这个函数收到 NFT 时
   * 这个函数可能抛出异常，导致回退和拒绝 Transfer。这个函数可能使用 50000 GAS
   * 若返回的不是魔术值，则必须回退
   * Note: 合约地址是 msg.sender
   * @param _from    发送地址
   * @param _tokenId  被传输的 NFT ID
   * @param _data    额外数据，没有指定的数据格式
   * @return 'bytes4(keccak256("onERC721Received(address, uint256, bytes)"))'
   */
  function onERC721Received(address _from, uint256 _tokenId, bytes _data) public returns(bytes4);
}
contract ERC721Holder is ERC721Receiver {
  function onERC721Received(address, uint256, bytes) public returns(bytes4) {
    return ERC721_RECEIVED;
  }
}
```

但是，现在 ERC721Holder 合约还不是一个处理 ERC721 通证的完整的智能合约。这个模板提供了一种标准的办法来验证 ERC721Receiver 标准接口是否被使用。实际使用时，需要继承或者派生 ERC721Holder 合约来使用在钱包，或者拍卖合约的代码来处理 ERC721 通证，甚至对于代管的通证合约也需要这样的功能来调用合约函数，在需要的时候从智能合约中转出通证。

```
// 选项1
function safeTransferFrom(address _from, address _to, uint256 _tokenId) public canTransfer(_tokenId) {
```

```
        safeTransferFrom(_from, _to, _tokenId, "");
    }
    // 选项 2
    function safeTransferFrom(address _from, address _to, uint256 _tokenId, bytes _data) public
                                                                    canTransfer(_tokenId) {
        transferFrom(_from, _to, _tokenId);
        require(checkAndCallSafeTransfer(_from, _to, _tokenId, _data));
    }
    function checkAndCallSafeTransfer(address _from, address _to, uint256 _tokenId, bytes _data)
                                                                    internal returns (bool) {
        if (!_to.isContract()) {
            return true;
        }
        // 判断是否有钱包接口
        bytes4 retval = ERC721Receiver(_to).onERC721Received(_from, _tokenId, _data);
        return (retval == ERC721_RECEIVED); }
    }
    // 判断一个地址是不是一个合约账户
    function isContract(address addr) internal view returns (bool) {
        uint256 size;
        assembly { size := extcodesize(addr) }
        return size > 0;
    }
```

下面继续讨论 safeTransferFrom( )函数的工作原理。在选择选项 1 方式来传输通证时，调用 safeTransferFrom( )函数不需要任何参数；在选择选项 2 时，则用参数 bytes _data。同样，transferFrom( )函数用来把通证的所有权从_from 地址转到_to 地址。但是，选项 2 调用了 checkAndCallSafeTransfer( )函数，通过 AddressUtils.sol 库包来检查_to 地址是一个合约地址。在确认_to 是一个合约地址后，检查 onERC721Received( )的函数签名是否符合期望的接口的标准接口。如果不匹配，那么 transferFrom( )函数被吊销，因为判定_to 地址上的合约没有实现所期望的接口。

### 4．销毁

对于 ERC20 标准，因为只是操作一个映射的余额，所以只需要销毁一个特定地址的通证。地址可以是一个用户地址或者是合约地址。下面的 burn( )函数通过_value 变量来指定准备销毁的通证的数量。要销毁的通证的拥有者由 msg.sender 指定，所以必须更新地址余额，然后减少通证的总供应量 totalSupply_。这里，Burn 和 Transfer 是事件。

```
function burn(uint256 _value) public {
    require(_value <= balances[msg.sender]);
    address burner = msg.sender;
    balances[burner] = balances[burner].sub(_value);
    totalSupply_ = totalSupply_.sub(_value);
    Burn(burner, _value);
    Transfer(burner, address(0), _value);
}
```

ERC721 通证必须确保，销毁后的特定通证标识或者索引被移除。类似 addTokenTo( )和_mint( )函数，_burn( )函数使用 super 调用基本的 ERC721 实现。首先调用 clearApproval( )函数，然后通过 removeTokenFrom( )函数删除通证的所有权，并且触发 Transfer 事件来通知前端，也删除了与通证关联的元数据。最后，重排 allTokens 数组，用数组的最后一个通证代替_tokenId 索引位置（类似删除通证的所有权）。

```
function _burn(address _owner, uint256 _tokenId) internal {
    super._burn(_owner, _tokenId);                    // 调用基类的_burn()
    if (bytes(tokenURIs[_tokenId]).length != 0) {    // 清除metadata (如果有)
        delete tokenURIs[_tokenId];
    }
    // 重排所有通证的数组
    uint256 tokenIndex = allTokensIndex[_tokenId];
    uint256 lastTokenIndex = allTokens.length.sub(1);
    uint256 lastToken = allTokens[lastTokenIndex];
    allTokens[tokenIndex] = lastToken;
    allTokens[lastTokenIndex] = 0;
    allTokens.length--;
    allTokensIndex[_tokenId] = 0;
    allTokensIndex[lastToken] = tokenIndex;
}
function _burn(address _owner, uint256 _tokenId) internal {  // 基类的_burn()
    clearApproval(_owner, _tokenId);
    removeTokenFrom(_owner, _tokenId);
    Transfer(_owner, address(0), _tokenId);
}
```

如 Cryptokitties、Cryptogs、Cryptocelebrities、Decentraland 就是采用上面的方法。

### 5．钱包接口

钱包应用必须实现钱包接口。一个合法的 ERC721TokenReceiver 需要实现函数

```
function onERC721Received(address _operator, address _from, uint256 _tokenId, bytes _data) external returns(bytes4);
```

并且返回

```
bytes4(keccak256("onERC721Received(address,address,uint256,bytes)"))
```

非法 Receiver 要么不实现那个函数，要么返回其他任何内容。下面是一个合法的返回：

```
contract ValidReceiver is ERC721TokenReceiver {
    function onERC721Received(address _operator, address _from, uint256 _tokenId, bytes _data)
                                                        external returns(bytes4) {
        return bytes4(keccak256("onERC721Received(address, address, uint256,bytes)"));
    }
}
```

下面是一个非法的返回：

```
contract InvalidReceiver is ERC721TokenReceiver {
    function onERC721Received(address _operator, address _from, uint256 _tokenId, bytes _data)
                                                        external returns(bytes4) {
```

```
        return bytes4(keccak256("some invalid return data"));
    }
}
```

## 11.2.2  元数据扩展

元数据（Metadata）扩展给了 ERC721 通证一个名字、代号（像 ERC20 通证）和一些额外的数据，使其独一无二。可枚举的扩展使对代币的排序更容易，而不是仅仅通过通证标识来排序。元数据扩展是可选的。元数据接口允许智能合约获得非同质化通证（Non-Fungible Token，NFT）的元数据，如名字及其详细信息。

ERC721 元数据的 JSON Schema 格式如下：

```
{
    "title": "Asset Metadata",
    "type": "object",
    "properties": {
        "name": {
            "type": "string",
            "description": "Identifies the asset to which this NFT represents",
        },
        "description": {
            "type": "string",
            "description": "Describes the asset to which this NFT represents",
        },
        "image": {
            "type": "string",
            "description": "A URI pointing to a resource with mime type image/* representing the
                asset to which this NFT represents. Consider making any images at a width between
                320 and 1080 pixels and aspect ratio between 1.91:1 and 4:5 inclusive.",
        }
    }
}
```

下面声明的智能合约是继承自 TokenERC721.sol 合约和 ERC721Metadata 扩展的接口。

```
contract TokenERC721Metadata is TokenERC721, ERC721Metadata {
```

ERC721 元数据的扩展由以下 3 个函数组成：

```
function name() external view returns (string _name);
function symbol() external view returns (string _symbol);
function tokenURI(uint256 _tokenId) external view returns (string);
```

ERC721 元数据的构造函数如下：

```
constructor(uint _initialSupply, string _name, string _symbol, string_uriBase) public
                                                   TokenERC721(_initialSupply) {
    __name = _name;
    __symbol = _symbol;
    __uriBase = bytes(_uriBase);
```

```
    // Add to ERC165 Interface Check
    supportedInterfaces[this.name.selector^this.symbol.selector^this.tokenURI.selector] = true;
}
function name() external view returns (string _name) {
    _name = __name;
}
function symbol() external view returns (string _symbol) {
    _symbol = __symbol;
}
function tokenURI(uint256 _tokenId) external view returns (string) {
    require(isValidToken(_tokenId));
    uint maxLength = 78;
    bytes memory reversed = new bytes(maxLength);
    uint i = 0;
    while (_tokenId != 0) {                          // 字节加入数组
        uint remainder = _tokenId % 10;
        _tokenId /= 10;
        reversed[i++] = byte(48 + remainder);
    }
    bytes memory s = new bytes(__uriBase.length + i);  // 分配生成最终数组
    uint j;
    for (j = 0; j < __uriBase.length; j++) {         // 将基本部分加入最后的数组
        s[j] = __uriBase[j];
    }
    for (j = 0; j < i; j++) {                        // 将tokenId加入最后的数组
        s[j+__uriBase.length] = reversed[i-1-j];
    }
    return string(s);
}
```

## 11.2.3 可枚举扩展

### 1. 接口定义

枚举扩展（enumberable extension）也是可选的，让智能合约能够发布所有 NFT 的全列表，从而使 NFT 能够被外部发现。

可枚举扩展提供如下三个函数，后两个函数使程序员可以通过索引来获取通证。

```
function totalSupply() external view returns (uint256);
function tokenByIndex(uint256 _index) external view returns (uint256);
function tokenOfOwnerByIndex(address _owner, uint256 _index) external view returns (uint256);
```

ERC721 标准可选的枚举扩展的接口定义见参考文献[2]。

### 2. 实例

TokenERC721Enumerable 合约继承自 TokenERC721.sol 合约，并实现了 ERC721Enumerable 扩展接口。

```
contract TokenERC721Enumerable is TokenERC721, ERC721Enumerable {
    uint[] internal tokenIndexes;
}
```

如果智能合约中有销毁程序，就必须在智能合约中增加映射，来记录索引和通证之间的映射：

```
mapping(uint => uint) internal indexTokens;
```

如果智能合约没有销毁（burn）程序，就可以忽略用到 indexTokens 的地方。

另一个列表就是：对一个给定的地址，程序员需要有一个列表记录与此地址相关的所有通证。tokenOfOwnerByIndex( )函数需要用到这个列表。每个地址至少有一个通证，实际是由两个映射来实现的：

```
mapping(address => uint[]) internal ownerTokenIndexes;
mapping(uint => uint) internal tokenTokenIndexes;
```

第一个映射将地址映射到一个数组上。数组记录的是这个地址拥有的所有通证标识。第二个映射把每个通证标识映射到 ownerTokenIndexes 数组的位置索引。

```
ownerTokenIndexes[ownerAddress][tokenIndex] = tokenId;
tokenTokenIndexes[tokenId] = tokenIndex;
```

构造函数如下（必须把接口加入 supportedInterfaces 并将_initialSupply 传给 TokenERC721 的构造函数）：

```
constructor(uint _initialSupply) public TokenERC721(_initialSupply) {
    for(uint i = 0; i < _initialSupply; i++) {
        tokenTokenIndexes[i+1] = i;
        ownerTokenIndexes[creator].push(i+1);
        tokenIndexes.push(i+1);
        indexTokens[i + 1] = i;
    }
    // Add to ERC165 Interface Check
    supportedInterfaces[this.totalSupply.selector this.tokenByIndex.selector ^
                this.tokenOfOwnerByIndex.selector] = true;
}
```

### 3．totalSupply()函数

totalSupply( )函数很简单，其功能是返回 tokenIndexes 数组的长度。因为所有通证都记录在数组中，所以数组的长度就是通证数量。

```
function totalSupply() external view returns (uint256) {
    return tokenIndexes.length;
}
```

### 4．tokenByIndex( ) 函数

tokenByIndex( )函数同样简单，其索引记录的是通证在数组的索引。另外，检查 index 的值，必须小于通证数组的总数量。

```
function tokenByIndex(uint256 _index) external view returns(uint256){
```

```
    require(_index < tokenIndexes.length);
    return tokenIndexes[_index];
}
```

### 5．tokenOfOwnerByIndex()函数

tokenOfOwnerByIndex( )函数也很简单,与上面的说明相似,所做的额外工作就是检查索引的值,并且返回在 ownerTokenIndexes 数组的指定位置的内容。

```
function tokenOfOwnerByIndex(address _owner, uint256 _index) external view returns (uint256) {
    require(_index < balances[_owner]);
    return ownerTokenIndexes[_owner][_index];
}
```

### 6．transferFrom()函数

transferFrom( )函数负责把相应通证(由通证标识指定)从_from 地址转移到_to 地址:

```
function transferFrom(address _from, address _to, uint256 _tokenId) public {
    address owner = ownerOf(_tokenId);
    require (owner == msg.sender || allowance[_tokenId] == msg.sender ||
            authorised[owner][msg.sender]);
    require(owner == _from);
    require(_to != 0x0);
    emit Transfer(_from, _to, _tokenId);
    owners[_tokenId] = _to;
    balances[_from]--;
    balances[_to]++;
    if(allowance[_tokenId] != 0x0){
        delete allowance[_tokenId];
    }
    // 可枚举接口的相关操作
    uint oldIndex = tokenTokenIndexes[_tokenId];
    if(oldIndex != ownerTokenIndexes[_from].length - 1){      // 如果该通证不是其通证数组的最后一项
        // 用其通证数组的最后一项覆盖该通证的当前索引
        ownerTokenIndexes[_from][oldIndex] = ownerTokenIndexes[_from][ownerTokenIndexes[_from].length-1];
        // 更新索引数组的相应索引
        tokenTokenIndexes[ownerTokenIndexes[_from][oldIndex]] = oldIndex;
    }
    ownerTokenIndexes[_from].length--;
    tokenTokenIndexes[_tokenId] = ownerTokenIndexes[_to].length;
    ownerTokenIndexes[_to].push(_tokenId);
}
```

注意,将通证加入 ownerTokenIndexes[_to]映射前必须减少 ownerTokenIndexes[_from].length。这个操作看似无关紧要,但是顺序在这种情况之下其实是非常重要的。如果不先将长度减 1,那么 tokenTokenIndexes[_tokenId]可能被设置为一个不正确的值。

### 7．burnToken()函数

burnToken( )函数的编程与 transferFrom( )函数的编程相似,唯一的区别是把通证加到

ownerTokenIndexes[_to]的操作，必须把它从 tokenIndexes 数组中删除。下面的代码中，与 TransferFrom( )函数相似的实现以斜体表示。

```
function burnToken(uint256 _tokenId) external {
    address owner = ownerOf(_tokenId);
    require ( owner == msg.sender || allowance[_tokenId] == msg.sender || authorised[owner][msg.sender]);
    burned[_tokenId] = true;
    balances[owner]--;
    emit Transfer(owner, 0x0, _tokenId);
    // 可枚举接口的相关操作
    uint oldIndex = tokenTokenIndexes[_tokenId];
    if(oldIndex != ownerTokenIndexes[owner].length-1) {
        // 将最后的通证移到旧位置
        ownerTokenIndexes[owner][oldIndex] = ownerTokenIndexes[owner][ownerTokenIndexes[owner].length-1];
        // 修改通证自己的引用到新位置
        tokenTokenIndexes[ownerTokenIndexes[owner][oldIndex]] = oldIndex;
    }
    ownerTokenIndexes[owner].length--;
    delete tokenTokenIndexes[_tokenId];
    // 处理 tokenIndexes
    oldIndex = indexTokens[_tokenId];
    if(oldIndex != tokenIndexes.length - 1) {
        // 将最后的通证移到旧位置
        tokenIndexes[oldIndex] = tokenIndexes[tokenIndexes.length-1];
    }
    tokenIndexes.length--;
}
```

### 8．issueTokens()函数

即使合约允许发币，也不要批量发通证。无论发通证的逻辑是怎么样，在发通证时必须遵循创建智能合约的流程。issueTokens( )函数的部分代码如下：

```
// 使用 SafeMath 库防止数值溢出
uint newId = maxId.add(1);
// 将新 token 的 index 追加到 ownerTokenIndexes
tokenTokenIndexes[newId] = ownerTokenIndexes[msg.sender].length;
// 将 tokenId 追加到 ownerTokenIndexes
ownerTokenIndexes[creator].push(newId);
// 将 token 追加到 tokenIndexes 尾部
indexTokens[thisId] = tokenIndexes.length;
tokenIndexes.push(thisId);
```

注意，对于 newId = maxId + 1，确保在和创建新币的操作都完成后，再执行 maxId 加 1 操作。下面是一个 issueTokens 的实现：

```
function issueTokens(uint256 _extraTokens) public {
    require(msg.sender == creator);
    balances[msg.sender] = balances[msg.sender].add(_extraTokens);
    uint thisId;                                    // 循环中使用的变量
```

```
        for(uint i = 0; i < _extraTokens; i++){
            thisId = maxId.add(i).add(1);           // 用 SafeMath 库保障数值计算的安全性
            // 把新通证的 index 追加到 ownerTokenIndexes
            tokenTokenIndexes[thisId] = ownerTokenIndexes[creator].length;
            // 将通证标识追加到 ownerTokenIndexes 中
            ownerTokenIndexes[creator].push(thisId);
            // 将通证追加到 tokenIndexes 尾部
            indexTokens[thisId] = tokenIndexes.length;
            tokenIndexes.push(thisId);
            emit Transfer(0x0, creator, thisId);
        }
        maxId = maxId.add(_extraTokens);
    }
```

## 11.2.4 ERC165 标准

ERC165 只有一个函数，用来检查智能合约的指纹是否与指定接口的指纹相符。

```
interface ERC165 {
    // @notice 查询一个合约是否实现了某接口
    // @param interfaceID    ERC-165 标准指定的接口 ID
    // @dev   接口 ID 定义在 ERC-165 标准中。这个函数使用的燃料费少于 30,000 GAS
    // @return  若合约实现了指定的接口，则返回 true 且 interfaceID 不是 0xffffffff，否则返回 false
    function supportsInterface(bytes4 interfaceID) external view returns (bool);
}
```

如果支持指定的 interface ID（byte4），那么返回 true。在 ERC165 标准中，接口标识被定义为"接口中所有函数选择子的异或值"，有两种方法得到函数选择子。这里以 balanceof( ) 函数为例：

```
function balanceOf(address _owner) external view returns (uint256) {
                                    // ...
};
```

从上面的函数获得函数选择子的两种方法分别如下：

```
this.balanceOf.selector                         // 第一种方法
bytes4(keccak256("balanceOf(address)"))         // 第二种方法：手工获得函数选择子
```

都返回 0x70a08231。

第一种方法比较简洁，偶尔会用到第二种方法，如果接口使用了重载（overload）函数。可以看出，函数选择自并不关心参数名、修饰符、可修改否、返回值和函数的内容，只关心函数名和参数的类型。

但是我们需要得到接口标识。该接口标识被定义为接口中所有函数选择子的异或值。假设接口由 function1( )、function2( )和 function3( )函数组成，则接口标识为：

```
interfaceID = this.function1.selector ^ this.function2.selector ^ this.function3.selector;
```

实现 ERC721 就必须实现 ERC165，下面演示如何实现 ERC165。如果用 Solidity 来实现，就需要最小化燃料的使用。非必要的计算会浪费网络资源且花费钱。ERC165 标准要求 supportsInterface( )函数使用少于 30000 GAS，所以不需要每次 supportsIntreface 都计算接口标识，可以将支持的接口标识存在一个映射变量中。

下面开始编写智能合约 CheckERC165：

```
contract CheckERC165 is ERC165 {
    mapping (bytes4 => bool) internal supportedInterfaces;
}
```

supportsInterface( )函数必须从映射中返回一个值：

```
function supportsInterface(bytes4 interfaceID) external view returns (bool) {
    return supportedInterfaces[interfaceID];
}
```

Solidity 版本 0.4.22 后，可以使用 constructor 函数名进行构造函数。下面的代码将 ERC165 接口的接口标识加入映射：

```
constructor() public {
    supportedInterfaces[this.supportsInterface.selector] = true;
}
```

ERC165 标准接口的接口标识（0x01ffc9a7）调用 supportsInterface，就返回 true。

## 11.3 实验 6：用编程语言与智能合约交互

本实验推荐使用 Go 语言。根据个人兴趣，可以选择用 Node.js、Java、Rust 或 Python。

**实验目的**：熟悉以太坊智能合约的开发流程和编程特性。

**实验任务**：编写一个 Go 程序，用于与 ERC20 合约交互，并编译和部署；用命令行或者 GUI 界面使用该程序。

**实验时长**：4 小时。

### 11.3.1 用 Go 语言程序与智能合约交互

前面是用 Remix、JavaScript 或者 Truffle 框架来部署和调试智能合约，好处是快速、有效，但是可能忽略很多细节。所以，可以用编程语言来编写代码，实现与智能合约的交互。下面基于 Solc + Go，用程序来部署一个智能合约。

#### 1．创建项目

下面将开发并部署一个简单的 Inbox 合约。项目的目录结构和文件结构如下：

```
# 进入本地 Go 语言源程序目录，本例的是：
$GOPATH/src/github.com/gosample
$ cd $GOPATH/src/github.com/gosample
$ mkdir -p inbox/contracts
$ touch contracts/inbox_test.go fetch.go update.go deploy.go
$ tree inbox/
```

```
inbox/
    contracts/
        inbox_test.go
    deploy.go
    fetch.go
    update.go
```

项目根目录是 inbox，在其下创建 contracts 目录。这个目录下放着所有的 Solidity 代码，包括 inbox_test.go 的文件，用来测试。inbox 目录下还有 3 个 Go 文件：deploy.go、fetch.go 和 update.go，用来部署合约，与以太坊交互。

## 2．创建以太坊智能合约

下面来编写 Solidity 合约代码。在 inbox/contracts 目录下创建 Inbox.sol 文件

```
$ tree Inbox/
    inbox/
        contracts/
            Inbox.sol
```

Inbox.sol 文件的源代码如下：

```
pragma solidity ^0.4.17;
contract Inbox {
    string public message;
    function Inbox(string initialMessage) public {        // 构造函数
        message = initialMessage;
    }
    function setMessage(string newMessage) public {       // setter 函数
        message = newMessage;
    }
}
```

Inbox 合约中有一个 public 的数据变量 message 和一个 public 函数 setMessage( )，后者用来设置 message 变量的值。

## 3．用 Go 语言程序访问以太坊合约

下面需要在 Go 语言程序中访问和部署合约到以太坊上，并且能与部署的合约进行交互。Geth 提供了一个相当简单的代码生成工具 abigen，能够把一个 Solidity 的合约转换成一个类型安全的 Go 包，可以直接导入 Go 语言程序中并被使用。目录结构如下：

```
inbox
    contracts
        Inbox.sol
        Inbox.go
```

在 inbox/contracts 目录下执行如下命令：

```
$ abigen -sol inbox.sol -pkg contracts -out inbox.go
$ tree inbox
```

上面的命令为 inbox.sol 自动生成 Inbox.go 文件，包含 Inbox 智能合约的链接。下面就可以开始测试了。

### 4．本地测试

在部署合约前需要先确定它在本地工作正常。Geth 提供了一个有用的工具来模拟区块链。下面演示如何使用这个工具。

```go
package contracts

import (
    "testing"
    "github.com/ethereum/go-ethereum/accounts/abi/bind/backends"
    "github.com/ethereum/go-ethereum/accounts/abi/bind"
    "github.com/ethereum/go-ethereum/crypto"
    "github.com/ethereum/go-ethereum/core"
    "math/big"
)
// 测试 Inbox 合约是否已经部署
func TestDeployInbox(t *testing.T) {
    // 设置模拟区块链
    key, _ := crypto.GenerateKey()
    auth := bind.NewKeyedTransactor(key)
    alloc := make(core.GenesisAlloc)
    alloc[auth.From] = core.GenesisAccount{Balance: big.NewInt(1000000000)}
    blockchain := backends.NewSimulatedBackend(alloc)
    address, _, _, err := DeployInbox(              // 部署智能合约
        auth,
        blockchain,
        "Hello World",
    )
    // 提交所有交易
    blockchain.Commit()
    if err != nil {
        t.Fatalf("Failed to deploy the Inbox contract: %v", err)
    }
    if len(address.Bytes()) == 0 {
        t.Error("Expected a valid deployment address. Received empty address byte array instead")
    }
}
```

TestDeployInbox( )函数调用 crypto.GenerateKey 生成一个私钥，被用于交易签名函数，在模拟区块链上授权交易，通过调用 bind.NewKeyedTransactor 来创建签名函数和地址。用这个地址创建创世块，包含一个有初始余额的账户，通过 make(core.GenesisAlloc)和 core.GenesisAccount( )来实现。最后，使用 blockchain.Committ( )显式提交所有待处理的交易，并验证 Inbox 合约被部署到了一个合法的地址。

进入 inbox\contracts 目录，执行"go test"命令，来确认部署测试是否通过。

```
$ go test -v
```

```
=== RUN   TestDeployInbox
--- PASS: TestDeployInbox (0.01s)
PASS
ok      github.com/sabbas/inbox/contracts 0.042s
```

下面测试已部署的合约是否包含正确的初始化消息。

```go
package contracts

import (
    "testing"
    "github.com/ethereum/go-ethereum/accounts/abi/bind/backends"
    "github.com/ethereum/go-ethereum/accounts/abi/bind"
    "github.com/ethereum/go-ethereum/crypto"
    "github.com/ethereum/go-ethereum/core"
    "math/big"
)

// 测试初始信息是否正确配置
func TestGetMessage(t *testing.T) {
    // 设置模拟区块链
    key, _ := crypto.GenerateKey()
    auth := bind.NewKeyedTransactor(key)
    alloc := make(core.GenesisAlloc)
    alloc[auth.From] = core.GenesisAccount{Balance: big.NewInt(1000000000)}
    blockchain := backends.NewSimulatedBackend(alloc)
    _, _, contract, _ :=DeployInbox(                   // 部署智能合约
        auth,
        blockchain,
        "Hello World",
    )
    // 提交所有待处理的交易
    blockchain.Commit()
    if got, _ := contract.Message(nil); got != "Hello World" {
        t.Errorf("Expected message to be: Hello World. Go: %s", got)
    }
}
```

与上面的 TestDeployInbox()函数类似，TestGetMessage()函数首先设置我们的模拟区块链，然后调用 DeployInbox()函数，这个函数是由 Inbox 合约自动生成的。DeployInbox()函数返回一个指向已部署的 Inbox 合约的实例的指针。我们可以使用这个指针来与已部署的 Inbox 合约进行交互。在测试案例中，需要查询和验证在合约实例的初始化消息。

在 inbox\contracts 目录下执行 "go test" 命令，确认测试案例都能通过。

```
$ go test -v
=== RUN   TestDeployInbox
--- PASS: TestDeployInbox (0.01s)
=== RUN   TestGetMessage
--- PASS: TestGetMessage (0.00s)
PASS
```

```
ok    github.com/sabbas/inbox/contracts 0.045s
```

最后,测试和更改已部署的合约的 message 值。

```go
package contracts

import (
    "testing"
    "github.com/ethereum/go-ethereum/accounts/abi/bind/backends"
    "github.com/ethereum/go-ethereum/accounts/abi/bind"
    "github.com/ethereum/go-ethereum/crypto"
    "github.com/ethereum/go-ethereum/core"
    "math/big"
)
// 测试消息是否正确更新
func TestSetMessage(t *testing.T) {
    // 设置模拟区块链
    key, _ := crypto.GenerateKey()
    auth := bind.NewKeyedTransactor(key)
    alloc := make(core.GenesisAlloc)
    alloc[auth.From] = core.GenesisAccount{Balance: big.NewInt(1000000000)}
    blockchain := backends.NewSimulatedBackend(alloc)
    _, _, contract, _ :=DeployInbox(                    // 部署智能合约
        auth,
        blockchain,
        "Hello World",
    )
    // 提交所有待处理的交易
    blockchain.Commit()
    contract.SetMessage(&bind.TrasactOpts { From: auth.From,
                                            Signer: auth.Signer,
                                            Value: nil,
                                          },
                        "Hello from Mars")
    blockchain.Commit()
    if got, _ := contract.Message(nil); got != "Hello from Mars" {
        t.Errorf("Expected message to be: Hello World. Go: %s", got)
    }
}
```

TestSetMessage( )函数开始是一些建立本地模拟区块链的模板代码。DeployInbox( )函数然后返回已部署 Inbox 合约的实例。TestSetMessage( )函数使用这个合约指针,调用 SetMessage( )函数来修改消息的属性。这实际上产生了一个全新的交易。最后,传递一个 TrasactOpts 结构的指针,结构内包含交易授权数据。因为在 SetMessage( )调用中没有涉及资金,所以把 TransactOpts 的 Value 属性设为 nil。

在 inbox\contracts 目录下执行 "go test" 命令,确认测试用例都能通过。

```
$ go test -v
=== RUN   TestDeployInbox
```

```
--- PASS: TestDeployInbox (0.01s)
=== RUN   TestGetMessage
--- PASS: TestGetMessage (0.00s)
=== RUN   TestSetMessage
--- PASS: TestSetMessage (0.01s)
PASS
ok      github.com/sabbas/inbox/contracts 0.051s
```

一旦智能合约通过了本地测试，就可以准备将智能合约部署到以太坊上了。我们需要用 MetaMask 来创建一个新的账户，并向这个账户转一些资金。

### 5．连接以太坊节点

运行 Geth 并在 Rinkeby 测试网络上管理我们的以太坊节点。这是资源和时间密集的（Geth 对计算资源如 CPU、网络、硬盘等要求很高）。一个比较好的办法是连接到一个第三方提供者，如 Infura。免费获得一个 Infura 的账号。一旦注册完成，Infura 就会把连接到运行在不同运行环境的节点。

### 6．为账号创建加密的 JSON 密钥

为了与以太坊公共网络上的智能合约进行交互，Rinkeby 测试网络需要为 MetaMask 账户生成加密的 JSON 密钥，然后用这个账户来部署合约，与 Inbox 合约进行交互。在 MetaMask 中单击"export private key"，导出私钥到一个文件，再导入 Geth。

```
geth account import path/to/private/key/file
```

上述命令会生成一个加密的 JSON 密钥。我们在下面会用它来部署合约进行交互。

### 7．验证

deploy.go 文件代码如下：

```go
package main

import (
    "github.com/ethereum/go-ethereum/ethclient"
    "log"
    "github.com/sabbas/inbox/contracts"
    "github.com/ethereum/go-ethereum/accounts/abi/bind"
    "strings"
    "fmt"
    "os"
)
// 这里放上 JSON 密钥文件
const key = `paste the contents of your JSON key file here`
func main(){
    // 链接到 Infura 上运行的以太坊节点
    blockchain, err := ethclient.Dial("https://rinkeby.infura.io/fYe8qCnWi6TXZAXOVof9")
    if err != nil {
        log.Fatalf("Unable to connect to network:%v\n", err)
```

```go
    // 获取部署合约的账户信息,需要提供密钥文件的密码
    auth, err := bind.NewTransactor(strings.NewReader(key), "passphrase associated with your JSON key file")
    if err != nil {
        log.Fatalf("Failed to create authorized transactor: %v", err)
    }
    // 获取已部署的合约地址
    address, _, _, _:= contracts.DeployInbox(
        auth,
        blockchain,
        "Hello World",
    )
    fmt.Printf("Contract pending deploy: 0x%x\n", address)
}
```

ethclient.Dial 方法通过 Infura 与 Rinkeby 测试网络的以太坊节点连接。然后,bind.NewTransactor 方法从密钥文件中创建一个授权的交易者。"geth account list"命令可以找到 JSON 密钥文件的位置。"geth account import"命令可以生成与之相连的密码。如果顺利,就打印部署智能合约的地址。

```
$ go run deploy.go
Contract pending deploy: 0x491c7fd67ac1f0afeceae79447cd98d2a0e6a9ff
```

智能合约被挖矿打包需要一点时间。我们可以通过区块链浏览器来检查交易状态。

一旦部署的交易被挖矿打包上链,我们可以使用已部署的 Inbox 合约地址与智能合约交互。比如,用下面的 fetch.go 代码来获取初始化的消息。

```go
package main

import (
    "github.com/ethereum/go-ethereum/ethclient"
    "log"
    "github.com/sabbas/inbox/contracts"
    "fmt"
    "github.com/ethereum/go-ethereum/common"
)
func main(){
    // 通过Infura链接以太坊节点
    blockchain, err := ethclient.Dial("https://rinkeby.infura.io/fYe8qCnWiM9gh&ZAXOVoff")
    if err != nil {
        log.Fatalf("Unable to connect to network:%v\n", err)
    }
    // 创建一个Inbox合约的实例,连接到一个已部署的合约
    contract, err := contracts.NewInbox(common.HexToAddress("0x491c7fd67ac1f0afeceae79447cd98d2a0e6a9ff"),
                        blockchain)
    if err != nil {
        log.Fatalf("Unable to bind to deployed instance of contract:%v\n")
    }
    fmt.Println(contract.Message(nil))
```

}
```

ethclient.Dial 方法通过 Infura URL 来连接 Rinkeby 测试网络上的以太坊节点，然后使用自动生成的 NewInbox 方法，把一个 Inbox 的实例附着到特定地址上已部署的 Inbox 合约。最后，访问实例的 Message 属性并打印"Hello World"。

```
$ go run interact.go
Hello World
```

下面修改已部署 Inbox 合约的 Message 属性，把代码放到 update.go 文件中。

```go
package main
import (
    "github.com/ethereum/go-ethereum/ethclient"
    "log"
    "github.com/sabbas/inbox/contracts"
    "github.com/ethereum/go-ethereum/accounts/abi/bind"
    "strings"
    "fmt"
    "os"
)
const key = `paste the contents of your JSON key file here`
func main() {
    // 通过 Infura 链接以太坊节点
    blockchain, err := ethclient.Dial("https://rinkeby.infura.io/fYe8qCnWi6TXZAXOVof9")
    if err != nil {
        log.Fatalf("Unable to connect to network:%v\n", err)
    }
    // 为智能合约生成账户信息
    auth, err := bind.NewTransactor(strings.NewReader(key), "passphrase associated with your JSON key file")
    if err != nil {
        log.Fatalf("Failed to create authorized transactor: %v", err)
    }
    contract, err :=contracts.NewInbox(common.HexToAddress("0x491c7fd67ac1f0afeceae79447cd98d2a0e6a9ff"),
                        blockchain)
    if err != nil {
        log.Fatalf("Unable to bind to deployed instance of contract:%v\n")
    }
    contract.SetMessage(&bind.TransactOpts {From:auth.From,
                                            Signer:auth.Signer,
                                            Value: nil,
                                            },
                        "Hello World")
}
```

前面用 SetMessage( )函数修改 Inbox 合约并生成了一个交易，现在把一个指向 TrasactOpts 的结构传入函数，结构中包含交易的授权数据。当交易被挖矿打包上链后，我们就可以用上面的方法/程序来获取修改过的 Message 属性。
```

## 11.3.2 基于 ABI 的编程

打开任何一个编辑器，创建一个名为 MyToken.sol 的文件，粘贴智能合约代码，然后打开一个命令窗口，运行如下命令：

```
solcjs MyToken.sol --bin
```

编译成功后，会产生一个 MyToken_sol_MyToken.bin 文件，是生成的智能合约的字节代码（bytecode）。下面需要用 Solc 来创建 ABI（Application Binary Interface，应用程序二进制接口），生成的文件是一个用来接口的智能合约模板（包含合约可用方法的数据）。用如下命令来生成 ABI 接口文件：

```
solcjs MyToken.sol --abi
```

然后生成一个新的文件 MyToken_sol_MyToken.abi。这个文件是 JSON 格式，定义了智能合约接口。最后部署它，假设在本地已经有 testrpc/Ganache 在运行，监听端口 8545：

```
// instance web3
Web3 = require('web3')
provider = new Web3.providers.HttpProvider("http://localhost:8545")
web3 = new Web3(provider)
```

Web3 可以让我们能解析合约的 ABI，并且提供了 API，以便与它进行交互。接着，需要智能合约的字节代码来部署智能合约到 testrpc：

```
// 读入文件
myTokenABIFile = fs.readFileSync('MyToken_sol_MyToken.abi')
myTokenABI = JSON.parse(myTokenABIFile.toString())
myTokenBINFile = fs.readFileSync('MyToken_sol_MyToken.bin')
myTokenByteCode = myTokenBINFile.toString()
// 部署
account = web3.eth.accounts[0]
MyTokenContract = web3.eth.contract(myTokenABI)
contractData = {data: myTokenByteCode, from: account, gas: 999999}
deployedContract = MyTokenContract.new(contractData)
```

最后，通过调用 deployedContract.address 来检查部署好的智能合约。保存智能合约的地址，以备后面程序使用。Solidity 自动将每个定义好的状态变量映射到存储槽。映射方式很简单：静态大小的变量（除了 mappings 和动态数组的所有类型）被映射到地址 0 开始的连续存储槽。对于动态数组，存储槽会存储数组的长度，其数据被存储到 keccak256(p) 的存储槽。对于映射，这个存储槽就不会使用，相对于键 k 的值被存储到 keccak256(k, p) 存储槽。注意，keccak256(k, p) 总会被对齐到 32 字节。

## 11.3.3 标准开发流程

本节将给出一个标准的智能合约开发流程，供读者参考。
（1）选择开发环境
Truffle 之类的开发环境（或者 Brownie、Waffle、Embark、Buidler、dapp.tools、hardhat

等）可以快速、高效地进行开发，可以加快经常重复执行的任务，如编译合约、部署合约、调试合约、升级合约、单元测试。

（2）静态分析

使用 Solhint 和 Ethlint 分析代码，Solidity 的 Linter 与其他语言的 Linter 相似。这些工具提供安全性和代码风格指南验证。

（3）安全性分析

安全分析工具（如 Echidna、Oyente、Slither、Mythril、Manticore、MythX）识别智能合约漏洞，这些工具运行一组漏洞检测器，并提供发现的所有问题的摘要。开发人员可以在整个实现阶段使用此信息来查找和解决漏洞。

（4）了解安全漏洞

熟悉 Solidity 安全性和漏洞；深入理解设计和模式，如付款提取与推送方式、遵循"检查－更改－交互"等；使用防御性编程技术，如静态分析、单元测试和审计代码。

（5）编写单元测试

借助全面的测试套件，尽早发现错误和意外行为。不同的场景测试协议可识别极端情况。比如，Truffle 中使用 Mocha 测试框架和 Chai 进行断言。Truffle 从 5.1.0 版开始，用户可以中断测试，以对测试流程进行 debug 并启动调试器，从而允许用户设置断点、检查 Solidity 变量等。

openzeppelin-test-helpers 可以访问许多重要的实用工具，以验证合约状态，如匹配合约事件和向前移动时间。调试智能合约的另一个选择是使用 Buidler EVM 和 console.log，支持在 Solidity 源码中打印日志查看变量。

（6）衡量测试覆盖率

仅仅编写测试是不够的，测试套件必须可靠地捕获错误，执行回归测试。测试覆盖率，用来衡量测试的有效性。具有较高测试覆盖率的程序在测试期间将执行更多代码。这意味着与覆盖率较低的代码相比，更容易发现未被检测到的错误。solidity-coverage 可以收集 Solidity 代码覆盖率。

（7）配置持续集成

拥有测试套件后，请"尽可能频繁地"运行它。有几种方法可以实现此目的：设置 Git Hook，或者设置 CI（Continuous Integration，持续集成）管道，在每次 Git 推送后执行测试。Truffle 或 super blocks 为连续进行智能合约测试提供了托管环境。

（8）安全审计智能合约

安全审计可以发现防御性编程技术（Linting、单元测试、设计模式）遗漏的未知问题。

（9）聘请外部审计师

可以聘请安全审计员来升级以太坊中的主要协议，他们会深入研究其代码，以发现潜在的安全漏洞。这些审计员结合使用专有和开源静态分析工具，例如：

❖ Manticore，一个模拟器，模拟针对 EVM 字节码的复杂的多合约和多交易攻击。
❖ Ethersplay，一种图形化 EVM 反汇编程序，能够进行方法还原、动态跳转计算、源代码匹配和二进制比较。
❖ Slither，静态分析器，检测常见错误，如重入错误、构造函数、方法访问等。

- Echidna，面向 EVM 字节码的下一代智能模糊器。

审计员将识别协议中任何设计和架构级别的风险，并非常清楚程序中常见的智能合约漏洞。比较著名的第三方审计方是 ChainSecurity、OpenZeppelin、Consensys Diligence 和 TrailOfBits，提供的审计报告可以帮助用户了解在安全审计过程中发现的问题。

（10）使用经过审计的开源智能合约

不要从头开始"造轮子"，尽量使用经过"经过考验的开放源代码"。从第一天开始保护程序代码，因为使用经过审计的代码"减少了以后需要审计的代码量"。

OpenZeppelin 合约是以 Solidity 语言编写的模块化、可重用智能合约的框架，包括流行的 ERC 标准的实现，如 ERC20 和 ERC721 通证，具有以下功能。

- 访问控制：允许谁执行操作。
- ERC20 和 ER721 通证：流行的通证标准的开源实现，以及可选模块。
- 加油站网络（GAS Stations Network）：用户不需支付 GAS。
- 实用库：SafeMath、ECDSA、Escrow 和其他实用工具合约。

用户可以按原样部署这些合约，也可以将其扩展以满足更大系统中的需求。

（11）在公共测试网络上发布

在以太坊主网上启动协议前，应在公共测试网络上发布。比如，以太坊的测试网络 Rinkeby 和 Kovan 的出块时间比主网快，并且可以免费请求到测试用币。

（12）考虑形式化验证

形式化验证是使用形式化的数学方法来证明或证伪形式化算法的正确性的行为。验证是通过对系统的数学模型（如有限状态机和标记的过渡）提供形式证明来完成的。

在以太坊生态系统中，可用的模型检查器包括：

- VerX，针对以太坊合约进行自定义函数条件的自动验证器。VerX 接受 Solidity 代码和以 VerX 规范语言编写的函数条件作为输入，并验证该属性是否持有或输出一系列可能导致违反该属性条件的交易。
- cadCAD，一个 Python 软件包，通过模拟器协助设计、测试和验证复杂系统的过程，并支持蒙特卡洛方法、A/B 测试和参数扫描。
- KLab，用于在 K 框架（用来设计和编程建模的工具）中生成和调试证明的工具，专门用于以太坊智能合约的形式验证，包括用于表达以太坊合约行为的简洁规范语言和交互式调试器。

作为参考，用户可以前往此处查看形式化验证的示例结果。

（13）开源

区块链最重要的特点在于公开、可编程和可验证的计算。代码开源可以吸引第三方开发人员；证明自己不会在之后更改游戏规则，也可以增强用户信心。

（14）优先考虑开发者体验

其他开发人员应用可以轻松地使用易用的 API。两个建议如下：提供合约 SDK 和示例代码，写好文档。

（15）设置事件监控

有效管理智能合约事件对于卓越运营是必不可少的。智能合约的事件监视系统可以随时了解系统的实时更改。也可以使用 Web3.js 推出自己的监视后端，或使用 Dagger、Blocknative Notify、Tenderly 或 Alchemy Notify 之类的专用服务。

（16）构建 DApp 后端

DApp 需要一种从智能合约读取和转换数据的方法，但是区块链上的数据并非总是以易于读取的格式存储的。面向用户的 Web 和移动应用程序直接从以太坊节点读取合约数据有时太慢，因此可能需要将数据索引为更易于访问的格式。

theGraph 为智能合约提供托管的 GraphQL 的索引服务，在去中心化的网络上进行查询处理，以确保数据保持开放状态，并且 DApp 都可以继续运行。

也可以构建自己的索引服务，将与以太坊节点通信并订阅相关智能合约事件，执行转换，并将结果保存为读取优化格式。

（17）构建 DApp 前端

因为世界各地的司法管辖区缺乏明确的监管规定，所以需要系统的一部分去中心化，以减少监管责任。

前端应用程序允许用户与智能合约进行交互。示例包括 Augur 和 Compound 应用程序。DApp 前端通常托管在中央服务器中，但可以托管在去中心化的 IPFS 网络上，以实现去中心化并减少责任。前端 DApp 通过客户端库（如 Web3.js 和 Ethers.js）从以太坊节点加载智能合约数据。drizzle、web3-reac 和 subspace 之类的库提供了更高级别的功能，简化了与 Web3 提供程序的连接和智能合约数据的读取。

DApp 样板包括 create-eth-app、scaffold-eth、OpenZeppelin 入门工具包和 Truffle 的 Drizzle Box，包含了 React 应用程序中使用智能合约需要的内容。

（18）提高可用性

加密存在可用性问题。GAS 和助记词对于新用户来说是令人生畏的，幸运的是，加密用户体验正在快速改善。

元交易（Meta Transaction）和 GAS Station 网络（GSN）提供了解决 GAS 问题的方法。元交易允许服务代表用户支付 GAS，从而不需用户持有以太币。元交易还允许用户使用其他代币而不是 Ether 支付费用。巧妙地使用加密签名可以实现这些改进，而 GSN 可以将这些元交易分布在支付费用的中继器网络中。

托管钱包和智能合约钱包不需浏览器插件和助记词，包括 Fortmatic、Portis、Bitski、SquareLink、Universal Login、Torus、Argent 和 walletconnect。考虑使用 web3modal 库添加对主要钱包的支持。

（19）注意其他协议的构建

以太坊已经创建了一个数字金融协议栈，这些数字金融协议是互相依赖的，并由智能合约的无许可和可组合性质提供支持，主要包括如下。

- ❖ MakerDAO：数字稳定币，Dai。
- ❖ Compound：数字货币借贷。
- ❖ Uniswap：数字货币交易。
- ❖ Augur：数字预测市场。
- ❖ dYdX：通过算法管理的衍生市场。

- UMA：合成通证平台。

"不要孤立地重新发明轮子"理念也可以扩展到去中心化的服务，可以使用不断增长的基础生态系统。例如：

- **Infura、Azure 区块链、QuikNode、Nodesmith**：托管的以太坊节点让用户不必自己去运行。
- **3box**：用于评论和用户个人资料的去中心化存储和社交 API。
- **zksync**：用于在以太坊上扩展支付和智能合约的协议。
- **Matic**：运行更快，交易成本更低。

越来越多的基础设施可以让用户更快地发布 DApp。

（20）了解系统性风险

在构建去中心化金融应用（如 DeFi）时，必须评估协议、代币是否带来了更多风险。

（21）智能合约风险

无论如何精心的设计和实现，智能合约都可能存在错误，所以要始终考虑在依赖的协议中发现错误的可能性。DeFi Score 提供了一种量化智能合约风险的方法，取决于是否已对关联的智能合约进行了审计，协议已使用了多长时间，协议迄今已管理的资金量等。智能合约风险随着更多协议的组合而更加复杂。由于智能合约不需授权组合性，单个缺陷会级联到所有相关系统中。

（22）治理风险

一些治理模型可能直接控制资金或某些媒介控制治理体系，对他们的攻击可能暴露控制权和资金丢失。通过控制协议的参与者数量和持有者数量来评估治理风险。不同的协议具有不同程度的去中心化和控制权。警惕较小社区共识且记录有限的协议。

（23）减轻风险

遵循以下基本原则来减轻总体风险：

- 只与经审计的智能合约进行交互。
- 只与具有重要社区和产品的流动货币进行交互。
- 购买智能合约保险。

## 11.4 实验 7：Solidity 智能合约调试

**实验目的**：熟悉以太坊智能合约程序调试。

**实验任务**：使用实验 5、6 的合约程序来调试，如通过 Event 调试、通过 Ganache 进行本地调试、通过 Truffle 进行调试、通过 remix 工具进行调试。

**实验时长**：2 小时。

### 11.4.1 编程语言

Solidity 智能合约编程语言内置了一些可以用来进行调试的机制。

## 1．事件

Solidity 事件的定义示例如下：

```
event Deposit(
    address indexed _from,
    bytes32 indexed _id,
    uint _value
);
```

Solidity 事件最多包括 3 个 indexed 参数。

如果 indexed 参数的类型大于 32 字节（如 string 和 bytes），就不存实际数据，而是存储数据的 Keccak256 摘要。

（1）日志原语

先来看 EVM 的日志指令，相关术语如下。

- ❖ topic（话题）：最多 4 个，每个 32 字节。
- ❖ data（数据）：事件的 Payload，可以是任意长度。

Solidity 事件映射到日志原语的方法有两种：所有 non-indexed 参数保存为 data，或者每个 indexed 参数保存为一个 32 字节的话题。

log0 原语生成一个只有数据没有话题的日志项目，数据可以是任意长度的字节串。例如：

```
pragma solidity ^0.4.18;

contract Logger {
    function Logger() public {
        log0(0xc0fefe);
    }
}
```

编译后，0x40 指针是内存的空闲指针。第一部分将数据导入内存，第二部分将数据的空间在栈上准备好。

```
memory: { 0x40 => 0x60 }
tag_1:
    // 将数据复制到内存
    0xc0fefe
        [0xc0fefe]                          // 常量
    mload(0x40)
        [0x60 0xc0fefe]
    swap1
        [0xc0fefe 0x60]
    dup2
        [0x60 0xc0fefe 0x60]                // 当前空闲内存地址和常量在栈顶
    Mstore                                  // 把栈顶的数据复制到内存空闲指针处
        [0x60]
        memory: {
            0x40 => 0x60                    // 空闲指针设为 0x60
```

```
                0x60 => 0xc0fefe                    // 0x60 的地方放常量
        }
    // 计算数据开始位置和大小
    0x20
        [0x20 0x60]
    add
        [0x80]
    mload(0x40)
        [0x60 0x80]
    dup1
        [0x60 0x60 0x80]
    swap2
        [0x60 0x80 0x60]
    sub
        [0x20 0x60]
    swap1
        [0x60 0x20]
log0
```

在执行 log0 前,栈上有两个参数[0x60  0x20]。

❖ 0x60:start,用来存放数据的内存指针。

❖ 0x20(或 32):size,载入数据的大小。

(2)带话题的日志

下面的带话题的日志例子使用 log2 原语。第一个参数是数据(可以任意长字节),其后是两个话题,各占 32 字节。

```
// log-2.sol
pragma solidity ^0.4.18;

contract Logger {
    function Logger() public {
        log2(0xc0fefe, 0xaaaa1111, 0xbbbb2222);
    }
}
```

汇编代码非常相似。唯一的区别是两个话题(0xbbbb2222、0xaaaa1111)被推送到栈上。

```
tag_1:
    // 推送话题
    0xbbbb2222
    0xaaaa1111
    // 将数据复制到内存
    0xc0fefe
    mload(0x40)
    swap1
    dup2
    mstore
    0x20
```

```
        add
        mload(0x40)
        dup1
        swap2
        sub
        swap1
        // 创建日志
        log2
```

数据仍然是 0xc0fefe,被复制到内存。执行 log2 前,状态如下:

```
stack: [0x60 0x20 0xaaaa1111 0xbbbb2222]
memory: {
    0x60: 0xc0fefe
}
log2
```

其中,前两个参数指定日志数据的内存领域,新增两个栈上元素,是两个话题。

(3)以太坊虚拟机(EVM)支持的日志原语

EVM 支持 5 个日志的原语:0xa0    log0,0xa1    log1,0xa2    log2,0xa3    log3,0xa4    log4。

(4)测试网络上写日志

在测试网络上写日志的示例代码如下:

```
pragma solidity ^0.4.18;

contract Logger {
    function Logger() public {
        log0(0x0);
        log1(0x1, 0xa);
        log2(0x2, 0xa, 0xb);
        log3(0x3, 0xa, 0xb, 0xc);
        log4(0x4, 0xa, 0xb, 0xc, 0xd);
    }
}
```

(5)Solidity 事件

下面是一个日志事件,带 3 个 uint256 的参数(non-indexed):

```
pragma solidity ^0.4.18;

contract Logger {
    event log(uint256 a, uint256 b, uint256 c);
    function log(uint256 a, uint256 b, uint256 c) public {
        log(a, b, c);
    }
}
```

数据是事件参数,其 ABI 编码如下:

```
0000000000000000000000000000000000000000000000000000000000000001    // a 的值,假设为 1
0000000000000000000000000000000000000000000000000000000000000002    // b 的值,假设为 2
```

```
0000000000000000000000000000000000000000000000000000000000000003    // c 的值，假设为 3
```

包含一个话题，32 字节的哈希值为：

```
0x00032a912636b05d31af43f00b91359ddcfddebcffa7c15470a13ba1992e10f0
```

事件类型的签名的 SHA3 哈希值如下：

```
# Install pyethereum
# https://github.com/ethereum/pyethereum/#installation
> from ethereum.utils import sha3
> sha3("Log(uint256,uint256,uint256)").hex()
'00032a912636b05d31af43f00b91359ddcfddebcffa7c15470a13ba1992e10f0'
```

Solidity 事件为事件签名用了一个话题，所以留给 indexed 参数的只有 3 个话题。

（6）带索引参数的 Solidity 事件

带有一个 uint256 参数（indexed）的事件如下：

```
pragma solidity ^0.4.18;

contract Logger {
    event log(uint256 a, uint256 indexed b, uint256 c);
    function log(uint256 a, uint256 b, uint256 c) public {
        log(a, b, c);
    }
}
```

其中包括两个话题：

```
0x00032a912636b05d31af43f00b91359ddcfddebcffa7c15470a13ba1992e10f0    // 事件签名
0x0000000000000000000000000000000000000000000000000000000000000002    // b 的值，假设为 2
```

第一个话题是方法的签名，第二个是 indexed 参数的值。

除了 indexed 参数，数据都是 ABI 编码：

```
0000000000000000000000000000000000000000000000000000000000000001    // a 的值，假设为 1
0000000000000000000000000000000000000000000000000000000000000003    // c 的值，假设为 3
```

（7）字符串/字节事件参数

将事件的参数设为字符串：

```
pragma solidity ^0.4.18;

contract Logger {
    event log(string a, string indexed b, string c);
    function log(string a, string b, string c) public {
        log(a, b, c);
    }
}
```

其中包括两个话题：

```
0xb857d3ea78d03217f929ae616bf22aea6a354b78e5027773679b7b4a6f66e86b    // 事件签名
0xb5553de315e0edf504d9150af82dafa5c4667fa618ed0a6f19c69b41166c5510    // b 的值的哈希值
```

第一个话题是方法的签名，第二个是字符串参数的 SHA-256 摘要。

验证 "b" 的哈希值的方法与第二个话题的一样：

```
>>> sha3("b").hex()
'b5553de315e0edf504d9150af82dafa5c4667fa618ed0a6f19c69b41166c5510'
```

日志数据是两个 non-indexed 的字符串"a"和"c"，其 ABI 编码如下：

```
0000000000000000000000000000000000000000000000000000000000000040   // a 的偏移值
0000000000000000000000000000000000000000000000000000000000000080   // c 的偏移值
0000000000000000000000000000000000000000000000000000000000000001   // a 的长度为 1
6100000000000000000000000000000000000000000000000000000000000000   // a 的值为"a"
0000000000000000000000000000000000000000000000000000000000000001   // c 的长度为 1
6300000000000000000000000000000000000000000000000000000000000000   // c 的值为"c"
```

indexed 字符串参数没有被存储，所以 DApp 客户无法恢复它。

如果确实需要最初的字符串，就记录 2 次，即 indexed 和 non-indexed：

```
event log(string a, string indexed indexedB, string b);
log("a", "b", "b");
```

### 2．assert()函数、require()函数

Solidity 版本 0.4.10 引入了 assert( )、require( )和 revert( )，在 0.4.10 版前使用 if-throw 结构：

```
contract HasAnOwner {
    address owner;

    function useSuperPowers(){
        if (msg.sender != owner) {
            throw;
        }
        ...                                           // 只有合约拥有者才能做的操作
    }
}
```

如果函数调用者不是 owner，函数就会抛出一个非法操作指令（Invalild opcode）的错误。关键字 throw 已经被淘汰最终将被移除，取而代之的是 assert( )、require( )和 revert( )。例如：

```
if(msg.sender != owner) {
    throw;
}
```

与下面的 3 个语句在功能上等价：

```
if(msg.sender != owner) {
    revert();
}
assert(msg.sender == owner);
require(msg.sender == owner);
```

（1）区分 assert( )和 require( )

assert( )用来确认一个完全未知的状态，确保合约在灾难性的情况下也能运行，如被零除、上溢/下溢（over/underflow）等。require( )如果失败，已花费的燃料不会退回，剩余的

燃料会被退回。

require( )的使用场合如下：
- ❖ 检查用户输入。
- ❖ 检查外部合约调用的返回值，如使用 require(external.send(amount))。
- ❖ 在执行可能导致状态修改的操作前检查状态条件，如使用 require(msg.sender == owner)语句保证只有合约拥有者才能执行后续操作。
- ❖ 在函数开始的时候，以保证如果发生错误可以尽早返回。

assert( )的使用场合如下：
- ❖ 检查上溢/下溢（over/underflow）。
- ❖ 检查不变量，如用 assert(this.balance <= totalsupply)确认当前账户的余额不会超过通证的总供应量。
- ❖ 在做了某些修改后，检查合约的状态。
- ❖ 避开绝不可能的情况。
- ❖ 在函数底部。

总体上，assert( )就是为了防止最坏情况的发生，而且这个最坏情况已经超出程序设计者的预料。所以正常情况下，assert( )的条件不可能为 false。

（2）revert( )

revert( )与 require( )大致一样，但是可以处理更复杂的编码逻辑。比如，在有很多嵌套的 if/else 逻辑的情况下，最好使用 revert( )，而不是 require( )。

revert( )会返回一些与相关错误有关的消息。例如：

```
revert('Something bad happened');
```

require( )的处理语句如下：

```
require(condition, 'Something bad happened');
```

revert( )会退还未用到的燃料给调用者。若使用 Solidity 老版本的异常处理语句 throw，发生异常就将耗尽剩余的燃料，导致用户的损失。若使用了 revert( )，多余燃料会被退还。

（3）如何选择 revert( )、assert( )或 require( )

revert( )和 require( )都会退还剩余的燃料，而且都允许返回值，为什么要使用会用光燃料的 assert( )呢？因为：require( )用来保证正确的条件，如输入、合约状态变量符合与否或者校验从外部合约返回的结果等。如果被正确使用，分析工具就可以评估你的智能合约，找出会引起 assert( )的条件和函数调用。正确的函数编码不会引发一个 assert( )；如果确实发生了，就是程序出了严重的错误。说明：require( )失败是正常和健康的，但是 assert( )语句失败就是非常严重的状况发生了，程序员必须修正程序。

如果遵守了编程指南，静态分析和形式化验证工具就可以检查智能合约，找到或者证明某些可能导致智能合约失败的特定的条件，或者证明该智能合约没有如期运行。所以，我们用 require( )检查条件，用 assert( )防止错误情况发生。

3．测试用例

好的程序员都会保持编写测试用例、进行单元测试的习惯。下面用 Mocha 测试框架 +

Node.js 来编写一些测试用例,来测试上面的 ERC721 程序。源代码见教学资料包。

```
npm install --save mocha ganache-cli web3
```

下面编辑 package.json 文件,并且进行修改,即

```
"test": "echo \"Error: no test specified\" && exit 1"
```

改为

```
"test": "mocha"
```

在项目的根目录下创建两个子目录:

```
{your project directory}/test
{your project directory}/contracts
```

contracts 目录下保存所有编译好的 JSON 格式的合约代码,大致为 TokenERC721.json、ValidReceiver.json、InvalidReceiver.json。

最后,在 test 目录下创建一个 Token.test.js,文件中需要进行相关声明。

```
const assert = require('assert');
const ganache = require('ganache-cli');
const Web3 = require('web3');
const provider = ganache.provider({
    gasLimit: 10000000
});

const web3 = new Web3(provider);

const compiledToken = require('../contracts/TokenERC721.json');
const compiledValidReceiver = require('../contracts/ValidReceiver.json');
const compiledInvalidReceiver = require('../contracts/InvalidReceiver.json');
```

Mocha 可以通过 beforeEach 在每个测试用例前调用一些代码。例如,计划在运行每个测试用例前部署一个新的合约,同时全局声明 accounts、token 和 initialTokens,所以后续的测试用例都可以访问。

```
let accounts;
let token;
const initialTokens = 10;
beforeEach(async () => {
    accounts = await web3.eth.getAccounts();
    token = await new web3.eth.Contract(JSON.parse(compiledToken.interface)).deploy({
        data: compiledToken.bytecode,
        arguments: [initialTokens]
    }).send({
        from: accounts[0], gas:'8000000'
    });
    token.setProvider(provider);
});
```

在测试文件中,每个测试用例都有 describe-it 形式的代码:

```
describe('Token Contract', () => {
```

```
    it('Example test case', () => {            // 所有测试用例都在这里
        assert(true);
    });
});
```

如果运行测试文件,就需要到项目的根目录下运行如下命令:

```
npm run test
```

async( )和 await( )会被频繁使用,只不过使异步调用比较"同步",看起来可能低级,但是对于测试用例足够了。

下面是一个例子,全部的测试用例可以在教学资料中获得。测试创建者余额:

```
Balance of creator == initial token supply
it('Balance of creator == initial token supply', async () => {
    const balance = await token.methods.balanceOf(accounts[0]).call();
    assert(balance == initialTokens);
});
```

测试合约创建者可以发行通证:

```
it('Creator can issue tokens', async () => {
    const toIssue = 2;
    const owner = accounts[0];
    await token.methods.issueTokens(toIssue).send({
        from: owner
    });
    const finalBalance = await token.methods.balanceOf(accounts[0]).call();
    assert((initialTokens + toIssue) == finalBalance);
});
```

## 11.4.2 Testrpc/Ganache 测试环境

Ganache 是一个运行在个人桌面上的以太坊开发者的个人区块链,还提供了一个命令行工具,非常适合自动化测试和持续集成的环境。Ganache CLI 可以进行配置,满足用户的所有开发需求,快速处理交易,而不是等待默认的区块时间。

下面以 Truffle 框架为例,来连接本地的 Ganache 测试网络,需要修改 truffle-config.js 文件:

```
module.exports = {
    networks: {
        development: {
            host: "localhost",
            port: 8545,
            network_id: "*"            // 与网络号匹配
        },
    }
};
```

把合约部署到指定的网络的命令如下(--network 为参数):

```
truffle migrate --network testenv
```

Ganache 启动时的参数说明如下。

① -account：指定账户私钥和账户余额来创建初始测试账户，可多次设置。

```
$ ganache-cli --account="<privatekey>, balance" [-account="<privatekey>,balance"]
```

注意，私钥长度为 64 字符，必须使用 0x 前缀的十六进制字符串。账户余额可以是整数，也可以是 0x 前缀的十六进制字符串，单位为 wei。使用-account 选项时，不会自动创建分层确定性钱包（Hierarchical Deterministic Wallet，即只有一个根私钥，采用实时计算所有子私钥的管理方式的钱包）。

② -u 或-unlock：解锁指定账户或指定序号的账户，可以设置多次。当与-secure 选项同时使用时，将改变指定账户的锁定状态。

- -a：指定启动时要创建的测试账户数量。
- -e：分配给每个测试账户的 Ether 数量，默认值为 100。
- -b：指定自动挖矿的 blockTime，以秒为单位。默认值为 0，表示不进行自动挖矿。
- -d：基于预定的助记词（mnemonic）生成固定的测试账户地址。
- -n：默认锁定所有测试账户，有利于进行第三方交易签名。
- -m：生成测试账户地址的助记词。
- -p：设置监听端口，默认值为 8545。
- -h：设置监听主机，默认值同 Node.js 的 server.listen( )。
- -s：设置生成助记词的种子。
- -g：设定燃料价格，默认值为 20000000000。
- -l：设定燃料上限，默认值为 90000。
- -f：从一个运行中的以太坊节点客户端软件的指定区块开始分叉。输入值是该节点的 HTTP 地址和端口，如 http://localhost:8545。可选使用@标记来指定具体区块，如 http://localhost:8545@3645200。
- -i 或–networkId：指定网络 id，默认值为当前时间或所分叉链的网络 id。

③ -db：设置保存区块链数据的目录。如果该路径中已经有链数据，那么 ganache-cli 将用它初始化区块链，而不是重新创建。

④ -debug：输出 VM 操作码，用于调试。

⑤ -mem：输出 ganache-cli 内存使用统计信息，将替代标准的输出信息。

⑥ -noVMErrorsOnRPCResponse：不把失败的交易作为 RCP 错误发送。这个标志开启后，错误报告方式将兼容其他客户端，如 Geth 和 Parity。

## 11.4.3　Truffle Debugger

Truffle Debugger 是 Truffle 框架里的一个命令行工具，支持对智能合约交易的跟踪调试。当调试程序启动时，命令行接口会给出一个交易或者创建的地址列表、一个交易的进入点和可用的命令列表。

## 1．调试界面

调试程序中包括交易列表、可用命令列表、交易的最初进入点。回车键被设定用来执行最后执行的命令，会执行至下一个源代码的逻辑单元，还可以用于分析交易的详细信息。

其命令列表如下。

（1）(o) step over

这个命令在 solidity 源文件中，执行当前行，或者相对行或者当前在计算的表达式。如果不想跟踪进入一个函数调用或者合约创建，或者快速的执行调试，可以使用这个命令。

（2）(i) step into

这个命令跟踪进入一个函数调用或者合约创建过程，可以跳入函数并快速调试代码。

（3）(u) step out

这个命令跳出当前正在运行的函数，可以快速回到调用函数或者结束交易的执行。

（4）(n) step next

这个命令跟踪到下一个语句或者表达式。

比如，对子表达式的演算会先于 EVM 计算全表达式。这个命令可以分析每个 EVM 计算的逻辑。

（5）(;) step instruction

这个命令用于跟踪 EVM 计算的每个指令，在对 Solidity 源代码编译而成的字节代码等详细信息比较感兴趣的时候非常有用。使用这个命令时，调试程序还会打印与这个指令相关的栈数据。

（6）(p) print instruction

这个命令打印单前的指令和栈数据，但是不跳到下一个指令。执行了合约的某个逻辑后，这个命令可以查看当前指令和栈数据。

（7）(h) print this help

打印可用的命令。

（8）(q) quit

退出调试程序。

（9）(r) reset

重置调试程序到智能合约最开始。

（10）(b) set a breakpoint

这个命令用于在源代码中设定断点，可以通过行号、相对行号，或者在特定文件的行号、在当前位置设定断点。

（11）(B) remove a breakpoint

这个命令用于删除任何已存在的断点，采用设定断点同样的语法。B all 命令将删除所有的断点。

（12）(c) continue until breakpoint

这个命令会执行代码，直到到达下一个断点或者程序结束。

（13）(+) add watch expression

这个命令增加一个监视的表达式，基于如下语法：

```
+:<expression>.
```

（14）(-) remove watch expression

这个命令删除一个监视的表达式，基于如下语法：

```
-:<expression>.
```

（15）(?) list existing watch expressions

这个命令显示所有当前正在监视的表达式列表。

（16）(v) display variables

这个命令显示当前的变量和他们的值。不是所有类型的数据都支持这个命令。

### 2．增加和删除断点

下面是一些加入和取消断点的例子。

```
11:     event Generated(uint n);
12:
13:     function generateMagicSquare(uint n)
        ^^^^^^^^^^^^^^^^^^^^^^^^^^^^^^^^^^^^
```

在第 23 行添加断点：

```
debug(develop:0x91c817a1...)> b 23
```

在第 23 行移除断点：

```
debug(develop:0x91c817a1...)> B 23
```

在 SquareLib.sol 文件的第 5 行添加断点：

```
debug(develop:0x91c817a1...)> b SquareLib:5
```

在第 23 行添加断点（假设当前行是第 13 行）：

```
debug(develop:0x91c817a1...)> b +10
```

在当前行添加断点：

```
debug(develop:0x91c817a1...)> b
```

移除所有断点：

```
debug(develop:0x91c817a1...)> B all
```

关于命令的具体信息，可以查询教学资料包。

### 3．如何调试交易

使用调试程序前需要收集交易相关的信息，如交易哈希，然后输入如下命令：

```
$ truffle debug <交易哈希>
```

如以 0x8e5dadfb921dd…交易为例，输入如下命令：

```
$ truffle debug
0x8e5dadfb921ddddfa8f53af1f9bd8beeac6838d52d7e0c2fe5085b42a4f3ca76
```

这个命令会启动调试程序。

### 4．调试一个食物购物车的智能合约

下面用一个例子 FoodCart 来解释具体的应用。

下面的智能合约模拟一个简单的食物购物车，任何人都可以挑选在销售的食物，加入购物车；如果有足够的 Ether，就可以清空购物车。这个合约只是为了举例，千万不要用于实际环境。在开始前需要确认环境：Truffle 4.0 以上，Solidity 0.4.24 以上，私有区块链 Ganache CLI 6.1.6 以上。

（1）创建合约

创建项目目录，用来编译智能合约。输入如下命令：

```
mkdir FoodCart
```

进入项目目录，创建一个 Truffle 项目：

```
cd FoodCart
truffle init
```

进入智能合约目录，并且创建一个 FoodCart.sol 智能合约文件：

```
cd contracts
touch FoodCart.sol
```

打开任何编辑器，输入源代码（见教学资料包）。

FoodCart 智能合约包括如下 6 部分。

① 状态变量。状态变量 owner 和 skuCount 用于存储 owner 和食物数量。foodItems（mapping 类型）用于映射 Sku 到食物。Sku 是电商术语，是物品的序列编号。

② 枚举变量。枚举变量 State 是一个用户定义的数据类型，保存购物车的食物的状态。在枚举变量里列举的类型可以显式转换为整数，如

```
(ForSale /待售= 0, Sold/已售 = 1)
```

③ 事件。事件 ForSale 和 Sold 记录待销售或者已售的食物的详细信息。在 JavaScript 中，这些事件可以被回调函数调用，可以使 DApp 交互性更好。

④ Struct 变量。结构变量 FoodItem 是一个用户定义的类型，保存食物的所有信息。这些属性可以通过"结构名."的形式来访问。

⑤ 函数修饰符。doesFoodItemExist、isFoodItemForSale 和 hasBuyerPaidEnough 是函数修饰符（Modifier），在执行函数前会自动执行。

⑥ 函数。函数 addFoodItem( )、buyFoodItem( )和 fetchFoodItem( )将食物加入购物车，食物项可以被购买而且允许食物的详细信息被查阅。构造函数初始化 owner 状态变量为智能合约部署后的地址。匿名 payable 函数允许智能合约接收 Ether。

（2）部署智能合约

下面在私有链上部署智能合约。在 migrations 目录下创建 2_foodcart_migration.js 文件。打开这个文件，输入如下代码：

```
var FoodCart = artifacts.require("./FoodCart.sol");

module.exports = function(deployer) {
    deployer.deploy(FoodCart);
};
```

上述代码使 Truffle 框架能够部署 FoodCart.sol 合约到私有链。打开命令终端，进入项目目录，输入如下命令：

```
truffle develop
```

就可以开始测试该智能合约。输出结果如图 11-1 所示，显示开发用的区块链已经启动，并监听端口 9545，测试账户也已建好，提示符变为了 truffle(develop)>。

图 11-1　输出结果

然后输入 compile 命令，编译智能合约。结果如图 11-2 所示。

```
truffle(develop)> compile
```

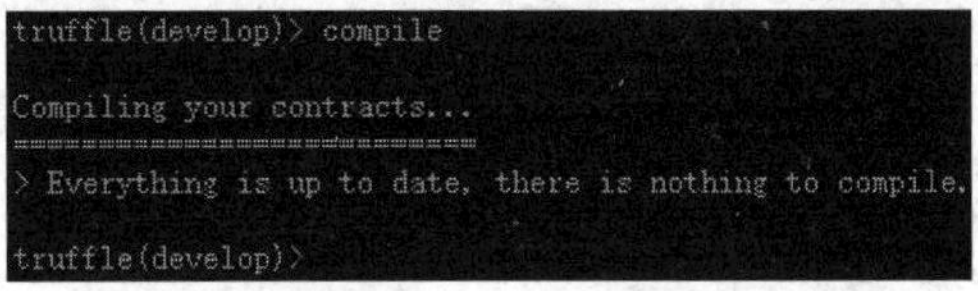

图 11-2　编译结果

编译结果被保存在项目根目录的 build 目录下。

输入 migrate 命令，将合约上传到区块链。结果如图 11-3 所示。

```
truffle(develop)> migrate
```

（3）与智能合约交互

下面与智能合约进行交互：往食物购物车中增加食物，检查食物的详细信息，结账（用 Ether 支付购物车的食物）。

在"truffle(develop)>"提示符下，创建一个 foodCart 变量，并保存部署好的智能合约的实例中。例如：

```
truffle(develop)> let foodCart;
truffle(develop)> FoodCart.deployed().then((instance) => { foodCart = instance; });
```

上面的代码使用 web3.deployed 方法来部署智能合约，返回一个 Promise。Promise 把部署好的智能合约实例保存到 foodCart 变量中。

```
> Network name:    'develop'
> Network id:      5777
> Block gas limit: 0x6691b7

1_initial_migration.js
======================

   Replacing 'Migrations'
   ----------------------
   > transaction hash:    0x17a2efb600ce6600c4c209f52ed53a966c9d824fc35ba28fa50609bfa233ab32
   > Blocks: 0            Seconds: 0
   > contract address:    0x85AA3C3dF1c0257f8fd7E209e1db64Ff40ef7062
   > block number:        1
   > block timestamp:     1571833143
   > account:             0x2Bd4f3DC2359BeF18b4dD1be8B4604B81005b857
   > balance:             99.99445076
   > gas used:            277462
   > gas price:           20 gwei
   > value sent:          0 ETH
   > total cost:          0.00554924 ETH

   > Saving migration to chain.
   > Saving artifacts
   ----------------------------
   > Total cost:           0.00554924 ETH

2_foodcart_migration.js
=======================

   Replacing 'FoodCart'
   --------------------
   > transaction hash:    0x06083b0cbfd2ab6de858cd036ba6a01cab1c57b3b37fd5ab33ec019f025c089e
   > Blocks: 0            Seconds: 0
   > contract address:    0x0e5f0d11560Dc70ffB4Ed5E56E12591cB9139c30
   > block number:        3
   > block timestamp:     1571833143
   > account:             0x2Bd4f3DC2359BeF18b4dD1be8B4604B81005b857
   > balance:             99.9761698
   > gas used:            872040
   > gas price:           20 gwei
   > value sent:          0 ETH
   > total cost:          0.0174408 ETH

   > Saving migration to chain.
   > Saving artifacts
   ----------------------------
   > Total cost:           0.0174408 ETH

Summary
=======
> Total deployments:    2
> Final cost:           0.02299004 ETH

truffle(develop)>
```

图 11-3　Truffle Migrate 命令输出

下面往购物车中增加一些食物。首先，给合约增加一个函数 addFoodItemToCart( )，负责向购物车加食物，并且在指令台上打印交易结果。addFoodItemToCart( )函数以食物名和价格作为参数，把相应的食物加入购物车。这个函数是智能合约 addFoodItem( )函数的一个包装（wrapper），除了智能合约调用，还对日志进行格式化输出。

输入如下命令，调用 addFoodItemToCart( )函数，将食物加入购物车：

```
truffle(develop)> addFoodItemToCart('Fried Rice', 10);
truffle(develop)> {name: 'Fried Rice',sku: 0, price: 10, state: 'ForSale', foodItemExist: true} // 输出

truffle(develop)> addFoodItemToCart('Chicken Pepper Soup', 10);
truffle(develop)> {name: 'Chicken Pepper Soup', sku: 1, price: 10, state: 'ForSale', foodItemExist: true} // 输出

truffle(develop)> addFoodItemToCart('Pepperoni Pizza', 50);
truffle(develop)> {name: 'Pepperoni Pizza', sku: 2, price: 50, state: 'ForSale', foodItemExist: true} // 输出
```

现在购物车中有 3 个食物，然后结账。在支付费用前，需要指定支付的源地址，也就是从这个地址获得 Ether，用来购买购物车里的食物。私有链启动时，自动创建了 10 个测试账户，每个测试账户预置了 100 Ether。

下面创建一个变量，保存这些地址/账户，以备后面使用。

```
truffle(develop)> const buyerAddress = web3.eth.accounts[1];
truffle(develop)> buyerAddress
'0x26EeCca51f64cA3a5Daa61b041a50ACdD4626442'
```

账户 0x26EeCca51f64cA3a5Daa61b041a50ACdD4626442（读者在运行这个例子时，账户地址应该不同）就可以在"truffle(develop)>"提示符下增加一个函数，来支付购物车的结账行为。

buyFoodItemFromCart( )函数以 itemSku（食物品种）和食物的数量作为参数，对购物车中的食物进行结账。用来支付的 Ether 数量来自存储在 buyerAddress 变量的账户。

例如，结账 Fried Rice。Fried Rice 的 sku 是 0，其价格是 10 wei，在"truffle(develop)>"提示符下，用这些值来调用 buyFoodItemFromCart( )函数：

```
let buyFoodItemFromCart = (itemSku, amount) => {foodCart.buyFoodItem(itemSku,
    {from: buyerAddress, value: amount}).then((trxn) => {
        const details = trxn.logs[0].args;
        details.sku = details.sku.toNumber();
        details.price = details.price.toNumber();
        details.state = trxn.logs[0].event;
        console.log(details);
    });
}
```

从输出可以看到，食物 Fried Rice 的状态是 Sold(已卖出)，并且 foodItemExist 是 false，表明这个食品不再售卖。

（4）调试智能合约

下面在与智能合约交互时引入一些错误，然后用调试程序调试错误并修复。为了调试一个交易，需要知道交易的哈希值，然后在"truffle(develop)>"提示符下运行命令"debug [transaction hash]"，接着利用调试命令，直至找到错误的原因，如图 11-4 所示。

图 11-4　Error 输出

例如，尝试下面的不合法交易：支付不在购物车的食物，以低于食物售价的钱来支付。

在调试这些交易前，需要在另一个终端里运行 Truffle Develop Logger，打开一个新的终端，在 FoodCart 的项目根目录下运行命令"truffle develop --log"。

```
FoodCart $ truffle develop --log
```

输出如下：

```
Connected to existing Truffle Develop session at http://127.0.0.1:9545/
```

Logger 连接到一个已经存在的会话的特定端口，监听交易事件，然后记录交易，输出到日志，包括交易哈希值、块号等。

① 非法交易 1：支付不在购物车的食物

购物车已有食物的代号（sku）分别是 0、1、2，我们尝试支付 sku 为 6 的食物。

上面的尝试会产生错误 Error: Returned error: VM Exception while processing transaction: revert，并没有告诉我们关于错误原因的太多线索，如图 11-5 所示。

```
develop:ganache eth_sendTransaction +8ms
develop:ganache +33ms
develop:ganache Transaction: 0x8e82d82090ce8cdbf7937763757a02bbbf7593b7bc0b4e60af1bed608cfcc9a3 +1ms
develop:ganache Gas usage: 22105 +0ms
develop:ganache Block Number: 8 +0ms
develop:ganache Block Time: Wed Oct 23 2019 19:33:55 GMT+0800 (CST) +0ms
develop:ganache Runtime Error: revert +1ms
develop:ganache +0ms
develop:ganache eth_call +0ms
develop:ganache net_version +33s
```

图 11-5 非法交易异常输出

日志中最重要的内容是交易哈希值：

```
0x8e82d82090ce8cdbf7937763757a02bbbf7593b7bc0b4e60af1bed608cfcc9a3
```

这与我们机器上的交易哈希值不同。

利用已有的交易哈希值，我们可以调试交易，找到错误的原因。下面来调试交易，复制交易哈希值，并在"truffle(develop)>"提示符下运行如下命令：

```
debug your-trasanction-hash
```

输出如图 11-6 所示。

debug 命令被运行，调试程序编译了合约，收集了交易数据，显示了被影响的地址和合约的部署地址，并列出了一系列可用的命令。"step next"命令可以一步一步跟踪交易执行时的所有指令。输入"enter"或者"n"，会执行"step next"命令。

在"debug(develop:0x8e82d820...)>"提示符下，连续按 Enter 键，跟随指令流，就可以知道到达交易失败的地方。到程序出问题的地方要经过 8 步，所以需要按 Enter 键 9 次。4 步后的输出如图 11-7 所示。

buyFoodItem( ) 函数在第 61 行被调用，但是在函数执行前，第 64 行的修饰符 doesFoodItemExist 用来检查在购物车中是否有要购买的食物。在第 33 行，require( ) 函数用来保证给定 sku 的食物的 foodItemExist 属性是 true。

在第 33 行，交易停止，因为 require( ) 函数失败了，所以不能买食物。我们想买的食物并不在购物车中。require( ) 函数抛出了一个 state-reverting 异常，回退了所有当前调用所做的改变，并且返回错误给调用者。我们可以用 Truffle Debugger 调试这个问题。

② 非法交易 2：以低于食物售价的钱来支付

我们尝试以低于食物售价的钱来支付。当前购物车中有 3 种食物，尝试购买 "'Chicken Pepper Soup' sku = 1"，而且价格是 10 wei。

在"truffle(develop)>"提示符下，调用 buyFoodItem( ) 函数，以低于售价来购买。

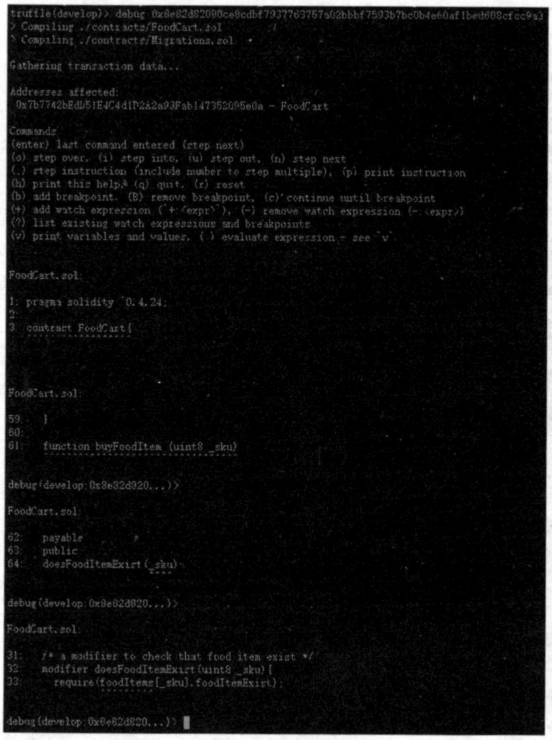

图 11-6 调试特定交易 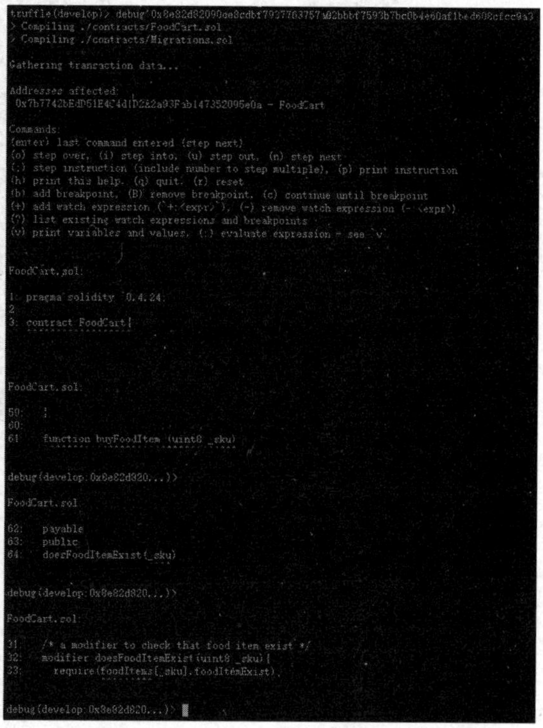　　　　　　　　　图 11-7　4 步后的输出

```
truffle(develop)> buyFoodItemFromCart(1, 5);
truffle(develop)> Transaction halted with a RUNTIME ERROR
```

这个交易肯定会失败，但是给了一个信息量很少的错误信息。

为了调试这个交易，在日志终端中复制交易哈希值：

`0x495ac8917b6b0a6fd5ac9965d74d116cd4072157fe466429a08ea6fdadf401e5`

然后用这个交易哈希值开始调试：

```
truffle(develop)> debug
0x495ac8917b6b0a6fd5ac9965d74d116cd4072157fe466429a08ea6fdadf401e5
```

先用 step next 调试命令来跟踪交易，显示了所有被执行的指令知道出问题的指令。按 Enter 键来连续执行，结果如图 11-8 所示。

在第 44 行，修饰符 hasBuyerPaidEnough 在 buyFoodItemFromCart( )函数调用前被执行，要求购买者的购买费大于等于食物的售价。而我们的出价并不满足这个条件。所以，只有发送足够数量的 Ether，才可以买到需要的食物。

## 11.4.4　Remix 调试

Remix 编译和调试智能合约非常快速，而且容易上手。Remix 是以太坊基金会维护的一个在线编辑工具，如图 11-9 所示。

图 11-8 step next 调试特定交易

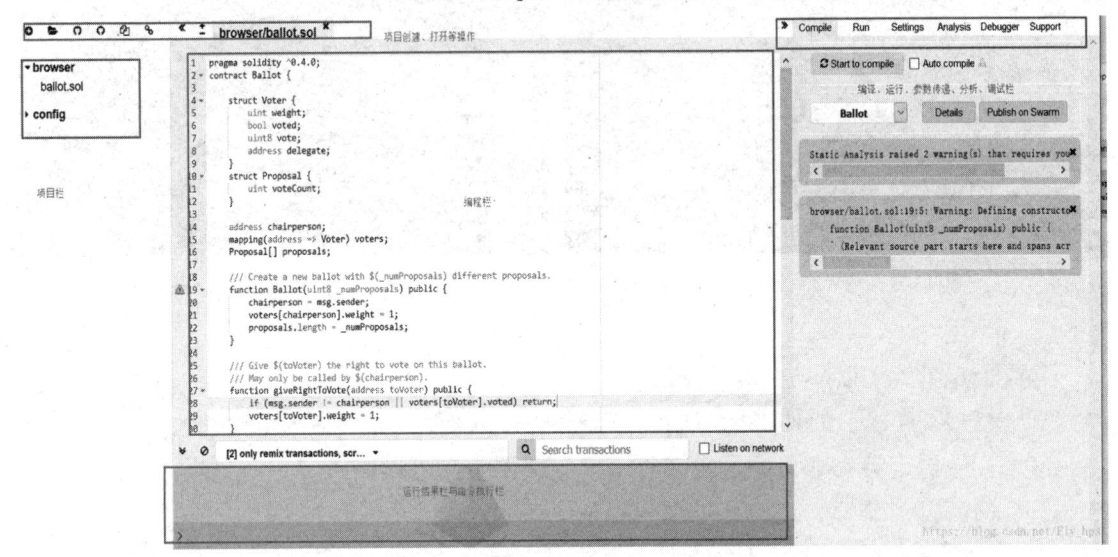

图 11-9 Remix 面板

Remix 的编辑器方便 Solidity 编程语言的使用，同时可以自动编译并且实时审计代码。如果一切就绪，通过"Injected Web3"（通过 MetaMask 插件）部署智能合约到一个真实的网络。注意，Remix 可以创建一个虚拟浏览器内的网络来快速测试智能合约。

在"Run"标签下选择"JavaScript VM"（如图 11-10 所示），可以创建 5 个外部账户，同时每个账户充值 100 Ether。

图 11-10 选择虚拟机环境

部署合约，设置智能合约所需的参数（如图 11-11 所示），单击"Deploy"按钮。

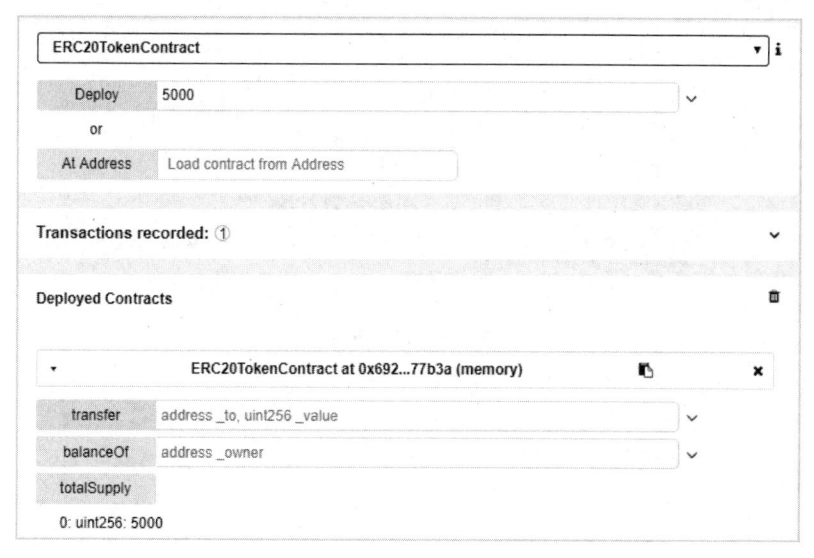

图 11-11　部署智能合约

在本地网络中将上线一个智能合约实例。Remix 为智能合约的每个函数自动创建了输入框，如图 11-12 所示。

图 11-12　已部署的智能合约

Remix 提供了一个命令台（在底部），显示与合约交互的所有输出，如图 11-13 所示。

图 11-13　输出

每个交互的右边有"Debug"按钮，单击后，跳到"Debugger"标签，如图 11-14 所示。

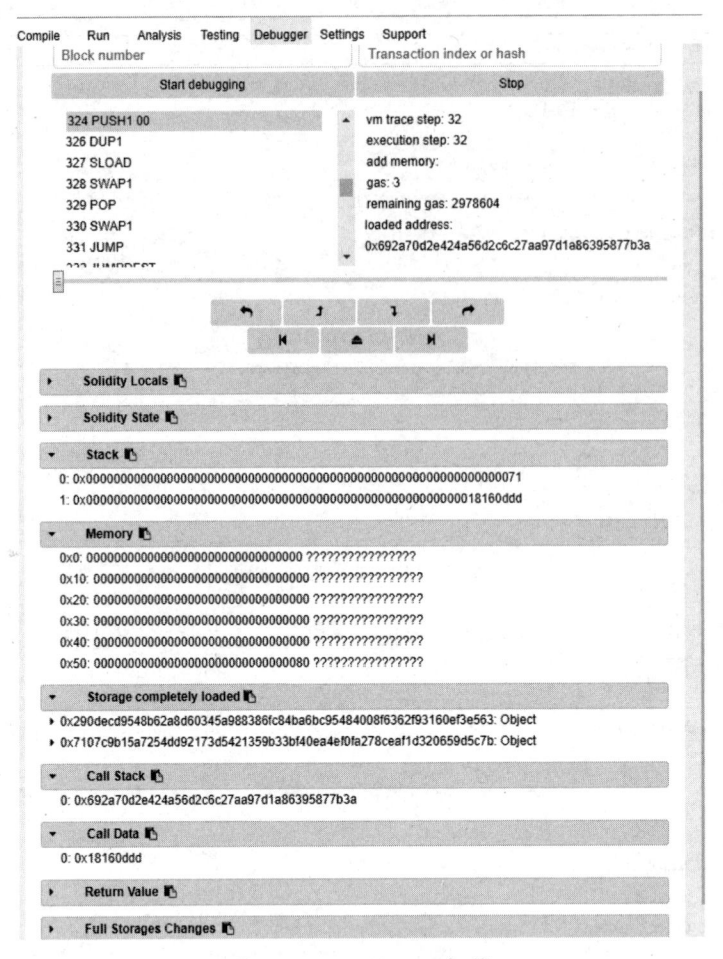

图 11-14 Debugger 标签

我们可以通过 Step in、Step over、Step Out、Step back、Continue 按钮进行调试，同时可以看到执行每步时 Memory、Stack、Storage、Calldata 的情况，以便理解程序逻辑。

# 第 12 章　智能合约应用案例

## 12.1　实验 8：以太坊 DApp 开发和调试

**实验目的**：熟悉以太坊 DApp 程序编写和调试。
**实验任务**：开发一个抽奖应用，有抽奖界面，猜测结果验证在智能合约中实现。
**实验时长**：4 小时。

创建一个抽奖应用，可以选择 1~10 之间的一个数，100 个用户选择后开奖。如果被抽中了，就可以赢得奖金。图 12-1 为应用界面。

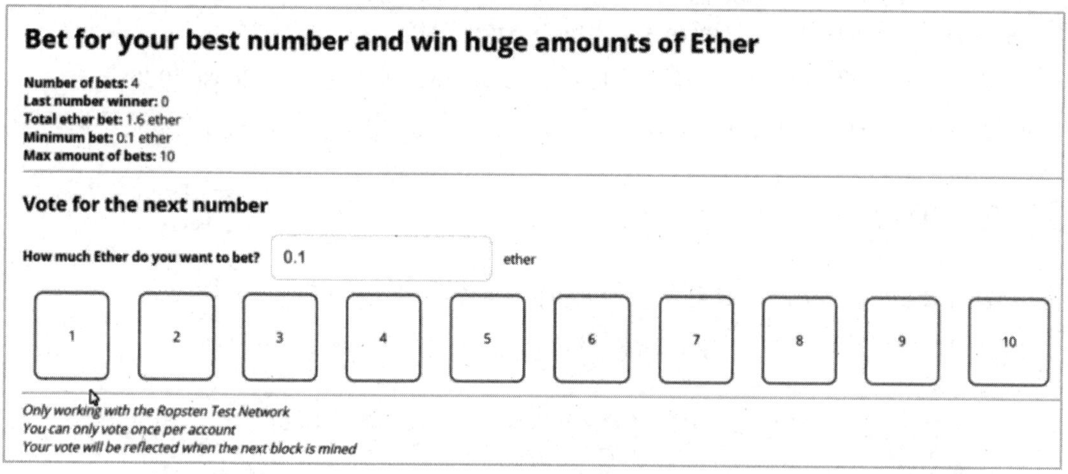

图 12-1　应用界面

通过本实验，读者可以学习到 DApp 编程的如下技巧：
- 如何从零开始创建一个智能合约。
- 如何部署一个合约到测试网上。
- 如何创建一个 DApp 的前端。
- 如何从应用中链接已经部署在链上的智能合约。
- 如何将最终的 DApp 部署到去中心化的 IPFS。
- 如何使用用户定制的 IPFS 域名。

本实验涉及的技术包括：
- 数据库（Database）——以太坊测试网区块链。
- 托管（Hosting）——作为一个去中心化的平台，IPFS 能免费托管。

- 前端（Frontend）——React.js + webpack，演示而用。其实可以用任何框架，或者直接用 JavcaScript。
- 域名（Domain Name）——Godaddy，方便、快速。可以使用任何的域名登录商。
- 智能合约编程语言（Contract's Programing Language）——Solidity，目前最流行的智能合约开发编程语言。
- 前端合约（Frontend Contract）——web3.js 库，用来访问智能合约及其中的方法。
- 框架（Framework）——Truffle，用来部署、测试、编译智能合约。
- 开发服务器（Development Server）——Node.js，用来在本地开发 App，如 testrpc/Ganache。
- 智能合约钱包（MetaMask）——浏览器插件，用来管理账号。

## 12.1.1 环境准备

首先，安装必需的库或包：webpack、react、babel 和 web3。

安装 web3 0.20.0（因为目前 web3 的最新版本 1.0 还不稳定）：

```
npm i -D webpack react react-dom babel-core babel-loader babel-preset-react babel-preset-env css-loader style-loader json-loader web3@0.20.0
```

安装一个轻量级的 Web 服务器，可以从本地访问，即 http://localhost:8080。

```
npm i -g http-server
```

## 12.1.2 项目

安装开发框架 Truffle，-D 标明开发依赖，-g 标明是全局：

```
npm i -D -g truffle
```

创建 Truffle 项目：

```
npm init -y
truffle init
```

在 Truffle 根目录下创建 src 目录，在 src 目录中创建 js 和 css 目录，用来管理源代码。

在 js 目录下创建 index.js 和 index.css。在 Truffle 根目录下创建 dist 目录，并在其中创建 index.html。

文件目录结构如下所示：

```
Casino/
    contracts/
        Migrations.sol
    migrations/
    node_modules/
    test/
    src/
        css/index.css
```

```
            js/index.js
        dist/
            index.html
        package.json
        truffle-config.js
        truffle.js
        webpack.config.js
```

index.html 代码如下:

```html
<!DOCTYPE html>
<html lang="en">
<head>
    <meta charset="UTF-8">
    <meta name="viewport" content="width=device-width, initial-scale=1.0">
    <link href='https://fonts.googleapis.com/css?family=Open+Sans:400,700' rel='stylesheet' type='text/css'>
    <title>Casino Ethereum Dapp</title>
</head>
<body>
    <div id="root"></div>
    <script src="build.js"></script>
</body>
</html>
```

其中，`<div id="root"></div>` Tag 包含所有被自动插入的 react 代码，`<script src="build.js"></script>` Tag 包含 webpack 生成的 build 文件。

## 12.1.3　智能合约 Solidity 编程

创建 contracts/Casino.sol 文件，为 Solidity 智能合约的主要源文件。所有 Solidity 智能合约必须以编译器的版本开始，所以在 Casino.sol 文件的头部指定编译器的版本编译开关：

```
pragma solidity 0.4.20;
```

下面创建整个的智能合约：

```solidity
pragma solidity 0.4.20;

contract Casino {
    address public owner;
    function Casino() public {                  // 构造函数
        owner = msg.sender;                     // 设置智能合约的拥有者
    }
    function kill() public {                    // 智能合约自毁函数，只有拥有者才能调用
        if(msg.sender == owner)
            selfdestruct(owner);
    }
}
```

Address 变量 owner 是一个长字符串，值为 MetaMask 账户。这里使用 0x08f96d0f5C9086 d7f6b59F9310532BdDCcF536e2。

function Casino()是智能合约的构造函数，设置了合约的拥有者。

function kill()用来销毁合约。只有合约的所有者才可以销毁合约。合约销毁后，合约的剩余 Ether 会被送回到所有者的地址。只有当合约被黑客攻破而且所有者没有办法保全合约中的资金的时候，才调用这个函数。

本实验需要完成下面的任务：
- ❖ 记录用户在哪个数字上选择了多少资金。
- ❖ 每次选择的最小值。
- ❖ 计算用户选择的 Ether 总额。
- ❖ 一个变量保存有多少个选择。
- ❖ 决定什么时候停止选择，并开奖。
- ❖ 开发一个函数，发送奖金到每个获奖者的账户。

主要功能：选择一个数字，生成一个随机数作为中奖者，发送 Ether 给中奖者。

使用 struct 类型、成员为 mapping 类型的变量来保存用户地址、选择的数字和次数。struct 类型像一个对象，而 mapping 像一个数组。代码如下：

```solidity
pragma solidity 0.4.20;

contract Casino {
    address public owner;
    uint256 public minimumBet;                    // 最小选择数字
    uint256 public totalBet;                      // 所有选择的总和
    uint256 public numberOfBets;                  // 选择的数字
    uint256 public maxAmountOfBets = 100;         // 最大选择数字
    address[] public players;                     // 用户数组
    struct Player {                               // 每个用户的定义
        uint256 amountBet;                        // 用户选择的数字
        uint256 numberSelected;                   // 用户选择的次数
    }
    // 映射用户地址到用户的选择信息
    mapping(address => Player) public playerInfo;
    function Casino() public {
        owner = msg.sender;
    }
    function kill() public {
        if(msg.sender == owner)
            selfdestruct(owner);
    }
}
```

Player 是 struct 类型，定义了选择的数字 amountBet 和次数 numberSelected。然后创建了一个映射 playerInfo。

```
mapping(address => Player) public playerInfo;
```

可以通过 address 作为键来找到相应地址的用户选择的数字和选择的次数；通过 Player 类型数组 players 记录参与的用户，以便知道如何分配奖金给中奖者。

同时修改构造函数，定义一个最小选择数字：

```
function Casino(uint256 _minimumBet) {
    owner = msg.sender;
    if(_minimumBet != 0)
        minimumBet = _minimumBet;
}
```

在文件末尾创建一个函数 bet——选择数字，范围为 1～10：

```
pragma solidity 0.4.20;

contract Casino {
    ...
    function bet(uint256 numberSelected) public payable {         // 选择1~10之间的数
        require(!checkPlayerExists(msg.sender));                   // 用户必须存在
        require(numberSelected >= 1 && numberSelected <= 10);      // 用户可投注的数为1~10
        require(msg.value >= minimumBet);                          // 选择数字必须不小于最低数字
        playerInfo[msg.sender].amountBet = msg.value;              // playerInfo中保存相应信息
        playerInfo[msg.sender].numberSelected = numberSelected;
        numberOfBets++;                                            // 用户选择的次数总数加1
        players.push(msg.sender);                                  // 加新用户到用户数组
        totalBet += msg.value;                                     // 总选择次数调整
    }
}
```

payable 关键字是一个修饰符，用来表明这个函数在执行是可以接收 Ether。

require( )函数像 if 语句，必须返回 true，如果返回 false，那么函数停止执行，已支付的 Ether 会退给用户。require( )函数用来保证：用户还没有选择（用户每局只能选择一次，不能重复选择）、用户选择的数字是 1～10、用户选择满足要求（不小于最小选择数字）。

msg.sender 和 msg.value 是执行智能合约的用户的信息。sender 是用户的地址，value 是选择的数字。

将相应的信息存入 playerinfo：

```
mapping playerInfo[msg.sender].amountBet = msg.value;
```

msg.sender 是执行 bet( )函数的用户地址。

然后，numberOfBets（投注数额）加 1。numberOfBets 是一个计数器，记录本局一共有多少次选择。达到 100 后，就抽奖，发放奖励。

最后，将这次的选择总额加到 totalAmount。

第一个 require 语句如下：

```
require(!checkPlayerExists(msg.sender));
```

调用 checkPlayerExists( )函数检查是否已经投注，因为同一个用户每局只能选择一次。

下面创建 checkPlayerExists( )函数：

```
pragma solidity 0.4.20;

contract Casino {
    ...
    // 遍历用户数组，若存在，则返回 true，否则返回 false。只有存在的用户才能参与
```

```solidity
    function checkPlayerExists(address player) public constant returns(bool) {
        for(uint256 i = 0; i < players.length; i++) {
            if(players[i] == player)
                return true;
        }
        return false;
    }
    function bet(uint256 numberSelected) public payable {        // 选择1~10之间的数字
        require(!checkPlayerExists(msg.sender));
        require(numberSelected >= 1 && numberSelected <= 10);
        require(msg.value >= minimumBet);
        playerInfo[msg.sender].amountBet = msg.value;
        playerInfo[msg.sender].numberSelected = numberSelected;
        numberOfBets++;
        players.push(msg.sender);
        totalBet += msg.value;
    }
}
```

constant 关键字表明这个函数不修改状态，因而不会耗费燃料，仅仅读取一个数值。

下一步检查所有选择的次数是不是超过了设定的最大值，若是，则产生中奖者编号。例如，有99个选择时，还需要1次选择就可以抽奖，并产生中奖者。代码如下：

```solidity
if(numberOfBets >= maxAmountOfBets)
    generateNumberWinner();
```

下面创建 generateNumberWinner() 函数，产生一个 1~10 之间的随机数：

```solidity
pragma solidity 0.4.20;

contract Casino {
    ...
    function generateNumberWinner() public {                    // 生成一个1~10的一个数，来决定中奖者
        uint256 numberGenerated = block.number % 10 + 1;        // 这种生成方法是不安全的
        distributePrizes(numberGenerated);
    }
}
```

这个函数使用当前块号的最后一位（个位）+1 作为中奖者的编号。比如，如果当前块号是 438542，那么产生的中奖者编号是：438542 MOD 10=2，而 2 +1 = 3，所以中奖者的编号就是 3。必须指出，这个函数是不安全的，因为中奖者编号容易被猜到。

然后发放奖金给中奖者，即函数 distributePrizes(numberGenerated) 要实现的功能：

```solidity
pragma solidity 0.4.20;

contract Casino {
    ...
    function distributePrizes(uint256 numberWinner) public {    // 将奖金发给中奖者
        address[100] memory winners;                            // 创建一个暂时的中奖者数组
        uint256 count = 0;                                      // 中奖者的计数器
        for(uint256 i = 0; i < players.length; i++) {
```

```
        address playerAddress = players[i];
        // 若所选择的数字与开奖号码一致，则存入中奖者数组，中奖者数量加1
        if(playerInfo[playerAddress].numberSelected == numberWinner) {
            winners[count] = playerAddress;
            count++;
        }
        delete playerInfo[playerAddress];                   // 删除所有参与用户
    }
    players.length = 0;                                     // 删除用户数组
    uint256 winnerEtherAmount = totalBet / winners.length;  // 决定每个中奖者应获得的奖金
    for(uint256 j = 0; j < count; j++) {
        if(winners[j] != address(0))                        // 中奖者的地址不能为0
            winners[j].transfer(winnerEtherAmount);         // 发送奖金
    }
}
```

distributePrices(numberGenerated)函数的功能如下。

- 生成中奖者数组：通过检查每个用户的 **numberSelected** 来实现。中奖者数组是一个内存数组，在函数执行后自动释放。
- 计算给中奖者的奖金：奖金的多少取决于中奖者的数量和投注的数字。
- 调用 winners[j].transfer，发送相应数量的 Ether 给每个中奖者。
- 创建一个匿名 fallback 函数。fallback 函数是一个带有 payable 修饰符的函数，自动发送合约中的 Ether 给指定的地址。

```
// fallback 函数的目的是给合约发送 Ether 时，这些 Ether 不会被丢失，同时提高这个合约的持有额，分配到每局
function() public payable { }
```

fallback 函数允许我们保存发送到智能合约的 Ether，其高级版本是使用 Oraclize 的服务来生成安全的随机数。

下面略过前端的设计与实现。接着进行项目部署。在安装了 IPFS 的情况下，在桌面上执行如下命令：

```
ipfs daemon
```

将创建一个节点。然后输入：

```
ipfs swarm peers
```

可以给出与本节点相连的节点的信息。而命令

```
ipfs add -r dist/
```

把本地 dist 目录加入整个网络，这样生成目录的长哈希值。最后的哈希值是目录的唯一 ID。

```
added Qmc9HzLPur2ncuUArLjAaa4t2HrXFycgjUPb6122N6tzi2 dist/build.js
added QmZBaGYWsACJ5aCFhW459xHZ8hk4YazX1EQFiSenu3ANfR dist/index.html
added QmfZoCnPcgmHYmFJqHBcyuFh3FEYrTZqGdGyioSMrAZzw2 dist
```

复制最后的哈希值并执行：

```
ipfs name publish QmfZoCnPcgmHYmFJqHBcyuFh3FEYrTZqGdGyioSMrAZzw2
```

出现如下类似的信息：

```
Published to QmRDVed784YwKrYAgiiBbh2rFGfCUemXWk3NkD7nWdstER:
/ipfs/QmfZoCnPcgmHYmFJqHBcyuFh3FEYrTZqGdGyioSMrAZzw2
```

这表明内容已经存在那个 URL 下。

以如下方式检查 gateway.ipfs.io/ipns/<your-hash-here>。比如：

```
gateway.ipfs.io/ipns/QmRDVed784YwKrYAgiiBbh2rFGfCUemXWk3NkD7nWdstER
```

因为当前的网络已经变得很大，导入会花一些时间，然后就会看到 DApp。

MetaMask 设置为工作在 Ropsten Test Network 下。如果修改了某些文件，就要执行 webpack，然后执行：

```
ipfs add -r dist/
```

最后发布：

```
ipfs name publish <the-hash>
```

注意，发布的名字哈希值是前后一样的。

## 12.2 实验 9：以太坊 IPFS DApp 开发和调试

**实验目的**：熟悉在以太坊 DApp 中 IPFS 程序的编写和调试。

**实验任务**：开发一个加密信息应用，使用 IPFS 查询和存取 IPFS，在 DApp 中使用 IPFS 进行存储操作。

**实验时长**：4 小时。

本节介绍简单的基于 IPFS 的 DApp，演示如何将相关的信息存储到 IPFS，以及如何与 IPFS 交互。

### 12.2.1 DApp 环境准备

安装 browsersify 和 Babel 包：

```
yarn add --dev browserify babelify babel-core babel-polyfill babel-preset-env
```

还需要安装 minify、lint、watch、simplify 和 node-ecstatic 库包：

```
yarn add --dev envify npm-run-all shx standard uglifyify watchify ecstatic
```

同时，为了运行基于 IPFS 的 DApp，建议安装浏览器端的插件 ipfs-companion。这个插件并不是必要的，不过如果不安装，就需要很多额外的工作。为了演示快速创建一个基于 IPFS 的 DApp，这个浏览器插件可以减少些工作量，从而聚焦于 DApp 开发。

这里使用 window.ipfs-fallback 来实例化一个 IPFS 的节点，使用 js-libp2p-crypto 进行密码计算。上面的浏览器插件会给每个 Web 网页嵌入一个 window.ipfs 对象，代表一个 IPFS 节点。任何一个基于 IPFS 的 DApp 都可以探测 window.ipfs 对象是否存在。没必要每启动一个 DApp 就实例化一个 IPFS 的 PEER 节点。window.ipfs-fallback 包自动探测 window.ipfs，如果已经导入，就使用之，否则自动回退，下载最新版本的 IPFS。

```
yarn add window.ipfs-fallback js-libp2p-crypto
```

## 12.2.2　DApp 项目

创建项目目录：

```
mkdir encryptoid
cd encryptoid
```

用 Npm 初始化项目：

```
ubuntu@VM-16-5-ubuntu:~/work/dapp/encryptoid$ npm init
```

运行结果如图 12-2 所示。

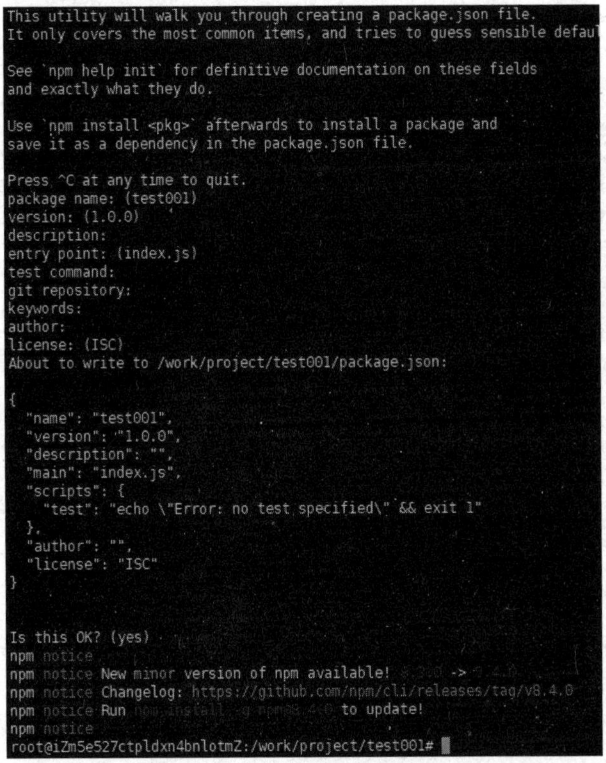

图 12-2　用 Npm 初始化项目

目录结构大致如下：

```
Encryptoid/
    LICENSE
    README.md
    package.json
    src/
        index.html
        images/
            logo.png
        main.js/
```

```
        style.css
    dist/
        ...
```

下面修改 package.json，增加编译命令：

```
...
"scripts": {
    "start": "ecstatic dist",
    "clean": "shx rm -rf dist",
    "build": "run-s build:*",
    "build:copy": "run-p build:copy:*",
    "build:copy:html": "shx mkdir -p dist && shx cp src/index.html dist/index.html",
    "build:copy:css": "shx mkdir -p dist && shx cp src/style.css dist/style.css",
    "build:js": "browserify src/main.js -o dist/bundle.js -g uglifyify",
    "watch": "npm-run-all build:* --parallel watch:*",
    "watch:js": "watchify -t envify src/main.js -o dist/bundle.js -v",
    "watch:serve": "ecstatic --cache=0 dist",
    "test": "standard"
},
"browserify": {
    "transform": [
        ["babelify", {"presets": ["env"]}],
        ["envify"]
    ]
},
...
```

package.json 中指定了各种启动命令，如 start、clean、build、test 等。
本 DApp 项目的主页定义在文件 Index.html 中：

```
<!doctype html>
<html>
<head>
    <meta charset="utf8">
    <title>Encryptoid ĐApp</title>
    <link rel="stylesheet" href="./style.css">
</head>
<body>
    <div id="main">
        <h1>Welcome to Encryptoid!</h1>
    </div>
    <script type="text/javascript" src="bundle.js"></script>
</body>
</html>
```

本 DApp 主页的 CSS 样式文件为 Style.css：

```
html, body {
    font-family: "Lucida Sans Typewriter", "Lucida Console", "Bitstream Vera Sans Mono", monospace;
    height: 100%;
```

```css
}
#main {
    width: 50%;
    margin: 0 auto;
    padding-top: 2%;
}
```

本 DApp 项目的主要的 JavaScript 文件为 main.js，采用 Async/await 模式，异步获取 IPFS 节点信息。

```javascript
import 'babel-polyfill'                              // 引入需要的库包
import getIpfs from 'window.ipfs-fallback'           // 引入两个 IPFS-based 模块
import crypto from 'libp2p-crypto'

let ipfs
// 创建一个异步设置函数, 在网页中导入
const setup = async () => {
    try {
        ipfs = await getIpfs()                       // 初始化 IPFS 的 Peer 节点
        const id = await ipfs.id()                   // 获得节点的 id 信息
        console.log('running ${id.agentVersion} with ID ${id.id}')
    }
    catch(err) {
        console.log(err)                             // 打印错误信息
    }
}
setup()
```

下面在 index.html 中添加两个输入框：<textarea>和<input>。

```html
<h1>Welcome to Encryptoid!</h1>
<form id="secret">
    <label for="message">Message</label>
    <textarea id="message" required rows="5"></textarea>
    <label for="password">Password</label>
    <input id="password" type="text" required minlength="10" maxlength="100">
</form>
<button id="button" type="button">Encrypt</button>
<div id="output"></div>
```

main.js 也进行相应的处理：

```javascript
import 'babel-polyfill'                              // 引入需要的库包
import getIpfs from 'window.ipfs-fallback'           // 引入两个 IPFS-based 模块
import crypto from 'libp2p-crypto'

let ipfs

const setup = async () => {                          // 设置一个网页，用来运行 setup 函数
    try {
        ipfs = await getIpfs()                       // 初始化 IPFS 的 Peer 节点
        const button = document.getElementById('button')
```

```
            button.addEventListener("click", (e) => {        // 监听按钮的 click 事件
                e.preventDefault()
                // 获取输入的 message 和 password
                const message = document.getElementById('message')
                const password = document.getElementById('password')
                // 计算用于 AES 加密算法的派生 key
                const key = crypto.pbkdf2(password.value, 'encryptoid', 5000, 24, 'sha2-256')
                const iv = Buffer.from([...Array(16).keys()])        // 只用一次 iv
                // 创建 AES 加密对象
                crypto.aes.create(Buffer.from(key), iv, (err, cipher) => {
                    if (!err) {                              // 调用加密函数
                        cipher.encrypt(Buffer.from(message.value), async (err, encrypted) => {
                            if (!err) {        // 如果没有错误，就将加密后的内容存入 hashed，以供显示
                                const hashed = (await ipfs.files.add(encrypted))[0]
                                output.innerText = '/ipfs/${hashed.hash}'
                            }
                        })
                    }
                })
            })
        }
        catch(err) {
            console.log(err)                                  // 打印错误信息
        }
    }
    setup()
```

我们使用 PBKDF2（Password-Based Key Derivation Function 2）密钥派生函数来产生派生密钥，被用来做后续的加密操作。这里使用固定的盐值（Salt），采用 5000 次迭代，密钥的大小为 24 字节。

```
const key = crypto.pbkdf2(password.value, 'encryptoid', 5000, 24, 'sha2-256')
```

这样创建了一个 16 字节固定长度的初始向量（IV）。实际中最好使用一个随机的 IV。

```
const iv = Buffer.from([… Array(16).keys()])
```

在 CTR 模式下，创建 AES 加密对象（因为长度为 32 字节，所以使用 AES-256）：

```
crypto.aes.create(Buffer.from(key), iv, (err, cipher) =>
```

进行实际的加密工作。将明文消息的 Buffer 传给 encrypt 方法，加密后的文本会返回到回调函数。

```
if (!err) {
    const hashed = (await ipfs.files.add(encrypted))[0]
    output.innerText = '/ipfs/${hashed.hash}'
}
```

将加密后的消息放到 IPFS 上，同时等待返回的 CID 哈希值。输出是 CID 哈希值。将哈希值送给接收人，他们可以解密内容。

## 12.2.3 编译运行

DApp 需要在 encryptoid 根目录下编译运行。

安装依赖包：

```
yarn install
```

编译 App：

```
yarn build
```

启动 App：

```
yarn start
```

在浏览器中输入相应的地址 http://server:8000/，出现如图 12-3 所示的界面。

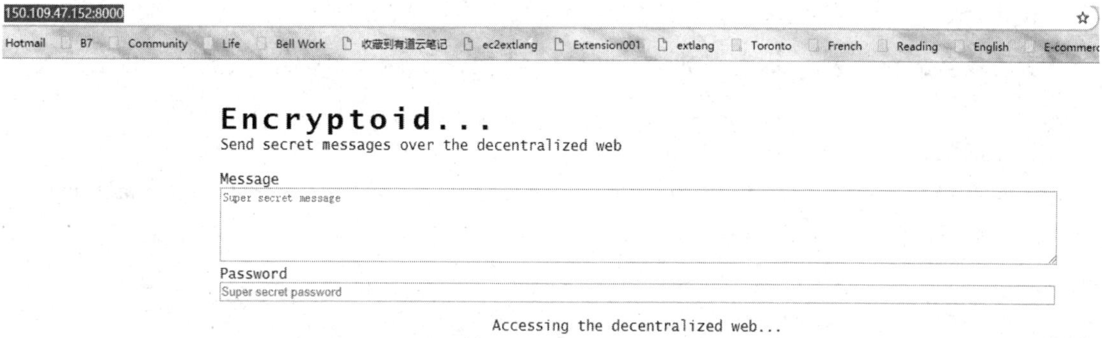

图 12-3 IPFS DApp 界面

现在我们有了一个简单功能的 DApp：能加密信息并在分布式 Web 上推广。因为浏览器中运行的 DApp 没有把文件加钉（pinning），所以 DApp 的文件最终会在 24～48 小时后被垃圾回收。但是，加密后的消息在 IPFS 的 P2P 网络上是可访问的，而且没有中心化的服务器无法查看消息内容。这就是去中心化的威力。

# 第 13 章 超级账本 Fabric 开发

## 13.1 实验 10：超级账本 Fabric 开发环境

**实验目的**：熟悉超级账本 Fabric 的开发环境。

**实验任务**：安装 Fabrics 和 Fabric-samples；启动 test-network 例子；用 Go 语言开发一个链码并部署；演示程序和链码程序交互。

**实验时长**：4 小时。

**注意事项**：Fabric Hyperledger 的版本为 1.x 或者 2.x。本书提供 Fabric Hyperledger 1.x 和 2.x 的例子，但是主要用 2.x 来实验。

### 13.1.1 Fabric 安装

本节介绍 Hyperledger 2.x 的安装步骤，主要包括：
- 安装工具：cURL、Git、Pip 等。
- 安装 Go 语言包。
- 安装 Docker 和 Docker Compose。
- 在 Ubuntu LTS 16.0.4 上安装 Hyperledger Fabric。
- 安装 fabric-samples。

**1. 安装准备**

（1）打开一个终端窗口

```
$ sudo su
Enter your password                    // 输入你的口令
$ cd
```

（2）安装 Golang

```
$ cd $HOME/ && wget https://storage.googleapis.com/golang/go1.8.1.linux-amd64.tar.gz
```

解压语言包：

```
$ tar -xvf go1.8.1.linux-amd64.tar.gz
```

设定 Go 路径：

```
$ mkdir $HOME/gopath
$ export GOPATH=$HOME/gopath
```

```
$ export GOROOT=$HOME/go
$ export PATH=$PATH:$GOROOT/bin
$ go version
```

（3）安装 libltdl-dev

```
$ apt-get install libltdl-dev
```

（4）安装 docker-ce

```
// 获取 docker-ce 软件包（结果如图 13-1 所示，作为演示，只截取主要部分，下同）
$ wget https://download.docker.com/linux/ubuntu/dists/xenial/pool/stable/amd64/docker-ce-cli_20.10.0~3-0~ubuntu-xenial_amd64.deb
// 安装 docker-ce 软件包（结果如图 13-2 所示）
$ dpkg -i docker-ce_17.06.0~ce-0~ubuntu_amd64.deb
$ docker -version
```

常用的 Docker 命令如下：

```
docker images                         // 显示下载的所有镜像
docker ps                             // 显示运行中的所有容器
docker stop $(docker ps -aq)          // 停止目前活跃的容器
docker rm $(docker ps -aq)            // 删除目前活跃的容器
```

下载的 Docker 映像是默认的。如果想重新下载，可以用如下命令删除已下载的 Docker 的映像：

```
docker rmi -f $(docker images -q)     // 强制删除所有镜像
```

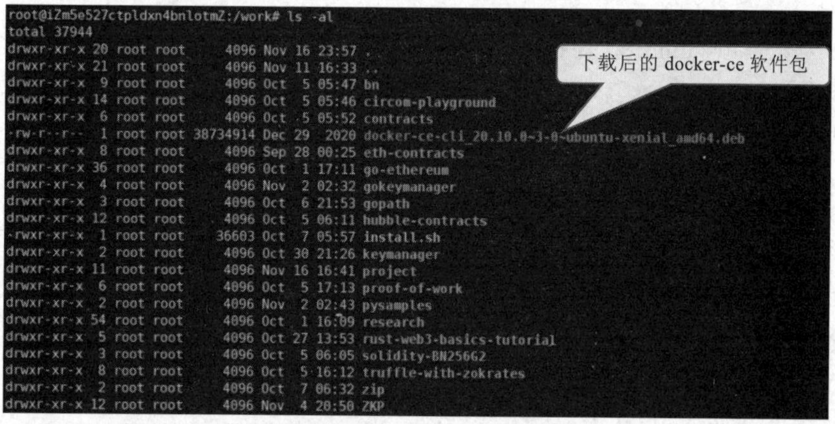

图 13-1 获取 docker-ce 软件包

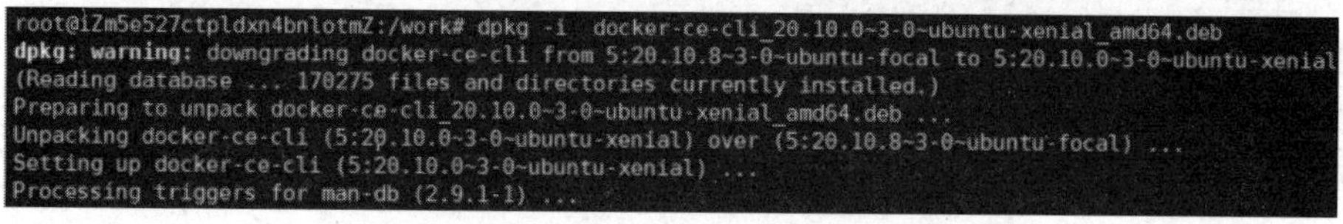

图 13-2 安装 docker-ce 软件包

图 13-3 验证 docker-ce 软件包的版本

运行内置的 hello-world 例子（如图 13-4 所示）：

```
$ docker run hello-world
```

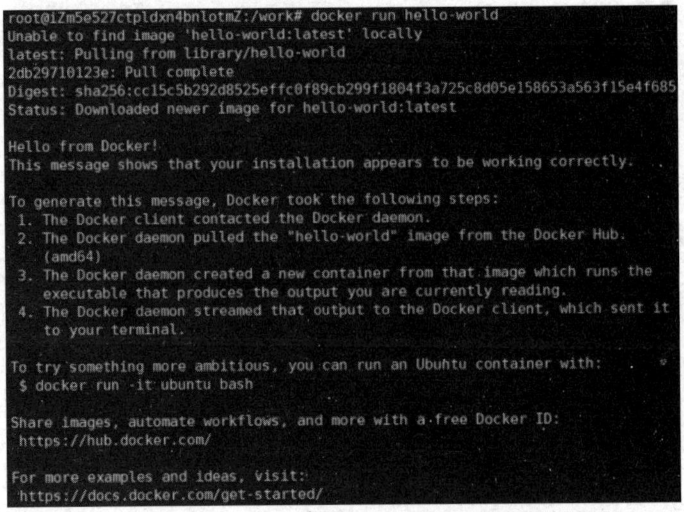

图 13-4　运行内置项目 hello-world

（5）安装 python-pip 并验证

```
$ apt-get install python-pip
$ pip –version                    // 验证 python-pip 版本，若成功，出现如图 13-5 所示内容
```

图 13-5　验证 python-pip 版本的结果

（6）安装 docker-compose 并验证

```
$ pip install docker-compose      // 安装 docker-compose，若成功，出现如图 13-6 所示内容
$ docker-compose --version        // 验证 docker-compose，若成功，出现如图 13-7 所示内容
```

（7）安装 git

```
$ apt-get install git
$ git --version
```

（8）安装 curl

```
$ apt-get install curl
$ curl -version                   // 结果如图 13-8 所示
```

（9）安装 node.js 和 npm

```
$ curl sL https://deb.nodesource.com/setup_8.x | sudo -E bash -
```

检查它们的版本：

```
$ node --version                  // 结果如图 13-9 所示
$ npm --version                   // 结果如图 13-9 所示
```

## 2．安装 Fabric

（1）下载 Fabric

创建放置 Fabric 的文件夹：

```
$ mkdir -p $GOPATH/src/github.com/hyperledger
```

```
root@iZm5e527ctpldxn4bnlotmZ:/work# pip install docker-compose
Looking in indexes: http://mirrors.cloud.aliyuncs.com/pypi/simple/
Collecting docker-compose
  Downloading http://mirrors.cloud.aliyuncs.com/pypi/packages/f3/3e/ca05e486d44e38eb495ca60b8ca526b192071717387346ed1031ecf78966/do
    |████████████████████████████████| 114 kB 3.0 MB/s
Collecting websocket-client<1,>=0.32.0
  Downloading http://mirrors.cloud.aliyuncs.com/pypi/packages/f7/0c/d52a2a63512a613817846d430d16a8fbe5ea56dd889e89c68facf6b91cb6/we
    |████████████████████████████████| 67 kB 70.9 MB/s
Collecting distro<2,>=1.5.0
  Downloading http://mirrors.cloud.aliyuncs.com/pypi/packages/b3/8d/a0a5c389d76f90c766e956515d34c3408a1e18f60fbaa08221d1f6b87490/di
Requirement already satisfied: PyYAML<6,>=3.10 in /usr/lib/python3/dist-packages (from docker-compose) (5.3.1)
Collecting docopt<1,>=0.6.1
  Downloading http://mirrors.cloud.aliyuncs.com/pypi/packages/a2/55/8f8cab2afd404cf578136ef2cc5dfb50baa1761b68c9da1fb1e4eed343c9/do
Collecting texttable<2,>=0.9.0
  Downloading http://mirrors.cloud.aliyuncs.com/pypi/packages/75/23/8170868d04b153b1b9ed1bb84348212bb4a08f31b292ef9d7f6ea648fd49/te
Collecting dockerpty<1,>=0.4.1
  Downloading http://mirrors.cloud.aliyuncs.com/pypi/packages/8d/ee/e9ecce4c32204a6738e0a5d5883d3413794d7498fe8b06f44becc028d3ba/do
Collecting docker[ssh]>=5
  Downloading http://mirrors.cloud.aliyuncs.com/pypi/packages/54/f3/7af47ead249fbb798d64a0438bad5c26f17ef6ac5cd324d802038eb10d90/do
    |████████████████████████████████| 146 kB 5.8 MB/s
Collecting python-dotenv<1,>=0.13.0
  Downloading http://mirrors.cloud.aliyuncs.com/pypi/packages/0e/f1/0317f4b2c5284075a2154fe95539b43c0acecbcb86fe80fcb2645803edd9/py
Requirement already satisfied: jsonschema<4,>=2.5.1 in /usr/local/lib/python3.8/dist-packages (from docker-compose) (3.2.0)
Requirement already satisfied: requests<3,>=2.20.0 in /usr/local/lib/python3.8/dist-packages (from docker-compose) (2.25.1)
Collecting paramiko>=2.4.2
  Downloading http://mirrors.cloud.aliyuncs.com/pypi/packages/72/b5/7b99a3da446338c8b5c73da549e8bc8d8c3a066a9d535e64191ac3b77137/pa
    |████████████████████████████████| 206 kB 109.9 MB/s
Requirement already satisfied: six>=1.3.0 in /usr/local/lib/python3.8/dist-packages (from dockerpty<1,>=0.4.1->docker-compose) (1.1
Requirement already satisfied: pyrsistent>=0.14.0 in /usr/local/lib/python3.8/dist-packages (from jsonschema<4,>=2.5.1->docker-comp
Requirement already satisfied: attrs>=17.4.0 in /usr/local/lib/python3.8/dist-packages (from jsonschema<4,>=2.5.1->docker-compose)
Requirement already satisfied: setuptools in /usr/lib/python3/dist-packages (from jsonschema<4,>=2.5.1->docker-compose) (45.2.0)
Collecting bcrypt>=3.1.3
  Downloading http://mirrors.cloud.aliyuncs.com/pypi/packages/26/70/6d218afbe4c73538053c1016dd631e8f25fffc1cd01f5c272d7acf3c03d/bc
    |████████████████████████████████| 63 kB 54.8 MB/s
Requirement already satisfied: pynacl>=1.0.1 in /usr/lib/python3/dist-packages (from paramiko>=2.4.2->docker[ssh]>=5->docker-compos
Requirement already satisfied: cryptography>=2.5 in /usr/lib/python3/dist-packages (from paramiko>=2.4.2->docker[ssh]>=5->docker-co
Collecting cffi>=1.1
```

图 13-6　安装 docker-compose

```
root@iZm5e527ctpldxn4bnlotmZ:/work# docker-compose --version
docker-compose version 1.29.2, build unknown
```

图 13-7　检查 docker-compose 版本

```
root@iZm5e527ctpldxn4bnlotmZ:/work# curl --version
curl 7.68.0 (x86_64-pc-linux-gnu) libcurl/7.68.0 OpenSSL/1.1.1f zlib/1.2.11 brotli/1.0.7 libidn2/2.2.0 libpsl/0.21.0 (+libidn2/2.2.
Release-Date: 2020-01-08
Protocols: dict file ftp ftps gopher http https imap imaps ldap ldaps pop3 pop3s rtmp rtsp scp sftp smb smbs smtp smtps telnet tftp
Features: AsynchDNS brotli GSS-API HTTP2 HTTPS-proxy IDN IPv6 Kerberos Largefile libz NTLM NTLM_WB PSL SPNEGO SSL TLS-SRP UnixSocke
```

图 13-8　安装 curl

```
root@iZm5e527ctpldxn4bnlotmZ:/work/gopath/src/github.com/hyperledger/fabric-samples# node --version
v16.10.0
root@iZm5e527ctpldxn4bnlotmZ:/work/gopath/src/github.com/hyperledger/fabric-samples# npm --version
7.24.0
```

图 13-9　检查 node.js 和 npm 版本

下载 Fabric 源码：

```
$ cd $GOPATH/src/github.com/hyperledger
$ git clone https://github.com/hyperledger/fabric.git
```

（2）安装 Fabric 并下载 fabric-samples

```
$ cd fabric/scripts
```

查看 bootstrap.sh：

```
$ cat bootstrap.sh
```

可以看到，bootstrap.sh 版本为 2.3.3，ca_version 为 1.5.2（如图 13-10 所示）。

执行 bootstrap.sh 镜像：

```
$ ./bootstrap.sh
```

下载 fabrics-sample 的界面如图 13-11 所示，提取相应镜像的界面如图 13-12 所示。

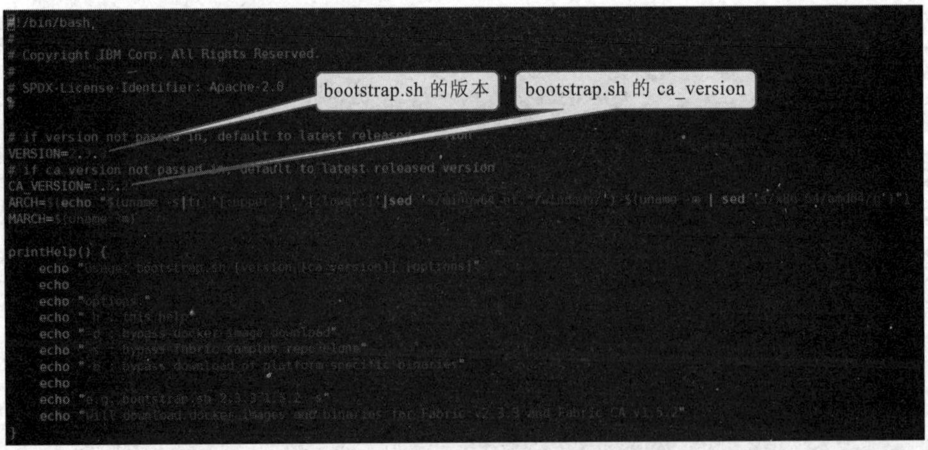

图 13-10 bootstrap.sh 内容

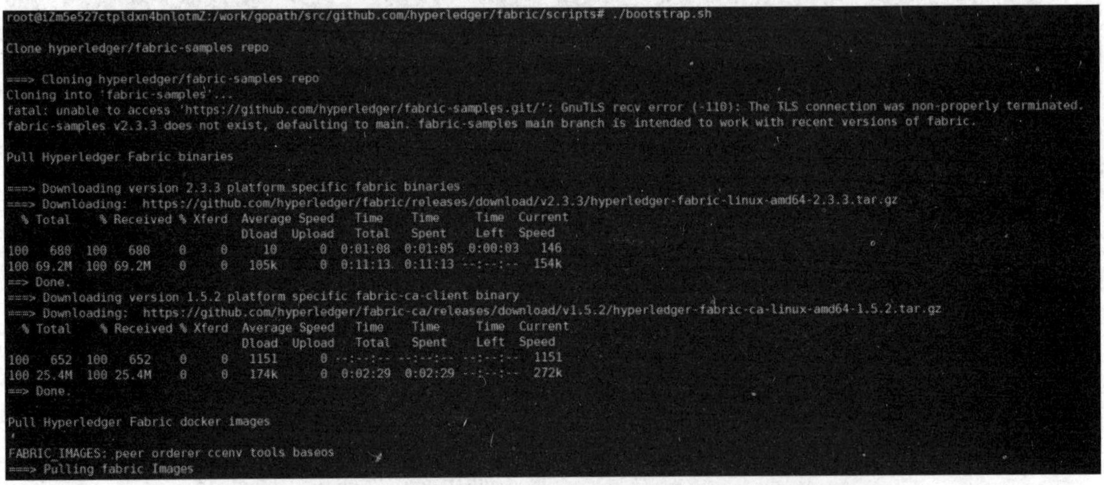

图 13-11 下载 fabrics-sample

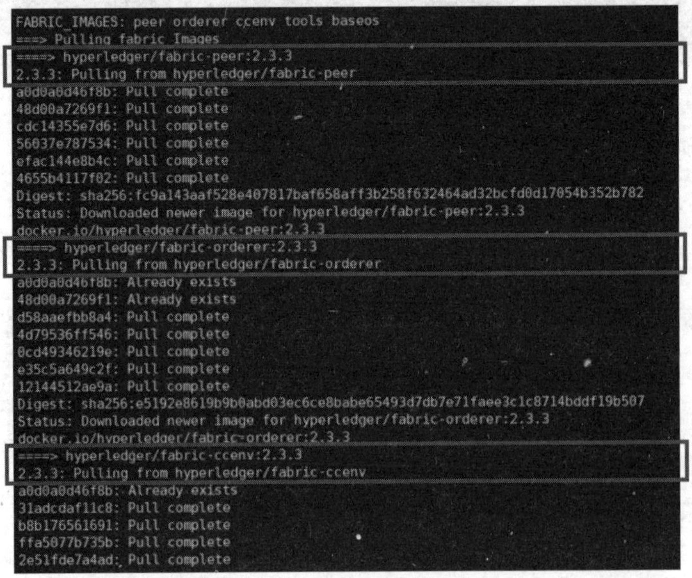

图 13-12 提取相应镜像

安装各镜像，结果如图 13-13 所示，完成的所有镜像的结果如图 13-14 所示。可以看到，Fabric/Scripts 下新增了 fabrics-sample 目录，如图 13-15 所示。

```
Digest: sha256:e95a727aed88456b496a4e4b1ddbc77e81c26a0cc7ff234c7d3d085dafd637cd
Status: Downloaded newer image for hyperledger/fabric-ccenv:2.3.3
docker.io/hyperledger/fabric-ccenv:2.3.3
===> hyperledger/fabric-tools:2.3.3
2.3.3: Pulling from hyperledger/fabric-tools
a0d0a0d46f8b: Already exists
31adcdaf11c8: Already exists
b8b176561691: Already exists
ffa5077b735b: Already exists
2e51fde7a4ad: Already exists
fa96723f2624: Pull complete
d34ad363c0cf: Pull complete
ab37c24ec85b: Pull complete
Digest: sha256:634c66833a264939b9920cfa0a47b028c20b39475d0bc7ca02841137ea2c4e86
Status: Downloaded newer image for hyperledger/fabric-tools:2.3.3
docker.io/hyperledger/fabric-tools:2.3.3
===> hyperledger/fabric-baseos:2.3.3
2.3.3: Pulling from hyperledger/fabric-baseos
a0d0a0d46f8b: Already exists
48d00a7269f1: Already exists
7fe902e02eda: Pull complete
Digest: sha256:3af16c343deaa5b837e2581b6b72523643e8572fd2981ed6bfea4a9fbf43bd20
Status: Downloaded newer image for hyperledger/fabric-baseos:2.3.3
docker.io/hyperledger/fabric-baseos:2.3.3
===> Pulling fabric ca Image
===> hyperledger/fabric-ca:1.5.2
```

图 13-13　安装各镜像

```
docker.io/hyperledger/fabric-baseos:2.3.3
===> Pulling fabric ca Image
===> hyperledger/fabric-ca:1.5.2
1.5.2: Pulling from hyperledger/fabric-ca
a0d0a0d46f8b: Already exists
ac8258c0aeb1: Pull complete
6c802cf1fa97: Pull complete
Digest: sha256:faa3b743d9ed391c30f518a7cc1168160bf335f3bf60ba6aaaf1aa49c1ed023e
Status: Downloaded newer image for hyperledger/fabric-ca:1.5.2
docker.io/hyperledger/fabric-ca:1.5.2
===> List out hyperledger docker images
hyperledger/fabric-ca          1.5            4ea287b75c63   2 months ago   69.8MB
hyperledger/fabric-ca          1.5.2          4ea287b75c63   2 months ago   69.8MB
hyperledger/fabric-ca          latest         4ea287b75c63   2 months ago   69.8MB
hyperledger/fabric-tools       2.3            98fa0bfb0fd2   2 months ago   445MB
hyperledger/fabric-tools       2.3.3          98fa0bfb0fd2   2 months ago   445MB
hyperledger/fabric-tools       latest         98fa0bfb0fd2   2 months ago   445MB
hyperledger/fabric-peer        2.3            a491b5ab42f6   2 months ago   53.3MB
hyperledger/fabric-peer        2.3.3          a491b5ab42f6   2 months ago   53.3MB
hyperledger/fabric-peer        latest         a491b5ab42f6   2 months ago   53.3MB
hyperledger/fabric-orderer     2.3            9e1952b8840d   2 months ago   35.4MB
hyperledger/fabric-orderer     2.3.3          9e1952b8840d   2 months ago   35.4MB
hyperledger/fabric-orderer     latest         9e1952b8840d   2 months ago   35.4MB
hyperledger/fabric-ccenv       2.3            56fa403e02ee   2 months ago   502MB
hyperledger/fabric-ccenv       2.3.3          56fa403e02ee   2 months ago   502MB
hyperledger/fabric-ccenv       latest         56fa403e02ee   2 months ago   502MB
hyperledger/fabric-baseos      2.3            b35a8ef578c0   2 months ago   6.87MB
hyperledger/fabric-baseos      2.3.3          b35a8ef578c0   2 months ago   6.87MB
hyperledger/fabric-baseos      latest         b35a8ef578c0   2 months ago   6.87MB
hyperledger/fabric-tools       x86_64-1.0.5   6a8993b718c8   3 years ago    1.33GB
hyperledger/fabric-couchdb     latest         9a58db2d2723   3 years ago    1.5GB
hyperledger/fabric-couchdb     x86_64-1.0.5   9a58db2d2723   3 years ago    1.5GB
hyperledger/fabric-kafka       latest         b8c5172bb83c   3 years ago    1.29GB
hyperledger/fabric-kafka       x86_64-1.0.5   b8c5172bb83c   3 years ago    1.29GB
hyperledger/fabric-zookeeper   latest         68945f4613fc   3 years ago    1.32GB
hyperledger/fabric-zookeeper   x86_64-1.0.5   68945f4613fc   3 years ago    1.32GB
hyperledger/fabric-orderer     x86_64-1.0.5   368c78b6f03b   3 years ago    151MB
hyperledger/fabric-peer        x86_64-1.0.5   c2ab022f0bdb   3 years ago    154MB
hyperledger/fabric-javaenv     latest         50890cc3f0cd   3 years ago    1.41GB
hyperledger/fabric-javaenv     x86_64-1.0.5   50890cc3f0cd   3 years ago    1.41GB
hyperledger/fabric-ccenv       x86_64-1.0.5   33feadb8f7a6   3 years ago    1.28GB
hyperledger/fabric-ca          x86_64-1.0.5   002c9089e464   3 years ago    238MB
root@iZm5e527ctpldxn4bnlotmZ:/work/gopath/src/github.com/hyperledger/fabric/scripts#
```

图 13-14　完成的所有镜像

因此，bootstrap.sh 实际上做了如下三件事：

❖ 从 Github 上下载 hyperledger/fabric-samples，并在该目录下找到适当的版本。

❖ 在 fabric-samples 目录下安装特定平台的 Hyperledger Fabric 二进制可执行文件和配置文件。

❖ 下载指定版本的 Hyperledger Fabric 的 docker 镜像。

图 13-15  新的目录结构

bootstrap.sh 对应的代码如下：

```
if ["$SAMPLES" == "true"]; then
    echo
    echo "Installing hyperledger/fabric-samples repo"
    echo
    samplesInstall                              // 安装 fabric-samples 的源码
fi
if ["$BINARIES" == "true"]; then
    echo
    echo "Installing Hyperledger Fabric binaries"
    echo
    binariesInstall                             // 安装各种 tool 的执行文件和配置文件
fi
if ["$DOCKER" == "true" ]; then
    echo
    echo "Installing Hyperledger Fabric docker images"
    echo
    dockerInstall                               // 安装 docker 镜像
fi
```

其中，samplesInstall 对应的是克隆 fabric-samples，binariesInstall 对应的是安装二进制文件，dockerInstall 对应的是下载 docker 镜像。

克隆 fabric-samples 并检出适当的版本：

```
samplesInstall() {
    # 如果存在 hyperledger/fabric-samples，就下载相应二进制版本
    if [-d first-network]; then
        # 如果在 fabric-samples 库下，就检查其相应版本
        echo "===> Checking out v${VERSION} branch of hyperledger/fabric-samples"
        git checkout v${VERSION}
    elif [-d fabric-samples]; then
        # 如果 fabric-samples 存在并在目前目录下，就进入 fabric-samples 目录并检查相应版本
        echo "===> Checking out v${VERSION} branch of hyperledger/fabric-samples"
        cd fabric-samples && git checkout v${VERSION}
```

```
    else
        echo "===> Cloning hyperledger/fabric-samples repo and checkout v${VERSION}"
        git clone -b master https://github.com/hyperledger/fabric-samples.git && cd
                                        fabric-samples && git checkout v${VERSION}
    fi
}
```

上面加粗的代码就是从 Github 上克隆 fabric-samples，然后进入该目录，并检查相应的版本。

（3）安装二进制可执行文件和配置文件

对应 bootstrap.sh 中的 binariesInstall 函数的代码如下：

```
binariesInstall() {
    echo "===> Downloading version ${FABRIC_TAG} platform specific fabric binaries"
    binaryDownload ${BINARY_FILE} https://nexus.hyperledger.org/content/repositories/releases/
            org/ hyperledger/fabric/hyperledger-fabric/${ARCH}-${VERSION}/${BINARY_FILE}
    if [ $? -eq 22 ]; then
        echo
        echo "------> ${FABRIC_TAG} platform specific fabric binary is not available to download <----"
        echo
    fi

    echo "===> Downloading version ${CA_TAG} platform specific fabric-ca-client binary"
    binaryDownload ${CA_BINARY_FILE} https://nexus.hyperledger.org/content/repositories/ releases/
        org/hyperledger/fabric-ca/hyperledger-fabric-ca/${ARCH}-${CA_VERSION}/${CA_BINARY_FILE}
    if [ $? -eq 22 ]; then
        echo
        echo "------> ${CA_TAG} fabric-ca-client binary is not available to download (Available from
                                                                            1.1.0-rc1) <----"
        echo
    fi
}
```

上面加粗代码分别调用 binaryDownload( )函数下载 fabric 和 fabric-ca 相应的二进制文件的压缩包。实际上，我们也可以使用浏览器或者下载软件单独下载它们。

binaryDownload( )函数代码如下：

```
binaryDownload() {
    local BINARY_FILE=$1
    local URL=$2
    echo "===> Downloading: " ${URL}
    # 检查以前是否发生过故障并部分下载了文件
    if [ -e ${BINARY_FILE} ]; then
        echo "==> Partial binary file found. Resuming download..."
        binaryIncrementalDownload ${BINARY_FILE} ${URL}
    else
        curl ${URL} | tar xz || rc=$?
        if [ ! -z "$rc" ]; then
            echo "==> There was an error downloading the binary file. Switching to incremental download."
```

```
        echo "==> Downloading file..."
        binaryIncrementalDownload ${BINARY_FILE} ${URL}
    else
        echo "==> Done."
    fi
  fi
}
```

binaryDownload( )函数执行 curl 命令下载 tar 包,并用 tar 命令解压。解压后的命令出现在 bin 目录下。实际上,这些二进制命令也可以通过编译 Hyperledger Fabric 的源码生成。这些命令的作用如表 13-1 所示。

表 13-1 fabric-samples 命令说明

| 名称 | 描述 |
| --- | --- |
| peer | 负责启动节点,存储区块链数据,运行维护链码 |
| order | 负责启动排序节点,对交易进行排序,并将排序好的交易打包成模块 |
| cryptogen | 生成组织结构和身份文件 |
| configtxgen | 生成配置区块和配置交易 |
| configtxlator | 解读配置信息 |
| fabric-ca-client | fabric-ca 客户端命令 |
| discover | fabric 发现服务的客户端命令 |
| idemixgen | 身份混合机制 |

(4)下载 docker 镜像(bootstrap.sh 中的 dockerInstall( )函数)

dockerInstall( )函数的代码如下:

```
dockerInstall() {
    which docker >& /dev/null
    NODOCKER=$?
    if [ "${NODOCKER}" == 0 ]; then
        echo "===> Pulling fabric Images"
        dockerFabricPull ${FABRIC_TAG}
        echo "===> Pulling fabric ca Image"
        dockerCaPull ${CA_TAG}
        echo "===> Pulling thirdparty docker images"
        dockerThirdPartyImagesPull ${THIRDPARTY_TAG}
        echo
        echo "===> List out hyperledger docker images"
        docker images | grep hyperledger*
    else
        echo "========================================================="
        echo "Docker not installed, bypassing download of Fabric images"
        echo "========================================================="
    fi
}
```

上面的加粗行分别调用了 dockerFabricPull、dockerCaPull、dockerThirdPartyImagesPull 三个函数去拉取相应的 docker 镜像并打标签。下载完毕，执行"docker images | grep hyperledger"菜单命令，查看是否已下载好下面所列的镜像。

dockerFabricPull( )函数的代码如下：

```
dockerFabricPull() {
    local FABRIC_TAG=$1
    for IMAGES in peer orderer ccenv tools; do
        echo "==> FABRIC IMAGE: $IMAGES"
        echo
        docker pull hyperledger/fabric-$IMAGES:$FABRIC_TAG
        docker tag hyperledger/fabric-$IMAGES:$FABRIC_TAG hyperledger/fabric-$IMAGES
    done
}
```

dockerCaPull( )函数的代码如下：

```
dockerCaPull() {
    local CA_TAG=$1
    echo "==> FABRIC CA IMAGE"
    echo
    docker pull hyperledger/fabric-ca:$CA_TAG
    docker tag hyperledger/fabric-ca:$CA_TAG hyperledger/fabric-ca
}
```

dockerThirdPartyImagesPull( )函数的代码如下：

```
dockerThirdPartyImagesPull() {
    local THIRDPARTY_TAG=$1
    for IMAGES in couchdb kafka zookeeper; do
        echo "==> THIRDPARTY DOCKER IMAGE: $IMAGES"
        echo
        docker pull hyperledger/fabric-$IMAGES:$THIRDPARTY_TAG
        docker tag hyperledger/fabric-$IMAGES:$THIRDPARTY_TAG hyperledger/fabric-$IMAGES
    done
}
```

dockerThirdPartyImagesPull( )函数内部使用了 for 循环依次下载 couchdb、kafka、zookeeper 三个镜像。部分镜像说明如表 13-2 所示。

（5）下载 fabric-samples（如图 13-16 所示）

也可以自己手动下载 fabric-samples：

```
$ git clone https://github.com/hyperledger/fabric-samples.git
```

（6）进入 fabric-samples 目录并安装需要的特定包

```
$ cd fabric-samples
$ curl -sSL https://goo.gl/byy2Qj | bash -s 1.0.5
```

如果 curl 命令失败，可以复制下面的内容到 bootstrap.sh 脚本文件：

```
#!/bin/bash
#
```

表 13-2 fabric-samples 镜像说明

| 名称 | 可选否 | 说明 |
|---|---|---|
| hyperledger/fabric-tools | 可选 | 包含 crytogen、configtxgen、configtxlator |
| hyperledger/fabric-couchdb | 可选 | CouchDB 的数据库镜像文件、状态数据库选择 CouchDB 的时候才需要 |
| hyperledger/fabric-kafka | 可选 | Kafka 的镜像文件 |
| hyperledger/fabric-zookeeper | 可选 | Zookeeper 的镜像文件 |
| hyperledger/fabric-peer | 必选 | Peer 节点的镜像文件 |
| hyperledger/fabric-orderer | 必选 | 排序服务节点的镜像文件 |
| hyperledger/fabric-javaenv | 可选 | Java 链码的基础镜像文件 |
| hyperledger/fabric-ccenv | 必选 | Go 链码的基础镜像文件 |
| hyperledger/fabric-ca | 可选 | fabric-ca 的镜像文件, 用到 fabric-ca 的时候才需要 |

图 13-16 下载 fabric-samples

```
# Copyright IBM Corp. All Rights Reserved.
#
# SPDX-License-Identifier: Apache-2.0
#
# current version of fabric released
export VERSION=${1:-1.0.5}
# current version of fabric-ca released
export CA_VERSION=${2:-$VERSION}
export ARCH=$(echo "$(uname -s|tr '[:upper:]' '[:lower:]'|sed 's/mingw64_nt.*/windows/')"\
                        -$(uname -m | sed 's/x86_64/amd64/g')" | awk '{print tolower($0)}')
#Set MARCH variable i.e ppc64le, s390x, x86_64, i386
MARCH=`uname -m`

dockerFabricPull() {
    local FABRIC_TAG=$1
    for IMAGES in peer orderer couchdb ccenv javaenv kafka zookeeper tools; do
        echo "==> FABRIC IMAGE: $IMAGES"
        echo
        docker pull hyperledger/fabric-$IMAGES:$FABRIC_TAG
        docker tag hyperledger/fabric-$IMAGES:$FABRIC_TAG hyperledger/fabric-$IMAGES
    done
}

dockerCaPull() {
    local CA_TAG=$1
    echo "==> FABRIC CA IMAGE"
    echo
```

```
    docker pull hyperledger/fabric-ca:$CA_TAG
    docker tag hyperledger/fabric-ca:$CA_TAG hyperledger/fabric-ca
  }

  : ${CA_TAG:="$MARCH-$CA_VERSION"}
  : ${FABRIC_TAG:="$MARCH-$VERSION"}

  echo "===> Downloading platform binaries"
  curl https://nexus.hyperledger.org/content/repositories/releases/org/hyperledger/fabric/
     hyperledger-fabric/${ARCH}-${VERSION}/hyperledger-fabric-${ARCH}-${VERSION}.tar.gz | tar xz

  echo "===> Pulling fabric Images"
  dockerFabricPull ${FABRIC_TAG}

  echo "===> Pulling fabric ca Image"
  dockerCaPull ${CA_TAG}
  echo
  echo "===> List out hyperledger docker images"
docker images | grep hyperledger*
```

然后，运行 bootstrap.sh：

```
./bootstrap.sh
 $ docker images
```

如果没有问题，就可以看到屏幕输出（如图 13-17 所示）。

```
root@iZm5e527ctpldxn4bnlotmZ:/work/gopath/src/github.com# docker images
REPOSITORY                      TAG              IMAGE ID       CREATED         SIZE
mongo                           latest           fefd78e9381a   4 weeks ago     699MB
hello-world                     latest           feb5d9fea6a5   7 weeks ago     13.3kB
mongo                           <none>           ccf4b4ee3bee   8 weeks ago     685MB
redis                           latest           02c7f2054405   2 months ago    105MB
mysql                           latest           0716d6ebcc1a   2 months ago    514MB
ethereum/client-go              latest           5967825fc858   8 months ago    44.2MB
ethereum/client-go              v1.8.12          59074303a0a5   3 years ago     42.8MB
hyperledger/fabric-tools        latest           6a8993b718c8   3 years ago     1.33GB
hyperledger/fabric-tools        x86_64-1.0.5     6a8993b718c8   3 years ago     1.33GB
hyperledger/fabric-couchdb      latest           9a58db2d2723   3 years ago     1.5GB
hyperledger/fabric-couchdb      x86_64-1.0.5     9a58db2d2723   3 years ago     1.5GB
hyperledger/fabric-kafka        latest           b8c5172bb83c   3 years ago     1.29GB
hyperledger/fabric-kafka        x86_64-1.0.5     b8c5172bb83c   3 years ago     1.29GB
hyperledger/fabric-zookeeper    latest           68945f4613fc   3 years ago     1.32GB
hyperledger/fabric-zookeeper    x86_64-1.0.5     68945f4613fc   3 years ago     1.32GB
hyperledger/fabric-orderer      latest           368c78b6f03b   3 years ago     151MB
hyperledger/fabric-orderer      x86_64-1.0.5     368c78b6f03b   3 years ago     151MB
hyperledger/fabric-peer         latest           c2ab022f0bdb   3 years ago     154MB
hyperledger/fabric-peer         x86_64-1.0.5     c2ab022f0bdb   3 years ago     154MB
hyperledger/fabric-javaenv      latest           50890cc3f0cd   3 years ago     1.41GB
hyperledger/fabric-javaenv      x86_64-1.0.5     50890cc3f0cd   3 years ago     1.41GB
hyperledger/fabric-ccenv        latest           33feadb8f7a6   3 years ago     1.28GB
hyperledger/fabric-ccenv        x86_64-1.0.5     33feadb8f7a6   3 years ago     1.28GB
hyperledger/fabric-ca           latest           002c9089e464   3 years ago     238MB
hyperledger/fabric-ca           x86_64-1.0.5     002c9089e464   3 years ago     238MB
root@iZm5e527ctpldxn4bnlotmZ:/work/gopath/src/github.com#
```

图 13-17　docker images 列出可用 Images

（7）检查下载的软件包

```
 $ cd $GOPATH/src/github.com/hyperledger/fabric/scripts/bin
 $ ls                              // 输出如图 13-18 所示
```

```
root@iZm5e527ctpldxn4bnlotmZ:/work/gopath/src/github.com/hyperledger/fabric/scripts/bin# ls
configtxgen  configtxlator  cryptogen  discover  fabric-ca-client  fabric-ca-server  idemixgen  orderer  osnadmin  peer
root@iZm5e527ctpldxn4bnlotmZ:/work/gopath/src/github.com/hyperledger/fabric/scripts/bin#
```

图 13-18　检查下载的软件包

## 13.1.2 First-network 例子

Hyperledger 1.x 版本带有一个最基本的例子 first-network。

### 1．进入 first-network 目录

```
$ cd ../
$ cd first-network
$ ls                    // 输出如图 13-19 框中所示
```

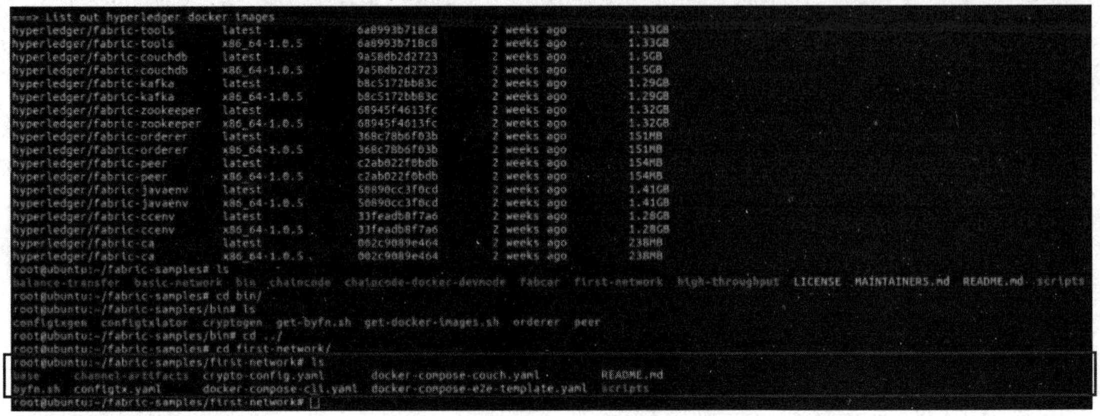

图 13-19　查看 first-network 目录

### 2．生成需要的证书

```
$ ./byfn.sh -m generate
```

调用 byfn.sh，输入生成证书命令，如图 13-20 所示。

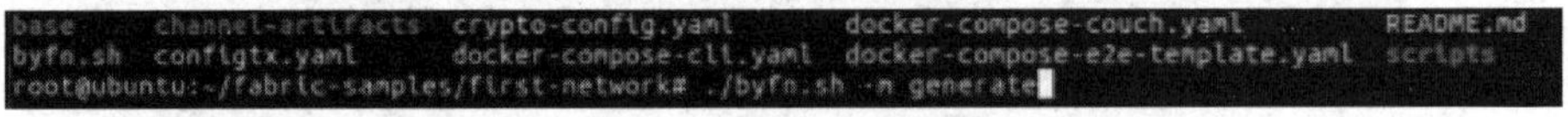

图 13-20　生成证书

在提示是否为 mychannel 通道生成证书时，输入"Y"，如图 13-21 所示。如果证书生成成功，结果如图 13-22 所示。

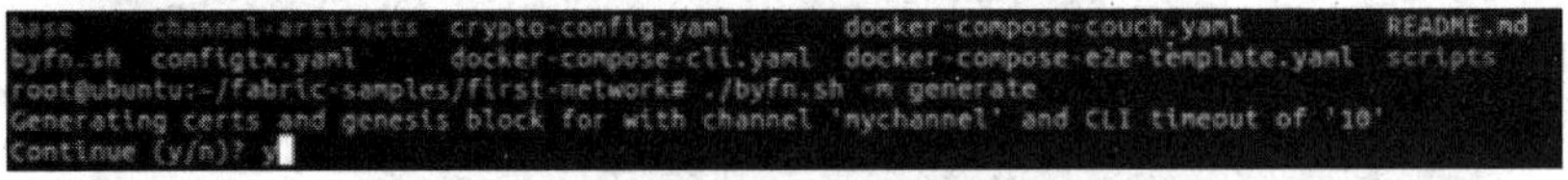

图 13-21　生成证书

### 3．查看所生成的证书（如图 13-23 所示）

```
$ ls
$ cd crypto-config
$ ls
```

### 4．启动 first network

```
$ cd ../
$ ./byfn.sh -m up
```

图 13-22 最终生成证书

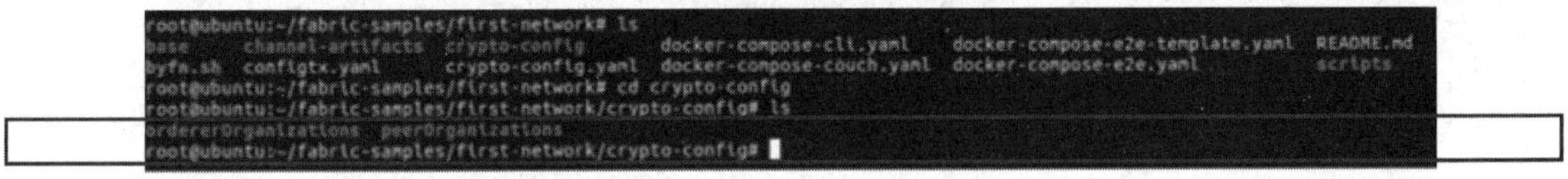

图 13-23 查看所生成的证书

生成证书后，输入启动命令，如图 13-24 所示。

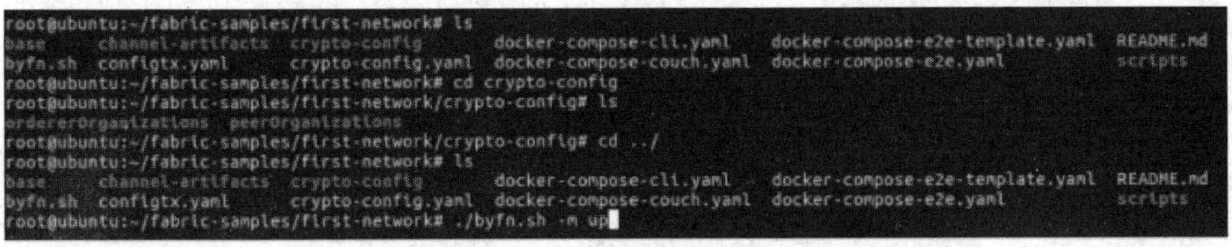

图 13-24 敲入启动命令

提示是否启动 mychannal 通道，输入"Y"，如图 13-25 所示。

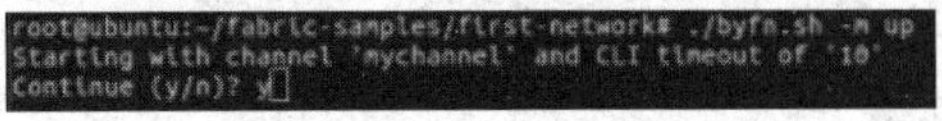

图 13-25 启动 mychannel 通道

检查 mychannal 通道是否创建成功，如图 13-26 所示。
各节点陆续加入 mychannal 通道，如图 13-27 所示。
在各节点上安装链码，如图 13-28 所示，然后检查链码实例化情况，如图 13-29 所示。
first-network 网络启动成功后，结果如图 13-30 所示。

### 5．检查生成的映像

```
$ docker images                // 检查生成的镜像，输出如图 13-31 所示
```

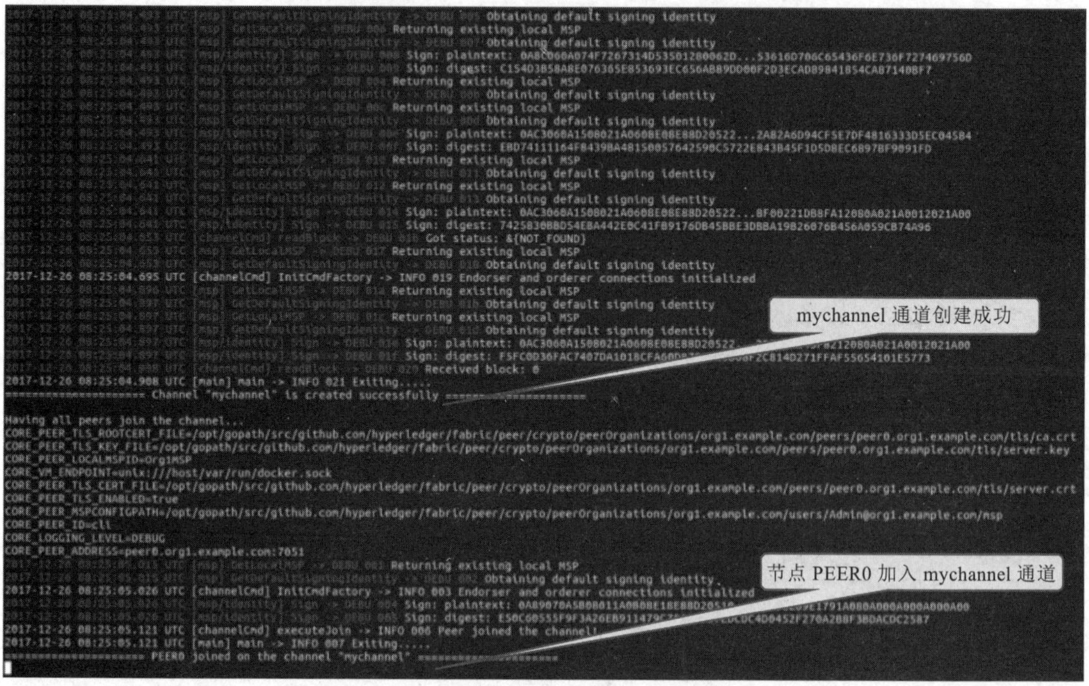

图 13-26　mychannel 通道创建成功

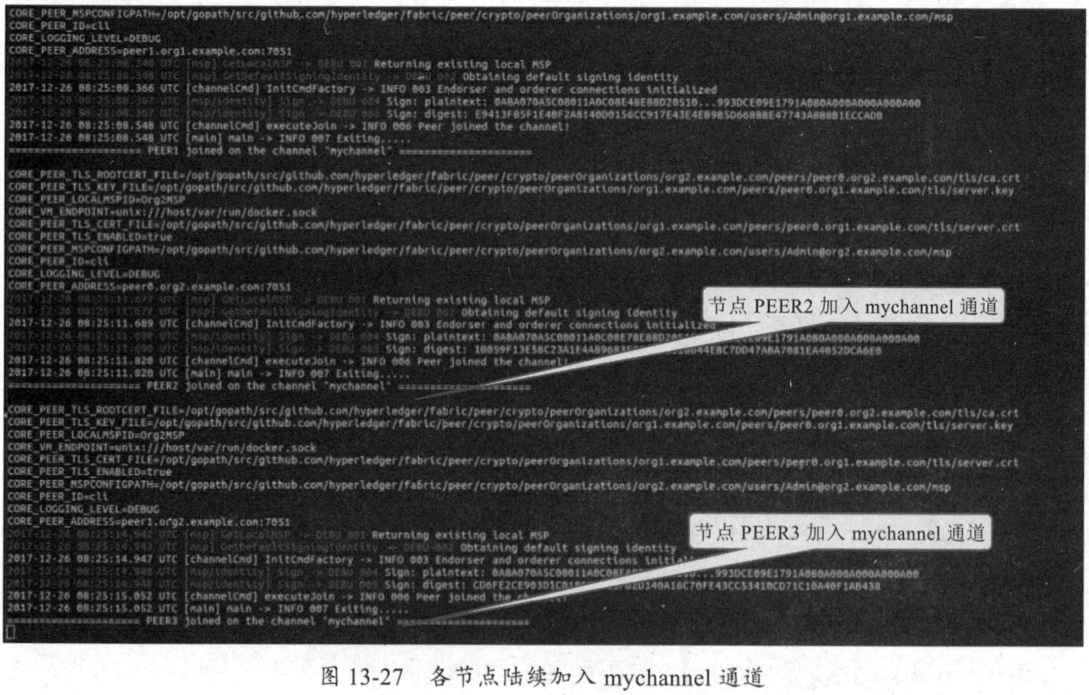

图 13-27　各节点陆续加入 mychannel 通道

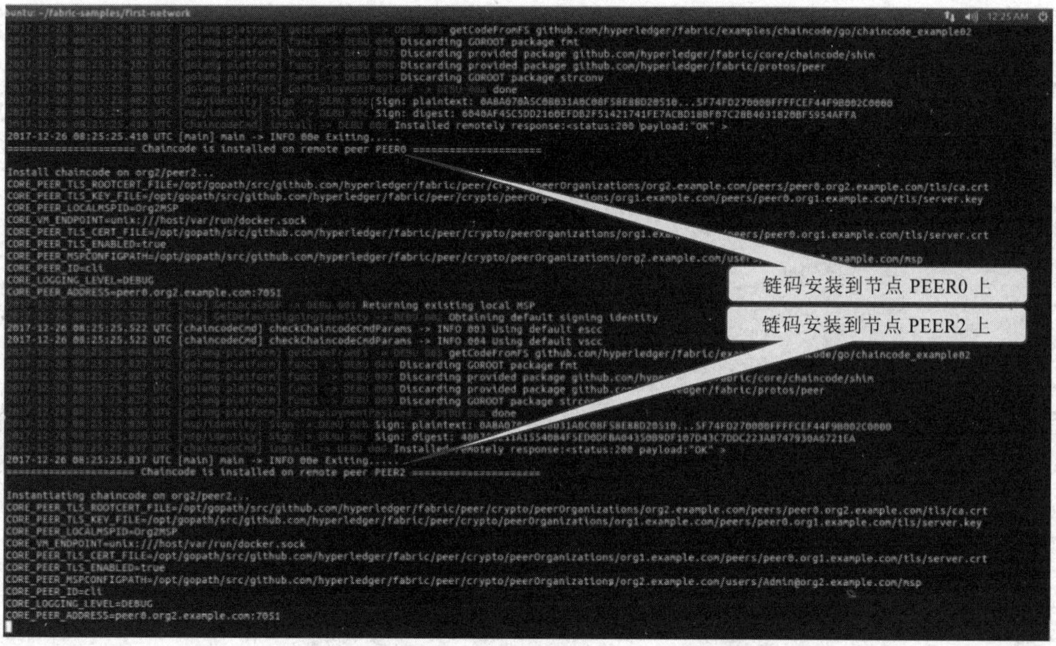

图 13-28　在各节点上安装链码

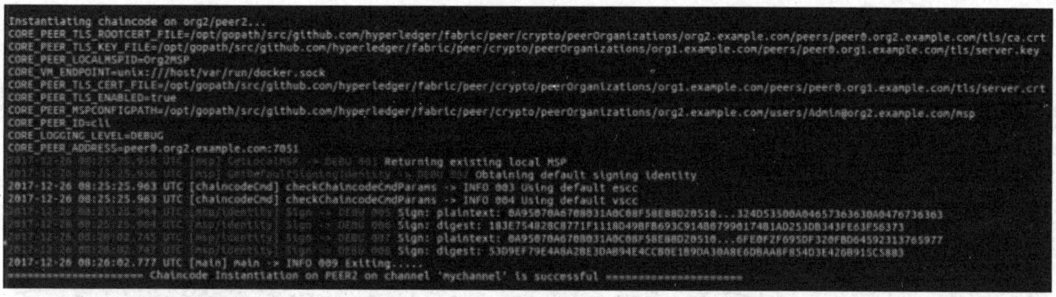

图 13-29　实例化链码

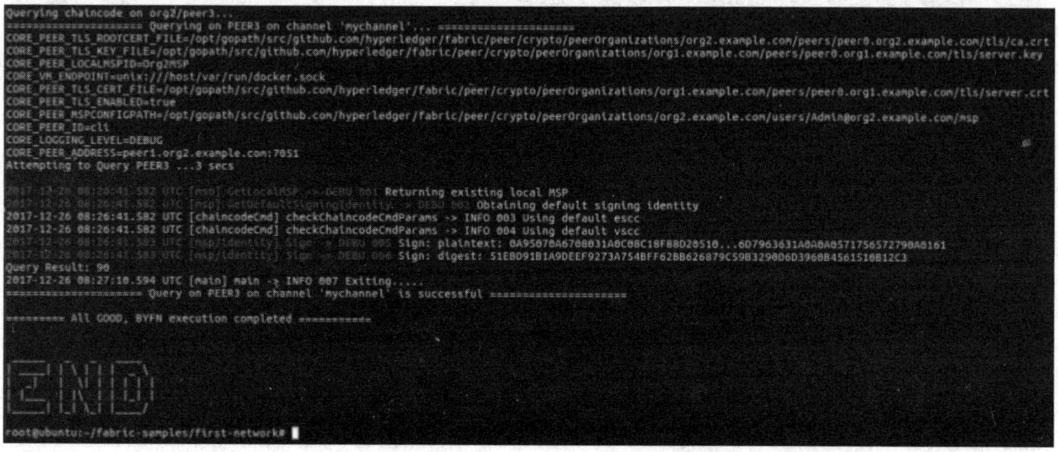

图 13-30　first-network 网络启动完成

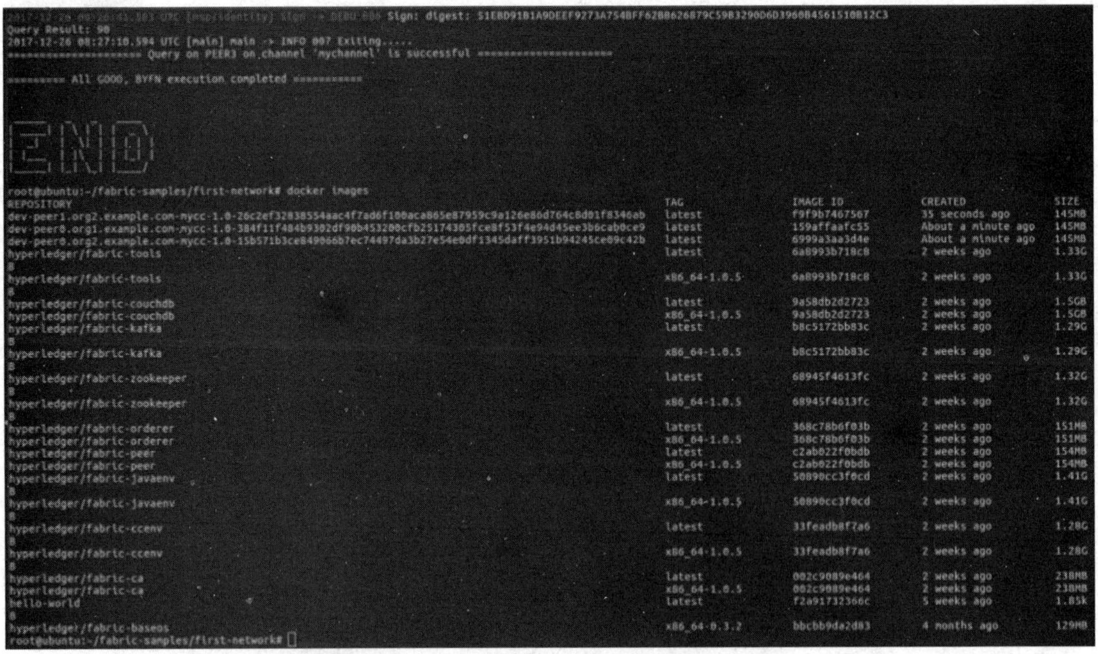

图 13-31 检查生成的映像

### 6．中止 first-network 网络

```
$ ./byfn.sh -m down                         // 如图 13-32 所示
```

图 13-32 中止 first-network 网络

first-network 网络中止后，输出如图 13-33 所示。

图 13-33 first-network 网络中止的结果

图 13-33　first-network 网络中止的结果（续）

### 7. 检查已安装的 Images

```
$ docker images                    // 如图 13-34 所示
```

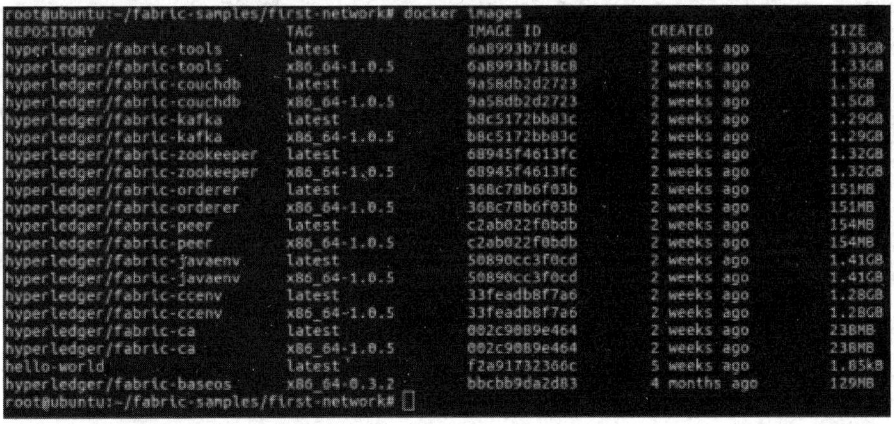

图 13-34　检查已安装的 Images

## 13.1.3　Test-network 示例

Hyperledger 2.x 也带有一个最基本的例子 test-network。

### 1. 进入 test-network 目录

在 fabric-samples 目录下进入 test-network 目录：

```
$ cd ../
$ cd test-network
$ ./network.sh up
```

出现如图 13-35 所示界面，表示启动成功，已启动一个 orderer 节点和两个 peer 节点。查看运行的容器：

```
$ docker ps
```

显示一个 orderer 节点和两个 peer 节点在运行，如图 13-36 所示。

图 13-35　test-network 启动

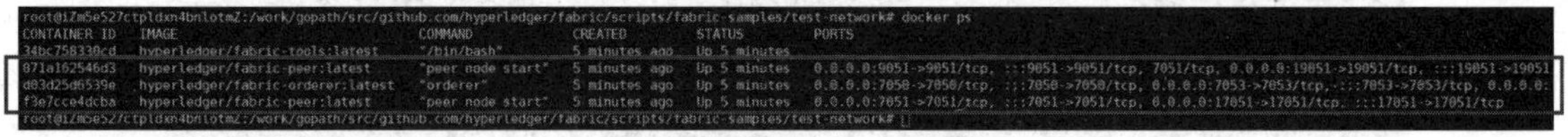

图 13-36　查看运行的容器

## 2. 中止 test-network

```
$ ./network.sh down

$ docker ps                         // 如图 13-37 所示
```

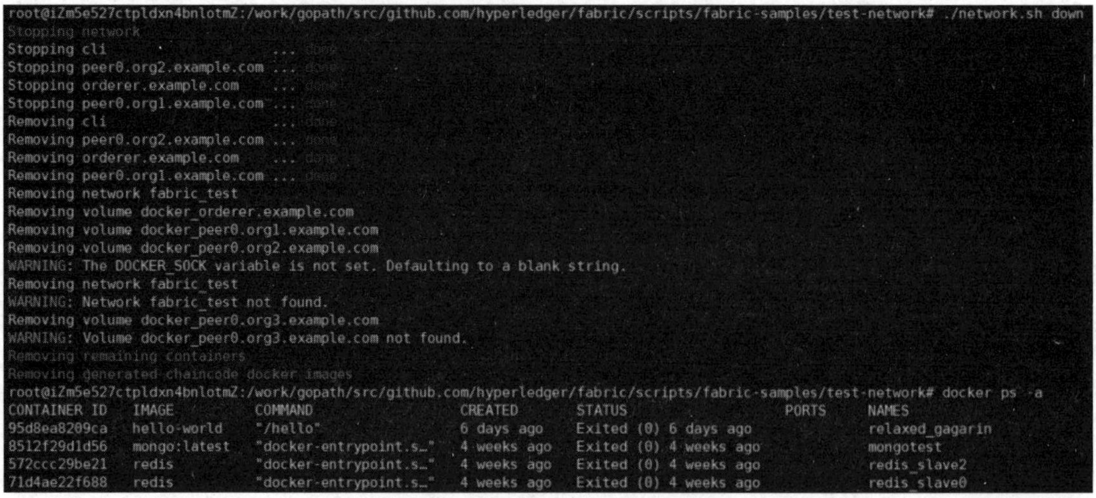

图 13-37　中止 test-network 网络

```
eca49cc6b059   redis          "docker-entrypoint.s…"   4 weeks ago   Exited (0) 4 weeks ago            redis_slave1
cb276434fc03   redis          "docker-entrypoint.s…"   4 weeks ago   Exited (0) 4 weeks ago            redis
e24fdd3186ec   mysql          "docker-entrypoint.s…"   5 weeks ago   Exited (0) 4 weeks ago            mysql
24cbcf298bdd   ccf4b4ee3bee   "docker-entrypoint.s…"   8 weeks ago   Exited (0) 7 weeks ago            mongo
root@iZm5e527ctpldxn4bnlotmZ:/work/gopath/src/github.com/hyperledger/fabric/scripts/fabric-samples/test-network#
```

图 13-37　中止 test-network 网络（续）

### 3. test-network 结构分析

test-network 包括两个自定义的组织 Org1 和 Org2，还包括一个系统的排序节点，为整个网络提供排序服务。节点是 Fabric 网络的最基本的组件。节点存储区块链账本并验证交易，验证合法的交易进入账本。节点也负责运行包含商业逻辑的智能合约来管理链上资产。网络的每个节点都属于一个组织。在 test-network 中，每个组织有节点 peer0.org1.example.com 和 peer0.org2.example.com。其目录结构如下：

```
addOrg3/
    addOrg3.sh/
        ccp-generate.sh
        ccp-template.json
        ccp-template.yaml
        configtx.yaml
        docker/
            docker-compose-ca-org3.yaml
            docker-compose-couch-org3.yaml
            docker-compose-org3.yaml
        fabric-ca/
            org3/
                fabric-ca-server-config.yaml
            registerEnroll.sh
        org3-crypto.yaml
            README.md
        configtx/
            configtx.yaml
    docker/
        docker-compose-ca.yaml
        docker-compose-couch.yaml
        docker-compose-test-net.yaml
    network.sh
    organizations/
        ccp-generate.sh
        ccp-template.json
        ccp-template.yaml
        cryptogen/
            crypto-config-orderer.yaml
            crypto-config-org1.yaml
            crypto-config-org2.yaml
        fabric-ca/
            ordererOrg/
                fabric-ca-server-config.yaml
```

```
                    org1/
                        fabric-ca-server-config.yaml
                    org2/
                        fabric-ca-server-config.yaml
                registerEnroll.sh
            README.md
            scripts/
                configUpdate.sh
                createChannel.sh
                deployCC.sh
                envVar.sh
                org3-scripts/
                    joinChannel.sh
                    updateChannelConfig.sh
                setAnchorPeer.sh
                utils.sh
                setOrgEnv.sh
            system-genesis-block
```

（1）network.sh 的用法

```
Usage:
  network.sh <Mode> [Flags]
  Modes:
    up - Bring up Fabric orderer and peer nodes. No channel is created
    up createChannel - Bring up fabric network with one channel
    createChannel - Create and join a channel after the network is created
    deployCC - Deploy a chaincode to a channel (defaults to asset-transfer-basic)
    down - Bring down the network

  Flags:
    Used with network.sh up, network.sh createChannel:
    -ca <use CAs> -  Use Certificate Authorities to generate network crypto material
    -c <channel name> - Name of channel to create (defaults to "mychannel")
    -s <dbtype> - Peer state database to deploy: goleveldb (default) or couchdb
    -r <max retry> - CLI times out after certain number of attempts (defaults to 5)
    -d <delay> - CLI delays for a certain number of seconds (defaults to 3)
    -i <imagetag> - Docker image tag of Fabric to deploy (defaults to "latest")
    -cai <ca_imagetag> - Docker image tag of Fabric CA to deploy (defaults to "latest")
    -verbose - Verbose mode

  Used with network.sh deployCC
    -c <channel name> - Name of channel to deploy chaincode to
    -ccn <name> - Chaincode name.
    -ccl <language> - Programming language of the chaincode to deploy: go (default), java,
                                                                      javascript, typescript
    -ccv <version> - Chaincode version. 1.0 (default), v2, version3.x, etc
    -ccs <sequence> - Chaincode definition sequence. Must be an integer, 1 (default), 2, 3, etc
    -ccp <path>  - File path to the chaincode.
```

```
    -ccep <policy>  - (Optional) Chaincode endorsement policy using signature policy syntax.
                      The default policy requires an endorsement from Org1 and Org2
    -cccg <collection-config>  - (Optional) File path to private data collections configuration file
    -cci <fcn name>  - (Optional) Name of chaincode initialization function. When a function
        is provided, the execution of init will be requested and the function will be invoked.
    -h - Print this message

    Possible Mode and flag combinations
        up -ca -r -d -s -i -cai -verbose
        up createChannel -ca -c -r -d -s -i -cai -verbose
        createChannel -c -r -d -verbose
        deployCC -ccn -ccl -ccv -ccs -ccp -cci -r -d -verbose

Examples:
    network.sh up createChannel -ca -c mychannel -s couchdb -i 2.0.0
    network.sh createChannel -c channelName
    network.sh deployCC -ccn basic -ccp ../asset-transfer-basic/chaincode-javascript/ -ccl javascript
    network.sh deployCC -ccn mychaincode -ccp ./user/mychaincode -ccv 1 -ccl javascript
```

下面来看 network.sh 中的相关函数。

① 创建组织函数

```
function createOrgs() {
# 创建好的组织相关的文件在 oragnizations 目录下，重新创建时必须先清空
    if [ -d "organizations/peerOrganizations" ]; then
        rm -Rf organizations/peerOrganizations && rm -Rf organizations/ordererOrganizations
    fi

    # 用 cryptogen 生成加密素材
    if [ "$CRYPTO" == "cryptogen" ]; then
        which cryptogen
        if [ "$?" -ne 0 ]; then
            fatalln "cryptogen tool not found. exiting"
        fi
        infoln "Generating certificates using cryptogen tool"    # 生成证书

        infoln "Creating Org1 Identities"                        # 生成 Org1 身份

        set -x
        cryptogen generate --config=./organizations/cryptogen/crypto-config-org1.yaml --output="organizations"
        res=$?
        {set +x;} 2>/dev/null
        if [ $res -ne 0 ]; then
            fatalln "Failed to generate certificates..."
        fi

        infoln "Creating Org2 Identities"                        # 生成 Org2 身份

        set -x
        cryptogen generate --config=./organizations/cryptogen/crypto-config-org2.yaml --output="organizations"
        res=$?
        {set +x;} 2>/dev/null
```

```bash
    if [ $res -ne 0 ]; then
        fatalln "Failed to generate certificates..."
    fi

    infoln "Creating Orderer Org Identities"                # 创建排序组织的身份

    set -x
    cryptogen generate --config=./organizations/cryptogen/crypto-config-orderer.yaml --output="organizations"
    res=$?
    { set +x; } 2>/dev/null
    if [ $res -ne 0 ]; then
        fatalln "Failed to generate certificates..."
    fi
fi

# Create crypto material using Fabric CA
if [ "$CRYPTO" == "Certificate Authorities" ]; then
    infoln "Generating certificates using Fabric CA"
    docker-compose -f $COMPOSE_FILE_CA up -d 2>&1

    .organizations/fabric-ca/registerEnroll.sh

    while :
        do
            if [ ! -f "organizations/fabric-ca/org1/tls-cert.pem" ]; then
                sleep 1
            else
                break
            fi
        done

        infoln "Creating Org1 Identities"                   // 生成 Org1 的身份
        createOrg1
        infoln "Creating Org2 Identities"                   // 生成 Org2 的身份
        createOrg2
        infoln "Creating Orderer Org Identities"            // 生成 Orderer 的身份
        createOrderer

    fi

    infoln "Generating CCP files for Org1 and Org2"         // 生成链码路径（ChainCode Path, CCP）
    ./organizations/ccp-generate.sh
}
```

② 创建通道（Channel）

创建通道的子命令是 createChannel，脚本如下：

```bash
# 调用本脚本函数创建通道，将 Org1 和 Org2 的节点加入通道，并更新每个组织者的锚节点
function createChannel() {
    # Bring up the network if it is not already up.
    if [ ! -d "organizations/peerOrganizations" ]; then
        infoln "Bringing up network"
```

```
        networkUp
    fi
    # 调用 createChannel.sh 创建通道，用 configtxgen 创建生成通道的交易，更新锚节点
    scripts/createChannel.sh $CHANNEL_NAME $CLI_DELAY $MAX_RETRY $VERBOSE
}
```

上面的脚本函数主要调用 createChannel.sh 脚本文件。该脚本主要包括：生成通道的创世块，生成通道，加入通道，设置锚定节点。

以默认名字创建通道（默认名为 mychannel）：

```
./network.sh createChannel
```

也可以用指定名字来创建通道（下面的通道名是 channel1）：

```
./network.sh createChannel -c channel1
```

③ 部署链码程序（命令是 deploycc）

ccp 标志指定链码程序目录，ccl 标志指定链码使用的编程语言。

```
./network.sh deployCC -ccn basic -ccp ../asset-transfer-basic/chaincode-go -ccl go
```

（2）Organization 目录

Organization 目录结构如下：

```
organizations/
    ccp-generate.sh
    ccp-template.json
    ccp-template.yaml
    cryptogen/
        crypto-config-orderer.yaml
        crypto-config-org1.yaml
            crypto-config-org2.yaml
    fabric-ca/
        ordererOrg
            fabric-ca-server-config.yaml
        org1/
            fabric-ca-server-config.yaml
        org2/
            fabric-ca-server-config.yaml
        registerEnroll.sh
```

可以看到，Organization 目录下有所有生成组织所需的配置。

① cryptogen：各组织的身份加密设定

下面是 cryptogen/crypto-config-org1.yaml 的去除注释的简略版：

```
PeerOrgs:
  ...
  Name: Org1                            # 组织名
  Domain: org1.example.com              # 域名
  EnableNodeOUs: true
  ...
  Template:
    Count: 1                            # 节点数
```

```
            SANS:
                localhost
            ...
        Users:
            Count: 1
```

功能很简单：定义了组织名、域名和节点数。Org2 和 OrdererOrg 定义类似。

② Fabric-ca：各组织的证书设定

test-network 中有用户自定义的 Org1、Org2 和系统定义的 OrderOrg 组织。每个组织目录都包含了相应的证书配置。

（3）Scripts 目录

Scripts 目录包含各种操作的脚本文件：

```
scripts/
    configUpdate.sh                 // 修改配置
    createChannel.sh                // 创建通道（channel）脚本
    deployCC.sh                     // 部署链码（chaincode)脚本
    envVar.sh                       // 设置环境变量
    org3-scripts/
        joinChannel.sh              // 新增的组织加入通道脚本
        updateChannelConfig.sh      // 修改通道配置脚本
        setAnchorPeer.sh            // 设置锚定节点
        utils.sh                    // 一些使用函数的脚本
```

configUpdate.sh 有如下两个函数。

❖ fetchChannelConfig()，将指定的通道的配置写入一个 JSON 文件：

```
fetchChannelConfig <org> <channel_id> <output_json>
```

❖ createConfigUpdate()，从更新的配置中生成更新后的 tx：

```
createConfigUpdate <channel_id> <original_config.json> <modified_config.json> <output.pb>
```

（4）addOrg3 目录

当新增一个组织时，可以参考本目录的样例设定。

## 13.1.4 链码交互

链码是由编程而得的代码构成的，可以使用 Go 语言、Node.js 或者 Java 语言开发，并在通道上实例化。链码用来开发商业合约，定义资产并在 DApp 中统一管理。通过应用发起交易，链码可以管理账本状态，也可以创建和更新资产；其他链码都不能访问这些内容。下面通过解剖样例程序来理解相关概念：依赖，结构，Init 方法，Invoke 方法，main 方法。

### 1．链码 API

Hyperledger Fabric 定义了两个重要的接口：ChaincodeStub 和 ChaincodeStubInterface。ChaincodeStub 接口提供对账本进行查询、修改和删除的功能。链码使用 put、get 和 delete 方法来修改世界状态中的状态和状态历史。链码 Shim API 实现 ChaincodeStubInterface。

这个接口包括如下方法：

```
func(stub *ChaincodeStub) GetState(key string) ([]byte, error)
```

从账本中返回指定键相应的值。注意，GetState 不会从写集合里读取数据因为写集合里的数据还没有提交到账本。也就是说，GetState 对于 PutState 还没有提交的数据是完全无视的。若键不存在，则返回 (nil, nil)。

```
func(stub *ChaincodeStub) PutState(key string, value []byte) error
```

将相应的键和值放入交易的写集合，并作为一个写数据请求。在交易被验证和成功提交前，PutState 并不会改变账本。

```
func(stub *ChaincodeStub) DelState(key string) error
```

在交易请求的写集合中删除指定键对应的值。在交易被验证并被成功的提交后，指定的键及其相应的值才会从账本中被删除。

```
func GetStateByPartialCompositeKey(objectType string, keys []string) (StateQueryIteratorInterface, error)
```

根据组合键查询账本状态：

```
func GetHistoryForKey(key string) (HistoryQueryIteratorInterface, error)
```

返回指定键的对应的值的变化历史。

### 2．链码程序的结构

在创建链码程序时，必须实现如下两个方法。

Init：当链码收到 instantiate 或 upgrade 交易时，Init 方法被调用，即初始化应用状态。

Invoke：当收到任何交易提议时，Invoke 被调用。开发链码程序时必须实现 Init 和 Invoke 方法。链码在被调用前需要使用 peer chaincode install 命令安装，并调用 peer chaincode instantiate 命令实例化。交易可以通过 peer chaincode invoke 或者 peer chaincode query 命令生成。

### 3．样例链码解构：依赖

下面是一个简单的 Go 语言的链码程序：

```
package main
import(
    "fmt"
    "github.com/hyperledger/fabric/core/chaincode/shim"
    "github.com/hyperledger/fabric/protos/peer"
)
```

import 命令列出了编译和运行链码所需的依赖。

- ❖ fmt：包含 Println，用来调试和打印日志。
- ❖ github.com/hyperledger/fabric/core/chaincode/shim：包括链码接口的定义和链码的票根（stub），可以通过票根来和账本交互。
- ❖ github.com/hyperledger/fabric/protos/peer：包含节点的 protobuf 包。

### 4. 样例链码解构：结构

```go
type SampleChaincode struct {}
```

可以用 Go 语言定义对象/类。下面解析一个简单的链码程序。

### 5. 样例链码解构：Init 方法

```go
func (t *SampleChaincode) Init(stub shim.ChainCodeStubInterface) peer.Response {
    // 从交易中获取参数
    proposalargs := stub.GetStringArgs()
    if len(args) != 2 {
        return shim.Error("Incorrect arguments. Expecting a key and a value")
    }
    // 在账本中存储键值对
    err := stub.PutState(args[0], []byte(args[1]))
    if err != nil {
        return shim.Error(fmt.Sprintf("Failed to create asset: %s", args[0]))
    }
    return shim.Success(nil)
}
```

Init 方法接受两个输入参数，使用 stub.PutState 功能写入键/值对 stub.GetStringArgs 检查参数的合法性，参数是键/值对。因而，必须保证有两个参数，否则从 Init 方法返回错误及详细信息。

stub.PutState( )函数被用来存储账本中的初始状态。调用函数时，第一个参数是键，第二个参数是键对应的值。如果没有错误，就从 Init 方法中返回成功。

### 6. 样例链码解构：Invoke 方法

每当交易请求被发起，Invoke 方法会被调用。下面的代码要么获取指定资产的值，要么更改一个特定资产的值。

```go
func (t *SampleChaincode) Invoke(stub shim.ChaincodeStubInterface) peer.Response {
    // 从交易中获取函数和参数
    proposalfn, args := stub.GetFunctionAndParameters()

    var result string
    var err error
    if fn == "set" {
        result, err = set(stub, args)
    }
    else {
        result, err = get(stub, args)
    }

    if err != nil {
        return shim.Error(err.Error())              // 从交易中获取函数和参数失败
    }
    return shim.Success([]byte(result))             // 将结果作为成功负载的返回值
}
```

get 方法用来查询并返回一个已存在资产的值；set 方法用来创建一个新的资产或者更改已存在资产的值。

首先，使用 GetFunctionandParameters 分割函数名和参数变量。每个交易可能是 set 方法或者 get 方法。代码如下：

```go
func set(stub shim.ChaincodeStubInterface, args []string) (string, error) {
    if len(args) != 2 {
        return "", fmt.Errorf("Incorrect arguments. Expecting a key and a value")
    }
    err := stub.PutState(args[0], []byte(args[1]))
    if err != nil {
        return "", fmt.Errorf("Failed to set asset: %s", args[0])
    }
    return args[1], nil
}
```

set 方法创建或者用指定的值修改键对应的资产。set 方法会修改世界状态。如果键存在，就会用 PutState 方法新值代替旧值，否则以指定的值创建一个新的资产。

下面是 get 方法的代码：

```go
func get(stub shim.ChaincodeStubInterface, args []string) (string, error) {
    if len(args) != 1 {
        return "", fmt.Errorf("Incorrect arguments. Expecting a key")
    }
    value, err := stub.GetState(args[0])
    if err != nil {
        return "", fmt.Errorf("Failed to get asset: %s with error: %s", args[0], err)
    }
    if value == nil {
        return "", fmt.Errorf("Asset not found: %s", args[0])
    }
    return string(value), nil
}
```

get 方法用来获取一个指定键的值。如果传来的不是一个键，就返回错误，否则调用 GetState 方法来查询指定的键对应的值。如果指定的键在账本中不存在，就返回错误，否则返回指定键对应的值。

### 7. 样例链码解构：main 方法

main 方法在链码在容器中被容器化的时候被调用。

```go
func main() {
    err := shim.Start(new(SampleChaincode))
    if err != nil {
        fmt.Println("Could not start SampleChaincode")
    }
    else {
        fmt.Println("SampleChaincode successfully started")
```

        }
    }

## 13.1.5 链码调试

链码调试如下：

```
# 启动网络
$ cd fabric-samples/chaincode-docker-devmode
$ docker-compose -f docker-compose-simple.yaml up -d
# 进入链码容器
$ docker exec -it chaincode bash
# 编译链码
$ cd [链码目录]
$ go build -o [可执行文件]
# 部署链码
$ CORE_PEER_ADDRESS=peer:[端口号] CORE_CHAINCODE_ID_NAME=[实例]:0 ./[可执行文件]
# 启动测试容器
$ docker exec -it cli bash
# 安装链码
$ cd ..
$ peer chaincode install -p [可执行文件的所在目录路径] -n [实例] -v [版本号]
# 实例化链码
$ peer chaincode instantiate -n [实例] -v [版本号] -c '{"Args":["函数","参数","参数"]}' -C [通道]
# 调用链码
$ peer chaincode invoke -n [实例] -c '{"Args":["函数", "参数", "参数"]}' -C [通道]
```

使用 CLI 容器（如图 13-38 所示）：

```
docker exec -it cli bash
```

```
root@btcpool:~# docker exec -it cli bash
root@6f84b347d500:/opt/gopath/src/github.com/hyperledger/fabric/peer#
```

图 13-38　使用 CLI 容器

执行下面的命令，安装链码到 peer0.org1.example.com 上：

```
peer chaincode install -n mycc -v 1.0 -l node -p /opt/gopath/src/github.com/chaincode/
                                                    chaincode_example02/node/
```

在 peer0.org2.example.com 上设置环境变量：

```
CORE_PEER_MSPCONFIGPATH=/opt/gopath/src/github.com/hyperledger/fabric/peer/crypto/
                    peerOrganizations/org2.example.com/users/Admin@org2.example.com/msp
CORE_PEER_ADDRESS=peer0.org2.example.com:7051 CORE_PEER_LOCALMSPID="Org2MSP"
CORE_PEER_TLS_ROOTCERT_FILE=/opt/gopath/src/github.com/hyperledger/fabric/peer/crypto/
                    peerOrganizations/org2.example.com/peers/peer0.org2.example.com/tls/ca.crt
peer chaincode install -n mycc -v 1.0 -l node -p /opt/gopath/src/github.com/ chaincode/
                                                    chaincode_example02/node/
```

执行下面的命令，在通道上实例化链码：

```
peer chaincode instantiate -o orderer.example.com:7050 --tls --cafile /opt/gopath/src/
```

```
github.com/hyperledger/fabric/peer/crypto/ordererOrganizations/example.com/orderers/orderer.
example.com/msp/tlscacerts/tlsca.example.com-cert.pem -C mychannel -n mycc -l node -v 1.0 -c
'{"Args":["init","a", "100", "b","200"]}' -P "AND ('Org1MSP.peer','Org2MSP.peer')"
```

实例化链码可能花时 1 分钟，并不是程序出错，而是为了编译和安装 fabric-shim 层。

## 13.1.6 链码简例

本节介绍如何用 Go 语言编写一个简单的智能合约，以及如何与这个简单的智能合约交互。为了链码编程，需要安装 fabric-go-sdk：

```
go get github.com/hyperledger/fabric-sdk-go
```

### 1．编写简单的 Go 语言智能合约

为了便于测试及简化代码，我们实现一个简单的链码功能。

下面来看链码智能合约程序 fabric-samples/asset-transfer-basic/chaincode-go/chaincode/smartcontract.go：

```go
package chaincode

import(
    "encoding/json"
    "fmt"
    "github.com/hyperledger/fabric-contract-api-go/contractapi"
)
type SmartContract struct {                    // 提供管理资产的函数
    contractapi.Contract
}
// Asset 结构定义了资产的详细信息，在添加结构域时应按字母序，以保证不同编程语言的确定性
// Golang 会保证序列号结构域时的顺序，但是不能自动排序
type Asset struct {
    AppraisedValue  int 'json:"AppraisedValue"'
    Color   string 'json:"Color"'
    ID   string 'json:"ID"'
    Owner   string 'json:"Owner"'
    Size   int 'json:"Size"'
}
// InitLedger 使用内置的数据初始化资产
func (s *SmartContract) InitLedger(ctx contractapi.TransactionContextInterface) error {
    assets := []Asset{
        {ID: "asset1", Color: "blue", Size: 5, Owner: "Tomoko", AppraisedValue: 300},
        {ID: "asset2", Color: "red", Size: 5, Owner: "Brad", AppraisedValue: 400},
        {ID: "asset3", Color: "green", Size: 10, Owner: "Jin Soo", AppraisedValue: 500},
        {ID: "asset4", Color: "yellow", Size: 10, Owner: "Max", AppraisedValue: 600},
        {ID: "asset5", Color: "black", Size: 15, Owner: "Adriana", AppraisedValue: 700},
        {ID: "asset6", Color: "white", Size: 15, Owner: "Michel", AppraisedValue: 800},
    }
    for _, asset := range assets {
```

```go
        assetJSON, err := json.Marshal(asset)
        if err != nil {
            return err
        }
        err = ctx.GetStub().PutState(asset.ID, assetJSON)
            if err != nil {
                return fmt.Errorf("failed to put to world state. %v", err)
            }
        }
    }
    return nil
}
// CreateAsset 使用指定的细节在账本(世界状态)上发行一个资产
func (s *SmartContract) CreateAsset(ctx contractapi.TransactionContextInterface, id string,
                        color string, size int, owner string, appraisedValue int) error {
    exists, err := s.AssetExists(ctx, id)
    if err != nil {
        return err
    }
    if exists {
        return fmt.Errorf("the asset %s already exists", id)
    }

    asset := Asset{
        ID:             id,
        Color:          color,
        Size:           size,
        Owner:          owner,
        AppraisedValue: appraisedValue,
    }
    assetJSON, err := json.Marshal(asset)
    if err != nil {
        return err
    }
    return ctx.GetStub().PutState(id, assetJSON)
}
// ReadAsset 根据提供的 id 查询在账本上的资产信息
func (s *SmartContract) ReadAsset(ctx contractapi.TransactionContextInterface, id string)
                                                                    (*Asset, error) {
    assetJSON, err := ctx.GetStub().GetState(id)
    if err != nil {
        return nil, fmt.Errorf("failed to read from world state: %v", err)
    }
    if assetJSON == nil {
        return nil, fmt.Errorf("the asset %s does not exist", id)
    }

    var asset Asset
```

```go
        err = json.Unmarshal(assetJSON, &asset)
        if err != nil {
            return nil, err
        }
        return &asset, nil
    }
    // UpdateAsset 使用提供的信息更新账本上的资产信息
    func (s *SmartContract) UpdateAsset(ctx contractapi.TransactionContextInterface, id string,
                                color string, size int, owner string, appraisedValue int) error {
        exists, err := s.AssetExists(ctx, id)
        if err != nil {
            return err
        }
        if !exists {
            return fmt.Errorf("the asset %s does not exist", id)
        }

        // 用新的资产覆盖原来的资产
        asset := Asset{
            ID:             id,
            Color:          color,
            Size:           size,
            Owner:          owner,
            AppraisedValue: appraisedValue,
        }
        assetJSON, err := json.Marshal(asset)
        if err != nil {
            return err
        }
        return ctx.GetStub().PutState(id, assetJSON)
    }
    // DeleteAsset 根据提供的 id 从账本上删除资产
    func(s *SmartContract) DeleteAsset(ctx contractapi.TransactionContextInterface, id string) error {
        exists, err := s.AssetExists(ctx, id)
        if err != nil {
            return err
        }
        if !exists {
            return fmt.Errorf("the asset %s does not exist", id)
        }
        return ctx.GetStub().DelState(id)
    }
    // AssetExists 用来查询指定资产是否在账本上存在
    func(s *SmartContract) AssetExists(ctx contractapi.TransactionContextInterface, id string) (bool, error) {
        assetJSON, err := ctx.GetStub().GetState(id)
        if err != nil {
            return false, fmt.Errorf("failed to read from world state: %v", err)
```

```go
    }
    return assetJSON != nil, nil
}
// TransferAsset 在账本上保存资产所有权转移
func (s *SmartContract) TransferAsset(ctx contractapi.TransactionContextInterface, id string,
                                        newOwner string) error {
    asset, err := s.ReadAsset(ctx, id)
    if err != nil {
        return err
    }

    asset.Owner = newOwner
    assetJSON, err := json.Marshal(asset)
    if err != nil {
        return err
    }

    return ctx.GetStub().PutState(id, assetJSON)
}
// GetAllAssets 返回账本上所有的资产
func(s *SmartContract) GetAllAssets(ctx contractapi.TransactionContextInterface) ([]*Asset, error) {
    // range query with empty string for startKey and endKey does an
    // open-ended query of all assets in the chaincode namespace.
    resultsIterator, err := ctx.GetStub().GetStateByRange("", "")
    if err != nil {
        return nil, err
    }
    defer resultsIterator.Close()

    var assets []*Asset
    for resultsIterator.HasNext() {
        queryResponse, err := resultsIterator.Next()
        if err != nil {
            return nil, err
        }
        var asset Asset
        err = json.Unmarshal(queryResponse.Value, &asset)
        if err != nil {
            return nil, err
        }
        assets = append(assets, &asset)
    }
    return assets, nil
}
```

上面的智能合约链码程序简化了代码，使用了一个内部的数组来初始化账本，然后基于账本，提供对账本的查询、创建、更改、删除等操作。

编译成功后，目录如下所示：

root@iZm5e527ctpldxn4bnlotmZ:/work/gopath/src/github.com/hyperledger/fabric/scripts/fabric-

```
samples/ asset-transfer-basic/chaincode-go# ls -al
total 15956
drwxr-xr-x  4 root root     4096 Dec  5 02:54 .
drwxr-xr-x 13 root root     4096 Nov 22 17:21 ..
-rw-r--r--  1 root root      530 Nov 22 17:21 assetTransfer.go
drwxr-xr-x  3 root root     4096 Dec  5 02:54 chaincode
-rwxr-xr-x  1 root root 16280108 Dec  5 01:40 chaincode-go
-rw-r--r--  1 root root      939 Dec  5 01:21 go.mod
-rw-r--r--  1 root root    31129 Dec  5 02:12 go.sum
drwxr-xr-x  6 root root     4096 Dec  5 02:27 vendor
```

### 2．如何与智能合约交互

本节详细分析 fabric-samples 附带的例子程序。源代码在 fabric-samples/asset-transfer-basic/application-go 目录下。

首先，安装必要的相关编程库包：

```
root@iZm5e527ctpldxn4bnlotmZ:/gopath/src/github.com/hyperledger/fabric/scripts/fabric-samples/
                                 asset- transfer-basic/chaincode-go# go install
```

其次，编译程序：

```
root@iZm5e527ctpldxn4bnlotmZ:/gopath/src/github.com/hyperledger/fabric/scripts/fabric-samples/
                                 asset-transfer-basic/chaincode-go# go mod tidy
root@iZm5e527ctpldxn4bnlotmZ:/gopath/src/github.com/hyperledger/fabric/scripts/fabric-samples
                                 asset-transfer-basic/chaincode-go# go build
```

检查一下

```
root@iZm5e527ctpldxn4bnlotmZ:/gopath/src/github.com/hyperledger/fabric/scripts/fabric-samples
                                 asset-transfer-basic/chaincode-go# ls -al
total 15952
drwxr-xr-x  3 root root     4096 Dec  5 01:29 .
drwxr-xr-x 13 root root     4096 Nov 22 17:21 ..
-rw-r--r--  1 root root      530 Nov 22 17:21 assetTransfer.go
drwxr-xr-x  3 root root     4096 Dec  5 01:21 chaincode
-rwxr-xr-x  1 root root 16280108 Dec  5 01:28 chaincode-go       // 可执行程序
-rw-r--r--  1 root root      939 Dec  5 01:21 go.mod
-rw-r--r--  1 root root    30946 Dec  5 01:21 go.sum
```

可以看到，编译成功，可执行程序已经生成。

程序代码很简单：

```go
/*
    SPDX-License-Identifier: Apache-2.0
*/
package main

import (
    "log"

    "github.com/hyperledger/fabric-contract-api-go/contractapi"
    "github.com/hyperledger/fabric/scripts/fabric-samples/asset-transfer-basic/chaincode-go/chaincode"
)
```

```
func main() {
    assetChaincode, err := contractapi.NewChaincode(&chaincode.SmartContract{})
    if err != nil {
        log.Panicf("Error creating asset-transfer-basic chaincode: %v", err)
    }
    if err := assetChaincode.Start(); err != nil {
        log.Panicf("Error starting asset-transfer-basic chaincode: %v", err)
    }
}
```

### 3. 部署验证

```
./network.sh createChannel -c channel1
```

创建通道 1 之前需要先创建身份，启动容器，如图 13-39 所示。

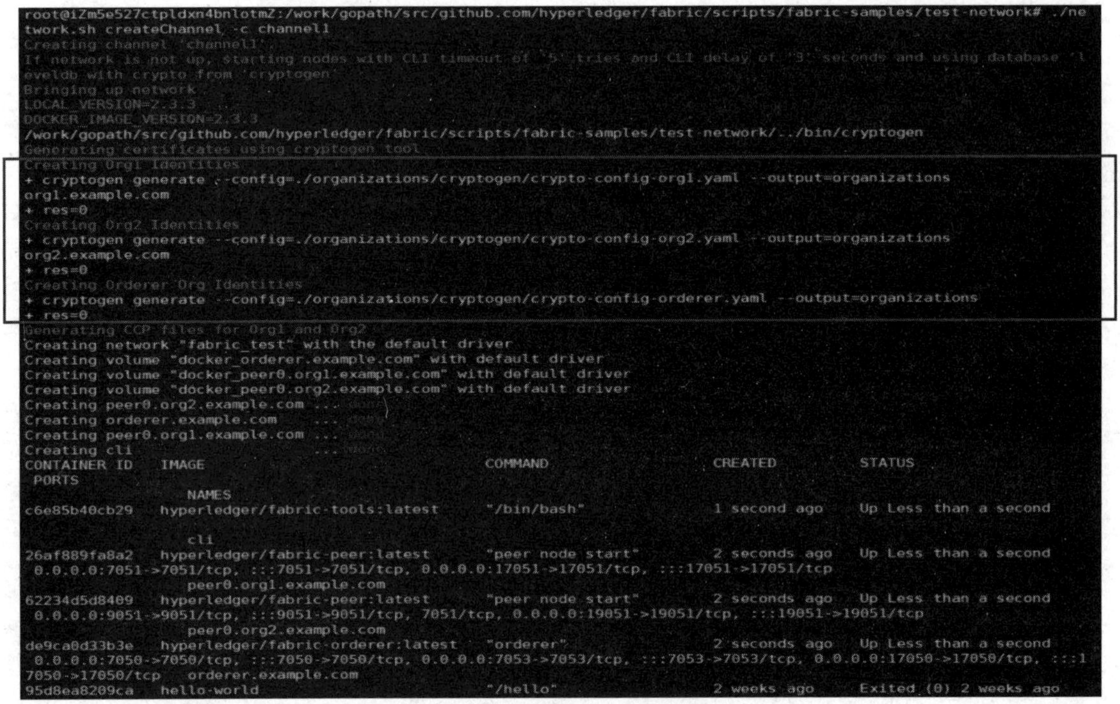

```
root@iZm5e527ctpldxn4bnlotmZ:/work/gopath/src/github.com/hyperledger/fabric/scripts/fabric-samples/test-network# ./ne
twork.sh createChannel -c channel1
Creating channel 'channel1'.
If network is not up, starting nodes with CLI timeout of '5' tries and CLI delay of '3' seconds and using database 'l
eveldb with crypto from 'cryptogen'
Bringing up network
LOCAL_VERSION=2.3.3
DOCKER_IMAGE_VERSION=2.3.3
/work/gopath/src/github.com/hyperledger/fabric/scripts/fabric-samples/test-network/../bin/cryptogen
Generating certificates using cryptogen tool
Creating Org1 Identities
+ cryptogen generate --config=./organizations/cryptogen/crypto-config-org1.yaml --output=organizations
org1.example.com
+ res=0
Creating Org2 Identities
+ cryptogen generate --config=./organizations/cryptogen/crypto-config-org2.yaml --output=organizations
org2.example.com
+ res=0
Creating Orderer Org Identities
+ cryptogen generate --config=./organizations/cryptogen/crypto-config-orderer.yaml --output=organizations
+ res=0
Generating CCP files for Org1 and Org2
Creating network "fabric_test" with the default driver
Creating volume "docker_orderer.example.com" with default driver
Creating volume "docker_peer0.org1.example.com" with default driver
Creating volume "docker_peer0.org2.example.com" with default driver
Creating peer0.org2.example.com ... done
Creating orderer.example.com    ... done
Creating peer0.org1.example.com ... done
Creating cli                    ... done
CONTAINER ID   IMAGE                               COMMAND             CREATED          STATUS
 PORTS
               NAMES
c6e85b40cb29   hyperledger/fabric-tools:latest     "/bin/bash"         1 second ago     Up Less than a second

               cli
26af889fa8a2   hyperledger/fabric-peer:latest      "peer node start"   2 seconds ago    Up Less than a second
 0.0.0.0:7051->7051/tcp, :::7051->7051/tcp, 0.0.0.0:17051->17051/tcp, :::17051->17051/tcp
               peer0.org1.example.com
62234d5d8409   hyperledger/fabric-peer:latest      "peer node start"   2 seconds ago    Up Less than a second
 0.0.0.0:9051->9051/tcp, :::9051->9051/tcp, 7051/tcp, 0.0.0.0:19051->19051/tcp, :::19051->19051/tcp
               peer0.org2.example.com
de9ca0d33b3e   hyperledger/fabric-orderer:latest   "orderer"           2 seconds ago    Up Less than a second
 0.0.0.0:7050->7050/tcp, :::7050->7050/tcp, 0.0.0.0:7053->7053/tcp, :::7053->7053/tcp, 0.0.0.0:17050->17050/tcp, :::1
7050->17050/tcp   orderer.example.com
95d8ea8209ca   hello-world                         "/hello"            2 weeks ago      Exited (0) 2 weeks ago
```

图 13-39　创建身份，启动容器

创建创始块及其通道，如图 13-40 所示。

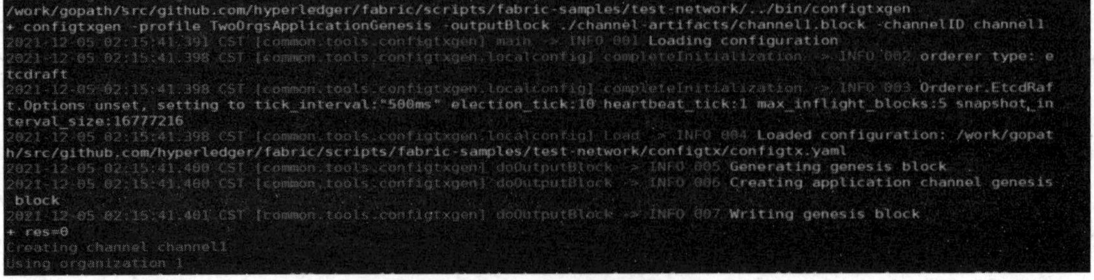

```
Generating channel genesis block 'channel1.block'
/work/gopath/src/github.com/hyperledger/fabric/scripts/fabric-samples/test-network/../bin/configtxgen
+ configtxgen -profile TwoOrgsApplicationGenesis -outputBlock ./channel-artifacts/channel1.block -channelID channel1
2021-12-05 02:15:41.391 CST [common.tools.configtxgen] main -> INFO 001 Loading configuration
2021-12-05 02:15:41.398 CST [common.tools.configtxgen.localconfig] completeInitialization -> INFO 002 orderer type: e
tcdraft
2021-12-05 02:15:41.398 CST [common.tools.configtxgen.localconfig] completeInitialization -> INFO 003 Orderer.EtcdRaf
t.Options unset, setting to tick_interval:"500ms" election_tick:10 heartbeat_tick:1 max_inflight_blocks:5 snapshot_in
terval_size:16777216
2021-12-05 02:15:41.398 CST [common.tools.configtxgen.localconfig] Load -> INFO 004 Loaded configuration: /work/gopat
h/src/github.com/hyperledger/fabric/scripts/fabric-samples/test-network/configtx/configtx.yaml
2021-12-05 02:15:41.400 CST [common.tools.configtxgen] doOutputBlock -> INFO 005 Generating genesis block
2021-12-05 02:15:41.400 CST [common.tools.configtxgen] doOutputBlock -> INFO 006 Creating application channel genesis
 block
2021-12-05 02:15:41.401 CST [common.tools.configtxgen] doOutputBlock -> INFO 007 Writing genesis block
+ res=0
Creating channel channel1
Using organization 1
```

图 13-40　创建初始块及其通道

检查节点加入通道的情况，如图 13-41 所示。

图 13-41　检查节点加入通道的情况

配置环境，生成锚节点，如图 13-42 所示。

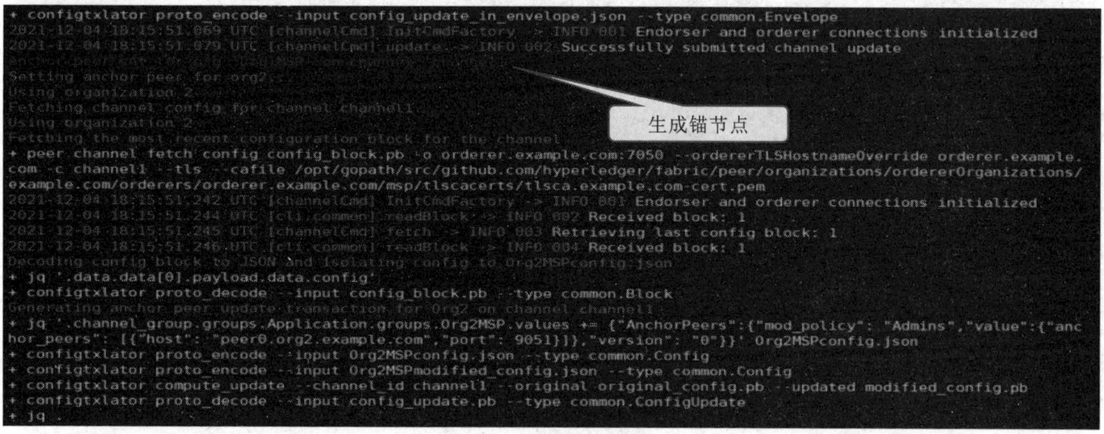

图 13-42　生成锚节点

初始化背书节点与排序节点的链接，如图 13-43 所示。

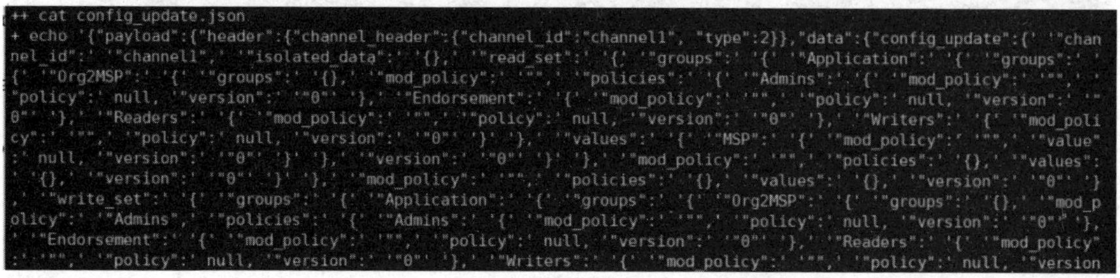

图 13-43　初始化背书节点与排序节点的链接

图 13-43 初始化背书节点与排序节点的链接（续）

部署合约到 MyChannel（即安装链码，如图 13-44 所示）：

```
./network.sh deployCC -ccn basic -ccp ../asset-transfer-basic/chaincode-go -ccl go
```

图 13-44 在节点上安装链码

检查链码状态，如图 13-45 所示。

图 13-45 检查链码状态

```
+ peer lifecycle chaincode commit -o localhost:7050 --ordererTLSHostnameOverride orderer.example.com --tls --cafile /work/g
opath/src/github.com/hyperledger/fabric/scripts/fabric-samples/test-network/organizations/ordererOrganizations/example.com/
orderers/orderer.example.com/msp/tlscacerts/tlsca.example.com-cert.pem --channelID mychannel --name basic --peerAddresses l
ocalhost:7051 --tlsRootCertFiles /work/gopath/src/github.com/hyperledger/fabric/scripts/fabric-samples/test-network/organiz
ations/peerOrganizations/org1.example.com/peers/peer0.org1.example.com/tls/ca.crt --peerAddresses localhost:9051 --tlsRootC
ertFiles /work/gopath/src/github.com/hyperledger/fabric/scripts/fabric-samples/test-network/organizations/peerOrganizations
/org2.example.com/peers/peer0.org2.example.com/tls/ca.crt --version 1.0 --sequence 1
+ res=0
2021-12-05 02:28:23.837 CST [chaincodeCmd] ClientWait -> INFO 001 txid [4989309f179af373dff3fae2a18b2f443c473a5447315b96b41
db91e64866525] committed with status (VALID) at localhost:7051
2021-12-05 02:28:24.033 CST [chaincodeCmd] ClientWait -> INFO 002 txid [4989309f179af373dff3fae2a18b2f443c473a5447315b96b41
db91e64866525] committed with status (VALID) at localhost:9051
Chaincode definition committed on channel 'mychannel'.
Using organization 1
Querying chaincode definition on peer0.org1 on channel 'mychannel'...
Attempting to Query committed status on peer0.org1, Retry after 3 seconds.
+ peer lifecycle chaincode querycommitted --channelID mychannel --name basic
+ res=0
Committed chaincode definition for chaincode 'basic' on channel 'mychannel':
Version: 1.0, Sequence: 1, Endorsement Plugin: escc, Validation Plugin: vscc, Approvals: [Org1MSP: true, Org2MSP: true]
Query chaincode definition successful on peer0.org1 on channel 'mychannel'
Using organization 2
Querying chaincode definition on peer0.org2 on channel 'mychannel'...
Attempting to Query committed status on peer0.org2, Retry after 3 seconds.
+ peer lifecycle chaincode querycommitted --channelID mychannel --name basic
+ res=0
Committed chaincode definition for chaincode 'basic' on channel 'mychannel':
Version: 1.0, Sequence: 1, Endorsement Plugin: escc, Validation Plugin: vscc, Approvals: [Org1MSP: true, Org2MSP: true]
Query chaincode definition successful on peer0.org2 on channel 'mychannel'
Chaincode initialization is not required
```

图 13-45 检查链码状态（续）

设置 Org1 环境变量：

```
root@iZm5e527ctpldxn4bnlotmZ:/gopath/src/github.com/hyperledger/fabric/scripts/fabric-samples/
root@iZm5e527ctpldxn4bnlotmZ:/gopath/src/github.com/hyperledger/fabric/scripts/fabric-samples/
  test-network# export PATH=${PWD}/../bin:$PATH
root@iZm5e527ctpldxn4bnlotmZ:/gopath/src/github.com/hyperledger/fabric/scripts/fabric-samples/
  test-network# export CORE_PEER_TLS_ENABLED=true
root@iZm5e527ctpldxn4bnlotmZ:/gopath/src/github.com/hyperledger/fabric/scripts/fabric-samples/
  test-network# export CORE_PEER_LOCALMSPID="Org1MSP"
root@iZm5e527ctpldxn4bnlotmZ:/gopath/src/github.com/hyperledger/fabric/scripts/fabric-samples/
  test-network# export CORE_PEER_TLS_ROOTCERT_FILE=${PWD}/organizations/peerOrganizations/org1.
  example.com/peers/peer0.org1.example.com/tls/ca.crt
root@iZm5e527ctpldxn4bnlotmZ:/gopath/src/github.com/hyperledger/fabric/scripts/fabric-samples/
  test-network# export CORE_PEER_MSPCONFIGPATH=${PWD}/organizations/peerOrganizations/org1.
  example.com/users/Admin@org1.example.com/msp
root@iZm5e527ctpldxn4bnlotmZ:/gopath/src/github.com/hyperledger/fabric/scripts/fabric-samples/
  test-network# export CORE_PEER_ADDRESS=localhost:7051
root@iZm5e527ctpldxn4bnlotmZ:/gopath/src/github.com/hyperledger/fabric/scripts/fabric-samples/
  test-network# export FABRIC_CFG_PATH=$PWD/../config/
```

输入如下命令，调用合约的 InitLedger 方法：

```
root@iZm5e527ctpldxn4bnlotmZ:/gopath/src/github.com/hyperledger/fabric/scripts/fabric-samples/
  test-network# peer chaincode invoke -o localhost:7050 --ordererTLSHostnameOverride orderer.
  example.com --tls --cafile "${PWD}/organizations/ordererOrganizations/example.com/orderers/
  orderer.example.com/msp/tlscacerts/tlsca.example.com-cert.pem" -C mychannel -n basic
  --peerAddresses localhost:7051 --tlsRootCertFiles "${PWD}/organizations/peerOrganizations/
  org1.example.com/peers/peer0.org1.example.com/tls/ca.crt" --peerAddresses localhost:9051
  --tlsRootCertFiles "${PWD}/organizations/peerOrganizations/org2.example.com/peers/peer0.org2.
  example.com/tls/ca.crt" -c '{"function":"InitLedger","Args":[]}'
```

如无意外，输出如图 13-46 所示。人工调用 GetAllAssets 方法，输出如图 13-47 所示。

```
peer chaincode query -C mychannel -n basic -c '{"Args":["GetAllAssets"]}'
```

图 13-46 初始化账本成功

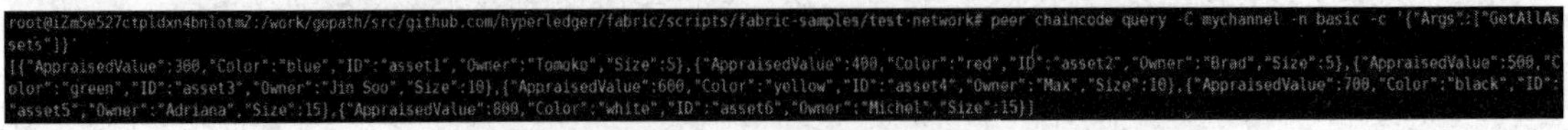

图 13-47 调用 GetAllAssets 的输出

## 13.2 实验 11：WASM 简单合约开发

本实验完成 WASM 简单合约的开发，推荐使用 Go 语言。

**实验目的**：熟悉 WASM 的开发环境。

**实验任务**：安装 WASM；编写后台程序并编译成 WASM 格式；编写前台程序，并与 WASM 交互。

**实验时长**：2 小时。

Go 语言从 1.11 版本开始，其 syscall/js 库包含了对 Web Assembly 的支持。syscall/js 库允许 Go 程序通过 js.Value 类型的方法（如 Get()、Set()或 Invoke()）与 JavaScript 的引用交互。如果 Go 语言包被正确安装，可以在$GOROOT/misc/wasm 下找到 syscall/js 库包。

### 13.2.1 Go + WASM 的基本用法

$GOROOT/misc/wasm 目录下有 2 个文件：wasm_exec.js，是由 Go 团队提供的接口包，包装了一个全局的 Go 对象；wasm_exec.html，用来演示如何和 Go 语言编写的后端交互。

wasm_exec.html 文件的内容：

```html
<!doctype html>
<!--
    Copyright 2018 The Go Authors. All rights reserved.
    Use of this source code is governed by a BSD-style
    license that can be found in the LICENSE file.
-->
<html>
<head>
    <meta charset="utf-8">
    <title>Go wasm</title>
</head>
<body>
    <!--
    Add the following polyfill for Microsoft Edge 17/18 support:
    <script src="https://cdn.jsdelivr.net/npm/text-encoding@0.7.0/lib/encoding.min.js"></script>
    (see https://caniuse.com/#feat=textencoder)
    -->
    <script src="wasm_exec.js"></script>
```

```
    <script>
        if (!WebAssembly.instantiateStreaming) {                    // polyfill
            WebAssembly.instantiateStreaming = async (resp, importObject) => {
                const source = await (await resp).arrayBuffer();
                return await WebAssembly.instantiate(source, importObject);
            };
        }

        const go = new Go();
        let mod, inst;
        WebAssembly.instantiateStreaming(fetch("test.wasm"), go.importObject).then((result) => {
            mod = result.module;
            inst = result.instance;
            document.getElementById("runButton").disabled = false;
        }).catch((err) => {
            console.error(err);
        });
        async function run() {
            console.clear();
            await go.run(inst);
            inst = await WebAssembly.instantiate(mod, go.importObject); // reset instance
        }
    </script>
    <button onClick="run();" id="runButton" disabled>Run</button>
</body>
</html>
```

可以看出，为了与后台的 Go 代码打交道，我们必须做如下几件事。

① 在<Head> tag 中包含 wasm_exec.js：

```
<script src="wasm_exec.js"></script>
```

② 实例化 WebAssembly，并且必须处理不支持 WASM 的浏览器的情况：

```
WebAssembly.instantiateStreaming
```

③ 创建 Go 对象，方便以后使用：

```
const go = new Go();
```

④ 在浏览器中获取 WASM 文件：

```
WebAssembly.instantiateStreaming(fetch("test.wasm"), go.importObject)
```

## 13.2.2　WASM 的例子

本节介绍简单的 WASM 的例子，生成的文件名是 main.go。

```
package main
import "fmt"

func main() {
    fmt.Println("Welcome to WASM!")
}
```

把 Go 文件编译成 WASM：

```
Linux
GOOS=js GOARCH=wasm go build -o main.wasm
Windows
E:\projects\SourceCode\Chapter11\helloworld>set GOOS=js
E:\projects\SourceCode\Chapter11\helloworld>set GOARCH=wasm
E:\projects\SourceCode\Chapter11\helloworld>go build -o main.wasm main.go
```

GOOS 是指编译的目标操作系统，本例中为 js（即 JavaScript）；GOARCH 是程序的目标计算架构，本例中是 wasm（即 Web Assembly）。

输出如图 13-48 所示，表明新文件 main.wasm 被创建。

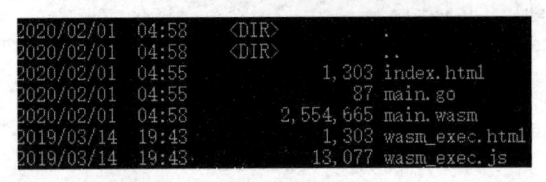

```
2020/02/01  04:58    <DIR>           .
2020/02/01  04:58    <DIR>           ..
2020/02/01  04:55            1,303   index.html
2020/02/01  04:55               87   main.go
2020/02/01  04:58        2,554,665   main.wasm
2019/03/14  19:43            1,303   wasm_exec.html
2019/03/14  19:43           13,077   wasm_exec.js
```

图 13-48　成功编译结果

微调 index.html 代码，以便获取 main.wasm：

```javascript
const go = new Go();
let mod, inst;
WebAssembly.instantiateStreaming(fetch("main.wasm"), go.importObject).then((result) => {
    mod = result.module;
    inst = result.instance;
    document.getElementById("runButton").disable = false;
}).catch((err) => {
    console.error(err);
});
async function run() {
    console.clear();
    await go.run(inst);
    inst = await WebAssembly.instantiate(mod, go.importObject);    // 重置实例
}
```

为了验证实例，需要启动一个简单的 HTTP 服务器，打开开关，以便使服务器支持 WASM。如果使用 Nginx，就必须修改在 Nginx 配置目录下的 mime.types 文件。这里使用 SimpleHTTPServer 并微调，使它支持 WASM 请求。

server.py 文件代码如下：

```python
import http.server
from http.server import HTTPServer, BaseHTTPRequestHandler
import socketserver

PORT = 8099

Handler = http.server.SimpleHTTPRequestHandler

Handler.extensions_map = {
    '.wasm': 'application/wasm',
    '.manifest': 'text/cache-manifest',
```

```
    '.html': 'text/html',
    '.png': 'image/png',
    '.jpg': 'image/jpg',
    '.svg': 'image/svg+xml',
    '.css': 'text/css',
    '.js': 'application/x-javascript',
    '': 'application/octet-stream', # Default
}
httpd = socketserver.TCPServer(("", PORT), Handler)
print("serving at port", PORT)
httpd.serve_forever()
resource: https://gist.github.com/HaiyangXu/ec88cbdce3cdbac7b8d5
```

在终端窗口中输入如下命令：

```
python server.py
```

输出大致如图 13-49 所示。

图 13-49　支持 WASM 的 Python 服务器（HTTP）

打开浏览器，输入"localhost:8099"，访问网页 index.html，如图 13-50 所示。左窗格中出现"Run"按钮，右窗格中的 main.wasm 已经被正确导入。

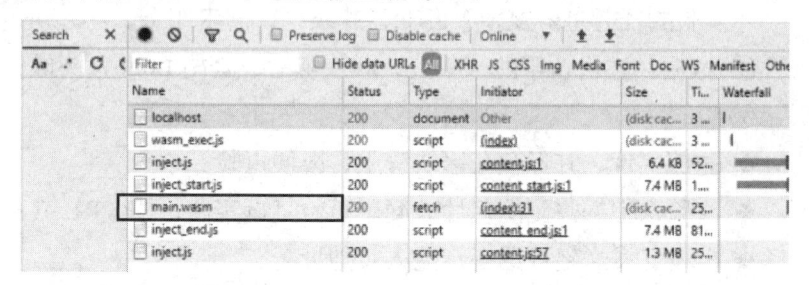

图 13-50　index.html

单击"Run"按钮，在控制台的输出中可以看到欢迎信息，如图 13-51 所示。

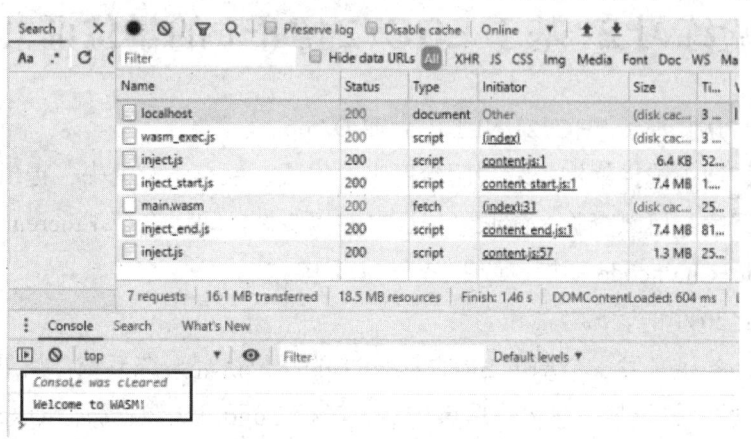

图 13-51　控制台的输出

# 第 14 章　智能合约实验练习

## 14.1　实验练习 1：商业名片系统

本实验练习的主题为商业名片系统，推荐使用 Go 语言。

**实验目的**：熟悉商业 DApp 的开发部署全流程。

**实验任务**：自主选择架构；编写后台程序，生成、保存名片，应提供查询和认证功能；编写前台程序，可以查验、溯源名片的真实性。可以选择 Ethereum + Solidity 架构，或者 Fabric+Chaincode 架构，或者 WASM 架构。

**实验时长**：10 小时。

本实验的任务是开发一个商业名片系统，需求如下。

① 数据：姓名，年龄，单位，联系电话，公司 Logo，头像，微信 Qrcode。

② 功能：

- 生成名片，并保存在区块链上，以便查验。
- 查验，根据收到的名片，简单查验其真实性，如 URL 或者 QRcode 等方式。
- 分发，发送名片给指定的人（地址）。

请读者自行完成。

## 14.2　实验练习 2：基于 ERC721/NFT 的学位证书认证系统

**实验目的**：开发基于 ERC721/NFT 的商业 DApp。

**实验任务**：自主选择架构；编写后台程序，生成、保存学位证书，提供查验和认证功能；编写前台程序，可以查验、溯源学位证书的真实性。可以选择 Ethereum + Solidity 架构，或者 Fabric+Chaincode 架构，或者 WASM 架构。

**实验时长**：20 小时。

本实验的任务是开发一个基于 ERC721/NFT 的学位认证系统系统，需求如下。

① 数据：姓名，年龄，学校，联系电话，学校 Logo，头像，微信 QRcode 等。

② 功能：

- 生成学位证书，并保存在区块链上，以便查验。
- 查验，根据收到的区块链学位证书，简单查验其真实性，可以通过 URL 或者 QRcode 等方式。
- 颁授学位证书，发送学位证书给指定的人（地址）。
- 显示学位证书，开发 NFT 钱包，保存学位证书，供被授权的人员或者机构（如招聘公司）查验。

③ 基于 NFT 技术开发。

请读者自行完成。

# 附录 A  Solidity 常用函数

## 1．特殊变量

表 A.1 列出了 Solidity 智能合约可以用到的与区块相关的变量。

表 A.1  Solidity 智能合约可用的区块相关的变量

| 变量 | 说明 |
| --- | --- |
| block.blockhash(uint blockNumber) returns (bytes32) | 给定区块号的哈希值,只支持最近 256 个区块,且不包含当前区块 |
| block.coinbase (address) | 当前块矿工的地址 |
| block.difficulty (uint) | 当前区块的难度 |
| block.gaslimit (uint) | 当前区块的 gaslimit |
| block.number (uint) | 当前区块的块号 |
| block.timestamp (uint) | 当前区块的时间戳 |
| msg.data (bytes) | 完整的调用数据（calldata） |
| msg.gas (uint) | 当前还剩的燃料 |
| msg.sender (address) | 当前调用发起人的地址 |
| msg.sig (bytes4) | 调用数据的前 4 字节（函数标识符） |
| msg.value (uint) | 消息所带的代币量,单位为 Wei |
| now (uint) | 当前区块的时间戳,等同于 block.timestamp |
| tx.gasprice (uint) | 交易的燃料价格 |
| tx.origin (address) | 交易的发送者（完整的调用链） |

## 2．数学和加密函数

表 A.2 列出了 Solidity 智能合约可以用到的数学和加密函数。

表 A.2  Solidity 智能合约可用的数学和加密函数

| 变量 | 说明 |
| --- | --- |
| keccak256(...) returns (bytes32) | 使用以太坊的 Keccak-256 计算哈希值,紧密打包 |
| sha3(...) returns (bytes32) | 等同于 keccak256(),紧密打包 |
| sha256(...) returns (bytes32) | 使用 SHA-256 计算 HASH 值,紧密打包 |
| ripemd160(...) returns (bytes20) | 使用 RIPEMD-160 计算 HASH 值,紧密打包 |
| ecrecover(bytes32 hash, uint8 v, bytes32 r, bytes32 s) returns (address) | 通过签名信息恢复非对称加密算法公匙地址。如果出错,就会返回 0 |
| revert() | 事务回退 |

## 3．地址相关

表 A.3 列出了 Solidity 智能合约里可以和地址相关的函数：

表 A.3　Solidity 智能合约里和地址相关的函数

| 变　量 | 说　明 |
| --- | --- |
| <address>.balance (uint256) | address 的余额，以 Wei 为单位 |
| <address>.transfer(uint256 amount) | 发送给定数量的 Ether 到某个地址（以 Wei 为单位），失败时抛出异常 |
| <address>.send(uint256 amount) returns (bool) | 发送给定数量的 Ether 到某个地址（以 Wei 为单位），失败时返回 false |
| <address>.call(...) returns (bool) | 发起底层的 call 调用，失败时返回 false |
| <address>.callcode(...) returns (bool) | 发起底层的 callcode 调用，失败时返回 false |
| <address>.delegatecall(...) returns (bool) | 发起底层的 delegatecall 调用，失败时返回 false |

## 4．合约相关

每个 Solidity 智能合约都有下列的 3 个全局函数。

- this：当前合约对象，可以显式转换成 address 类型。
- selfdestruct：合约自毁程序，将合约内的资金自动发送到指定的地址。
- suicide：等同于 selfdestruct。

## 5．特殊单位

Solidity 会使用一些特定的货币单位和时间单位。

（1）代币单位

以太坊的代币单位有 Wei、Finney、Szabo 和 Ether。

1 Ether == $10^3$ Finney　　　1 Ether == $10^6$ Szabo　　　1 Ether == $10^{18}$ Wei

以太坊的代币单位其实是密码学家的名字，是以太坊创始人为了纪念他们在数字货币的领域的贡献。

- Wei：戴伟（Wei Dai），密码学家，发表了 B-money。
- Finney：Hal Finney（芬尼），密码学家，工作量证明机制（PoW）提出者。
- Szabo：Nick Szabo（萨博），密码学家，智能合约的提出者。

除了基本单位 Wei，为了使用方便，以太坊还有其他单位，如表 A.4 所示。

（2）时间单位

Solidity 的时间单位包括 second、minute、hour、day、week、years，默认是 seconds 为单位。

1 minute = 60 seconds　　　1 hour = 60 minutes　　　1 days = 24 hours

1 weeks = 7 days　　　1 yeasr = 365 days

如果需要进行使用这些单位进行日期计算，需要特别小心，因为有闰年、闰月、闰秒。

表 A.4　以太坊代币单位

| 单　位 | 变　量 | 说　明 |
|---|---|---|
| Wei | 1 Wei | 1 |
| KWei (babbage) | 1e3 Wei | 1,000 |
| MWei (lovelace) | 1e6 Wei | 1,000,000 |
| GWei (shannon) | 1e9 Wei | 1,000,000,000 |
| MicroEther (szabo) | 1e12 Wei | 1,000,000,000,000 |
| MilliEther (finney) | 1e15 Wei | 1,000,000,000,000,000 |
| Ether | 1e18 Wei | 1,000,000,000,000,000,000 |

# 附录 B　区块链大事记

### 1. 区块链大事记

约 500 年前，意大利有个数学家，Luca Pacioli 发明了复式记账法。标志着资本主义的诞生。

约 400 年前，公司制出现。生产关系的飞跃。

2008 年，中本聪发表论文《比特币：一种点对点的电子现金》。划时代、里程碑式的论文。

2009 年 1 月，比特币网络正式上线。区块链 1.0。

2015 年 7 月，以太坊正式上线。区块链 2.0。

2015 年 12 月，由 Linux 基金会主导并牵头，IBM、Intel、Cisco 等金融、银行、物联网、供应链、制造和科技等行业的巨头共同宣布 Hyperledger 联合项目成立。联盟链发轫。

2016 年 6 月，The DAO 事件。ETH 和 ETC 的分叉。

2017 年 3 月，企业以太坊联盟（Enterprise Ethereum Alliance，EEA）宣布成立。旨在创建一个企业级区块链解决方案，共同开发产业标准。

2017 年 7 月，Parity 钱包漏洞攻击。

2019 年 4 月，Facebook 推出 Libra 项目。区块链技术第一次正式得到是世界大公司的认可。

2019 年 10 月，习近平总书记发表重要讲话。区块链技术是弯道超车，提升到了国家竞争的高度。

2020 年 4 月，中国人民银行自 2014 年起研究数字法定货币，称为 DC/EP。4 月 15 日，报道称 DC/EP 开始在江苏、雄安、成都和深圳等地测试。中国人民银行抢先拥抱数字货币。

### 2. 以太坊大事记

（1）Olympic：2015 年 5 月 9 日

以太坊区块链于 2015 年 7 月正式公开上线。临门一脚是 Olympic——第 9 个也是最后一个开放的测试网，用以进行概念验证（PoC），让开发者预先探索以太坊区块链发布后的运行情况。

（2）Frontier：2015 年 7 月 30 日

经过几个月的压力测试后，以太坊网络已经做好了进正式主网发布的准备。2015 年 7 月 20 日，以太坊的创世块被挖出，社区开始逐渐扩大。在 Frontier 发布前几个月，Vinay Gupta 发表了一份说明，阐述了以太坊的发布过程。

Frontier 协议包含以下几个重要特性。

① 区块奖励：当矿工们在以太坊区块链上成功挖到一个区块时，他们将收到以 Ether 发放的奖励。在 Frontier 阶段，矿工的区块奖励是每区块 5 Ether。

② Gas：在 Frontier 发布后的初期，每个区块的 Gas 上限被硬编码为 5000 Gas，意味着网络上不会有什么大动作。这样就留出了一段缓冲期，以便矿工开始在以太坊上工作，并让早期用户安装客户端。几天后，该 Gas 上限自动解除，网络可以按照计划开始处理交易和智能合约。

③ Canary 合约：被纳入 Frontier，用以告知用户哪些链已遭受或易遭受攻击。Canary 合约被会赋予 0 或 1 的值。如果合约被赋值 1，客户端就能识别出这是一条出错的链，并在挖矿时避开这条无效链。本质上，Canary 合约的这些功能使得以太坊核心开发团队在网络出现问题时能够停止操作或交易。在以太坊早期阶段，Canary 合约是一个极度中心化又不可或缺的保护机制。

④ 可用性：所有开发者的操作均通过命令行来执行，因为没有图形用户界面。整个网络是可用的，但用户界面非常粗糙，只有熟悉以太坊并具备操作经验的人才有能力使用。

（3）Homestead：2016 年 3 月 14 日

Homestead 升级是以太坊网络的第一个硬分叉计划，于 2016 年 3 月 14 日在第 1 150 000 区块上开始实施。Homestead 升级主要包括对以太坊的三大重要改进措施。首先，它移除了 Canary 合约，去除了网络中的中心化部分。其次，它在以太坊的合约编程语言 Solidity 中引入了新代码。最后，它引入了 Mist 钱包，让用户能持有/交易 Ether，并编写/部署智能合约。

Homestead 升级是最早实施的以太坊改进提案（EIP）之一。EIP 指的是向社区提出的建议，一旦得到认可，就会被纳入网络升级。Homestead 升级包含三种 EIP：EIP-2，Homestead 核心升级；EIP-7；EIP-8，面向未来的升级。

（4）The DAO 分叉：2016 年 7 月 20 日

2016 年，去中心化自治组织 The DAO 通过代币发售筹集了 1.5 亿美元资金。6 月，The DAO 被黑客攻击，有时值 5000 万美元的 Ether 被一位黑客劫走。以太坊社区的大多数参与者决定实行硬分叉，恢复钱包中被盗的 Ether 并修补漏洞。然而，硬分叉没有得到社区内所有参与者的一致认可，还有部分参与者继续在那条原始链上挖矿并交易。未恢复被盗 Ether 的原始链被称为以太经典（ETC）。久而久之，其安全性逐渐降低，挖矿难度也在下降。社区的大部分参与者以及核心开发者则继续在分叉链上工作——被窃的 Ether 回到了它们原本的持有者手中——这就是我们现在熟知的以太坊区块链。

（5）大都会（拜占庭分叉）：2017年10月16日

以太坊路线图的下一步被称为大都会（Metropolis），将分为两个阶段进行：拜占庭（Byzantium）和君士坦丁堡（Constantinople）。拜占庭分叉于2017年在第437万个区块高度上激活。

（6）大都会（君士坦丁堡）：2019年2月28日

大都会升级的第二阶段君士坦丁堡（Constantinople）原定于2019年1月中旬在第708万个区块高度上线。1月15日，一家名为ChainSecurity的独立安全审计公司发布了一份报告，指出五个主要的系统升级中有一个会让攻击者有窃取资金的机会。

针对该报告提出的问题，以太坊核心开发者和社区的其他成员投票决定暂缓升级，直到该安全问题得到解决。2019年1月末，核心开发者们宣布将于第728万个区块高度上激活升级。2月28日，第728万个区块高度上执行了君士坦丁堡硬分叉。

以太坊网络目前正处于君士坦丁堡阶段。

EIP 145：按位移动指令。

EIP 1052：智能合约验证。

EIP 1014：CREATE2。

EIP 1283：SSTORE。

EIP 1234：区块奖励以及暂缓难度炸弹。

（7）伊斯坦布尔（Istanbul）：2019年12月7日

伊斯坦布尔升级中包含的两个以太坊改进提案（EIP）：EIP-1108和EIP-2028，使zk-SNARKs的价格更便宜。

（8）前景：宁静（Serenity）

"宁静"（Serenity）将是以太坊区块链的最后阶段，不过要先经历以太坊1.x阶段。伊斯坦布尔硬分叉将主要围绕关于ProgPoW的决策。Serenity将完成从PoW到PoS的转化，以及其他一些重要升级。其中尤其要关注的是：信标链和分片概念的引入，以及用eWASM替代以太坊虚拟机（EVM）。Serenity的所有升级将分阶段进行，以太坊1.x也将不断完善，从而确保原PoW链的后续运行。

## 3．比特币主要事件时间线[1]

1656年，布莱士·帕斯卡在与皮耶·德·费马的通信中讨论了"赌徒破产问题"。

1703年，莱布尼茨研究易经后，发表了论文《二进制算术的解释，仅使用字符1和0，并在其有用性和对伏羲中国古代人物的看法上作了一些说明》。

---

[1] 刘教链．比特币史话·完结：主要事件时间线[OL]．[2020-10-10]．

1762 年，卢梭出版《社会契约论》。

1781 年，康德出版《纯粹理性批判》，提出时间和空间是纯粹感性直觉和先天认知形式。

1837 年，西莫恩·德尼·泊松发表论文《关于判断的概率之研究》，提出了"泊松分布"。

1865 年，鲁道夫·克劳修斯提出"熵"的概念。

1896 年，维尔弗雷多·帕累托提出"80/20 法则"，又称为"二八法则"或者"帕累托法则"。

1900 年，大卫·希尔伯特在巴黎召开的第二届国际数学大会上提出了著名的 23 个最重大的未解决数学问题，即"希尔伯特问题"。

1904 年，约翰·安布罗斯·弗莱明发明真空二极管。

1907 年，德·福雷斯特发明真空三极管。

1910 年，讨论美联储筹建方案的秘密会议在美国佐治亚州的吉基尔岛召开。

1912 年 12 月 18 日至 19 日，约翰·皮尔庞特·摩根出席美国众议院听证会被聆讯，问答录于《摩根的证言》，其中他指出，货币是黄金而非其他。

1913 年 12 月 23 日，时任美国总统威尔逊签署《联邦储备法案》，美联储宣告诞生。

1918 年，亚瑟·谢尔比乌斯发明机械密码机 Enigma。

1918 年，美国"对外关系委员会"由参与吉基尔岛会议的"上校豪斯"发起成立。

1925 年，尼古拉·康德拉季耶夫发表《经济生活中的长期波动》，提出存在于资本主义商品经济中的长波周期，即"康德拉季耶夫周期"或"康波周期"。

1926 年，朱利叶斯·埃德加·利利菲尔德提出了场效应晶体管的概念构想。

1928 年，冯·诺伊曼发表论文《关于策略博弈的理论》，开创了"博弈论"学科。

1929 年，扬·卢卡西维兹发明"逆波兰表达式"，又称为"后缀表达式"。

1929 年至 1933 年，美国大萧条，人类进入现代社会以来持续时间最长的经济萧条。

1933 年 4 月 5 日，时任美国总统罗斯福签署了"6102 号总统令"，要求美国所有人于 5 月 1 日前上交所有金币、金条和金券，违者罚款 1 万美元或监禁 10 年。

1934 年 1 月 30 日，时任美国总统罗斯福签署《黄金储备法案》，强制重新规定金价为 35 美元/盎司，使得美元对黄金相比"没收"时的 20 美元/盎司贬值 40%。

1936 年，阿兰·图灵提出通用计算机最早的模型"图灵机"。

1936 年，丘奇用其发明的 λ-演算法证伪了希尔伯特 23 个问题中的"判定问题"。

1937 年 1 月，阿兰·图灵发表著名论文《关于可计算数及其在判定问题中的应用》，把判定问题翻译为等价的图灵机停机问题，并证明停机问题不可解。

1944 年 7 月 1 日至 22 日，联合国货币和金融会议在美国新罕布什尔州的布雷顿森林召开，即"布雷顿森林会议"。

1946年2月15日，世界上第一台"图灵完备"的通用电子计算机 ENIAC 在美国宾夕法尼亚大学正式宣告完成。

1947年，约翰·巴丁、沃尔特·布拉顿、威廉·肖克利制造出世界上第一个可用的点接触晶体管。

1948年，齐普夫提出"齐普夫定律"和"幂律"分布。

1948年，克劳德·香农发表论文《通信的数学理论》，奠基了信息论，提出了香农熵或者信息熵的概念。

1949年，米塞斯出版经济学巨著《人的行为》，提出"回归定理"。

1950年，梅里尔·弗勒德和梅尔文·德雷希尔研究博弈论问题"囚徒困境"。

1951年，约翰·纳什发表《非合作博弈》，提出"纳什均衡"理论，并因此后来获得诺贝尔经济学奖。

1952年8月14日，阿兰·图灵发表论文《形态发生学的化学基础》，预言了振荡化学反应的存在。

1953年，汉斯·彼得·鲁恩首次使用"哈希函数"概念。

1957年，威廉·费勒出版《概率论及其应用导论》。

1958年，美国银行启动"美洲银行卡"信用卡项目，并于1976年改名为 Visa。

20世纪60年代，罗伯特·特里芬出版《黄金与美元危机——自由兑换的未来》，提出"特里芬难题"。

1960年，托马斯·谢林在《冲突的策略》中提出"谢林点"。

1961年，罗伯特·诺伊斯获得美国专利局授予的世界上第一个关于集成电路的专利：半导体器件和引线结构，专利号 US2981877A。

1964年，尼古拉·卡尔达肖夫发明衡量文明的技术先进等级的"卡尔达肖夫指数"。

1965年，戈登·摩尔提出"摩尔定律"。

1968年，罗伯特·诺伊斯和戈登·摩尔从仙童半导体公司辞职，并联合创立 Intel 公司。

1968年，格雷特·哈定发表论文《公地悲剧》，提出"公地悲剧"问题。

1968年，罗伯特·莫顿提出"马太效应"。

1969年，互联网的前身 ARPANET 由美国国防部高级研究计划局组建。

20世纪70年代，保罗·贝尼奥夫开创了量子信息理论的研究工作。

20世纪70年代，Intel 公司成功生产出世界上第一款通用微处理器 4004。

1970年，全球最大的私营支付清算系统之一、美元大额清算系统 CHIPS（清算中心银行间支付系统）建立。

1970年，全球第一个自动化 RTGS（实时全额结算系统）美国的 Fedwire 投入使用。

1970年，伯顿·霍华德·布隆发明"布隆过滤器"。

1971 年 8 月 15 日，时任美国总统尼克松单方面宣告创立于 1944 年、承诺美元与黄金以恒定汇率挂钩的"布雷顿森林体系"解体，即"尼克松冲击"。

1973 年，SWIFT（环球同业银行金融电信协会）在比利时的首都布鲁塞尔宣告成立。

1974 年 8 月 14 日，时任美国总统福特签署了"公法 93-373"，即"黄金合法化法案"，解除了长达 40 多年的黄金禁令。

1976 年，惠特菲尔德·迪菲和马丁·海尔曼发表论文《多用户密码学技术》，开创公钥密码学。

1977 年 12 月 8 日，普利高津作了题为《时间、结构和涨落》的"诺贝尔讲座"，介绍其诺奖研究课题"耗散结构"。

1978 年，罗纳德·里维斯特、阿迪·沙米尔、莱恩·阿德曼共同发明"RSA 算法"。

1978 年，罗伯特·肖斯塔克在为 NASA SIFT 项目工作时发现了拜占庭共识问题。

1978 年，哈耶克出版《货币的非国家化》。

1980 年 4 月，拉尔夫·默克尔发表论文《公钥密码系统的协议》，提出 Merkle Tree（默克尔树）的构造方法和用例。

1982 年，莱斯利·兰伯特、罗伯特·肖斯塔克等人发表论文《拜占庭将军问题》。

1983 年 9 月，罗纳德·海纳发表论文《可预测行为的起源》，提出"海纳模型"。

1983.9，理查德·斯托曼启动了 GNU 项目，并发起了自由软件运动。

1985 年，大卫·乔姆发表论文《无需身份识别的安全：让老大哥过气的交易系统》。

1985 年，尼尔·科布利兹、维克多·米勒分别独立提出椭圆曲线密码学。

1985 年，迈克尔·菲舍尔、南希·林奇、麦克·帕特森发表了论文《有一个错误进程即不可能达成分布式共识》，提出"FLP 不可能"定理。

1989 年，莱斯利·兰伯特提出"Paxos 算法"（1998 年正式发表）。

1990 年，蒂姆·伯纳斯·李提出"万维网"构想。

1991 年，齐默曼发明 PGP 加密算法。

1991 年，斯图尔特·哈伯等人发表论文《如果给数字文档加盖时间戳》，提出一种给文档加盖时间戳的方法。

1991 年，莱纳斯·托瓦尔兹发布第一个版本的 Linux 操作系统内核。

1992 年，埃里克·休斯等人组件密码朋克讨论小组。

1992 年，IETF RFC-1321 确定为 MD5 算法，该算法由罗纳德·里维斯特发明。

1992 年，欧盟启动"RIPE 项目"，设计了 RIPEMD 系列哈希算法，其中包括 RIPEMD-160 算法。

1992 年 8 月，辛西娅·德沃克和莫妮·纳尔在第 12 届年度国际密码学大会上提出一种利用密码学技术对抗垃圾邮件的方法。

1993 年，斯图尔特·哈伯发表论文《改善数字时戳的有效性和可靠性》，引入 Merkle

Tree（默克尔树）。

1993 年 3 月，埃里克·休斯公开发表《密码朋克宣言》。

1994 年，彼得·肖发明量子计算"Shor 算法"。

1994 年，SONY 公司推出家用电子游戏主机 PlayStation，并创造 "GPU"（图像处理单元）一词。

1995 年，FIPS PUB 180-1 文件公布哈希算法 SHA-1。

1995 年，齐默曼公布 PGP 加密算法的源代码。

1997 年，尼克·萨博发表《智能合约的想法》，提出"智能合约"概念。

1997 年，斯图尔特·哈伯发表论文《比特信息串的安全命名》，给出了非常类似比特币区块链的数据结构。

1997 年 5 月，亚当·贝克独立提出与辛西娅·德沃克和莫妮·纳尔类似的对抗垃圾邮件的方法，即"哈希现金"。

1998 年，戴维（Wei Dai）提出 B-money 提案。

1998 年春，莱斯利·兰伯特发表论文《兼职议会》，正式公布在 1989 年提出的"Paxos 算法"。

1998 年秋，埃里克·布鲁尔提出"CAP 定理"，于 2002 年由塞思·吉尔伯特和南希·林奇证明。

1999 年，马库斯·雅各布森和阿里·尤尔斯发表论文《工作量证明和面包布丁协议》。

1999 年，米格尔·卡斯特罗和巴巴拉·里斯科夫提出 PBFT（实用拜占庭容错）算法。

1999 年，Nvidia 公司推出 220 纳米制程工艺的著名显卡 GeForce256，并将其宣传为"世界上第一款 GPU"。

1999 年，H. Massias 等人发表《一个最小化信任需求的安全时间戳服务的设计》，给出了非常类似比特币时间戳服务器的设计。

2000 年 1 月 27 日，FIPS 186-2 文件公布，定义了椭圆曲线标准 P-256（即 secp256r1）。

2001 年，IBM 演示了 7 量子计算机并运行"Shor 算法"。

2002 年 8 月，FIPS PUB 180-2 文件所载的 6 个 SHA-2 家族哈希函数正式成为新的安全哈希标准，其中包括 SHA-256 算法。

2002 年 8 月，亚当·贝克发表《哈希现金：一种拒绝服务攻击的对抗策略》。

2004 年至 2005 年，王小云及团队成功破解 MD5 和 SHA-1 算法。

2004 年 10 月，克里斯·安德森发表"长尾理论"一文。

2005 年 12 月 29 日，尼克·萨博在个人博客上发表《比特金》文章。

2006 年，NIST 举办 SHA-3 算法竞赛。

2007 年 2 月 13 日，美国新世纪金融公司发出盈利预警，美国次贷危机爆发。

2008 年 10 月 31 日，中本聪在密码朋克的密码学邮件列表中投递比特币白皮书论文。

2009 年 1 月 3 日，比特币创世区块的时间戳，被认为是比特币网络启动的时间。
2009 年 1 月 8 日，中本聪在密码学邮件列表中发布比特币 0.1 版本。
2009 年 1 月 9 日，比特币区块链的第二个区块被创建。
2009 年 1 月 12 日，比特币历史上第一笔转账交易，从中本聪到哈尔·芬尼。
2009 年 2 月 11 日，中本聪发表博客文章，宣布比特币 0.1 发布。
2009 年 6 月 16 日，佐佐木悠等人发表 MD5 算法的"原像攻击"最佳破解记录。
2010 年，朱利安·阿桑奇"吹哨"，曝光美军机密档案。
2010 年，黑客小组 fail0verflow 宣布破解了索尼 PS3 的私钥。
2010 年 1 月 27 日，SEC 2 标准公布，并推荐 secp256r1 和 secp256k1。
2010 年 7 月，杰德·麦卡勒布创立著名比特币交易所 Mt. Gox。
2010 年 10 月 8 日，以调查 2007—2008 年美国金融危机真相为题材的纪录片《监守自盗》上映。
2010 年 12 月，keccak-256 哈希算法在 NIST SHA-3 竞赛中胜出。
2010 年 12 月 4 日，《连线》报道朱利安·阿桑奇的维基解密 Paypal 账户被封。
2010 年 12 月 5 日，中本聪在论坛发帖，反对维基解密使用比特币。
2010 年 12 月 10 日，《PC World》报道维基解密被封，拟转用比特币。
2010 年 12 月 12 日，中本聪发表最后一篇公开帖子后，消失无踪。
2011 年 4 月 23 日，中本聪最后一次私人通信，与麦克·赫恩。
2012 年，关于默克尔 - 丹加德构造的"长度扩展攻击"方法被发现。
2013 年，爱德华·斯诺登"吹哨"，曝光美国政府实施的"棱镜"监听计划。
2013 年，维塔利克·布特林发起"以太坊"项目，使用未修订的 keccak-256 算法。
2013 年，约纳坦·索姆波林斯基和阿维夫发表论文《安全的比特币高速交易处理》，指出了比特币吞吐量的限制因素。
2013 年 1 月，张楠赓研制出世界首台 ASIC 比特币矿机"阿瓦隆初代"。
2013 年 3 月 25 日，谢涛等人发表 MD5 算法的"碰撞攻击"最佳破解记录。
2015 年，NIST 完成 keccak-256 修订并将其包含在新发布的 FIPS 202 标准中。
2016 年，凯尔·克罗曼等人联合发表论文《关于扩展去中心化的区块链》，给出了区块大小和区块间隔的最优参数测算。
2017 年，尼克·萨博和欧琳在斯坦福比特币扩容会议上深入探讨了空中发送比特币的主题。
2017 年 8 月 1 日，BCH 从 BTC 硬分叉，宣告独立发展。
2018 年 8 月 16 日，BSV 从 BCH 再次硬分叉。
2018 年 12 月，Blockstream 公司成功完成第 4 颗比特币卫星 Telstar 18V 的发射。
2019 年 2 月，首次使用业余无线电跨国界发送比特币成功，通过短波电台 7.077MHz

频段进行，从加拿大多伦多发送到美国密歇根。

2019 年 10 月 23 日，谷歌官宣实现"量子霸权"。

2020 年 1 月 8 日，盖坦·勒伦等人发表 SHA-1 算法的"碰撞攻击"最佳破解纪录。

2020 年 5 月，Blockstream 公司的比特币卫星升级 2.0 版本，开始提供比特币全账本同步服务。

2020 年 5 月，比特币第三次产量减半，SF（硬度）达到 56，接近黄金（SF=62）的水平。

2021 年 3 月，画家 Beele 以 6934 万美元的高价在英国拍卖平台佳士得上卖出其作品 Everydays:TheFirst5000Days。

2021 年 8 月 14 日，Facebook 的创始人扎克伯格，在接受 The Verge 采访时也毫不掩饰自己是元宇宙的信徒，并计划在 5 年内将 Facebook 打造成元宇宙公司。

# 附录 C  区块链术语

## 1．节点

运行一个节点（Node）意味着通过这个节点可以读写区块链链上数据。

节点有两类：全节点和轻节点。

（1）全节点（Full Node）

全节点组成区块链的主干网络，是运行完整区块链软件的任何计算机。所有全节点都包含区块链的完整分布式账本和运行 P2P 协议的路由软件。运行一个全节点通常比较贵，而且费时费力，需要具有相应的技术和技能。

（2）轻节点（Light Node）

轻节点不需要下载整个区块链的数据，但是在必要时要连接全节点，从全节点下载相应的数据。轻节点通常适用于移动端应用（如钱包应用）。移动端由于硬件的限制（内存、硬盘、网速等）和成本（如流量）的考虑，通常会选择运行一个轻节点，只是在需要的时候（如验证某个交易的合法性的时候）才连接全节点获取需要的信息。

轻节点的缺点是安全性：必须信任某些全节点，因为在轻节点发起的交易必须通过连接全节点来广播交易并打包。如果选择连接的全节点作恶，就会影响到与其链接的轻节点。

## 2．矿工

矿工（Miner）运行维护了一个网络上挖矿的节点，如处理区块链上的块。矿工指的是运行专业挖矿软件的一部分全节点，也有一些全节点不运行挖矿软件。要使代码更改生效，节点需要单独更新其软件使其包含更新的代码。这可以通过软分叉，一种向后兼容的方式实现，也可以通过硬分叉实现。硬分叉与旧版本的软件不兼容。

可以在这里 stats.ethdev.c** 找到一部分以太坊的矿工清单。

## 3．Ether

Ether（Eth）是以太坊的加密数字货币通证。Eth 是 Ether 的短符号表示形式，是真的可以买卖的加密数字货币。Ether 主要用来支付在以太坊上操作的最终费用。费用的计算是燃料成本乘上燃料价格，然后结果以 Ether 支付。用户可以设定燃料价格。但是如果燃料价格很低，可能没有矿工愿意执行你的代码。本书中，Eth 与 Ether 等同。

### 4. 交易

交易（Transaction）是从一个账户发送到另一个账户的消息。我们可以发送一个交易给外部账户来传送 ETH。如果目的账户是一个合约账户，它的代码就被执行。注意，每个交易都要在网络的所有节点上运行。所以，每次代码的运行或者交易执行，会被以太坊区块链记录。

### 5. 对称点对点网络

就像 BitTorrent，所有区块链的节点都是一个分布式网络上的节点（Peer），没有中心化的服务器。为了给用户和开发程序员提供便利，会有各种各样的半中心化的服务。对称点对点网络（Peer-to-Peer，P2P）有 3 种组织结构：分布式哈希表（Distributed Hash Table, DHT）结构、树结构、网结构。P2P 技术已经延伸到几乎所有的网络应用领域，如分布式科学计算、文件共享、流媒体直播与点播、语音通信及在线游戏支撑平台等。比较著名的 P2P 算法有 Kademlia，Chord，Gnutella 等等。

图 C-1 形象表示了中心化网络和 P2P 网络。可以看到，中心化网络是一个典型的层级结构，越处于中心位置，层级越高。P2P 网络是一个典型的图结构，任意节点与网络的其他节点都可能有直接链接。

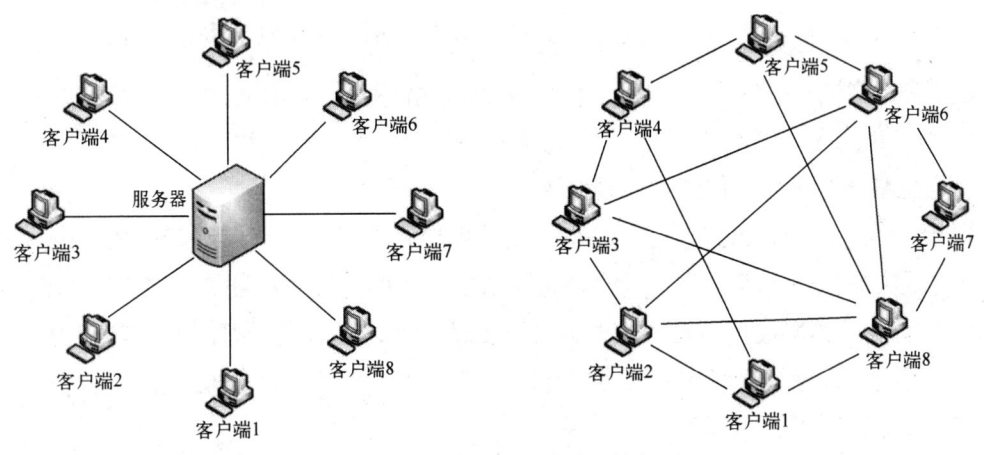

图 C-1 中心化网络和去中心化网络

### 6. 分叉

区块链是一个由区块组成的链条。公有链是由各节点一起维护的，对区块链增加一个新的区块，必须在节点间达成共识才行。由于各种原因，节点间对新区块的认定可能不一样。比如，各节点使用的软件版本、设计不同、地域的隔离、通信网路的畅通与否等。当各节点对新区块的认定出现了分歧，这时我们就认为区块链出现了分叉，如图 C-2 所示。

区块链技术有机制来处理这种分歧。比如，在使用 PoW 共识机制的公有链中采用的就是最长链共识，即丢弃不在最长链的分叉区块。解决思路为：从分叉的区块起，由于不同

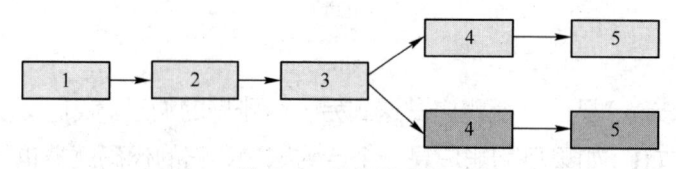

图 C-2　区块链分叉

的矿工跟从了不同的区块，在分叉的两条不同链上算力是有差别的。形象地说，就是跟从两个链矿工的数量是不同的。由于解题能力和矿工的数量成正比，因此两条链的增长速度也不一样，在一段时间后，总有一条链的长度要超过另一条。当矿工发现全网有一条更长的链时，他就会抛弃当前链，把新的更长的链全部复制回来，在这条链的基础上继续挖矿。所有矿工都这样操作，这条链就成为了主链，分叉被抛弃掉的链就消失了。最终，只有一条链会被保留，成为真正有效的账本，其他都是无效的，所以整个区块链仍然是唯一的，如图 C-3 所示。注意，能够让区块链保证数据唯一性的前提是所有矿工都遵从同样的机制。

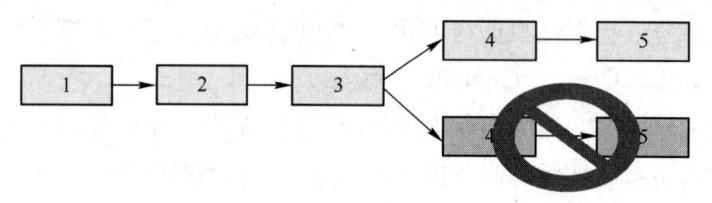

图 C-3　区块链分叉后共识形成

当然，出现分歧的各节点只要有意愿、有算力，可以不遵从这个处理机制，继续维护分叉的区块，这样就形成了分叉链。比如，比特币就有分叉链 BSV、BCH 等。以太坊也有 ETC 和 ETH 的分叉。

分叉大致分为两种：软分叉和硬分叉。

① 硬分叉。当协议规则发生改变时，旧节点拒绝接受由新节点创造的区块的情况。违反规则的区块被忽视，矿工会按照他们的规则集，在他们最后见证的区块之后创建区块。

② 软分叉。当协议规则发生改变，旧的节点并不会意识到规则是不同的，它们将遵循改变后的规则集，继续接受由新节点创造的区块。矿工们可能在他们完全没有理解或者验证过的区块上进行工作。

图 C-4 显示了比特币的分叉历史。

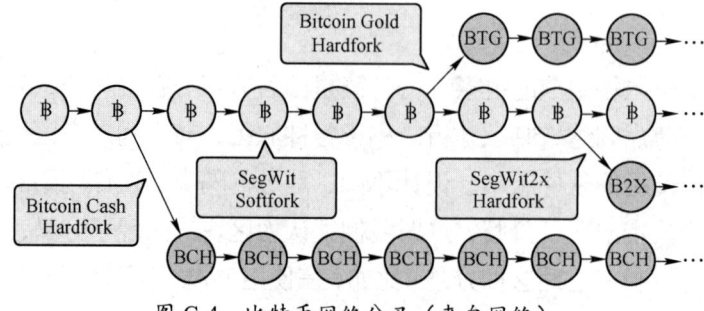

图 C-4　比特币网络分叉（来自网络）

## 7. 通证

通证（token）有时也被称为代币、虚拟币。对于发行的代币，可以参考瑞士 FINMA（及新加坡 MAS）。根据经济功能分类，代币大致分为 3 种。

（1）证券类代币（Security Token）

证券类代币主要是面向投资者，用于募资、交易用途。比如，ICO、STO 等活动中募资用的就是证券类代币。证券类代币的合法性以及是否可以用于支付基于不同国家地区的法律法规，目前存疑。

（2）应用类代币（Utility Token）

比如，一个发电机给机器人供电，发电机发电相当于送了应用类代币到机器人的主控计算机程序；机器人可以检查是否收到相应的应用类代币，记账以备日后查核。同时，主控程序可以把代币发送给各个设备（如指挥手指的电机程序），驱动其工作。电流是模拟的，程序是数字的。应用类代币起到了模拟和数字之间的桥梁作用。

（3）资产类代币（Asset Token）

资产类代币对应现实世界的某种资产。比如，某栋用于出租的公寓大楼，大楼所有者基于出租收益发行了资产类代币，那么代币持有者可以通过持有代币而享受大楼公寓出租收益的相应额度。

## 8. 环签名技术

环签名技术是一种特殊类型的密码学签名，能够证明签名者拥有一个对应特定集合公钥的私钥，而不会暴露签名者的身份（该私钥对应哪个公钥）。还有一个更高级的版本即可链接的环签名，它有一个额外的特性：如果用同样的私钥签名两次，这个事实就能被检测到，但不会暴露出其他信息。总体上，环签名技术可以用于证明签名者属于某集合的成员之一。

例如，某特定服务的授权用户构成了一个集合，一个人可以用环签名证明自己是其中一员，但不需暴露自己的身份。可链接的环签名技术在区块链场景中可能是最有用的，因为可链接的特性增加了抵抗双重支付的关键能力：在保留完整的隐私性的前提下，单个参与者不能进行双重支付，如果他们这样做了，就会被查出。

环签名技术的一个天然应用是为区块链资产管理而设的简化隐私保护计划。例如，开发者可以整合一个简化版的 CoinJoin 方案，用户只需往智能合约发送一个单元的某种资产，在满足以下两种情况时，可以将这些资产提取到另一个账号，提供一个可链接的环签名：他们是其中一个存款者；他们之前没有提供过一个签名，也没有进行过提款。

环签名技术若用于现有的身份管理平台上，就是作为一个安全的、带有隐私保护机制的身份唯一性对应认证方案。例如，若监管者允许金融平台在无需校验身份信息的情况下开放小额账户（如 100 元以下）的存款和转账权限，但对超出这个数额的账号会要求提供身份验证信息。例如，电话号码通常可以作为一种身份唯一性认证手段，不过它的缺点是不能保护隐私，且电话号码与身份之间并不是唯一、真实对应的。

### 9．零知识证明

零知识证明（Zero-Knowledge Proof，ZKP）是由 Goldwasser 等人在 20 世纪 80 年代初提出的，是指证明者能够在不向验证者提供任何有用的信息的情况下，使验证者相信某个论断是正确的。零知识证明实质上是一种涉及两方或更多方的协议，即两方或更多方完成一项任务所需采取的一系列步骤。证明者向验证者证明并使其相信自己知道或拥有某一消息，但证明过程不能向验证者泄漏任何关于被证明消息的信息。

目前，比较知名的零知识证明库有 Zk-SNARK、Zk-STARK、BulletProof 等。

### 10．多方计算

多方计算（Multi-Party Computation，MPC），也被称为安全计算（Secure Computation）、安全多方计算（Secure Multi-Party Computation，SMPC）或者隐私保护计算（Privacy-Preserved Computation）。

多方计算研究开始于 1986 年，由姚期智提出。多方计算的著名问题是：两个百万富翁希望知道在不知道对方具体财富的情况下，谁更富。比较直观的解决方案是双方都把各自的财富告诉一个客观中立的第三方。由第三方来比较他们的财富并得出谁更富的结论。这个方案的问题在于第三方知道了他们的具体财富信息。

多方计算是使用密码学的方法来进行各方联合计算，而且参加计算的其中任何一方都不会知道有用信息。与传统的密码学方法（通过密码来保护通信和数据的安全）不同，多方计算是在计算来自各数据源的数据时，仅仅加密部分信息，从而得出正确的加密后的输出。所以，多方计算要保证两个特点：安全（隐私）和正确。

多方计算用来在保护各方隐私的情况下，解决安全的线上验证、身份和密钥管理。

对多方计算中运用最多的两个分支为基于混淆电路的安全多方计算和基于秘密分享的安全多方计算。多方计算保证的是一方的输入不会被另一方获得，而不是输入不能被从输出中推断出来。多方计算中用到的技术有不经意传输、混淆电路、秘密分享、Shamir 秘密分享、私有数据集交叉（Private Set Intersection）、同态加密（Hemographic Encryption）等。

# 附录 D  以太坊内置合约

## 1．Address 0x01: ecrecover(hash, v, r, s)

在地址 0x01 的合约实现 ecrecover：对于给定的签名(v, r, s)，根据 ECDSA 的恢复功能返回地址。其原型如下：

```
function ecrecover(bytes32 hash, bytes8 v, bytes32 r, bytes32 s) returns (address);
```

## 2．Address 0x02: sha256(data)

在地址 0x01 的合约实现 SHA-256 哈希，返回给定数据的 SHA-256 哈希。其原型如下：

```
function sha256(bytes data) returns (bytes32);
```

## 3．Address 0x03: ripemd160(data)

在地址 0x03 的合约实现 RIPEMD160 哈希，返回给定数据的 RIPEMD160 哈希。其原型如下：

```
function ripemd160(bytes data) returns (bytes32);
```

## 4．Address 0x04: datacopy(data)

在地址 0x04 的合约实现 datacopy(i.e., identity function)，返回输入数据。现在 Solidity 还不支持这个预编译好的内置合约，可以使用如下汇编代码来调用这个合约。

```
function callDatacopy(bytes memory data) public returns (bytes memory) {
    bytes memory ret = new bytes(data.length);
    assembly {
        let len := mload(data)
        if iszero(call(gas, 0x04, 0, add(data, 0x20), len, add(ret, 0x20), len)) {
            invalid()
        }
    }
    return ret;
}
```

## 5．Address 0x05: bigModExp(base, exp, mod)

在地址 0x05 的合约实现公式：base^exp % mod，返回指定数据的计算结果。现在 Solidity

还不支持这个预编译好的内置合约,可以使用如下汇编代码来调用这个合约。

```
function callBigModExp(bytes32 base, bytes32 exponent, bytes32 modulus)
  public returns (bytes32 result) {
    assembly {
        // free memory pointer
        let memPtr := mload(0x40)

        // length of base, exponent, modulus
        mstore(memPtr, 0x20)
        mstore(add(memPtr, 0x20), 0x20)
        mstore(add(memPtr, 0x40), 0x20)

        // assign base, exponent, modulus
        mstore(add(memPtr, 0x60), base)
        mstore(add(memPtr, 0x80), exponent)
        mstore(add(memPtr, 0xa0), modulus)

        // call the precompiled contract BigModExp (0x05)
        let success := call(gas, 0x05, 0x0, memPtr, 0xc0, memPtr, 0x20)
        switch success:
            case 0 {
                revert(0x0, 0x0)
            }
            default {
                result := mload(memPtr)
            }
    }
}
```

注意,这个合约支持任意长度的输入,使用固定长度只是为了示例起见。

## 6. Address 0x06: bn256Add(ax, ay, bx, by)

在地址 0x06 的合约实现一个原生的椭圆曲线加法。在(ax, ay)和(bx, by)是合法的 bn256 曲线的点的前提下,它返回椭圆曲线加法的结果点(ax, ay) + (bx, by)。现在 Solidity 还不支持这个预编译好的内置合约,可以使用如下汇编代码来调用这个合约。

```
function callBn256Add(bytes32 ax, bytes32 ay, bytes32 bx, bytes32 by)
  public returns (bytes32[2] memory result) {
    bytes32[4] memory input;
    input[0] = ax;
    input[1] = ay;
    input[2] = bx;
    input[3] = by;
    assembly {
        let success := call(gas, 0x06, 0, input, 0x80, result, 0x40)
        switch success:
        case 0 {
```

```
            revert(0,0)
        }
    }
}
```

### 7. Address 0x07: bn256ScalarMul(x, y, scalar)

在地址 0x07 的合约实现一个原生的椭圆曲线与标量值的乘法。在(x, y)是合法的 bn256 曲线的点的前提下，它返回椭圆曲线乘法的结果点 scalar * (x, y)。现在 Solidity 还不支持这个预编译好的内置合约，可以使用如下汇编代码来调用这个合约。

```
function callBn256ScalarMul(bytes32 x, bytes32 y, bytes32 scalar)
  public returns (bytes32[2] memory result) {
    bytes32[3] memory input;
    input[0] = x;
    input[1] = y;
    input[2] = scalar;
    assembly {
        let success := call(gas, 0x07, 0, input, 0x60, result, 0x40)
        switch success
            case 0 {
                revert(0,0)
            }
    }
}
```

### 8. Address 0x08: bn256Pairing(a1, b1, a2, b2, a3, b3, ⋯, ak, bk)

在地址 0x08 的合约实现执行椭圆曲线配对操作来执行 zkSNARK 验证，参照 EIP-197 获取更多的信息。现在 Solidity 还不支持这个预编译好的内置合约，可以使用如下汇编代码来调用这个合约。

```
function callBn256Pairing(bytes memory input) public returns (bytes32 result) {
    // input is a serialized bytes stream of (a1, b1, a2, b2, ..., ak, bk) from (G_1 x G_2)^k
    uint256 len = input.length;
    require(len % 192 == 0);
    assembly {
        let memPtr := mload(0x40)
        let success := call(gas, 0x08, 0, add(input, 0x20), len, memPtr, 0x20)
        switch success
            case 0 {
                revert(0,0)
            }
            default {
                result := mload(memPtr)
            }
    }
}
```

# 参考文献

[1]  S. Nakamoto. Bitcoin: A peer-to-peer electronic cash system[OL]. 2009.

[2]  The Economist. The promise of the blockchain: The trust machine[OL]. (2015-10-31)[2020-04-24].

[3]  Daniel Genkin, Lev Pachmanov, Itamar Pipman, Eran Tromer. ECDH Key-Extraction via Low-Bandwidth Electromagnetic Attacks on PCs[M]. (2016-02-16)[2020-04-24].

[4]  Petar Maymounkov and David Mazieres. Kademlia: A Peer-to-peer Information System Based on the XOR Metric[C]. New York University, 2002.

[5]  Andreas M. Antonopoulos. Mastering Bitcoin2nd ed.[M]. Sebastopol CA: O'Reilly, 2017.

[6]  DR.GAVIN WOOD. Ethereum: A Secure Decentralised Generalised Transaction Ledger EIP-150 Revision[M]. (2018-02-12)[2020-04-24].

[7]  WikipediA. Radixtree[OL]. (2020-07-16)[2020-08-20].

[8]  Ethereum WIKI. Patricia-tree[OL]. (2020-06-11)[2020-08-14].

[9]  Andreas M. Antonopoulos,Dr.Gavin Wood. Mastering Ethereum[M]. Sebastopol CA: O'Reilly, December, 2018.

[10]  嘉文,管健,李万胜. 以太坊 Solidity 智能合约开发[M]. 北京：机械工业出版社, 2020.

[11]  Etherpot. Repositories[OL]. [2020-04-20].

[12]  Stefan Beyer. Storage Allocation Exploits in Ethereum Smart Contracts[OL]. [2020-04-20].

[13]  Reddit. Tricked by a honeypot contract or beaten by another hacker. What happened[OL].

[14]  SlowMist. Solidity 安全：已知攻击方法和常见防御模式综合列表[OL]. (2018-02-13)[2020-08-21].

[15]  Zeppelinos. Upgradeability using unstructured storage[OL]. (2019-04-17) [2019-05-20].

[16]  Ethereum. Opcodes[OL]. (2019-05-27)[2019-05-27].

[17]  Andreas M. Antonopoulos,Dr.Gavin Wood. Mastering Ethereum[M]. Sebastopol CA: O'Reilly, December, 2018.

[18]  Zahoor Mohamed. Swarm architecture – a view from above[OL]. (2019-06-26)[2020-04-24].

[19]  Zahoor Mohamed. Swarm – Distributed Pre-Image Archive(DPA)[OL]. (2019-07-10)[2020-04-24].

[20]  Hyperledger. Hyperledger[OL]. [2020-08-21].

[21]  Can I Use. Can I Use[OL]. [2020-08-21].

[22]  蒋勇,文延,嘉文. 白话区块链[M]. 北京：机械工业出版社, 2017.

[23] opensourceforu 官网.

[24] Hyperledger Fabric Doc.

[25] Elli Androulaki, Artem Barger, Vita Bortnikov, Christian Cachin, Konstantinos Christidis, Angelo De Caro, David Enyeart, Christopher Ferris, Gennady Laventman, Yacov Manevich, Srinivasan Muralidharan, Chet Murthy, Binh Nguyen, Manish Sethi, Gari Singh, Keith Smith, Alessandro Sorniotti, Chrysoula Stathakopoulou, Marko Vukolić, Sharon Weed Cocco, and Jason Yellick. 2018. Hyperledger Fabric: A Distributed Operating System for Permissioned Blockchains . In EuroSys '18: Thirteenth EuroSys Conference 2018, April 23–26, 2018, Porto, Portugal. ACM, New York, NY, USA, 15 pages.

[26] Apache CouchDB 官网.

[27] Apache Kafka 官网.

[28] Ethereum 官网.

[29] gRPC 官网.

[30] Hyperledger 官网.

[31] Hyperledger Fabric 官网.

[32] Hyperledger Sawtooth 官网.

[33] LevelDB in Go 的 Github 网页.

[34] The Linux Foundation 官网.

[35] wikipedia 官网.

[36] Common Pattern. Solidity Readthedoc[OL]. [2020-08-21].

[37] Diamond Standard Ethereum[OL]. [2020-08-21].

[38] Nick Mudge. New Storage Layout For Proxy Contracts and Diamonds[OL]. (2020-03-11) [2020-08-21].

[39] Nick Mudge，Solidity Storage Layout For Proxy Contracts and Diamonds[OL]. (2020-03-11) [2020-08-21].

[40] Ethereum, EIP=170[OL]. (2016-11-04)[2020-08-21].

[41] Mudgen Diamond[OL]. (2020-09-20)[2020-10-05].

[42] fravoll. Solidity Patterns[OL]. (2020-09-20)[2020-10-05].

[43] Elena nadolinski. Proxy Patterns[OL]. (2018-04-19)[2020-10-05].

[44] Stefan Beyer. Ethereum Smart Contract Security[OL]. (2018-01-29)[2020-10-05].

[45] 刘教链. 比特币史话·完结：主要事件时间线[OL]. [2020-10-10].

[46] Ethereum, eip-20 [OL]. (2019-03-08) [2019-03-15].

[47] Ethereum, eip-721 [OL]. (2019-03-09) [2019-03-15].

[48] Ethereum, eip-165 [OL]. [2019-03-15].

[49] OpenZeppelin, ERC721Token.sol [OL]. [2019-05-20].

[50] Syed Komail Abbas. A Step By Step Guide To Testing and Deploying Ethereum Smart Contracts in Go [OL]. (2018-06-26) [2019-03-15].

[51] mayorcoded 的 Github 网页.

[52] Mayowa Tudonu, Foodcart.js [OL]. (2019-04-07) [2019-05-27].

[53] Yaoyao. Solidity 语言编辑器 REMIX 指导大全 [OL]. (2018-06-14) [2019-03-15].

[54] Merunas Grincalaitis. The ultimate end-to-end tutorial to create and deploy a fully decentralized Dapp in ethereum [OL]. (2017-08-14) [2019-03-15].

[55] Merlox, casino-ethereum [OL]. (2019-04-07) [2019-05-27].

[56] Carson Farmer. Building an interplanetary DApp from scratch [OL]. (2018-06-15) [2019-05-27].